本願寺教団展開の基礎的研究

戦国期から近世へ

青木 馨

法藏館

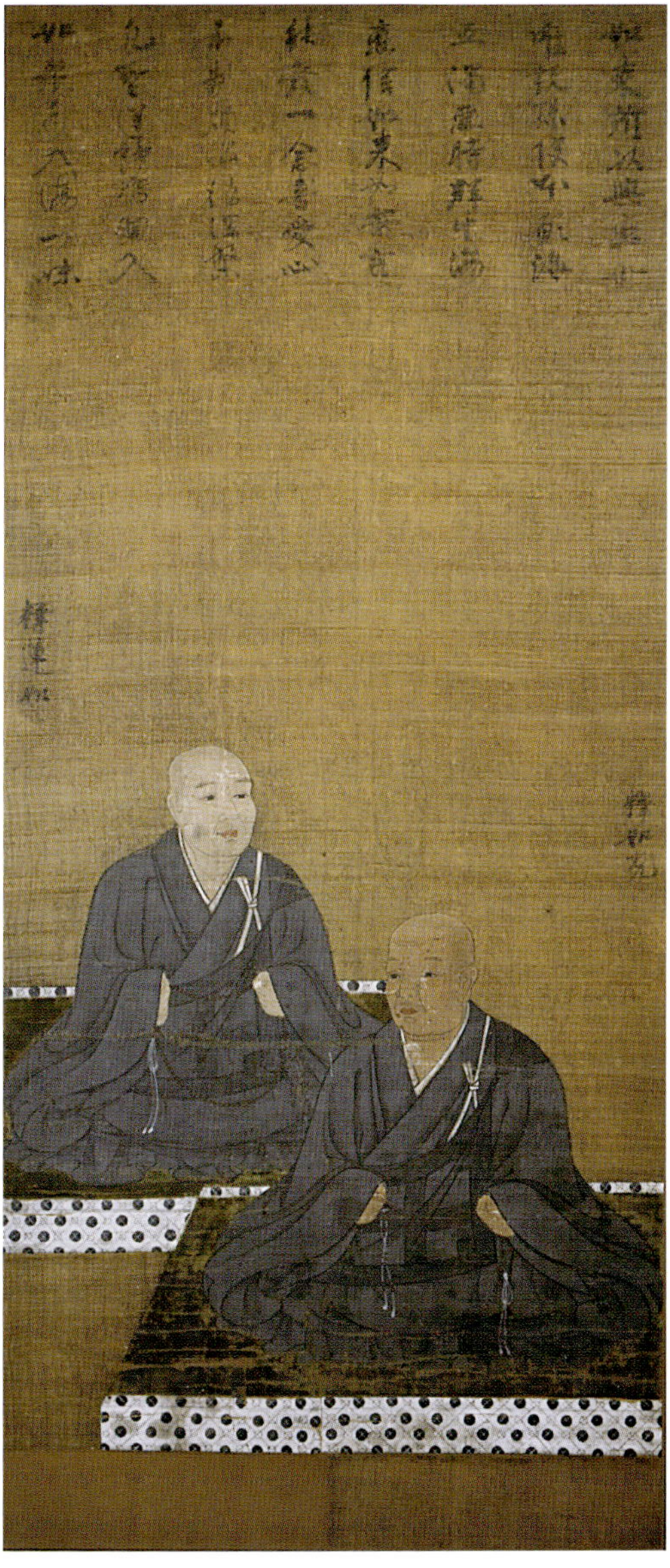

口絵１　蓮如・如光連座像
（松阪市本宗寺蔵／図版提供・斎宮歴史博物館）

口絵2-1　安城市本證寺歴代似影（10代空誓、11代覚誓、12代敬受、13代信誓）

①10代　空誓　1614年没

②11代　覚誓　1657年没

③12代　敬受　1664年没

④13代　林松院信誓　1705年没

口絵2-2　安城市本證寺歴代似影（14代敬誓、15代圓誓、16代賢誓）

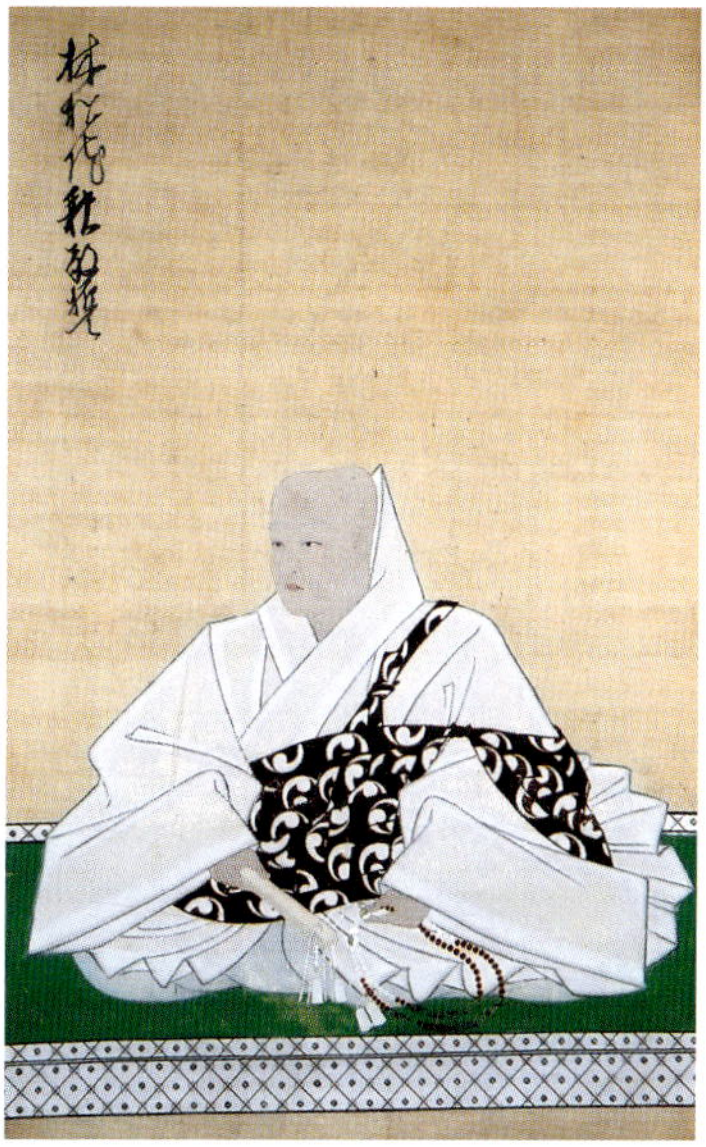

⑤14代　林松院敬誓　1730年没

⑥15代　林松院圓誓　1745年没

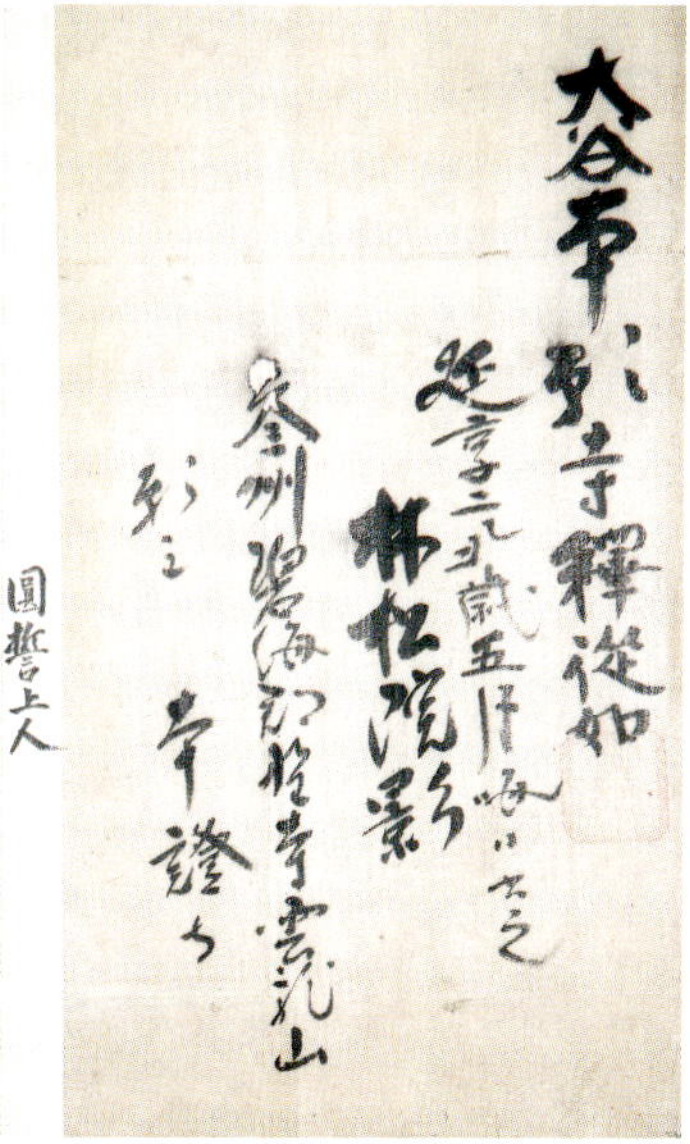

15代　林松院圓誓　裏書

⑦16代　林松院賢誓　1770年没

口絵2-3　安城市本證寺歴代似影（17代慶誓、18代達誓）

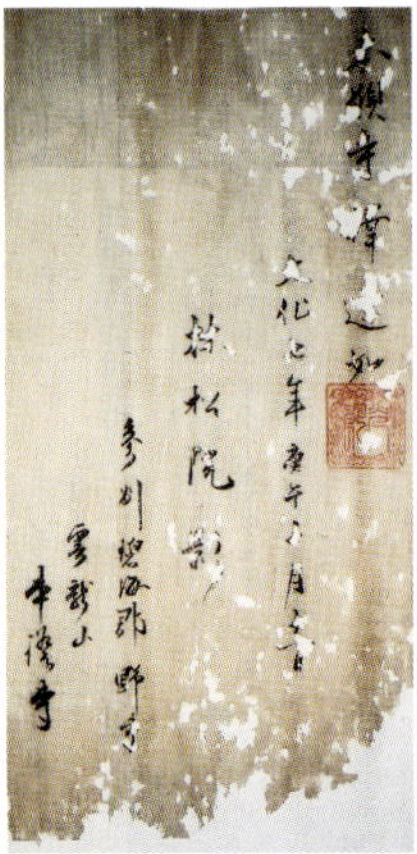

17代　林松院慶誓
裏書

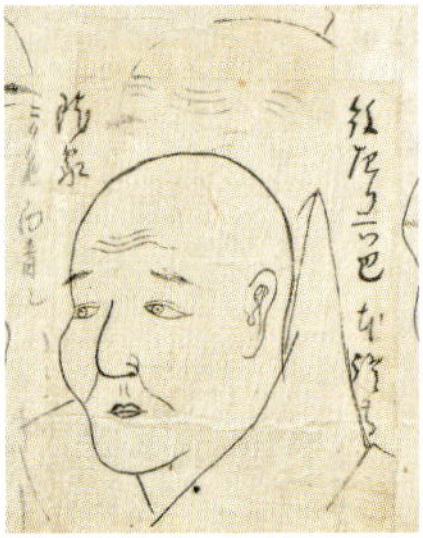

『似影下絵調巻』
慶誓　面貌
（第Ⅱ編第三章）

⑧17代　林松院慶誓　1807年没

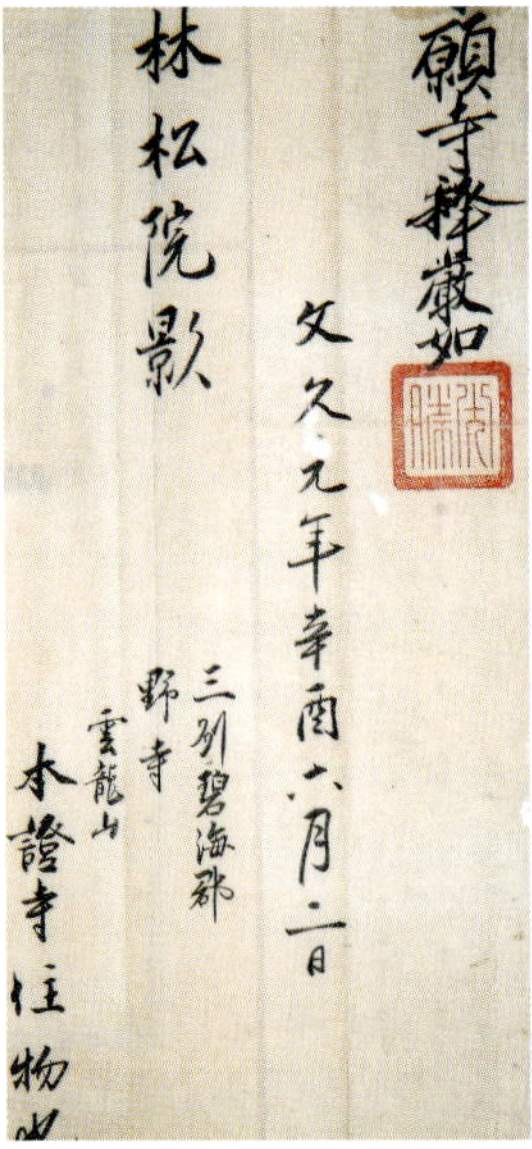

18代　林松院達誓　裏書

⑨18代　林松院達誓　1834年没

口絵2-4　安城市本證寺歴代似影（19代達圓、20代達誉、21代厳秀）

⑩19代　林松院達圓　1845年没

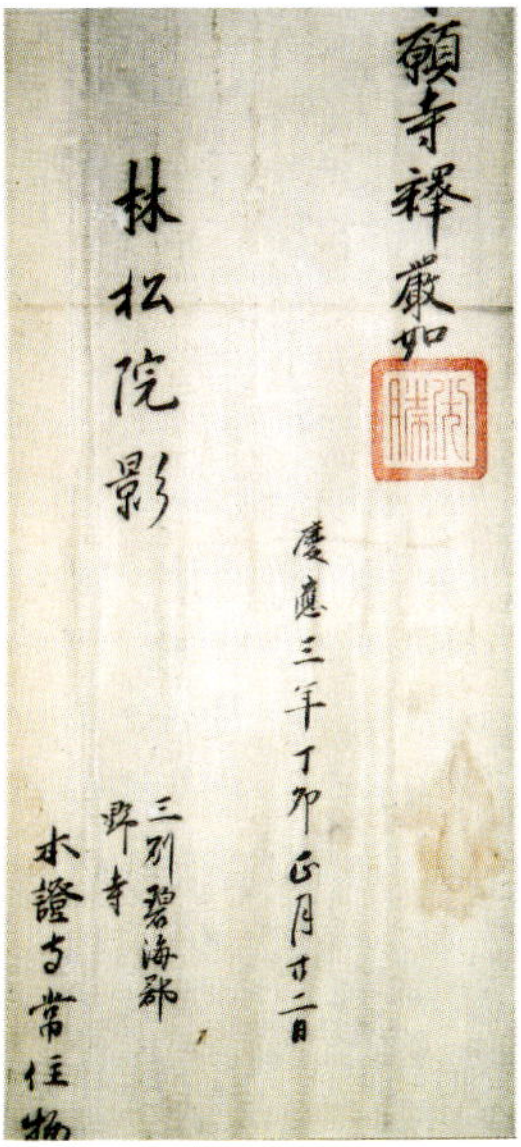

19代　林松院達圓　裏書

⑪20代　林松院達誉　1891年没

⑫21代　林松院厳秀　1922年没

口絵3-1　羽咋市本念寺歴代似影（2代顕珍、3代宣證、4代宣誓、5代常誓、8代真證、9代真淳）

2代　顕珎　1610年没

3代　柳線院宣證
1663年没

4代　柳線院宣誓
1693年没

5代　柳線院常誓
1720年没

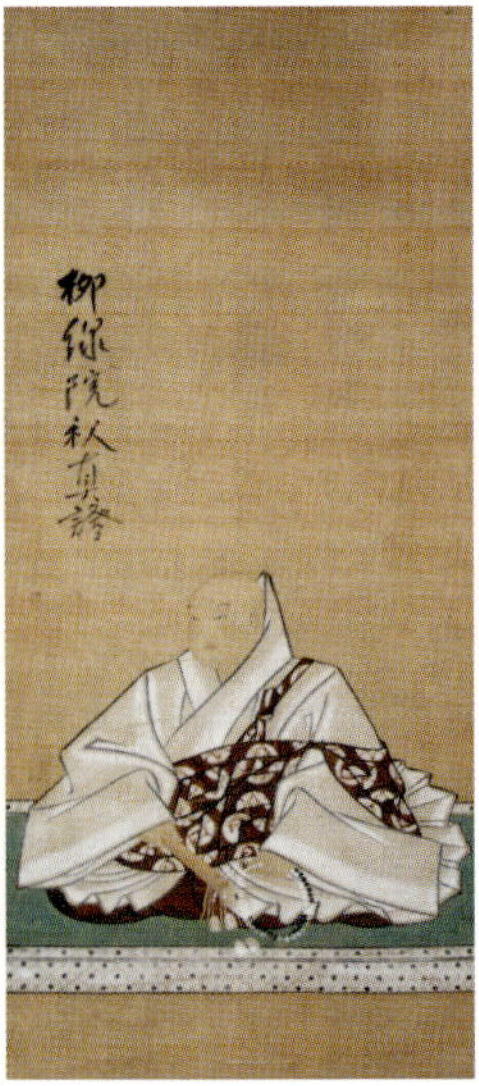

8代　柳線院真證
1747年没

9代　常称院真淳
1784年没

口絵3−2　羽咋市本念寺歴代似影（10代乗淳、11代乗澄、12代達同、13代達義、14代厳同、15代厳幢）

10代　柳線院乗淳
1803年没

11代　柳線院乗澄
1825年没

12代　柳線院達同
1871年没

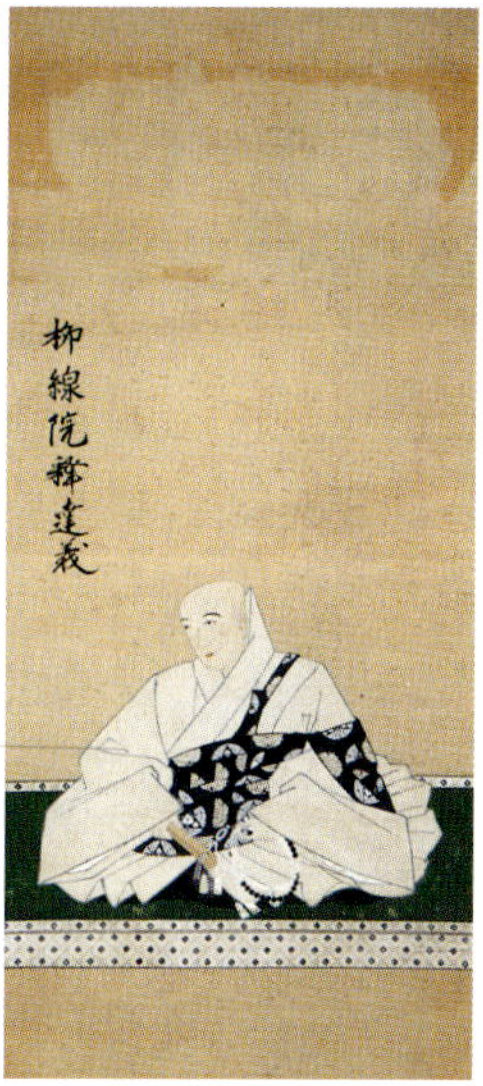

13代　柳線院達義
1851年没

14代　常心院厳同
1862年没

15代　柳線院厳幢
1905年没

写真提供・羽咋市教育委員会文化財室

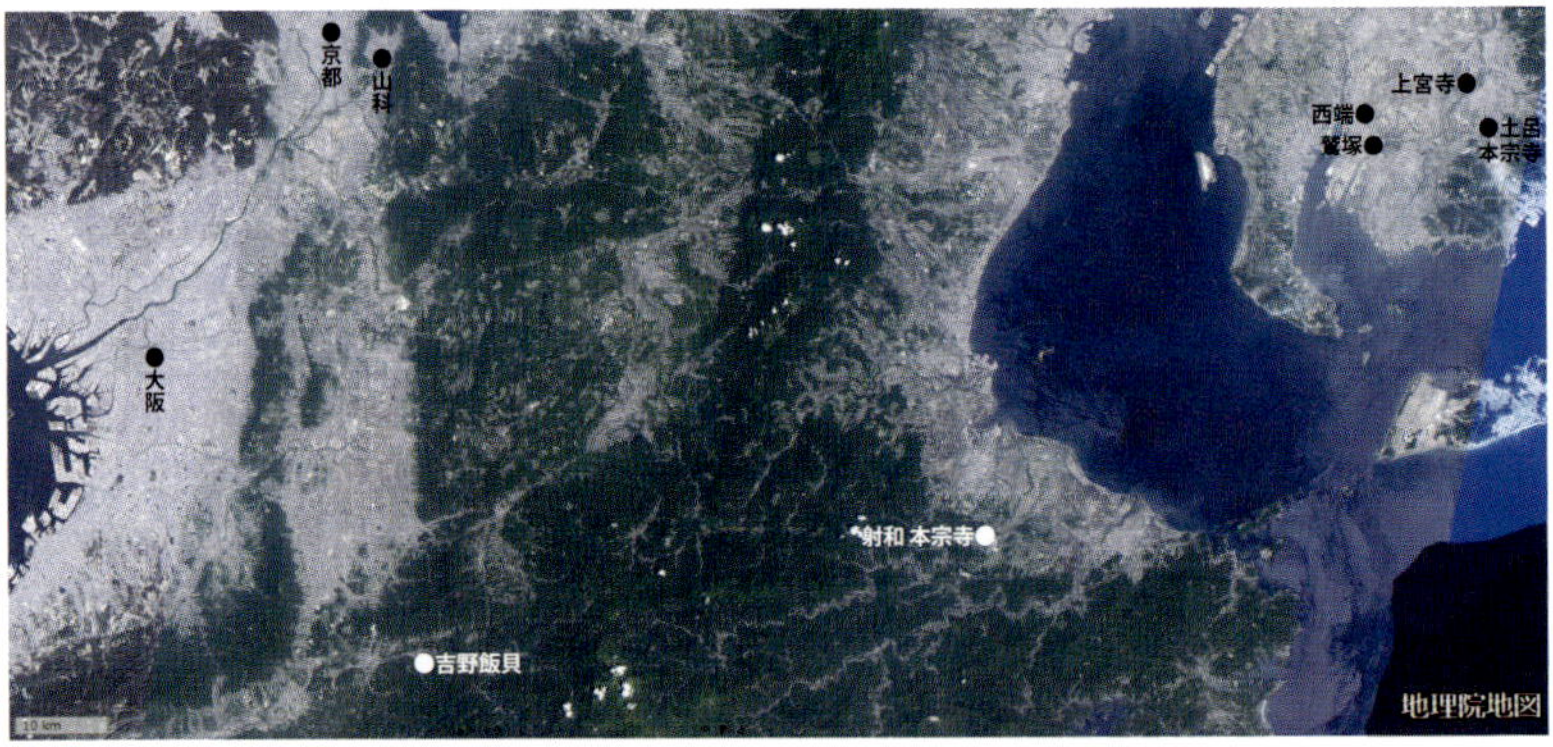

口絵 4　上宮寺と南伊勢・大和位置関係図

（「全国ランドサットモザイク画像」（国土地理院）を加工して作成。図版提供・碧南市）

三河佐々木上宮寺と伊勢射和の本宗寺、大和吉野飯貝の位置関係を図示した。三河上宮寺の勢力が早くから南伊勢・大和に伸長していることが知られている（第Ⅰ編第三章参照）。

口絵 5　『似影下絵調巻』（架蔵）より

左：江戸・三河本法寺　通達院良秀（第Ⅱ編第三章）　右：女性（不詳）

本願寺教団展開の基礎的研究——戦国期から近世へ——目次

第Ⅱ編　本願寺門主制と近世の末寺身分

第Ⅲ編　本願寺下付物と墨書名号

凡例

一、史料や寺名などは、原則として現代仮名遣い、現代通行体漢字（新漢字）に改めた。ただ裏書について干支の「关」の文字を「癸」とせず、そのまま残した。

一、本書では、「門主」の呼称を歴史的用語として用いた。「宗主」「門首」などの呼称は、引用文以外には用いない。

一、住職の呼称は、一般用語として用いたが、歴史用語として「住持」を原則的に用いた。

一、礼拝物について、裏書のあるものを「下付」、墨書名号のように裏書のないものを「授与」として、原則的に用語の使い分けをした。

一、一部差別的用語が史料上に見られるが、歴史的事実を検証するという観点から、あえて隠匿しなかった。

本願寺教団展開の基礎的研究

——戦国期から近世へ——

序　論——研究史と課題

本書は、蓮如期に真宗門徒が急拡大し、名実ともに本願寺教団が形成されるに際して、その基底をなした在地道場の生成を基本的視点とし、これらの道場が近世的寺院へと成長し、教団的身分を獲得してゆく様相を考察するものである。

従来の真宗史研究の多くは、本山本願寺や地域の大坊主・有力寺院を基点とした研究が大半であったように思われる。廟堂から本願寺へ、そして蓮如以来の教団形成、さらに一向一揆研究の多くも、本願寺と在地・在地門徒との研究であり、いわば本願寺を頂点とし、ここから展望するものが主流であったと言ってよいであろう。

同時に、戦国期・東西分派までの研究成果は多大な蓄積を見るが、近世においては個別の課題研究は見られるものの、研究成果の蓄積は決して多いとは言えない。例外的に近時、『増補改訂本願寺史』第二巻（本願寺史料研究所編、二〇一五年）が浄土真宗本願寺派より刊行された。これも、通史的に本願寺を頂点とする視座から論及されたものである。本書は、こうした傾向を少しでも克服することに留意し、戦国期から近世までを視野に入れ、道場の寺院化の道程から、本山本願寺の機能や性格の特質に注目する。

たとえば、親鸞や蓮如との結縁により真宗に転向し道場や寺になったと伝承したり、由緒を語る寺々はすこぶる多い。しかし、その大半が実体を反映したものとは言い難い。それは本願寺においても、もともと覚如が廟堂から「本願寺」へと寺院化をはかったが、その縁起でもある『親鸞伝絵』にも、誇張や奇瑞化された部分が見られることと通底する。さらに本願寺は公家社会に同化し、顕密寺院社会での身分も得ていった。その結果が、顕如期の永禄二年（一五五九）門跡成ということになる。真宗寺院に限らず、一般に寺社や名家が、ほぼ一様に来歴を飾ることは歴史社会の営為でもある。

そして、本山本願寺のこのような身分上昇とそれに並行した教団の拡充は、近世の寺檀制下における道場の寺院化へと連動してゆく。近世の寺院化と身分上昇については、従来断片的に論じられてきたに過ぎないように思われる。近時、和田幸司著『近世国家における宗教と身分』（法藏館、二〇一六年）が刊行された。戦国期における本願寺の身分上昇についてふれつつ、近世の被差別寺院の身分上昇を中心にした詳細な著作である。しかし、ここには一般道場・寺院に対する言及はない。本書の関心と近似するも、基本部分に差異があり、本書ではほとんど参照していない。

本書の関心は、こうした身分獲得の動きと連動して、相関的に由緒書が創成されてくることである。そこには、根拠となる法宝物が存在し、「御旧跡」も成立したという事実がある。こうして、近世中葉以降、あらためて由緒のある真宗の「寺」が誕生した、ということになる。以下少しく、本書の内容を研究史を通して、問題点や課題も含めて提示しておきたい。ただ、地方事例の多くを、著者の地元である三河地域を対象に考察することを、まず付言しておきたい。

第Ⅰ編「三河における地域道場から教団への展開」では、三河地域において本願寺傘下に入った地域「本願寺教団」の様相を考察する。特に上宮寺門徒団の形成、本宗寺の創立、そして上宮寺も含めた地域大坊主の門末形成のあり方に注目してゆく。

ただ、この地域は、本願寺傘下に帰参する以前の状況にもさまざまな問題があるので、まず第一章では三河における初期真宗の展開について概観する。

三河の真宗は、親鸞の柳堂《やなぎどう》逗留伝承により、結縁・拡大したとする。しかし『三河念仏相承日記』によると、真仏や専海など高田有力門弟により在地の円善が結縁し真宗が根付いたと見られる。高田派妙源寺太子堂の存在、大量の絵伝類の存在（太子絵伝・善光寺絵伝・法然絵伝・親鸞絵伝など）がそれを裏付けるとして、平松令三氏・小山正文氏らは「高田源流説」を強調されてきた。これを補強するのが、康元元年（一二五六）十月二十五・二十八日に書かれた親鸞真筆の四幅の名号（十字・八字〈高田専修寺蔵〉、十字〈妙源寺蔵〉、六字〈西本願寺蔵〉）で、日時的にもこのとき上洛した主従四人に与えられたものと断定される（平松『親鸞の生涯と思想』吉川弘文館、二〇〇五年）。

これに対し、近時、脊古真哉氏は専海系の三河門流は高田系と別系門流であることを提唱された。『三河念仏相承日記』の史料性を初めて疑問視し、ここに三河初期真宗において従来の見解との相違をみるに至った。多くの自治体史も、前者の説を採用しており、高田系の史料にはさらに、高田系門末が蓮如を介して本願寺に帰属したことを記している。この従来説の否定は、本願寺化する以前の門徒形成という点で、大きな問題提起となる。

もともと親鸞の柳堂逗留伝承は、『三河念仏相承日記』が下敷になっていると思われ、これの成立をいつ頃と見るかが問題となる。また、三河門徒と覚如・存覚との交渉は確認されるも、蓮如へ帰参するまでの約一世紀は不明瞭といわねばならない。本書はこの点の解明までには及ばないものの、蓮如期における三河門徒が本願寺化していく過程をみることによって、史料的制約もあるが、一定の見通しを立ててみたい。

第二章では、蓮如期以降の三河地域を事例として、史料的にも残存の多い佐々木上宮寺を取り上げ、一般に『如光弟子帳』と称される文明十六年（一四八四）成立の門徒帳の分析を中心に考察する。『如光弟子帳』に記載された道場には実如期を中心に絵像本尊が下付され伝蔵されている場合もあり、一般に道場成立の重要史料として注目されてきた。そしてこれを「開基仏《かいきぶつ》」と称して、その性格が位置づけられて久しい。この用語を最初に用いられたのは、管見では井上鋭夫氏である。

氏の著書『本願寺』（至文堂、一九六六年）は、真宗教団史を日本史・日本宗教史をも考慮しつつ論述されたものとして、現在の学界にも大きな示唆を与え続ける名著である。この末尾の「本願寺教団の機構」の項で、裏書を有する下付物について次のように説明している。

寺院または門徒と本願寺との本末関係を明確に表示するものは本尊・七高僧・太子影・開山影などの裏書で、これらは道場や講から手次寺院を経由して本願寺に申請し、宗主が本尊や影像に名称・年月日・願主名と所在地・所属関係・自著花押を裏に書いて下付するのである。他宗他派や単位組織が本願寺に帰属した場合も同様で、現在実如下付の本尊が開基仏として多く残っているのは、道場寺院が多く造られたというよりも既存のものが新しく本願寺の下に入ったと見るべきであろう。

裏書の説明として要を得たものであるが、絵像本尊を「開基仏」と呼称した場合、本願寺傘下での道場の開創という意味となる。『如光弟子帳』に見る道場では、本論で詳述するが、一世代後の実如期に多くの絵像本尊が下付されている。そうした傾向をどのように見てゆくかも、第Ⅰ編の課題の一つである。また『如光弟子帳』は、本末関係の先駆的状況も表記している。これら門末が、上宮寺の本願寺帰参以前から形成されていたかどうか、史料的に不明瞭ではあるが、考察を深めるべき問題である。

三河真宗史に関する先行研究として、古くは日下無倫氏、戦後は笠原一男氏、新行紀一《しんぎょうのりかず》氏、織田顕信氏らの業績がある。笠原氏は、大著『一向一揆の研究』（山川出版社、一九六二年）において莫大な史料を示し、「三河における真宗本願寺派教団と、同専修寺派・禅宗・浄土宗教団の発展状況」を比較検討した。本願寺派が農民を主たる基盤としたのに対し、専修寺以下は武士を基盤としたとする。また佐々木上宮寺・野寺本證寺・針崎勝鬘寺のいわゆる三河三箇寺の史料により、一向一揆前後の本願寺派教団の展開を総括的に明らかにされた。新行氏は笠原氏の業績を一定程度継承するも、『一向一揆の基礎構造』（吉川弘文館、一九七五年）において、第一に「三河原始真宗の発展を当時の社会構造と関連させて把握する」。第二に、「十六世紀中葉の西三河には「門徒領国」、あるいは「一揆」支配が成立していた」のではないかという設問から、教団の構造的把握という点を重視する。そして後者では、天文十八年（一五四九）本證寺武士門徒連判状を分析し、笠原説を否定的に克服した。

また、三河三箇寺を中心とする蓮如期以降の教団形成について同氏は、日下氏「蓮師時代開創の道場について」（『宗学研究』第五号、一九三二年）、織田氏「佐々木如光とその周辺」（『真宗研究』第一〇輯、一九六五年、後に織田著『真宗教団史の基礎的研究』法藏館、二〇〇八年）の研究をベースに、あらためて『如光弟子帳』を分析した。ここから、蓮如の把握は上宮寺のような大坊主までであり、実如期に一部道場への絵像本尊下付の例があって、ここに下道場と本願寺との関係成立をみた。そして大多数の道場には絵像本尊が下付されていないとしている。しかし新行氏の調査は不十分であり、『如光弟子帳』に見る上宮寺と下道場との関係性にまで注目していない。そして「西畠《にしばた》恵薫《えくん》」を例に、墨書名号は門徒化の証拠として手次坊主が仲介して間接的に大量発給し、本願寺―大坊主―道場（下坊主）の系列がより強力に掌握される段階で絵像本尊の下付がなされるとした。したがってその裏書は、「弥陀の代官へ連なることを確認する安堵状の意味」（新行『一向一揆の基礎構造』二一八頁）があったとしている。墨書名号については、本書第Ⅲ編でも取り上げるが「西畠恵薫」への裏書付き名号は特殊であり、例示には不適当である。墨書名号と絵像本尊との関係も単純には解明できない。この点、裏書の意義や絵像本尊と名号との関係についても、本書で考察する。

さらに新行氏は、十六世紀後半までに蓮如・実如直系の本宗寺《ほんしゅうじ》を中心として、傍系血縁の勝鬘寺・上宮寺と本證寺以下の大坊主を直参、あるいは本宗寺与力として掌握した体制が確立されたとしている（新行『一向一揆の基礎構造』二二三頁）。ことに実円在世中は、本願寺に最も忠実な地方教団でもあったとも言う（同上）。こうした見解は大略妥当かと思われる。しかし、従来の研究では、土呂《とろ》坊本宗寺が、鷲塚《わしづか》坊も含めて三河にどのような経緯や背景のもとに成立したのかについては、ほとんどふれられていない。はやくに織田顕信氏の「本宗寺考」（織田『真宗教団史の基礎的研究』所収）があるが、その創立や背景については、上宮寺・如光との関連にはむしろ否定的である。本書第Ⅰ編第三・四章で注目する大和吉野門徒や、別坊鷲塚坊との関連からすると、むしろ上宮寺と密接に関係しつつ展開したと考えられる。

もともと本宗寺は、永禄六・七年（一五六三・六四）の三河一向一揆で破却され退転した。天正十一年（一五八三）末に禁制が赦免され、本宗寺も復興と機能回復をみる。この点については安藤弥氏「天正年間三河教団の再興過程―平地御坊体制をめぐって―」（『安城市史研究』第六号、二〇〇五年）に詳しい。安藤氏は、当初は三河門末の与力体制が見られるも、教団的・政治的諸要因により次第に存在基盤が揺らいでゆくと見ている。これにより、逆に土呂坊・鷲塚坊への与力体制が確立していたと裏付けているが、本書ではこの時期までは論究しない。

本宗寺はこのように、本願寺血縁が跡絶えつつも復興し、東西分派では、三河では少数派の西派となり存続していく。そして近世後半に名跡復興の形で再興されたため、同時代史料等はほとんど伝来していない。さらに西派の岡崎市美合《みあい》町本宗寺は、昭和四十三年に本堂が焼失したため、史料滅失に追い打ちをかけた形となった。ただ本書では、これら先行研究の後に見出された関連史料をもとに、当初より兼住であった播磨英賀《あが》坊本徳寺をも視野に入れつつ検討する。いずれにしても、土呂坊本宗寺も別坊たる鷲塚坊も寺内町が形成されていたことは確実であるが、その実態はほとんど不明である。鷲塚坊については、同時代史料によりわずかにその様相が確認されるが、土呂坊については伝承史料から知られる程度である。また、「本宗寺門徒」は遠く大和吉野や奈良、あるいは大坂にも存在したことが確認できるが、地元三河には「本宗寺門徒」の裏書は見出されていない。証如・顕如期には本山本願寺で中枢的立場にあり、本願寺門跡成の際にはまず勅許院家となったが、地元三河では多くが不明瞭である。

このような門末形成の結果、三河地域は蓮如を機縁として、実体としては蓮如・実如筆名号や「御文」本が流布していった。信仰世界においては、「蓮如伝承」を醸成してゆく。「御文」本流布については第Ⅰ編補論にて、その状況を展望する。墨書名号の流布は第Ⅲ編第二章で注目する。そして、最後の総論において具体的に論ずることになるが、蓮如伝承の象徴的な旧跡地は、「土呂」であったり「西端《にしばた》」「鷲塚」であったりと、本宗寺と直接または間接する地点から蓮如伝承が創生されたのである。

第Ⅱ編「本願寺門主制と近世の末寺身分」では、道場の寺院化にともなう身分昇進の動向について論述する。これには、本願寺自身も含め、身分を象徴すると考えられる装束衣体や、それを着用する真影（本願寺歴代影像）・似影（末寺住職影像）に焦点を当て、考察の対象とする。

戦国期における本願寺教団組織の研究は、一九七〇年代後半から八〇年代にかけて金龍静氏の下間《しもつま》氏や三十日番衆制度の研究、早島有毅氏の「頭《とう》」制度の研究により大きく進展した。そして、草野顕之氏はこれらの先行研究に立脚しつつ、教団内身分や組織・儀式論において詳細に深化させた。氏の『戦国期本願寺教団史の研究』（法藏館、二〇〇四年）は、これら一連の研究の一つの到達点を示したものといえよう。その序論において、研究史も詳細にまとめられており、本書においてもまずもって大きな参考となるものである。この草野氏の著書は、本書とも一部相関する部分もあるので、大略その内容を示しておきたい。

草野氏の著書は全体にⅢ部で構成されており、第Ⅰ部「蓮如教団形成の諸問題」、第Ⅱ部「戦国期本願寺教団の形成と展開」、第Ⅲ部「戦後期本願寺儀式の形成と展開」となっている。

第Ⅰ部では、戦国期本願寺教団の前提的意味あいとして、蓮如教団組織の諸問題、蓮如の生涯や教説、山科本願寺寺内および山科本願寺の堂舎の考察がなされる。

第Ⅱ部では、『天文日記』を主要史料として、主に証如期の本願寺内部の組織や身分などが解明され、著書の中心的部分ともいえる。すなわち、直参身分・坊主と入道、そして直参身分のうちにも常住《じょうじゅう》衆と定《じょう》衆の身分差を明確化する。加えて、儀式はもちろんのこと、能や謡などの文化面においても宗教儀式的要素が内在することを指摘する。そして本格的な本願寺教団の組織化は、蓮如期に拡大するも実如期に実現するという見通しの上で立論している。この点は、下付物等からも吉田一彦氏の研究（「実如の継職と初期の実如裏書方便法身尊像」〈同朋大学仏教文化研究所研究叢書Ⅳ『実如判五帖御文の研究　研究編下』法藏館、二〇〇〇年〉）の見解とも一致する。

さらに、一家衆身分が制度上において確立されるのが永正十六年（一五一九）の一門一家制で、実如・円如の連枝一孫（嫡流）を「一門」、その他庶子を「一家」と定められた。そして「一門」格獲得には、法義伝承としての相伝がともなうことを指摘する。そして、一家衆の具体例を大坂寺内の地方版との視点から、枚方順興寺実従に焦点を当て、その特色を見る。史料は、実従の日記『私心記』を中心素材とする。

一方、寺侍衆であるところの下間氏については、ことに金龍静氏が本願寺の内衆としての位置付けを明確にされたことを受け、懇志請取にかかる印判奉書の分析から、顕如期を中心とする時期の下間氏と教団構造を分析する。

そして本書と最も関連性があるのは、第六章の坊主身分について、近世にいたるまで言及される部分であり、寛永期から万治期の十七世紀中葉、東本願寺の定衆と御堂衆の座次の確執を記録した『定衆御堂衆座論之事』を中心史料とする。すなわち、直参の頭である定衆は直参衆を司っていたが、直参身分を保障した三十日番衆制度・頭制度の衰退により、近世（東）本願寺教団編成原理に大きな変容があったとする。ここに新たに、身分体系の創出があったことを指摘する。すなわち、選ばれた一門衆が院家となり、一門衆が内陣衆、他の一家衆が余間衆として、僧階が定められたとする（西派も寛文元年〈一六六一〉以来、親鸞四百回忌を期して「余間」が創設されている）。これを三官とし、その下に飛檐《ひえん》も創出され、礼銭により直参衆（平僧）もこれらに昇進できるようになり、身分体系の変容を三段階に図示している。

第Ⅲ部では、『永正十七年元旦ヨリ儀式』を基本史料とし、前年の一門一家制の一族身分の規定化と連動し、年中行事の成立を見るとしている。そして、永禄二年（一五五九）の門跡成に至り、儀式の権威化がはかられたとする。

このように草野氏は、第Ⅱ部・第Ⅲ部で戦国期本願寺の組織や身分体系、それにともなう儀式の権威化などを、『天文日記』を中心とした文字史料により、綿密に論証された。ただ地方の門末への波及については触れられていない。

本願寺の門跡成については、安藤弥氏が「戦国期本願寺「報恩講」をめぐって―「門跡成」前後の「教団」―」（『真宗研究』第四六輯、二〇〇二年）において詳細に検討している。門跡成直後の親鸞三百回忌という初めての御遠忌勤修にあたり、儀式の権威化による装束等の公家化や、院家・坊官制創設による宗内秩序の再編など、通仏教（顕密仏教）に通ずる変更がなされたことを指摘する。もともとこうした点は注意されてはいたが、戦国期仏教の視点から、本願寺の本山化、内部構造の転換、身分の性格について問い直しを喚起した。ことに儀式行事と装束の関係を詳細に表示しており、本書においても大きな参考となる。ただ、袈裟・衣の名称は確認できるものの、形状等についてはいま一つ明瞭となっていない。

本書では、歴代門主や一般寺院住持が描かれた真影や似影《じえい》といった絵画史料に注目し、装束衣体《えたい》や袈裟に描かれる「紋」にも留意してゆく。それは、草野氏や安藤氏も指摘するように、本願寺の門跡成による権威化にともない、装束にもそれを反映しているからに他ならない。こうした点をさらに具体的に、本書第Ⅱ編第二章で門主とその一族に注目し、第Ⅱ編第三章では近世末寺住職の実態を明らかにする。その事例として、安城市願力寺所蔵の『余間昇進記録』（嘉永三年〈一八五〇〉）に着目し、その具体例を見る。この記録では、余間昇進嘆願には金銭だけでなく、しかるべき由緒が大きな要素となっている。第Ⅰ編で見た『如光弟子帳』にある如光門徒の一員であった願力寺の祖が、由緒書では有力な蓮如門弟へと来歴が変化している。こうした身分や法衣をはじめとする格付など、許認可のすべての権限は門主が掌握する。これも草野氏の指摘する身分体系の宗主（門主）の一元化について、戦国期のみならず近世まで一貫し、拡大すると考える。そのあり方を「家元制」的性格と見て、絵画史料の検討に先だって第Ⅱ編第一章「本願寺門主制の性格」で考察した。

これは格付・身分の許認可や、草野氏の指摘する相伝の面にも共通性を見出すことができ、加えて儀式執行についても門主の大きな権能と見られることにもよる。それは青木忠夫氏により紹介された、本願寺年中行事（法要）の顕如による自筆の和讃讃頭部分の書出に見出すことができる（青木忠夫『本願寺教団の展開―戦国期から近世へ―』第二部第一章「本願寺顕如筆『讃頭』関係文書考」法藏館、二〇〇三年）。報恩講をはじめとする本願寺の儀式内容については門主が決定権と執行権を有していたのである。

一方、真宗における装束法衣のまとまった先行研究はほとんどない。通仏教としては井筒雅風著『法衣史』（雄山閣出版、一九七四年）・同『袈裟史』（雄山閣出版、一九七七年）が唯一である。法衣に関しては前者でほぼ把握できるが、身分と袈裟・衣の関係は門跡成を境に大きく変化し、さらに近世において一層不明瞭となる。東派では山口昭彦氏が鋭意研究されているが、論考として発表はされていないのも、そのためである。この点、本書も、氏より多大な御教示をいただいたが、いまだ不完全である。

近世本願寺の身分体系については、これもいまだ不明瞭な部分が多い。ただその概略は、千葉乗隆著『真宗教団の組織と制度』（同朋舎、一九七八年）により西派系のものは知られる。そして『真宗史料集成』第九巻「教団の制度化」（同朋舎、一九七六年）も同じく千葉氏により編集され、『法流故実条々秘録』『真宗故実伝来鈔』『安永勘進』など、東西本願寺の主要な故実書が活字化され、その解明において恩恵は大きい。

これらを含めた由緒の素材として、本願寺系寺院の場合一般的に多く見られるのが、蓮如筆の名号である。蓮如結縁の由緒を持つ寺々では、蓮如筆名号と伝えられるものを伝来している場合がある。蓮如以降、本願寺歴代門主は名号を書いているが、それらには署名も裏書もなく、ときには信拠しがたいものもある。由緒を考察していく上からも、あらためて墨書名号の筆者を確定する作業が必要となる。

第Ⅲ編「本願寺下付物と墨書名号」では墨書名号のみならず、まず第一章で蓮如以降一般化する道場や寺院礼拝物全般の本願寺下付物について考察する。蓮如下付の親鸞像の礼盤《らいばん》の狭間《さま》に、すでに身分差の萌芽が見られる。第二章で墨書名号の筆者を、主に蓮如・実如のものを中心に検討する。

もともと親鸞の筆跡については、古くは辻善之助博士の『親鸞聖人筆跡之研究』（金港堂書籍、一九二〇年）があまりにも著名であるが、蓮如については筆者が墨書名号の論考を発表するまでは、先行研究は皆無であったと言ってよい。墨書名号の筆跡識別については、経験豊かな斯界の大家の先生により判定されることが常識となっていた。逆に言えば、経験の浅い者には判断が許されないという雰囲気があった。そして一九八一年、宮崎圓遵・北西弘監修により大阪市円徳寺蔵の六字名号の複製が、蓮如筆六字名号として、同朋舎より頒布された。軸装複製版の初期の頃であったので、かなり好評であった。すでに筆者も墨書名号に関心があり、これは実如筆の特徴の名号と考えていた。東西両派の大家が監修されたものであり誰も疑わなかったが、これ以降、蓮如筆名号も、できるだけ客観的に実如以降の名号との差異を見出すべく方途を模索した。

先行業績のないなかで、一九九四年に「本願寺蓮如・実如筆名号比較試論」（『仏教史学研究』第三七巻第二号）を発表し、とりあえず蓮如筆の部分的特徴を見直し、タイプ別に客観的識別の見通しを立てた。そして、蓮如上人五百回御遠忌を見据えて、拙稿を土台とした共同研究が、木越祐馨氏・岡村喜史氏の協力も得て発足した。こうして出版されたものが『蓮如名号の研究』（同朋大学仏教文化研究所研究叢書Ⅰ、法藏館、一九九八年）で、本書にも第Ⅲ編第二章第一節に若干補訂したものを転載した。該書は、真宗史研究に携わる研究者が調査の折に出合う墨書名号に対し、ガイドブック的な役割を果たすようになっている。

しかしこの翌年、恩師である北西弘氏が蓮如の筆跡や名号の筆者について『蓮如上人筆跡の研究』（春秋社、一九九九年）を刊行された。拙論の蓮如・実如筆の識別に対する部分的反論があり、幼児名号についてはその大半を蓮如筆として詳述されている。北西氏の立場は、やはりある程度伝承を考慮されたり、主観による判断も見られ、拙論との視点の相違が明瞭になったともいえる。

『蓮如名号の研究』は、誰でも客観的判断ができることを意図したものであった。北西本の刊行により、一定の方向性がかえって鮮明になったと考える。ただ、結果的に西本願寺蔵や吉野本善寺蔵双幅名号も蓮如ではなく実如筆ということになり、裏書を付さない墨書名号では、蓮如直系寺院でさえ伝承と乖離する事例が生じるようになった。しかしながら、一部に反対意見が根強いことも確かである。

また第三章第二節・三節では、『蓮如名号の研究』では触れられなかった蓮如筆楷書六字名号の筆跡と意義、そしてこれらの識別による蓮如と実如の名号の流布状況や、楷書名号の意義などにもあらためて注目した。さらに幼児名号についても、本書では第Ⅱ編第三章との関連から、由緒生成という視点において考察した。

本書第Ⅰ編から第Ⅲ編では、道場の形成から近世寺院の成立過程における身分の獲得という様相を、絵画史料の分析も含めて考察した。その要件の一つが由緒書であり、それに付随する名号などの伝承に色付けられた法宝物の存在である。それは、寺や住職の格付・身分と不可分の関係にあったが、換言すれば、歴史的事実でない由緒・伝承を醸成してゆくあり方を、歴史的事実のなかで捉え直してみるという作業でもある。総論ではそうした見地から、由緒に仮託された法宝物や旧跡がどのように成立してきたかを論じた。

真宗寺院の由緒や伝承については、従来これを正面から研究する気運はほぼ皆無であった。これに初めて「学術的」に取り組まれたのが、塩谷菊美著『真宗寺院由緒書と親鸞伝』（法藏館、二〇〇四年）である。内容は、「Ⅰ由緒書の型と表現」、「Ⅱ由緒書と近世親鸞伝」に大別される。Ⅰにおいては、寺院由緒の成立や性格について、その事例として、佐々木姓の由緒の全国展開から読み取れる真宗門徒の結集原理をはじめ、種々の特質を詳細なデータをもとに読み取ってゆく。Ⅱにおいては、前半で信濃康楽寺が親鸞絵伝の家となってゆく諸経緯を考察する。このことは、本書に関連していえば、信濃康楽寺が史実を超えて親鸞伝絵の権威的な「家元」に昇化していったともいえる。もちろん該書にも、康楽寺の「絵伝の家」という文言も見られる（『真宗寺院由緒書と親鸞伝』一六七頁）。後半は信濃長命寺由緒の生成と民衆化について、幅広い寺々の由緒書等から導き出している。

このように該書は、由緒書の成立を真宗寺院とそれを取り巻く真宗門徒の動態と信仰という視点から、緻密に考察された書であり、広範な史料猟捕の態度には学ぶべき点が多い。本書総論は、由緒についてほんの一部の事例を提示するのみであり、主に由緒成立過程で関連法宝物や文書などが「作成」されてゆく実体を検出することを重視している。その点では塩谷氏の見解と一部齟齬する部分がある。塩谷氏は「近世の寺院は、教団内での位置づけを大層重視する。開創譚の後に、どの住職の代に飛檐の免許を得たか、いつ余間に昇進したかなどを子細に書き綴った由緒書もたくさんある。だがこれは、主に教団内身分取得のための官料をどれだけ調えられたかという、一寺院内部の経済上の問題である」（同上、七六頁）と述べる。本書では願力寺の事例により、身分上昇はけっして官料（礼銀）だけではなく、しかるべき由緒書の付随により成就する点を重視する。もっと言えば、塩谷氏の考察対象となる佐々木伝承の多様な由緒書の流布も、たとえば五条袈裟、あるいは本堂や山門などの軒丸瓦の「家紋」の表示といった、視覚の点にまで及ぶことを考慮した場合、さらに別な見解も導き出されることが予想される。

また本書は、由緒書の成立とともに「御旧跡」の成立もほぼ同時進行であったと見る。これを三河の蓮如旧跡や巡化伝承の成立と重ねた場合、由緒書がさらに説得力を増すと考えられる。加えてこの点は、法宝物という「現物」にも遡及して考察する必要性もあり、先に第Ⅱ編のところで述べた通りである。

このような近世寺院の由緒「作成」と、身分上昇の背景には、戦国期以来近世に至る教団機構の改変にも密接に連関してゆくことになる。この点は、草野氏も、戦国期を中心に本願寺の門閥化が機構変革のなかで、門末の身分・儀式・装束の権威化をまねいたと指摘する。ただ、由緒・縁起の問題にはほとんど立ち入っていない。一方、塩谷氏の縁起論は身分論が視野に入っておらず、本書はこの二氏がほとんど注目していない部分に注目したものである。

その具体例として、第Ⅱ編第三章補論で紹介した、安城市願力寺の『余間昇進記録』にあらためて重ね合わせて見てゆく。第Ⅰ編で見たように、願力寺の前身は『如光弟子帳』にその名が記され、「古井　行専」道場がその草創と考えられる。実如より絵像本尊が下付され、天正十九年（一五八一）『末寺帳』にも寺号は見られない。しかし、嘉永三年（一八五〇）の余間昇進時の由緒書では、蓮如による寺号許可などを前面に出し、如光門徒から蓮如直弟へと変貌し史実は消滅する。これはこの寺に限ったものではなく、戦国期以前に成立した場合は、おしなべてこうした傾向にあった。物証ともいうべき法宝物や古文書等も、それに沿って「改造」「制作」されたのである。「お骨」や「腰かけ石」といった伝承も同類である。

こうした趨勢が、近世由緒書・伝承世界を組み立て、身分上昇と一体化して展開したのである。このような現象について、あらためて「史実と伝承」の観点から着目する必要があると考える。本書では、戦国期道場から、由緒・伝承を基盤とする近世的真宗寺院成立という視座に立ったとき、従来不明瞭であった部分を、わずかでも解明しようとするものである。

なお本書においては、本願寺住持《じゅうじ》を原則として「門主」と呼称する。一般に「宗主」とも、大谷派では「門首」とも称するが、「門主制」という概念を論じているため、あえて本書では歴史用語として「門主」の語を用いている。他意はないことをお断りしておきたい。また一般寺院住持も原則として「住持」と呼称する。ただ現代語では「住職」であり、本書では、研究領域で「住持」、一般用語として「住職」の使い分けをした。したがって、文章中で錯綜しているようにも見えるが、この点も筆者の意図をお汲み取り願いたい。

第Ⅰ編　三河における地域道場から教団への展開

第一章　三河の初期真宗概観

三河に真宗が芽ばえたのは、親鸞その人が矢作《やはぎ》（現愛知県岡崎市）「柳堂《やなぎどう》」で布教したことが始源であるとする。それは尾張や東美濃の河野門徒などにも伝承されている。そして柳堂伝承の中心は、現在の岡崎市南部の高田派妙源寺の南北朝期建立の太子堂で、ここに安置される太子木像（堂・像共に重要文化財）が古くもあり、説得力を持つ。そしてこの寺には、三河真宗の始源にふさわしく、親鸞真筆十字名号はじめ、光明本尊の原形になったといわれる三幅対の光明名号連座像や親鸞絵伝三幅本（いずれも重要文化財）などを伝え、伝承を補完している。

もちろん他にも、柳堂伝承を伝える寺院はあり、岡崎市西照寺（元地・現矢作柳堂寺）・同矢作勝蓮寺・桑名市法《ほう》盛寺《じょうじ》（旧称柳堂阿弥陀寺）などである。

しかし、この柳堂伝承の源態は、貞治三年甲辰（一三六四）九月二日付の『三河念仏相承日記』[1]（岡崎市上宮寺蔵写本）に関係するようである。「康元元年（建長八年〈一二五六〉）下野国高田の真仏・顕智・専海らの一行が、上洛の途次、矢作薬師寺にて念仏布教し、帰洛時に顕智が逗留して念仏勧進した。そして円善ら多くの門徒ができ、各所に道場が出来た」とする。この伝承は、やがて親鸞自身が関東から帰洛の折、柳堂で布教したというものに変形したと考えられる。そして「柳堂」なる場も確証を得るところは存在しない。

「柳堂」の初出は、先に記した妙源寺太子堂の「専修念仏柳堂」とある正和三年（一三一四）八月の修理棟札である。ただ「改写」されたようで、元禄十五年（一七〇二）の修理棟札の文字に近似しており、「柳堂」初出史料とは言い切れない。(2)

また近時、この『三河念仏相承日記』（以下『日記』とする）も内容が全面的に信頼できないとする説が出された。(3)三河真宗の原点とも言うべき史料である『日記』について、平松令三氏や小山正文氏はじめ、従来、この史料に疑義を挟む人はほとんどいなかった。ところが脊古真哉氏は、『日記』の諸点を詳細に検討することによって、『日記』は、蓮如による本願寺拡大のなかで高田派の正当性を意図するもので、戦国期・十六世紀中葉まで成立の下がるものと結論付ける。この説が正当なら、従来この『日記』によって三河地域の真宗道場の成立や動向は親鸞在世中からとほぼ共通認識されていたが、その基本がくずれ去ることになる。もちろん内容すべてが創作ではなく、人的関係や年代に矛盾が見られるとする。

この視点は看過できないものとして、今後この『日記』にあたるとき、十分に留意されねばならず、この点はあえて記しておきたい。

さてこうした点を確認しつつ、あらためて本章の課題について考えてみるとき、脊古氏は非高田系と想定される「専海系三河門流（専海―円善）」の存在をあげる。岡崎市勝蓮寺・同願照寺蔵の高僧連座像にも、専海―円善と描かれており、一部『交名帳』にもこの関係が見られ、至極妥当な見解ではある。北陸に展開する円善系の法派とは異なることも正論であろう。ただ専海自身と三河との関係を示す史料はあるのであろうか。

存覚が「安城御影」を披見した『存覚袖日記』の記事には、「上人（親鸞）―専海―性信専海孫―唯覚子―照空子　相伝如之云々、照空　文和四年　四十三歳(4)」とあり、御影を存覚に持参した「三河国安城照空坊」は、専海の高曽孫と思われる。そしてこれを「相伝」したというから、照空は後の願照寺の住持であろうが、この時点では寺号は見られない。もちろん専海を願照寺の祖とするのは是としてよいであろう。

ただ専海が三河にどれほどの縁者であったのか、『日記』を除外すればどう考えられるのだろうか。もともと『日記』にも専海が真仏に同道するとあるが、帰路ここで教化したのは顕智であり、専海ではない。したがって円善が専海に「面授」したのであれば、その場所は遠江であった可能性もある。親鸞消息において、専海は遠江池田におり、晩年の親鸞はたのもしく思っている。(5)したがって専海以下いずれかの代に三河に移住したと考えられるが、ここで二つの問題について考えてみたい。

一つは、やがて願照寺となり、実如期に「安城御影」を本願寺に寄せることになるが、今のところ「願照寺門徒」と記す裏書の事例報告はない。したがって下道場を拠点とした門徒形成の徴証はないということになる。

今一つは、専海は高田門徒であったのであろうか。『日記』の内容に疑義が生じていることに加え、もし高田門徒であったなら、顕智や真仏同様に専修寺に古態の木像が伝来するはずであるが、専海こそ、『教行信証』書写や親鸞「御影」許可が明らかな唯一の存在であるにもかかわらず、単身画像すら伝来していない。

交名帳（牒）諸本には、いずれも専海の下に三河の初期門弟らが名を連ねるのが基本である。ただ、妙源寺本・光薗寺本・光明寺本それぞれが微妙に異なり、平田・和田二カ所の地名と、円善・念信・信願などの有力門弟も、位置関係は一致しているわけではない。(6)

また覚如は、徳治二年（一三〇七）、造岡《つくりおか》の道場で『上宮太子御記』を披見し、和田の宿坊でこれを書写している（西本願寺蔵本）ことも、三河門徒と良好な関係にあったと考えられる。

このように見てくると、『日記』に見る道場や人物も実在した可能性もある。いずれにしても背古氏は、基本的に専海――円善系三河門流と位置付けるが、それは高田門流と一定のラインを画した存在として、高田古寺の満性寺や妙源寺も『日記』に記される人物や道場の直系であるという確証はないことにもなろう。

ここで、今一度問い直すべきは「門流」とは何か、という点である。親鸞在世中は必ずしも明瞭でなかったものが、没後門流として高田、横曽根、荒木・磯辺などと一様に、徐々に明瞭となっていったものと考えられる。専信坊専海は三河に在住した徴証はないが、照空請来の「安城御影」の『袖日記』記事が最初の史料である。少なくとも、円善が専海の弟子であったならば、後に願照寺となったとき、円善系門末の子孫らが「願照寺門徒」であってもよいが、先に記したように願照寺末道場は存在を見ない。

こうしてみると、もともと覚如を受け入れた高田系門末の存在も否定できず、伝来する光明九字名号では如意寺に代表される荒木門徒系、安城市空臨寺の多田姓（摂津国多田光遍寺系、現兵庫県川西市）に象徴される仏光寺系など、三河の初期真宗は他地域に比べ諸門流が混在していたと考えられる。ただ、高田系や荒木系は何らかの象徴的存在を有したが、専海＝願照寺系や仏光寺系は、蓮如への帰参後はその痕跡をほとんど残さず本願寺化したようで、総体的に緩やかな門流形成がなされていったと考えられる(7)。したがって、専海系門流がどのようなものであったかは、史料的制約もあり具体像は出し難い。そして、蓮如帰参後も願照寺が「安城御影」伝来のみにその存在感を託していたように思われ、末寺・末道場がないとすれば、門流化はあまり持続しなかったと考えられる。ただ、願照寺に伝来する大型の優秀な親鸞絵伝はこの存在感を補完するものであったと見られることを、追記しておきたい。

いずれにしても、伝来する各種古態の絵伝や太子眷族像などは、裏書がなく必ずしも当該寺に帰属していたものかどうかはともかくとして、三河においては、太子信仰・熊野信仰・善光寺信仰などとも密接に連関混在し、複雑に交錯しつつ結縁し、一定の門流としての高田系・荒木系、さらにその傍系の仏光寺系等々の類聚に、まとめきれない様相があったと見られる。その意味で、緩やかな門流という言葉で表現しておきたい。

その後、本願寺化した上宮・本證・勝鬘寺の三箇寺、非本願寺化の高田派妙源寺・満性寺などに大別されるが、とりわけ三箇寺は巨大門末を擁する。一体この背景は何だったのだろうか。少なくとも、荒木門流の中心的存在の如意寺はやがて勝鬘寺門徒へ、仏光寺系の空臨寺（後の寺名）は本證寺門徒へと、中央の蓮如本願寺への諸門流帰参の地方版が起こったとも考えられる。上宮寺についても他の二箇寺と同様な流れも考えられるが、次章で考察するように大和吉野にまで門徒の存在が確認され、勝鬘・本證二箇寺と若干性格を異にする可能性もある。そして、このような蓮如本願寺への大量帰参に対し、地方版の本願寺として蓮如の名跡として建立されたのが、土呂坊（本宗寺）であろうか。

また高田系の色彩の強い、妙源・満性寺などの大坊主は真慧との関係が見られ、十六世紀に高田派系分裂の動きのなかで、真智派として本格的に展開することになったと考えられる。そして、これら有力大坊の寺々が所有する古態の優秀な太子絵伝や善光寺絵伝類、あるいは親鸞筆名号（妙源寺）などの法宝物は、後にふれるように権威や旧跡、また格付上昇のための必然的物件として、多くは集積された可能性も想定できる。この傾向は地方寺院だけでなく、本山においても（西）本願寺の琳阿本親鸞伝絵や、「安城御影」、高田専修寺の親鸞に直接する複数の名号類が、そうした性格の強いものと言えよう。

このように、三河の初期真宗は、蓮如本願寺帰参化と高田系への糾合の動きがあったことは確かである。ただ、十五・六世紀以前の親鸞以来の三河を中心とする初期真宗は、いくつかの高僧連座像に見る法脈や名号本尊類・絵伝等が残存しつつも、その実態は実はなかなか明らかとなってこないことが、あらためて判明する。加えて、信州・遠州、または尾州などとも密接な関係のなかで展開し、さらに問題を複雑化させる。そして、永禄六・七年（一五六三・六四）の三河一向一揆後の禁教二十年の影響は大きく、史料の滅失と徳川政権下での史実の変貌をもたらした。

このような現況のなかで、さらなる関連史料類の発掘は進められねばならないが、混沌とした初期真宗のこうした前提の上に、蓮如本願寺帰参と展開を次章以降で考察することが、第Ⅰ編の本題である。

註

（1）脊古真哉「『三河念仏相承日記』の史料論的検討」（『同朋大学佛教文化研究所紀要』第二五号、二〇〇五年）の末尾四五・四六頁に翻刻されている。その後、岡崎市東泉寺所蔵本が発見され、こちらが古写であることが判明した。

（2）『岡崎市史』矢作史料編（岡崎市役所、一九六一年）図版九〇に「太子堂棟札」写真が掲載される。

（3）前掲註(1)脊古論文。

（4）小山正文「存覚袖日記の記事と専信坊専海」（図録『真宗の美』真宗の美実行委員会編、二〇一四年）。

（5）「専信坊、京ちかくなられて候こそ、たのもしうおほえ候」（『真宗史料集成』第一巻、同朋舎、一九七四年、四一〇頁）これは高田専修寺に所蔵される、五月二十八日付覚信御房宛親鸞自筆消息の一文であるが、これにより専信房専海が高田門徒であったという確証にはならない。

（6）前掲註(1)脊古論文。

（7）愛知県碧南市西方寺（大谷派）では、一九八五年頃まで報恩講に「真仏伝」が拝読されていたが、不明瞭ながらこれが荒木門徒系であった痕跡を示すものとも考えられる。西方寺は、本願寺化後に勝鬘寺傘下に入る。また、仏光寺系門末の多くが蓮如に帰参し興正寺門末となるが、「興正寺門徒」の裏書も尾張までで、三河以東では事例報告はない。また、小山正文氏は、三河に伝来する大量の絵伝類・太子像などを根拠に、『三河念仏相承日記』に記されるところの顕智・真仏・専海・随念らの高田門徒が三河矢作での念仏勧進のきっかけとなったとされる。ここにも東泉寺本が翻刻される（「初期真宗三河教団の構図」〈『続・親鸞と真宗絵伝』法藏館、二〇一三年〉所収）。

第二章　文明十六年『如光弟子帳』

第一節　如光門徒道場の形成

初期真宗は、門流の世界であったと言っても過言ではない。「親鸞は弟子一人も持たず」の言葉は、親鸞自身の自覚的言説であり、現実に関東においては、高田や横曽根・磯辺をはじめ、面授の弟子を中心に在世中に門流が形成されつつあったことは、ほぼ通説であろう。さらに派生した荒木・仏光寺門徒系が大きく展開してゆくことにもなる。他宗ほどではないにしても、「名帳」「絵系図」に見られるような法流資師のあり方が、真宗でも一般的であったと考えてよい。

そして、十五世紀後半に本願寺蓮如が出るに至り、これらの多くを糾合するに及び、本願寺を中心とする本格的教団形成がなされるようになる。こうしたなかで、蓮如門徒となった地域大坊主とその門徒団の様相を知る一例として、三河佐々木上宮寺如光を取り上げてみたい。俗に『如光弟子帳』と称する門徒帳とともに、関連する二点の末坊主や門徒についての史料が伝来することも重要な要素である。

三河の場合、第一章で概観したように、初期真宗における専海系三河門流と考えられる集団や、少なくとも覚如や存覚以来の真宗門徒の存在は確実である。『三河念仏相承日記』や高田系古刹により、高田系門末の存在が広やかに伝承されてきたため、かえってその実態が不明瞭になった部分もあると考えられる。このように、比較的緩やかな門徒集団であった大半の三河系門徒は、蓮如を媒介として、以後急速に本願寺門徒化が見られ、全国的にも有数な地域の一つとして注目されるようになる。

こうした三河を中心とする東海地方の蓮如以降の門徒形成を見る場合、史料的にも蓮如との関係史料を多く所蔵するのが佐々木上宮寺であり、本願寺化による道場化や末寺化の動向に注目するとき、最も有効と考えられる。『如光弟子帳』以下三点の門徒関係史料は、昭和六十三年の火災で同本と『末寺鏡』（教祐筆・真祐加筆、通称『別本如光弟子帳』。以後『別本』とする）は火傷したが、幸いにも文字部分の多くは残った。既に活字化されていたため、文明十六年（一四八四）十一月一日付の『門徒次第之事』（通称『如光弟子帳』）と、これの注釈書ともいうべき『末寺鏡』を参照しつつ、如光門徒の形成が把握できる。さらに、これについては第三節で考察する天正十九年（一五九一）成立の『末寺帳』が、その後の動向を示している。

加えて、各末寺に襲蔵される絵像本尊類の裏書にも注目することにより、第二節においては、これらを元にして具体的な道場形成の動向を把握しつつ、検討を試みたい。ただ、これら上宮寺門末の研究は、早くより先学や自治体史により進められてはいるが、通称『如光弟子帳』（以後『文明本』とする）の本末関係に注目するものは、拙稿初出の「中世末期における三河上宮寺の本末関係」（一九八〇年）発表以前にはなかった。その後、一九八九年に刊行された『新編岡崎市史』中世（本文編）には詳しくふれられており、次節で注目してみる。[1]

まず、基本となる文明十六年（一四八四）十一月一日付の『文明本』については、蓮如期において地方門徒の形成を知るための唯一の史料として、古くから斯界では著名なもので、何度か活字化されている。

上宮寺の場合も開創伝承は古く、聖徳太子まで遡るが、『文明本』の歴代の最初に名を見る「蓮願」が開基であろう。これは、下妻市光明寺『交名帳』の「円善――慶念――慶願――蓮願」という系譜から類推されるように、俗に「和田門徒」と称する専海系三河門流に属した人物と考えられている。これは先にも見たように、『三河念仏相承日記』の成立時期を下げた場合は、非高田系門徒であるが、やはり高田系の史料である『高田上人代々ノ聞書』に、次のようにある。

（上略）又三河ノ明眼寺ノ辰巳ニ当リ、池ヶヲヘダテ、サヾキト云所ニ上宮寺ト云寺アリ、昔ハ明眼寺ノ下タナリ、是モ蓮如ヨリ本願寺ヘ成ル、蓮如山階ヨリ上宮寺ヘカヨヒ玉フトナリ、(2)

この記事には興味深い点がある。上宮寺は明眼《みょうげん》(源)寺系列の寺であったとしており、もともと高田系ではなかったなら明眼寺が高田系となったとき、上宮寺は蓮如を介して本願寺系となってしまったことになる。この点、あながち否定される史料ではないようである。ただ、脊古氏の言われる三河一向一揆により妙源寺が高田系になったという時期よりは、少し上がることになるが、仮にそうであっても、上宮寺は本願寺化することにより、妙源寺系列を離れたということにはなろう。事実、上宮寺の時の住持如光は、寛正二年（一四六一）九月二日に蓮如より紙本の名号本尊を下付されている。ただ、次に記すように、存在の大きさから見ても、絹本ではなく紙本の名号本尊は奇異であり、何らかの背景があろう。

この如光については、堅田『本福寺記録』や「御文」などからも、三河にとどまらず、初期蓮如本願寺門下の重要人物であることはよく知られている。そして、この『文明本』は、本願寺教団における全国的にも最も早い、独立した門徒帳（後の末寺帳）である点、極めて重要な史料である。その日付は応仁二年（一四六八）に没した如光の十七回忌の命日にあたり、妻・娘と二代女性住持が続いたためか、門徒結束再確認のために記されたものとの従来の説に従っておきたい。

　また、これを文明十六年（一四八四）の成立としてよいかどうか問題がないわけではないが、個々の道場展開のなかでほぼ矛盾は見られないため、今は信拠しておきたい。もちろん蓮如筆という寺伝はあたらないが、聖教並の謹直な文字で書かれていることは注目される。

　内容は、開基以来の命日と、この時点での上宮寺末道場の地名と、多くの道場主名が記される。

『文明本』（如光弟子帳）(3)

三河国佐々木之郷
上宮寺開□之事
釈蓮願　六月十二日
釈蓮智　十月五日
釈順如　三月十八日
釈如全　応永廿八年八月十一日
釈如光　応仁二年十一月一日
釈如順　文明三年六月廿四日　　二

門徒次第之事
佐々木《サヽキ》　末道場三箇所 恵見、珠賢、道観
大友《オホトモ》　一箇所　順性
西畠《ニシハタ》　一箇所　恵久
鷹取《タカトリ》　一箇所　専修坊
大浜《オホハマ》　一箇所　手次専修坊　四良左衛門
吉浜《ヨシハマ》　一箇所　手次専修坊　道満
坂崎《サカサキ》　一箇所　修理亮　□
同　法蔵坊

同　　　　浄光
古井《フルヰ》　一箇所　行専
大浜《オホハマ》　一箇所　妙専
矢作《ヤハキ》　一箇所　新兵衛尉
大平《オホヒラ》　一箇所　専秀
磯部《イソヘ》　一箇所　手次専秀　太良左衛門
山中《ヤマナカ》　一箇所　手次専秀　了専
長沢《ナカサハ》　一箇所　手次浄光　図書助
若林《ワカハヤシ》　一箇所　道正
高村《タカムラ》　一箇所　向専
牛田《ウシタ》　一箇所　三井　四良左衛門
長瀬《ナカセ》　一箇所　三良五良
鷲田《ハシタ》　一箇所　舟津　弾正
尾崎《ヲサキ》　一箇所　道善
村高《ムラタカ》　一箇所　兆従　オシサハノ末
五
大嶋《オホシマ》　一箇所
池田《イケタ》　一箇所

竹見《タケミ》　三箇所
鴛沢《オシサハ》　一箇所
左桐　一箇所
コイタハ　一箇所　□
アカツノ一シキ　一箇所　コイタハノ末
ミウチタイラ　一箇所　コイタハノ末
六
ヒカシトツラ　一箇所　コイタハノ末
ミツクリ　一箇所　コイタハノ末
中山《ナカヤマ》　一箇所　コイタハノ末
河口《カハクチ》　一箇所　コイタハノ末
小峯《コミ子》　一箇所　鴛沢《オシサハノ》末
祖母居屋敷《ウハヤシキ》一箇所　鴛沢《オシサハノ》末
広瀬《ヒロセ》　一箇所　鴛沢末
高橋《タカハシ》竹尾《タケヲ》一箇所　笠屋　右衛門五良　鴛沢末
七
足助《アスケ》岩崎《ユハサキ》一箇所　鴛沢末
松峯《マツミ子》　一箇所　直　次良右衛門
ホウノツ　一箇所

木瀬《キセ》　一箇所
《ノカイ》　一箇所
《サフシキ》　一箇所
《アカハ子》　一箇所
《オカサキ》　一箇所　□〔八〕
鷹落《タカオチ》　一箇所　手次□□〔兆従カ〕良賢
大門《タイモン》　一箇所　道幸
河崎《カハサキ》　一箇所　藤三良
務女《ウ子メ》　一箇所　彦右衛門
俊賀利《トカリ》一箇所　良金
江田《エタ》　一箇所　四良左衛門
田代《タシロ》　一箇所　清右衛門
細河《ホソカハ》　一箇所　直　九
竹尾《タケヲ》　一箇所　藤左衛門
下河口《シモカハクチ》一箇所
井谷《ヰカイ》　一箇所
新堀《ニイホリ》　一箇所　平田　誓順

奥郡野田《オクノコホリノタ》一箇所　兵衛次良
尾張国之次第《ヲハリノクニノシタイ》
大部《オホフ》　二箇所　六郎万
北尾《キタヲ》　一箇所　十
普光寺一箇所
花井《ハナヰ》　二箇所　普光寺末
高木《タカキ》　一箇所　同　末
佐手原《サテハラ》二箇所　同　末
朝宮《アサミヤ》　一箇所　同　末
八幡　一箇所　同　末
瘖井《アサヰ》　一箇所　同　末
漕田《コカタ》　一箇所　同　末　十一
東條《トウテウ》　一箇所　同　末
結《ミノムスフ》　一箇所　同　末
専称坊一箇所
長枝《伊勢ナカイタリ》一箇所　専称坊末
於保《オホ》　一箇所　手次専称坊　道順
於保《オホ》　一箇所　手次専称坊　性金

木全《キマタ》　一箇所　専称坊末
花井《ハナヰ》　一箇所　同　末　十二
宮地《ミヤノチ》　一箇所　同　末
奥《オキ》　一箇所　同　末
於保《オホ》　一箇所　同　末
林野《ハヤシノ》　一箇所　同　末
浄光坊一箇所
正法寺一箇所
蘓原《ソハラ》　二箇所　同　末
大田《オホタ》　一箇所　同　末　十三
《スエ》　一箇所　同　末
乗専坊一箇所

此坪《コノツホ》　一箇所　手次乗専坊
心光坊一箇所
冨岡《トミノオカ》　一箇所　同　末
沢《サハ》　一箇所　同　末
鶉《ウツラ》　一箇所　同　末
赤部《アカノヘ》　二箇所　同　末　十四
郡部《クンフ》　一箇所　同　末
桑森《クハモリ》　一箇所　同　末
文明十六年甲辰十一月一日　十五

以上のようである。記載の地域と門徒数は、諸論考により若干の差異があるが、道場数を示すと三河六十二・尾張・美濃四十、伊勢一カ所の計百三道場を数える。一地名に複数道場もあり、百五道場とする場合もある。ここで注意すべきは、道場坊主に寺号・坊号・法名・俗名・無記載といった種類のあることや、上宮寺の下に位置する中本寺と末道場（孫末）との関係に、一部「手次」「末」「直」という記載の区別がある点などである。すなわち三河部では、寺号を称するものはなく、法名十九・坊号二・俗名十六で、山間部の多くは地名のみである。尾張部では、法名二・俗名一と地名ではなく末道場を有する寺号二・坊号四（うち一カ所は末道場なし）と、ほとんど個人名は記されていない。

これらのことから、次節で図示（図1）するように、上宮寺末と孫末道場の関係と地域にある程度の関連性が浮かび上がる。すなわち、上宮寺から遠隔の三河山間部と尾張・美濃地域では、人名の多くを上宮寺が把握していないことを、まず指摘しておきたい。逆に、上宮寺周辺の矢作川流域の平野部では、道場主名がほぼすべてに記されている。また、木曽川流域の濃尾平野部の「末」道場を有した主要道場なども、後の記録でも上宮寺とのパイプは継続している。すなわち、大河流域の平野部の末道場群の多くは安定的関係を保つのも、如光その人が、交易を含めた非耕作の分野に大きく経済基盤を置いていたことを想定させる。そして、上宮寺寺内にすでに三カ所の末道場が存在していることも注目される。

ただ、第三章で見る本宗寺の成立と深く関わる伊勢射和《いざわ》や大和吉野にも、如光門徒の存在が確認できるが、これについては全く記されていない。おそらく『別本』に見られるように、如光没後、上宮寺は吉野も含めて射和門徒を本願寺に帰属させた結果と考えられる。いずれにしても、こうした遠隔の地にも広範な門徒形成がなされていたことも、如光の経済活動を下敷とした宗教活動の様相を示したものであろう。

他方、そうした門徒・道場分布のみならず、上宮寺には多数の聖教が伝存している。南北朝期から戦国期の冊子聖教写本には、次のようなものが見られる。『浄土和讃』一帖（内容は大経願文等も含む）、『浄土文類聚鈔』一帖、『持名鈔』二帖（表紙に蓮如の筆で「釈如光」とある）、『歩船鈔《ブセンショウ》』一帖（寛正六年五月兆従写）、『破邪顕正鈔』二帖、『浄土真要鈔』二帖、『他力信心聞書』二帖（文明十五年奥書）、『本願成就聞書』一帖、『自要集』一帖、『万善同帰集』一帖（表紙に「如光」とある）、『顕浄土真実教行証文類』延書二十帖（蓮如筆の題字と「右斯教行信証仮名書廿巻

／佐々木上宮寺可為常住物也／延徳元年十月廿八日／釈蓮如（花押）」の奥書を付す。現碧南市蓮成寺蔵）、『御伝鈔』二帖（宝徳二年江州福田寺宛蓮如写本の写）、『真宗用意』一帖などである(4)。

もともと本願寺は、存如期までは聖教を伝授することを主要な生業としていた形跡がある(5)。おそらくこうした傾向は、蓮如期以降も、後述する教法の「相伝」という点からも継続されていたと考えられる。末寺における聖教の集積は、門末形成における一つの権威的側面もあろうが、大きな結集力となったと考えたい。従来こうした点から注目されたことはなく、さらに多くの事例を見なければならない。

伝来本のなかには、如光・上宮寺と蓮如・本願寺との深い関係を見出せるものもあり、『教行信証』などは、如光没後にも聖教伝授の動きのあったことが知られる。また、『文明本』に名を見る「村高　兆従」筆写の『歩船鈔』下巻も上宮寺に伝来する。謹直な文字の本格的写本で、高い学識と、彼も本願寺に通じたことを思わせる。有力末道場のなかには、高取専修坊にも蓮如筆の題字と思われる『教行信証』延書本十七帖が伝わっており、本寺としてだけではなく上宮寺は、蓮如期には三河教団の教義をリードした寺と考えられ、勝鬘寺や本證寺との性格の差異が見られる。

それは、如光が「大ガクショウ」（『本福寺由来記』）と評されたり、文明十二年（一四八〇）六月十八日付浄光・真慶・良全宛「御文」に「抑三河ノ国ニヲイテ、当流安心ノ次第ハ、佐々木坊主死去巳後ハ、国ノ面々等モ安心ノ一途サタメテ不同ナルヘシトオホヘハンヘリ(6)」と、三河での秘事法門の横行を蓮如が危惧していることからもうかがえる。ここに名を見る浄光は、『文明本』に出る「坂崎」の坊主であり、蓮如より直接「御文」を授けられるほどの人物である。

そして上宮寺自身も、蓮如より多くの礼拝物を下付されている。列挙すれば以下のようである。

墨書十字名号
方便法身尊号／大谷本願寺釈蓮如（花押）／寛正二歳辛□九月二日／参河国志貴之庄佐々木／上宮寺安置本尊也／願主釈如光
蓮如・如光連座像
如光之真影／釈蓮如（花押）／応仁二歳戊子十一月一日／参河国波津郡志貴庄／佐々木浄弘寺常住物也／願主釈尼如順
親鸞御影
大谷本願寺親鸞聖人御影／□蓮如（花押）／文明十四歳壬□十二月廿二日／参河国波津郡志貴庄／佐々木浄弘寺常住物／願主釈尼妙光
親鸞絵伝
大谷本願寺親鸞聖人伝絵／大谷本願寺釈蓮如（花押）／文明十八歳丙午十一月廿日／参川国幡豆郡志貴庄／佐々木上宮寺常住物也／願主釈尼如慶
源空御影
黒谷源空上人御影／大谷本願寺釈蓮如（花押）／延徳元年己酉十月十日／参川国碧海郡／佐々木浄弘寺／願主釈尼如慶(7)

これらにより、上宮寺は蓮如から直接主要礼拝物を下付されていることが知られる。ことに、全国的に例を見ない門弟（如光）との連座像を、蓮如は「如光之真影」として如光の命日当日の日付で下付する気遣いをしている。

また、親鸞絵伝は三河地域では唯一の蓮如本願寺下付物であることも注目されよう。如光以前の上宮寺の実態については、史料的にもほとんど不明瞭であるが、これらの下付物や聖教類の充実から見て大半は如光の代になり、門末が急成長したと考えられる。

第二節　『如光弟子帳』の性格

次に、『文明本』に記載される地名を可能な限り地図[8]（図1）に落としてみると、二、三の例外を除き、ほぼ次のような地域に分類できる。

a地域……矢作川下流域の西三河平野郡
b地域……西三河山間部・矢作川上流域
c地域……木曽川流域の尾張北西部から美濃南東部の平野部

『文明本』の特色として、末道場と孫末道場との関係が一様でないことは前にもふれたが、さらにこれらの関係を分類し、便宜的に分布地域とも照らして図式化してみると次のようになる。

(i)　上宮寺＝末道場　　　　　　　　　　　　a地域
(ii)　上宮寺＝末道場＝（手次）＝孫末道場　　b地域
(iii)　上宮寺＝末道場―（末）―孫末道場　　c地域
※上宮寺―（直）―末道場（二道場のみで特例）

このように地域的に見るとa地域は(i)・(ii)型で構成され(iii)型はみられない。b地域では(iii)型が中心で(i)型も多い

図1　文明16年『如光弟子帳』門徒分布図（不明箇所は未入）

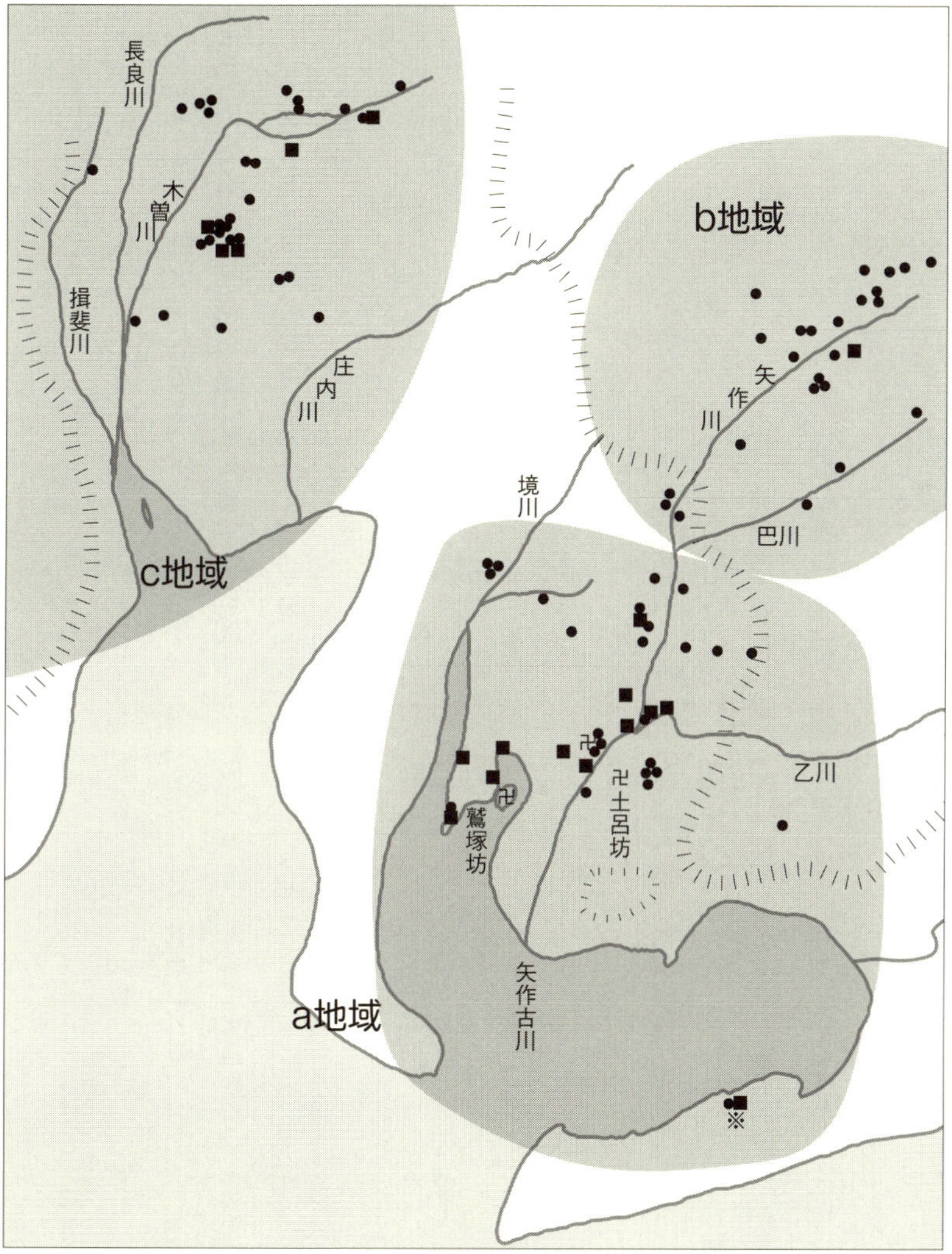

■　蓮・実・証如裏書確認箇所（※は『如光弟子帳』に見ない）
●　それ以外の箇所
三河湾南西部の海岸線と矢作川流域は15世紀を推定した。

が(ii)型は全く見られない。c地域では(iii)型がほとんどで(ii)型がわずかにある。これによって、分布地域と結合形態には一定の特徴が認められることが判明する。さらにここで問題となるのは、このように広範囲に及ぶ多くの末道場群はいつ頃より形成されていったかであるが、もちろん史料的に明確とはならない。しかし、これらのうち道場主名を明記するものはいまだ俗名のままの者も多く、上宮寺如光の教団的地位も考え合わせれば、これらのほとんどはおそらく本願寺傘下の如光門徒として結縁＝道場化していったものとみて大過ないであろう（補注）。

次に筆者がこれまでに見出せた『文明本』に見られる末道場に下付された絵像本尊などの裏書と、『文明本』とを対比して掲げてみたい（「　」は『文明本』の内容）。

①「西畠《ニシハタ》　恵久」

（黒書六字名号）

応仁二年戊子五月廿日

釈蓮如（花押）

願主釈恵薫

（碧南市応仁寺蔵）

大谷本願寺釈蓮如（花押）

長享三年己酉四月七日

方便法身尊形　参州幡豆郡志貴庄佐々木

上宮寺門徒同郡同庄西畠

願主釈恵□

（碧南市応仁寺旧蔵）

---

②「矢作《ヤハキ》　新兵衛尉」

本願寺釈蓮如（花押）

文明十八年丙午三月十八日

方便法身尊形　参川国佐々木門徒同国

碧海郡碧海庄矢作

願主釈浄覚

（岡崎市柳堂寺蔵）

③「村高《ムラタカ》　兆従」

大谷本願寺釈実如（花押）

明応二年癸丑十一月□

□□宮寺門□

方便法身尊形　三河国碧海郡碧海庄

村高郷内合歓木

正願寺釈□善

（岡崎市正願寺蔵）

④「吉浜《ヨシハマ》　手次専修坊 道満」

大谷本願寺釈実如（花押）

明応四年乙卯三月一日

方便法身尊像　佐々木上宮寺門徒

三川碧海郡

志貴庄吉浜郷

願主釈了全

（高浜市専修坊蔵）

⑤「大平《オホヒラ》　専秀」

大谷本願寺釈実如（花押）

明応四年乙卯四月廿八日

方便法身尊像　佐々木上宮寺門徒

三川国額田郡

大平郷

願主釈□秀

（岡崎市縁盛寺蔵）

⑥「花井《ハナヰ》　普光寺末」

本願寺釈実如

明応五年丙辰六月九日

方便法身尊像　三河国佐々木上宮寺門徒

尾州中嶋郡福重保花井

願主釈性専

（『新編一宮市史』資料編六、三一二頁）

⑦「鷹取《タカトリ》　専修坊」

明応五年丙辰七月廿八日

大谷本願寺釈実如（花押）

蓮如上人真影　佐々木上宮寺門徒

三河碧海郡

志貴庄鷹鳥郷

願主釈渓玉

（高浜市専修坊蔵）

⑧「瘖井《アサヰ》　同末（普光寺末）」

明応五年丙辰十一月三日

大谷本願寺釈実如（花押）

方便法身尊像　佐々木上宮寺門徒

尾州中嶋郡

一宮郷東□井

願主釈□念

（一宮市長誓寺蔵）

---

⑨「大浜《オホハマ》　手次専修坊 四良左衛門」

文亀元年辛酉四月六日

大谷本願寺釈実如

方便法身尊像　佐々木上宮寺門徒

三州碧海郡志貴庄大浜

願主　渓玉

（碧南市本伝寺記録）

⑩「於保《オホ》　同末（専称坊末）」

□本願寺釈□（実如）

文亀元年辛酉□

方便法身尊像　佐々木上宮寺門徒

尾州中嶋郡

石橋村□

□

（稲沢市善慶寺蔵）

⑪「冨岡《トミノオカ》　同末（心光坊末）」

大谷本願寺釈実如（花押）
文亀三年癸亥五月十四日
方便法身尊像　佐々木上宮寺門徒尾州
丹羽郡犬山郷北宿
願主釈信慶
（犬山市西蓮寺蔵）

⑫「小峯《コミ子》　鴛沢末」

大谷本□寺釈□（実如）
永正七年午□□月十二日
方便法身尊像　上宮寺門徒参州
賀茂郡高橋庄広
瀬□（小カ）嶺
願主釈道慶
（豊田市浄専寺蔵）

⑬「大友《オホトモ》　順性」

□釈実如（花押）

方便□尊像　□寺門徒
□（永正十一）年甲戌四月一日
□国□海庄
大友郷□（玉）専坊
願主釈定了（カ）
（岡崎市玉専寺蔵）

⑭『文明本』なし。『天正本』「一、西《のた》円寺かんへ念西」

大谷本願寺釈実如（花押）
永正十一年甲戌十一月廿五日
方便法身尊像　佐々木上宮寺門徒
参州渥美郡神戸郷
道場物也
願主釈善秀
（田原市西応寺蔵）

⑮「於保《オホ》　手次専称坊 道順」

大谷本願寺釈実如（花押）

永正十二年乙亥閏二月四日
方便法身尊像　佐々木上宮寺門徒
尾州中嶋郡
於保□兑
願主釈幸順
（碧南市蓮成寺蔵）

⑯「古井《フルヰ》　行専」
大谷本願寺釈実如（花押）
永正十二年乙亥五月十四日
方便法身尊像　佐々木上宮寺門徒
参州幡豆郡志貴庄
古□□
願主釈教□
（安城市願力寺蔵）

⑰「若林《ワカハヤシ》　道正」

永正十二年乙亥五月十五日
方便法身尊像　佐々木上宮寺門徒
参州碧海郡
重原荘（カ）若林
願主釈空心
（豊田市円楽寺蔵）

⑱「オカサキ」
大谷□願寺釈実如（花押）
永正十五年戊寅四月廿五日
方便法身尊像　佐々木上宮寺門徒三河国
額田郡岡崎郷
願主釈祐念
（岡崎市専福寺蔵）

⑲不明
方便法身尊像／大谷本願寺釈実如（花押）／大永四年十一月十五日／□上宮寺門徒尾州葉栗郡松□

（江南市上宮寺記録）

⑳「奥《オキ》　同末（専称坊末）」

□本願□

大永四年甲申十一月十五日

方便法身尊像　□尾州

中嶋郡奥村

願主釈□

（一宮市浄流寺蔵、『新編一宮市史』六、三五三頁）

㉑（参考1・『文明本』『天正本』なし）

大谷本願寺釈証如（花押）

享禄五年壬辰三月九日

方便法身尊像　上宮寺門徒三川国

額田郡根石郷一沢

法光寺

（岡崎市法光寺蔵）

㉒（参考2）

大谷本願釈（寺脱カ）証如（花押）

□（天）文四年乙未三月十二日

方便法身尊像　佐々木上宮寺門徒

専教坊下尾州中嶋郡

一宮郷東浅井

（一宮市長誓寺蔵、『新編一宮市史』資料編六、三七四頁）

管見では以上のものが確認できるが、これらは一部を除いて『文明本』に記載されるところである。ただ願主と一致するものはない。それは、文明十六年（一四七九）にはすでに道場として成立していることがわかるが、裏書のある本尊類の下付は蓮如下付のものは少なく（西畠・矢作の二道場）、むしろ実如段階になって多く下付されていることによる。これは実如期に本願寺における諸事法式が明確化された(9)と同時に、道場としての組織や経済的基盤が安定しはじめてきたことを示すものと思われる。したがって本尊下付の頃に本末関係が成立したと考えるより、それ以前にすでに基礎的な本末関係が成立していたことは『文明本』により明らかである。

それでは、このような分布と結合形態、あるいは裏書の内容は何を意味するのだろうか。

千葉乗隆氏は、『文明本』の内容に対し、寺院の本末関係というよりも法流師資の上下系列というべきであり、真宗における本末関係は、蓮如に至るまでほとんど寺院が存在しないためにみられず、この関係が生ずるのは、蓮如以降さかんになる新寺建立・道場の寺院化により、真宗寺院が多くみられるようになってからだと指摘される(10)。しかしこの場合、今みたように基本的には法流師資だが、結合形態に地域性が見られるなど、それだけでは解決できない面もある。さらに道場の段階であっても、「手次」「末」といった区別があるなど、寺院化以前の道場段階でも何らかの本末関係が具体化されていたと考えられる。

まず、末道場に下付された絵像類の裏書を文明本の内容によって分類してみると、

1、上宮寺と末の関係にある例。(i)型　裏書①②③⑤⑦⑬⑯⑰⑱

2、末と孫末道場が手次の関係にある例。(ii)型　裏書④⑨⑮

3、末と孫末道場が末の関係にある例。(iii)型　裏書⑥⑧⑩⑪⑫⑳

4、それ以外。　裏書⑭⑲㉑㉒

となる。これらはほとんど実如期の裏書であるが、『文明本』に見られる「手次」「末」の相違は裏書においては反映されていない。そのどれもが「上宮寺門徒……釈何某」という記載は共通しており、中間道場・寺院名は記載されない。しかし、同じ実如期でも早い時期に、すでに興正寺門末においては次のような例が見られる(11)。

興正寺門徒真光寺下紀井国在田郡宮崎庄野村　願主釈法了（明応二年八月二十九日）
興正寺門徒柳堂阿弥陀寺下勢州桑名郡益田庄三崎西町　願主釈賢正（明応五年七月九日）

中世の興正寺については不明瞭な点が多いが、児玉識氏は、『紫雲殿由縁起』に見られる堺商人と結託し光明本尊を布教や営利活動に使用していたという記事より、本願寺帰参以後もなお独自性を保ち続けたと指摘される(12)。しかし、これらの例からもわかるように、尾張以西の西日本全般の広範な門徒団を擁して帰参した興正寺では、一般の諸国の中本山クラスの寺院がその下に組み込まれ、明応期にはすでに裏書にも明記されるように、多層の明確な本末関係が形成されていたことは注目すべきである。

この点上宮寺の場合、この段階では裏書に中間寺院名が明記されていないのは、孫末道場を統括する寺院や道場が、いまだ地方大坊主というほど成長していなかったためと考えられる。しかし証如時代のものになると、先に示した裏書㉒「佐々木上宮寺門徒専教坊下尾州中嶋郡一宮郷東浅井」（天文四年三月十二日）といったものが見られる(13)。この段階に至ると、上宮寺門末においても上宮寺――専教坊――孫末道場という関係が裏書上にも明確となる。

では一体、この「手次」というのはどのような意味を持つのであろうか。従来、「手次」という言葉は、近世の本末制における本願寺と寺院・道場、門徒との中間的取り次ぎ寺院を指す言葉として一般に解釈されてきた。しかし、『文明本』をはじめ「御文」等にも散見される「手次」は、単に物件の取り次ぎを示すだけの言葉とは考え難く、教団機構や本末制の未整備な戦国期教団においてもこのような定義をあてはめるのは、少々無理を生ずることは否めない。

「手次」なる言葉は、すでに初期真宗の掟である『浄興寺二十一カ条』の前文に、「先師伝授之手次事　従《ヨリ》二愚禿《トク》親鸞《シンラン》聖人《シヤウニン》一善性《センシヤウ》聖人《シヤウニン》集記《シフキ》也《ナリ》」とあり、これは法の伝授に対する伝持ということを指していると解釈できる。元来、テツギという言葉は「手継」「手次」と書き、代々の土地の権利が移るにつれ次々と新証文が作られ古い証文が買主に伝えられてゆくもので、手継証文と呼ばれ、代々の取り継ぎという意味で社会的に使用されてきた。これを真宗においては、教法の伝授と伝持という意味に置き替えられ、初期真宗以来使用されてきたものといえる。

『本福寺跡書』には、存如時代の本福寺の手次問題について「本弘寺大進公手次事」[14]と題するものが知られる。それによると、本福寺法住が若年の頃、存如の側近で諸国門徒を統括する存在であった本弘寺が、存如に対し法住の手次は自分であることを進言した。これに対し法住は、「何事ニソナタノ御手次ト仰ラル、ゾ、覚悟ノ外ノ承ゴト」と憤慨した。存如もいつもは本弘寺に言いすくめられていたが、「堅田ニ手次ハアルマジキ」という強い意志のために誰も手次をせずにこの一件は落着した。一方、金森《かねがもり》道西が存如に寿像を求めたとき、本弘寺は「御影様ヲ拝申サンタメニ、諸国ヨリマイラル、御門徒ニ、国々へ御免ナラバ、コレサマヘハ一人モ参詣ノ人アルマジ」と言って渋ったが、結局道西が本弘寺へ一貫文の礼銭を差し出すことにより、あっさりと御免になったという。ここで、本弘寺が本福寺の手次の坊主になろうとしたこと、さらに手次として礼銭をもらうことにより寿像を御免したことなど、手次というものが多分に金銭的要素（志納）を孕んだ一定の権利としての性格が強いものであることがうかがえる。

「御文」にも「当流の大坊主達は、いかやうにこゝろねをもちて、その門徒中の面々をば御勧化候やらん、（中略）ただ手つぎの坊主へ礼儀をも申し、又弟子の方より志をもいたし候て、念仏だに申候へば肝要とこゝろゑたるまでにてこそ候へ[15]」と批判する。すなわち弟子―（志）→大坊主→（志）→手次坊主、といった関係を知りうる。ここで、大坊主がどの程度のものを指しているか明確ではないが、手次坊主の御勧化＝法の伝授に対し礼儀（礼銭）をし、弟子も大坊主に対し同様に志をしている。おそらくこの弟子にとっては、この大坊主が手次の坊主ということになろうから、手次を通しての教団の上下関係は、ここでも経済的要素を多分に内包し、かつ重層的な関係が成り立つことになる。その結果「在々所々に小門徒をもちて候をも、此間は手つぎの坊主にはあひかくしおき候やうに心中をもちて候[16]」といった態度が表面化してくるのである。

それでは上宮寺の場合は如何であろうか。この文明本に記される全ての末道場の手次の坊主は上宮寺であることは今さらいうまでもない。またそのうちの有力坊主、たとえば鷹取専修坊は吉浜・大浜両道場の手次坊主であり、尾張の専称坊の場合も多くの末道場のうち、二カ所の両於保道場の手次坊主であることは、その記載から明らかである。したがって、本願寺――手次坊主（上宮寺）――手次坊主（末道場）――弟子（孫末道場）といった、先の「御文」と同様の重層的な手次の関係をみることができる。その内容は、この時点では物件の取り次ぎというより、一義的には法義を介した関係であり、手次の坊主は一応師資たる存在ということになる。

では一体、如光と『文明本』にみられる門徒とは実際には如何なる関係を有したものか。これは道場主名の記載のあるa地域が中心となるため、結合関係としては(i)(ii)型ということになろう。

『別本』によれば、まず西畠（端）恵久と鷹取専修坊渓玉は従兄弟であり、坂崎の法蔵坊は杉浦太郎左衛門尉直善といい、「西端村より出候而、弟子成り申候」という。西端恵久も杉浦氏出身といわれ、おそらくこれは同族と思われる。大友道場の順性は矢作道場の新兵衛尉（恵順）の聟となった。また岡崎道場の祐欽は、恵順の甥にあたり奥郡野田西円寺宮明（誓忍）の二男がここに入っている[17]。このように、上宮寺周辺地域（a地域）では、この頃から同族や親戚関係によって門徒団が形成されていたことがわかる。ことに如光も、後に隠居所となる西端出身といわれ、恵薫が恵久であるとすれば、応仁二年六字名号・方便法身尊形・蓮如寿像を蓮如より下付される大きな存在であり、杉浦一族たる恵久との深い関係が窺われる。おそらく如光も杉浦系と考えられ、上宮寺の同族関係の頂点に在ったとみてよい。

一方、文明六年（一四七四）六月二十五日には坂崎修理助入道浄光（『文明本』では修理亮と浄光は別人になっている）と青野の八郎左衛門入道真慶[18]に、同十二年六月十八日には同じく浄光・真慶と良全[19]に、蓮如より「御文」が授けられている。このうち真慶は、『文明本』にはその名を見ないが、「太刀の御文[20]」を下された人で、蓮如と極めて親しい関係にあったようである。このように如光の門弟の一部は、しばしば吉崎・山科の蓮如のもとに直接赴き、法を聞くほどの人々も含まれていたのである。

このように、近在の上宮寺門徒の多くは同族・血縁関係を中核とした師弟関係によって構成されており、特にａ地域では他と異なり、ほとんどの道場主名が記載され、その関係は密接であった。このような背景のもとに、先に示した(i)(ii)の結縁関係を理解せねばならない。この点、千葉氏の指摘される法流師資の関係といえよう。

このことは、『文明本』が如光十七回忌の命日に作成されたという点からも、その意味を出見することができる。すなわち、三河門徒の最も有力な指導者たる如光の死後、法義も乱れがちとなり[21]、上宮寺住持も以来、妻如順、娘如慶と女性が続き、門徒団もそれにともない動揺したようである。そこで本寺たる上宮寺は、如光門徒を再確認しつつ、門徒（道場主）を明確に把握しなければならない必然的理由により、本帳を作成したものとみられる。

それではこの文明本に対し、『天正本』では本末関係は如何なる変容を遂げたものか、次にそれを考えてみなければならない。

第三節　「天正十九年末寺帳」

天正期の末寺状況については、天正十一年（一五八三）十二月の禁教赦免から、いまだそれほど経ていないことに注意せねばならない。まず道場数は、文明段階に比べ八十九カ所とわずかに減じているものの、家康や家臣団の移封にともない、駿河・武州江戸・上野館林など他国へ進出するものもみられる。また実数の減少にもかかわらず、文明段階ではみられなかった新規の道場も多くみられるが、これは文明以後成立、分流したものや、一揆後成立したものと考えられる。さらに、寺号を有するものが増加し、その他坊号・法名によって記されており、俗名は全くみられない。このことは近世的俗道場成立以前の、道場坊主の専業化が進んだことを反映していると考えられる。

『天正本』末寺帳

（『天正本』末寺帳は、現在所在不明である）

（表紙）
「正月吉日　　三州碧海郡志貴之荘

末寺帳

三州　尾州
遠州　紀州
駿州　越前
上州　下総　　佐々木太子山上宮寺

三州
一《にしはた》隠居所
一《同》祐明坊
一《同》康順寺
一《たかとり》専修坊　大はま智慶　よしはま正歓
一《わしつか》長徳寺
一《大はま》順慶
一《ふるい》専心

一《ねふの木》正願寺　あさい了順　たかうち
一《大とも》玉専寺
一《うした》了正
一《わか林》教願
一《たかむら》西教坊
一《ミやくち》浄覚寺
一《こいたわ》明覚坊
一《おしさわ》道了
一《まツミね》道欽
一《こミね》祐専
一《たきミ》専正坊
一《てらやき》空了
一《うたいし》正西
一《大ぬま》祐願
一《たしろ》長円寺
一《ゑた》東円坊
一《ほそかわ》祐専寺
一《同》重正

一《おかさき》西照寺　わたり智慶　やはき秀了　つゝはり正誓
一《同》専福寺
一《大ひら》西蔵坊　かけ了伝
一《おか》法専寺
一《りうせんじ村》明玄寺
一《山中》祐源
一《長さわ》□西
一《あかさか》了心
一《おんま》西法寺
一《いちた》正弥
一《よした》正行寺
一《同》順西
一《のた》西円寺　かんへ念西　たはら教願
一《さかさき》法善寺
一《生田》教順
一《さゝ木》浄教坊
一《同》徳蔵坊

遠州

一《はままつ》願西
一《山なし》正福寺
一《かけかわ》専教坊
一《よこすか》林正寺
駿河
一祐欽
武蔵江戸
一受教寺　安養坊
一《同》常福寺
上野たてはやし
一願成寺
下総さくら
一法円
尾州
一《うめもり》了正
一《なこや》前龍寺
一《とミつか》浄教寺
一《くふち》普光寺

一《かりやすか》正福寺
一《同》専徳寺
一《うちなか》中坊
一《むまよせ》普光寺
一《いぬ山》清光寺
一《同》真蔵坊
一《うるま》正法寺
一《あさい》長誓寺
一《越前之北之庄ニ而》長徳寺
一《紀州しんくう》願西
尾州正福寺末寺之分
一《かりやすか》浄光坊
一《かりやすか》教円
一きまた村
一いしはし村法蔵坊
一《いちのミや》真養坊
一おこむら
一《たかた》高正坊

一わう村少弐
一たか井村
一きた村
此外分庄郷不存候、
むまよせ普光寺末寺分
一東正坊《はやしの》
一法教坊《かりやすか》
一福専坊《くかた》
○以下白紙、
（裏表紙）
「天正十九年

三川之国佐々木
上宮寺尊祐」

これを見ると本末関係については、『文明本』にみられる手次・末といった区別はすでになく、これも戦国期道場の自庵化、坊主の専業化をみることもできよう。三河平野部（a地域）でも、たとえば、

一、専修坊《たかとり》　大はま　智慶（『文明本』「手次専修坊四良左衛門」）
よしはま正歓（『文明本』「手次専修坊道満」）

というように、末と孫末の関係は「末」の関係に画一的に変化が見られる。**表1**『文明本』・『天正本』二本対照表を末尾に付記する。

また山間部地域（b地域）では、文明期には鴛沢《おしざわ》・コイタワ両道場により各々六カ所の「末」道場が統括されていたが、すでにこれらの孫末道場は消滅してしまっている（一道場のみ移転して残る）。さらに尾張（c地域）の場合、於保の道順・性金両道場は『文明本』では他と異なり「手次専称坊」であったが、『天正本』では他と同様「正福

寺末寺分」[22]としてこれも「末」の関係に統一されている。このように、ことに尾張部では孫末道場は正福寺と普光寺に限りその「末寺分」として連なっているが、その他の末道場を有した主要道場も、それ自体は残るが、それらの末道場は退転したようで名を見なくなる。

このように、上宮寺の末道場と孫末道場の間の結縁関係は、次第に画一化の方向へ進んだようである。さらに先にもみたごとく、実如期の裏書では孫末道場であっても「上宮寺門徒……何某」であったものが、証如期では「上宮寺門徒……下……何某」といった形式のものがみられるなど、証如期あたりより本末関係の体系化が進んだことが考えられる。特に石山合戦・三河一揆赦免後の天正後半期には、尾張の正福寺・普光寺や三河の五道場では上宮寺――末道場――孫末道場の関係が単一的に固定化され、多くの場合、上宮寺――末道場といった上宮寺「末」の関係に再編される傾向にあった。

こうして、文明期にみられる上宮寺と末・孫末道場との結縁関係は、漸次一定の変容を遂げ、東海地方にとどまらず遠隔地においても直接的な支配を及ぼすに至った。これらによって、中本山上宮寺の寺院・道場自体に対する直接的支配形態が確立された過程を看取することができよう。

ここであらためて、これらの点を整理しておきたい。

まず「手次」の関係による教団内における上下系列は、一つに法脈による師弟関係といった性格がその基盤にあり、これが本末関係の基底をなすものの、人格的関係がそのまま道場間の関係とは言いえない点があげられる。すなわち、一般社会的用語たる「手継」の意味を、真宗教団にあっては「手次」として教法の伝授・伝持という性格に転化せしめ、教団の法義弘通の円滑化がはかられたものとみることができる。もちろんこれは、本願寺教団に限らず高田教団においても、「ソノ手次流義ノ法度ヲソムキ、法義ヲカスムルヤカラヲミカギリ」[23]というように、「手次」なる言葉は本願寺の場合と同様な意味において使われていることが知られる。

しかし、西三河山間部の一部や濃美平野部では、上宮寺の直接配下にない道場も存し、遠隔地なるが故に早くに統制組織としての本末関係が形成される場合がみられる。したがって『文明本』の作成された段階では、法弟といった性格を有する門徒団と、組織化された門徒団との重層的な構成をみることができる。同時にそれは、法義を介した門徒間の結縁関係である手次関係から、漸次それに代わる統制組織としての本末制への過渡的状況にあったものと考えられる。その結果として、一向一揆終結後の教団再編のなかに末寺・道場の統制を目的とした天正の末寺帳が完成されてくるのである。

さらにここで注意しておかねばならないのは、天正十九年にこの『末寺帳』と並行して『上宮寺々法』が定められたことである。この内容は、坊主衆の得度、木仏・絵像類の諸中物の御礼金額の規定、さらには上宮寺への御堂番の明確化を明記したもので、それは下坊主衆が上宮寺住持に誓う形をとった[24]。ここにおいてこれら下坊主衆は、単一的性格の「上宮寺末」道場であり、中央本願寺を「門跡」として頂点に戴きつつ、地方本山たる上宮寺をも「御ゐんげ《院家》様」[25]と呼称して本願寺と同様な権威的地方家元的存在[26]とする従属関係の形成を見る。ここに幕藩制国家支配体制に先だつ新たな教団的「統一」意識のもとに、近世教団の創出を見出すことができるのである。このように統制組織としての近世的本末制の成立とともに、手次の基本的な性格である法義を介した関係はほぼ消滅し、その性格は免物の取り次ぎを主とした関係となり、寺檀関係の用語ともなる。ともあれ、近世において制度化される本末制の基盤の形成はかなり早く、基本的には上宮寺の本願寺帰参当初の門侶形成期にまで遡ることができ、さらに天正末期には、ほぼ近世的確立をみることができるといってよいだろう。

表1　『文明本』・『天正本』二本対照表

	文明十六年（文明本）	天正十九年（天正本）	本尊類下付状況
1	佐々木恵見	さゝ木	凡例 [方]＝方便法身尊像
2	珠賢	浄教坊	
3	道観	徳蔵坊	
4	大友順性	大とも　玉専寺……………	[方]永正11・4・1…□専坊　定(カ)了 慶長2・8・13【顕如真影】佐々木上宮寺門徒…玉専寺　尊乗（現玉専寺）
5	西畠恵久	にしはた　隠居所………… 同　祐明坊 康順寺	応仁2・5・20【六字名号】願主釈恵薫（現応仁寺） [方]長享3・4・7　佐々木上宮寺門徒…恵□ 延徳3・3・18【蓮如真影】佐々木上宮寺門徒…恵薫

6	鷹取　専修坊	たかとり　専修坊……（├大はま　智慶……／└吉はま　正歓……）	明応5・7・28【蓮如真影】 佐々木上宮寺門徒…渓玉（現専修坊）
7	手次専修坊　大浜四良左衛門	大はま　智慶……	历文亀元・4・6 佐々木上宮寺門徒…渓玉（現本伝寺）
8	〃　吉浜道満	吉はま　正歓……	历明応4・3・1 佐々木上宮寺門徒…了全
9	坂崎　修理亮		
10	同　法蔵坊	さかさき　法善寺	
11	同　浄光	ミヤクチ　浄覚寺	
12	手次浄光 長沢図書助	┌長さわ　□西	
13	古井　行専	ふるい　専心	历永正12・5・14 佐々木上宮寺門徒…教□（現願力寺）
14	大浜　妙専	大はま　順慶	
15	矢作　新兵衛尉	おかさき　西照寺……（├わたり　智慶／└やはき　秀了）	历文明18・3・18 佐々木門徒…浄覚（現西照寺）

16	大平　専秀	大ひら　西蔵坊……（つつはり　正誓）（かけ　了伝）	历明応4・4・28 佐々木上宮寺門徒…□秀（現円盛寺）
17	磯部（手次専秀）　大良左衛門		
18	〃　山中　了専	かけ　了伝	
19	若林　道正	わか林　教願……	历永正12・5・15 佐々木上宮寺門徒…空心（現円楽寺）
20	高村　向専	たかむら　西教坊 よこすか（遠州）林正寺	
21	牛田（三井）　四良左衛門	うした　了正	
22	長瀬　三良五良		
23	鷲田（舟津）　弾正		
24	尾崎　道善		

25	村高　兆従	ねふの木　正願寺……	历明応2・11 上宮寺門徒…正願寺□善（現正願寺） 兆従書写「歩船鈔」寛正5・6（上宮寺蔵）
26	手次□　鷹落良賢	たかうち	
27	池田	あさい　了順	
28	竹見　三カ所	たきみ　専正坊	
29	〃	てらやき　空了	
30	〃		
31	鴛沢	おしさわ　道了	
32	末大嶋	かけかわ（遠州）専教坊	
33	末小峯	こみね　祐専……	历永正7・□・12 上宮寺門徒…道慶（現浄専寺）
34	末祖母屋敷		
35	末広瀬		
36	末高橋竹尾		

	笠屋 右衛門五良	
37	末足助岩崎	
38	左桐	
39	コイタハ	こいたわ　明覚坊
40	末アカツノ一シキ	
41	末ミウチタイラ	
42	末ヒカシトツラ	
43	末ミツクリ	
44	末中山	
45	末河口	
46	松峯　直次良左衛門	まつミね　道欽
47	ホウノツ	
48	木瀬	
49	ノカイ	

50	サフシキ		
51	アカハネ		
52	オカサキ	おかさき 専福寺…………	[方]永正15・4・15 佐々木上宮寺門徒…祐念（現専福寺）
		駿河 祐欽	
53	大門 道幸		
54	河崎 藤三郎		
55	務女 彦右衛門		
56	俊賀利 良金		
57	江田 四良左衛門	えた 東円坊	
58	田代 清右衛門	たしろ 長円寺	
		大ぬま 祐願	
59	細川直	ほそかわ 祐専寺	
		同 重正	
60	竹尾 藤左衛門		

61	下河口		
62	井谷	あかさか　了心	
63	新堀　平田　誓順		
64	奥郡野田　兵衛次良	のた　西円寺…… ├かんへ　念西 └たはら　教願	顕如代【証如真影】 上宮寺門徒… 慶長4・4・16【親鸞真影】 佐々木上宮寺門徒…尊忍（現西円寺） （念西）历永正11・11・25 佐々木上宮寺門徒…善秀（現西応寺）
65	大部（二ケ所）六郎万		
66	〃		
67	北尾		
68	普光寺	むまよせ　普光寺	
69	末花井	（無）……	历明応5・6・9 佐々木上宮寺門徒…性専（新編一宮市史）
70	末花井		
71	末高木	（無）……	历延徳元（新編一宮市史）

番号			
72	末佐手原		
73	末〃		
74	末朝宮		
75	末八幡		
76	末瘖井	（普光寺に入らず）………※あさい　長誓寺	历明応5・11・3 佐々木上宮寺門徒…釈□念（現長誓寺）
77	末漕田	普光寺末くかた　福専坊	
78	末東條		
79	末結		
80	専称坊	かりやすか　正福寺	
81	末長枝		
82	手次専称坊 於保　道順	末わう村　少弐………	历永正12・②・4 佐々木上宮寺門徒…釈幸順
83	手次専称坊 於保　性金		
84	末木全	末きまた村	

85	末花井	末かりやすか　浄光坊	
86	末宮地	末いちのみや　真養坊	
87	末奥	末おこむら……………	[方]大永4・11・15 ……奥村……釈□（新編一宮市史、浄流寺蔵）
88	末於保	末いしはし村法蔵坊……	[方]文亀元・□・□ 佐々木上宮寺門徒……□（現善慶寺）
89	末林野		
90	浄光坊	いぬ山　清光寺	
91	正法寺	うるま　正法寺	
92	末蘊原		
93	末〃		
94	末大田		
95	末スエ		
96	乗専坊	かりやすか　専徳寺	
97	手次乗専坊 此坪		

98	心光坊		
99	末富岡	いぬ山　真蔵坊……………	[方]文亀3・5・4 佐々木上宮寺門徒…信慶（現西蓮寺）
100	末沢		
101	末鶉		
102	末赤部		
103	末〃		
104	末郡部		
105	末桑森		

註

（1）現段階では『新編岡崎市史』中世（本文編）（一九八九年）に詳述されており、『新編安城市史』1通史編　原始・古代・中世（二〇〇七年）にもふれられている。
（2）井上鋭夫『一向一揆の研究』（吉川弘文館、一九六八年）史料編、七三八頁。
（3）活字化については、『新編一宮市史』資料編六（一九七〇年）によったが、若干の訂正を加えた。文字は現代通用の新字体にあらためた。
（4）図録『よみがえる上宮寺の法宝物』（太子山上宮寺、二〇〇四年）を参照した。
（5）拙稿「存如期北陸への下付物をめぐって—存如から蓮如へ—」（北國新聞社編『真宗の教え　北陸布教の道』報告書』第四章、二〇一二年）。
（6）文明十二年六月十八日御文（『真宗史料集成』第二巻、二三七頁）。
（7）主に註（6）を参照したが、筆者の調査記録も参照した。
（8）分布図は註（4）などを参照した部分もある。
（9）『紫雲殿由縁起』（国書刊行会本、一八二頁）。
（10）千葉乗隆『真宗教団の組織と制度』（同朋舎、一九七八年）七四頁。
（11）本願寺史料編纂所編『本願寺史』第一巻（浄土真宗本願寺派宗務所、一九六一年）、三四六頁。
（12）児玉識『近世真宗の展開過程』（吉川弘文館、一九七六年）。
（13）勝鬘寺門末においても「勝鬘寺門徒浄空下尾州中嶋郡西神戸郷願主浄了」（天文九年二月二十五日〈同寺蔵『末寺触下絵讃之控』〉）というものもみられる。
（14）日本思想大系『蓮如一向一揆』（岩波書店、一九七二年）九七頁。
（15）文明七年三月二日御文（稲葉昌丸編『蓮如上人遺文』法藏館、一九三七年、五七頁）。

(16) 文明三年七月十五日御文（『蓮如上人遺文』六二頁）。
(17) 主に『末寺鏡』、ならびに『専福寺系図』（岡崎市専福寺蔵）参照。
(18) 文明六年六月二十五日御文（『蓮如上人遺文』一九八頁）。
(19) 註(8)に同じ。他に文明十一年十一月日御文（『蓮如上人遺文』三〇九頁）。
(20) 谷下一夢「蓮如上人と刀剣」（『真宗史の諸研究』同朋舎、一九七七年、所収）に詳しい。
(21) 註(6)に同じ。
(22) 専称坊は『天正本』では正福寺と寺号を名乗る。
(23) 『真恵上人御定』（前掲註(14)『蓮如一向一揆』所収）。
(24) 「上宮寺々法」は同寺蔵『古今纂補鈔』に記載されているが、全内容は不詳である。
(25) 註(24)に同じ。
(26) こうした考え方については、本書第Ⅱ編で詳述する。

補註

『如光弟子帳』（『文明本』）の門徒分布地域の分類と末道場間との「手次」「末」などの関係に、地域的特徴が見られるという点について、拙稿初出の「中世末期における三河上宮寺の本末関係」（『近世佛教　史料と研究』第四巻第四号、一九八〇年）において発表した。その後、『新編岡崎市史』中世（本文編）（一九八九年）第二章第三節四七七頁以下において、分布図や上宮寺門末との関係性などについて、酷似した内容や表現で論述されている（執筆者、新行紀一氏）。出典等一切記載されておらず、無断で援用されていることを、ここにあらためて明記しておきたい。

第三章　本宗寺の成立と展開

第一節　本宗寺の創建

蓮如以降の本願寺化した三河教団をリードしたのは、佐々木上宮寺・野寺本證寺・針崎勝鬘寺の三箇寺と本宗寺であることはあらためて言うまでもない。ことに本宗寺は、いわゆる一家衆寺院としてその成立や性格は在地の大坊主とはおのずから異なるものの、今までこれに焦点をあてた研究は少なく、織田顕信氏の研究がある程度である(1)。これは特に草創の事情について考察されるものである。

本章では、本宗寺の成立・展開を考えるなかで、近年発見されたり管見に入った若干の史料に注目し、本宗寺の三河内外の教線拡大の動向をめぐって考察しつつ、併せて従来見過ごされてきた土呂坊に対する鷲塚坊の存在意義にも焦点をあて、両坊の果たした役割についてあらためて検討を加えるものである。

本宗寺は、一般に応仁二年（一四六八）蓮如三河下向をもって創建されたとする。これは、蓮如を媒介として転派・改宗を伝える一般寺院の伝承と重なり合うが、この年に蓮如下向を示す明確な史料はなく、おそらくこれらの(2)伝承も近世中・後期頃に成立するものと考えられる。ただこれは、碧南市応仁寺と安城市本證寺所蔵の名号裏書の年次と合致し、これによって支持されてきたようである。ことに応仁二年という年は、蓮如にとっても一つの画期となった年のようである。寛正六年（一四六五）の大谷破却以後、祖像安置場所が定まり、叡山との問題回避策として、その年の三月二十八日の光養丸（実如）への譲状を一つの区切りと見るならば、その後に東国下向がなされたとしても不自然ではない。結果的に、近江以東の拠点として如光を中心に、第二章で見たような広範な本願寺門徒団が形成されつつあった三河へ、蓮如の注目が寄せられたことは想像に難くない。

まずここで、本宗寺創設の経緯と密接に関わる如光と蓮如の関係について着目してみたい。

蓮如と如光の関係は、寛正二年（一四六一）九月二日上宮寺へ下付された本尊裏書をもって明確な年次の初見とするが、寛正の法難の際の本福寺記録に見られる如光の活躍や、如光が没したときの蓮如からの悔やみ状[3]からも、両者がいかに親密であったかは今さら多言を要さない。特に後者には「この四五年ハうちそい候て、よろつなに事もたのミ入候事ニて候に、ひとしほちからをおとし候」とあり、本願寺存亡にかかわる時期に如光は蓮如に昵近し、蓮如は如光に期待したことがうかがえる。蓮如と如光のこのような関係を見るとき、本宗寺（土呂坊）の創設は如光の存在ぬきには考えられないと思われる。ただ、大略事実を描いていると考えられる「上宮寺縁起絵」等の伝承史料には土呂坊と如光の関係を見出し得ず、如光が、本宗寺開創の年とする応仁二年十一月に没した事などにより、織田顕信氏は両者の関係には否定的で、むしろ在地の石川一族との関係を強調される[4]。

また、創設についての明確な年次やその目的については、手掛りとする史料は乏しい。これは一つに、蓮如取り立ての坊舎でありながら、本願寺の血縁が入寺するのは、実如息男実円まで待たねばならないためと考えられる。

ともかく本宗寺が土呂に設定されるのは、『信長公記』[5]などに見られる経済的・交通上の優位性によるものであろうが、如光の誘引の背景には、これまで非本願寺系三河門流であった上宮寺と共に、事実上、本願寺と間接的に血縁寺となっていた勝鬘寺の両大坊や、やはり応仁二年に小型名号を授与された本證寺光存らの末道場群の本願寺化を、明確たらしめる中心道場を希求する意志が作動したものと考えられる。すなわち、たとえ無住であっても「蓮如開山」という権威的機能の存在が要求されたものと推測される。

ところで、実円がいつ本宗寺に入寺したかについては明確ではないが、兄本徳寺実玄が十九歳で早世後、彼が播磨英賀坊本徳寺兼住となることは周知の通りである。後述のように、飯貝本善寺へ実孝が七歳で入寺したことを考えれば、いずれも幼少に入寺しており、実円は明応七年（一四九八）生まれであり、明応末から文亀頃にかけて入寺という形をとったものと思われる。したがって、実円入寺は、創立後少なくとも四、五十年後のことになる。

しかし、すでに文明七年（一四七五）に親鸞無図《むず》御影と同絵伝四幅が蓮如より土呂坊に下付されたことを示す記録(6)もあり、これが事実ならば、応仁二年創建説はほぼ信拠してよく、当初より坊舎も整えられたとみてよい。ただ親鸞無図御影が本願寺直属御坊に下付されることは考え難く、土呂坊がいつ頃より「本宗寺」を称したかも不明確である。年次のある「寺号」初見は、後掲するように永正十七年（一五二〇）である。また、次のような裏書のある七高僧像が姫路市亀山本徳寺に伝わっており、これによって享禄五年（一五三二）までには寺号とともに堂宇の充実も成ったようである。

□〔享〕禄五年壬□三月□日

□朝太祖真影　　本宗寺常住物也

願主釈実円

一方、英賀本徳寺の場合、寺号を称するのは意外に早く、永正元年（一五〇四）には親鸞絵伝（姫路市亀山本徳寺蔵）が下付されており、寺号と堂宇の存在が明らかである。さらに、次のような末寺宛の名号本尊裏書が現存する。「方便法身尊号／大谷本願寺釈実如（花押）／明応八年己未五月十八日／幡州餝西郡／英賀東本徳寺門徒／願主釈了西[7]」というもので、明応八年（一四九九）には寺号とともに末道場が存在していた。

釈実如（花押）
永正元年甲子十二月十一日書之
播州飾西郡英賀東
本徳寺常住物也
大谷本願寺親鸞聖人伝絵

実悟によれば、蓮如取り立ての坊舎は「野村殿・大坂殿・堺御坊・吉崎・英河（ママ）・土呂・鷲塚・飯貝・黒江」の九カ所があげられる[8]。野村殿は本寺、大坂は後の本寺として、堺は隠居所、吉崎も半ば本寺的性格を持った経緯から、これらは他の坊と根本的に異なる。しかし、英賀以下の五坊については、たとえば鷲塚坊・黒江坊などは蓮如在世中に坊として取り立てられたかどうか疑問の所もある。長島坊（願証寺）や富田坊（教行寺）のように、蓮如が開基、あるいは実子を配して開創にかかわった例は多いが、実悟がこれら九坊を特にあげたのは何らかの基準に基づいていると思われる。しかしながら、今はそれを明らかにしえない。いずれにしても、土呂と鷲塚の両坊がここにあげられていることは、本宗寺の存在を考える上で重視しなければならないであろう。

次に本宗寺の成立を由緒書等により見ておきたい。第一に本宗寺寺伝ともいうべき『三河国光顔寺由緒書　全』[9]によれば、文安三年（一四四六）蓮如上人開基、大檀那小川城主小山下野権頭政康朝臣（後に石川氏を称する）により三河国額田郡土呂に建立、柳堂本宗寺と称したとする。

また近世後期成立の蓮如伝のうち三河の記事が見られるものでは、『蓮如上人御隠棲実記』[10]には文正元年（一四六六）から応仁二年まで三年間の蓮如三河滞在を説き、『蓮如上人縁起』[11]は応仁二年佐々木上宮寺に逗留、如光の請に応じ土呂に坊舎を起立したとする。これらは、この地域の蓮如結縁寺院の由緒の多くが応仁元年・二年蓮如下向時の結縁を伝えるものと一致する。

このように、本宗寺寺伝は石川氏建立を伝え、比較的新しい由緒では如光が介在し、応仁二年頃の成立を伝える。次に、由緒書としては比較的成立の早い『無量寿寺縁起』（慶安二年〈一六四九〉、名古屋東別院蔵）では、応仁元年（一四六七）蓮如の下向により、上宮寺如光・本證寺光存・無量寿寺了順らが随従し、西端（後、応仁寺）と鷲塚（後、蓮成寺）に道場を建立したとする。この場合、下向年次は先とほぼ共通するが、如光の他に光存もその名が見られ（了順は自坊であるから当然である）るとともに、本宗寺の名は見えない。ただ少なくとも如光と光存が、蓮如とのかかわりのなかから坊舎建立の支援を行ったことが注目される。なお、西端は上宮寺の別坊的存在で、第二章で見た『天正本』末寺帳では後に上宮寺の隠居所となる道場である。

さらに、寺院由緒成立以前の由緒と考えられているいわゆる『貞享の書上』[12]（貞享三年〈一六八六〉）によれば、延徳元年（一四八九）蓮如鷲塚に下向、本宗寺建立とする。特定の人物名を記さないが、蓮如下向年次が他の由緒類と異なり、かなり下がる点が注目される。この史料は本書総論でも注目する。

このように、代表的な由緒書類を比較してみると、いくつかの問題点が浮かび上がる。まず、本宗寺伝では如光の介在に触れておらず、石川系の外護のみをいう。石川伝承は、本證寺（小山姓）の伝承と近似しており、事実、本證寺は天文十八年（一五四九）の門徒連判状からも知られるように、石川系の門徒団を中核とする。近世本宗寺は、三河美合（西派）・伊勢射和（東派）・同亀山（同）の三カ所に分立するが、美合本宗寺や亀山本宗寺は後世まで石川氏との結び付きが継承される。これらのことから、本宗寺の取り立て、特に蓮如下向時に草創されたとする土呂坊は、本證寺が介在したことを含みとするものと考えられる。

第二節　吉野門徒の動向

大和吉野門徒を考える上で極めて興味深い史料があるので、まずこれを紹介したい。

松阪市本宗寺（大谷派）に所蔵される蓮如・如光連座像（口絵1・図版1）がそれである。これについては、すでに紹介を兼ねて簡単に私見を発表したが、(13)今一度、もう少し詳細に検討せねばならない。

まず、これと同様のものが佐々木上宮寺に伝わっていた（図版2・焼失）ことは周知の通りであり、これとの対比から見ていくことにする。

法量　本宗寺本　タテ八七・三センチ×ヨコ三八・五センチメートル
　　　上宮寺本　タテ一〇〇・〇センチ×ヨコ三八・〇センチメートル
讃　両者「如来所以興出世」以下八句
銘　両者「釈蓮如」「釈如光」

両者絹本著色で、絵相は本宗寺本は斜めに重り合って描かれているのに対し、上宮寺本は上下に描かれている。裏書は以下のようであるが、共に応仁二年（一四六八）十一月一日で、これは如光の命日にあたる。ただこれらは、描法や裏書の書式も異なり、同様のものを同時に二幅作成したというより、若干の時間的ズレがあったと考えた方

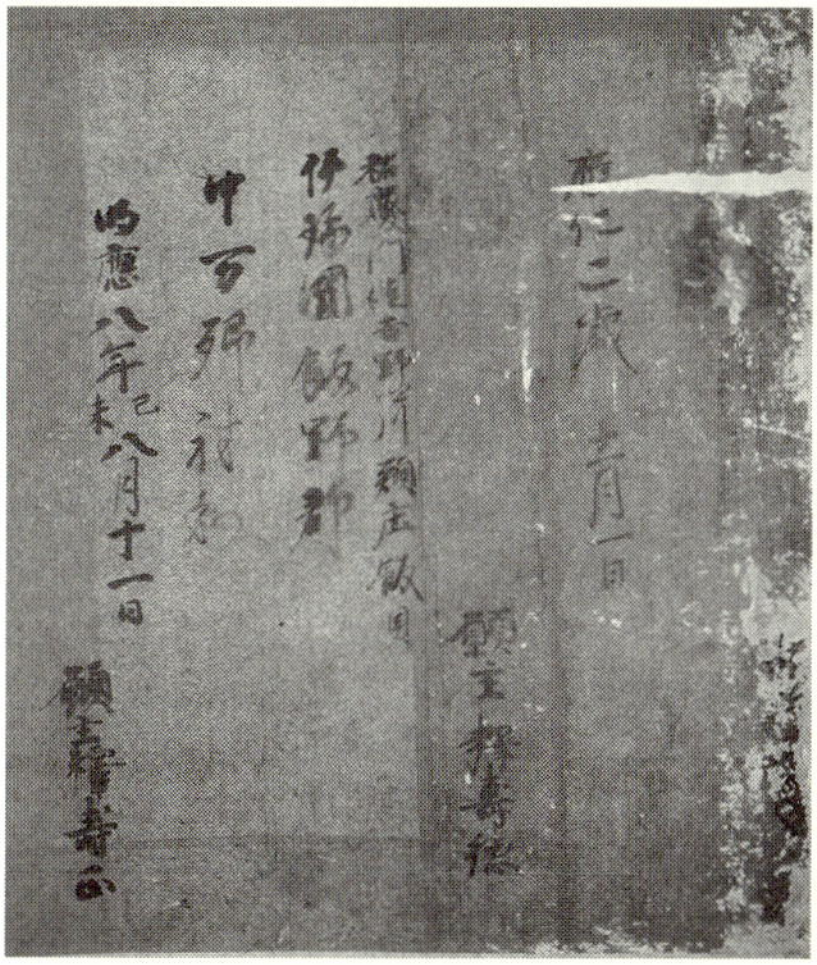

図版1　蓮如・如光連座像と同裏書（松阪市本宗寺蔵）

(A)

釈蓮如（花押）

応仁二歳　十一月一日

願主釈寿徳

(B)

祐慶門徒吉野郷川頬庄飯貝

伊勢国飯野郡

中万郷射和

明応八年己未八月十一日

願主釈寿正

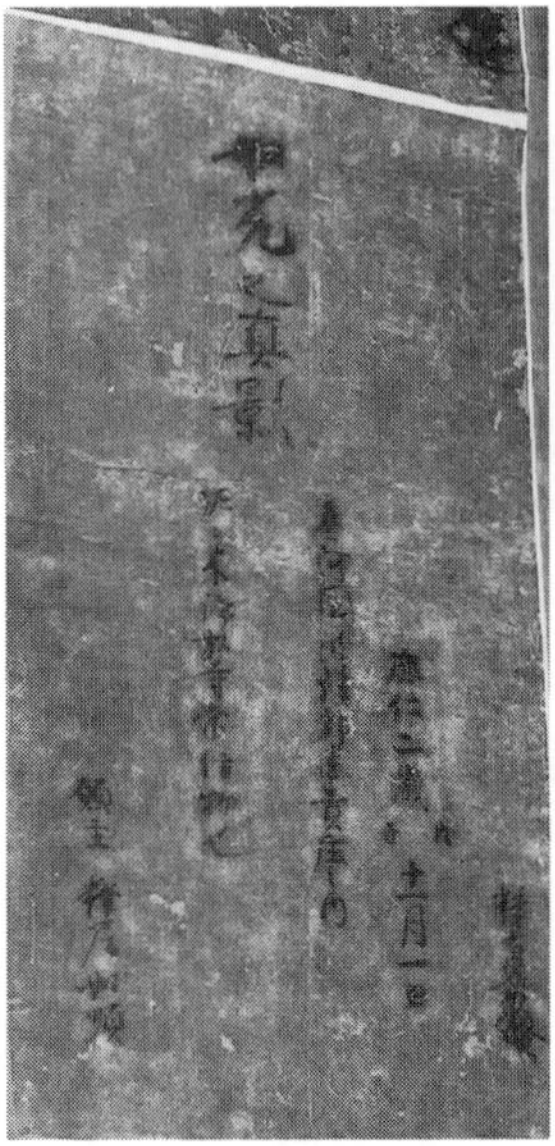

図版2　蓮如・如光連座像と同裏書（岡崎市上宮寺旧蔵）

釈蓮如（花押）
応仁二歳戊子十一月一日
参河国波津郡志貴庄之内
如光之真影
佐々木浄弘寺常住物也
願主釈尼如順

が自然であろう。

本宗寺本は、二通りの裏書が添付されるという特殊な形態のものであり、ここでは便宜上前者を(A)、後者を(B)とし、次にこの裏書について検討を加えてみたい。

(A)は、上宮寺本と異なり物件の名称がなく、願主の在所、本末関係の記載もない。ただ、この時期にはこのような例は他にも見られ(14)、さして不自然ではない。(B)は、年次と筆跡から明らかに実如により裏書されたものだが、署名もなく、かつ宛所（在所）も二通り記され、特異なものである。(A)(B)から問題となるのは、応仁二年（一四六八）における寿徳なる人物、明応八年（一四九九）の寿正なる人物が、飯貝・射和の両地とどうかかわっていたかということである。

そこでこれらの問題を考える上で注目すべき史料が存する。それは、吉野飯貝本善寺の蓮如（本願寺）取り立ての経緯に関する実孝自筆の妻「みなみ向」宛の記録である。本文は読解が非常に困難な部分があり、意味不明の箇所も多く、これについては発見者の故宮崎圓遵氏が一応解読されてはいるが、以下に関係部分を抄出しておきたい。なお『皆乗院実孝書』(15)と題されるが、ここでは『実孝書』とする。また、明らかに誤読と思われる部分を数カ所改めた。

（上略）

一、此門徒中の事ハ、もとハ奈良衆飯貝ニハ坊主も候て仏法かたもしな〳〵共候ぬ間、いかやうの人□（にて）も仏法の志の人もかなと各存候之処、三河の人に寿徳と申人候つる間、此門徒中ニ置申し、つかい被す、め□候つる、其人往生候て後又人もなく候間、前々住様へたれにてもをき申度之由申候へハ、慶順と申候人を御下し候つる、是も三河の人にて佐々木の下にて候つる、此慶順の時佐々木より被申事ニ慶順ハ佐々木の下にて候間、なら衆も佐々木門徒たるへきよし被申候つる、然共それハいはれぬ儀被申候、前々住様より被仰付候て、慶順時（カ）より直ニ参候つる、慶順往生以後又人候ハて、せうし〔笑止カ〕に候よしを前々住様へ又申上候へ

ハ、我らを御下候間めしつかわれ候、（中略）

一、前住様之御時此門徒中に被仰出事ハ、前三河のすちめ候間、土呂殿へ参候へ、与力の事は我等ニ前々ニすこしも相かハらす与力し候へと被仰出候、其時各申事ニ、三河の事ハ前々住様之御時、事はて落居候、よしの子細共申分候へハ、其段子細ハきこしめしわけられ候、然共先土呂殿へ参候へと被仰候、乍去此門徒中の申事に、既我等を坊主にと申候て、前々住之御時申下候事候間、如此被仰出候事、いわれさる御事にて候と存候間、（中略）（補注）

一、なら衆にも土呂殿へ参候共、我等かたへの事ハ前々ニいさゝかも相かハらす与力候へ、無沙汰候てハ可為曲事之由披仰付候由、我等にも被仰聞候へ共、かはりはてたる躰にて候へハ迷惑此事候、如此之申事ハ、我等迷惑仕候事此儀にて候へハ、せめて御分別もまいり候ハヽ、かたしけなくそんし候ハんとの申事候、（下略）

これによると、まず飯貝の坊主に三河の人で寿徳という人を置いたというが、これは裏書Ⓐの寿徳とみて間違いない。さらに寿徳没後、再び坊主がなく前々住（蓮如）より慶順という人を下されたが、やはり「三河の人にて佐々木の下」であったという。寿徳が佐々木下であるかどうかは明記されないが、連座像の願主となりうるほどであるので、上宮寺の門末でもむしろ有力な存在と考えられる。ここに、寿徳――慶順と三河上宮寺系門末の二人が相次いで吉野衆のリーダーとしての存在を確認することができる。[16] 吉野と三河門徒の関係については従来あまり考察されていないが、両者はかなり早くから交渉があったものであろうか、『存覚袖日記』にその名の見える大和の学念なる人物が書写した『教行信証』の写本が、野寺本證寺に伝来することも注意すべきである。[17] また宮崎圓遵氏は、蓮如が応仁二年の三河巡化の後、秋に吉野に下っていることを考えると「三河・吉野両旅行の間には何らかの関連があるとも想像されるであろう」と言われる(18)。この年の蓮如の三河下向が事実とすれば、如光との接触と上宮寺系吉野門徒との何らかの調整があったことは十分考えられ、この指摘は考慮すべきものであろう。

一方、慶順のときには佐々木（上宮寺）より彼が上宮寺下であるから、奈良衆も佐々木門徒であるべきと申し出たが、蓮如に仰せ付けられてこのときより直参となったということであろうか。そして、慶順往生の後実孝の入寺となったようである。

次に(B)については、蓮如没直後の明応八年八月十一日、署名はないが筆跡から実如により再び裏書されたものである。願主の寿正については明確とならないが、先の寿徳の後継と思われるものの『実孝書』にはその名は見えず、慶順とも別人物であろう。この裏書は、やはり蓮如の没と何らかの関わりを思わせるのであるが、『実孝書』の記事にその後の事情を求めてみたい。

それによると、前住実如のとき、三河の「すちめ」により土呂殿へ参り前々同様与力するよう、おそらく土呂殿ないしは上宮寺側よりの申し出があったが、三河のことは前々住のときに解決しているのであり、さらに実孝が坊主として配されているのであって、それは「いわれさる御事」であった。さらに重ねて、奈良衆にも土呂殿へ参り前々に変わらぬ与力を求めており、「如此之申事ハ、我等迷惑仕候事此儀」であったという。このように、蓮如没後も飯貝（本善寺）を中心とする門徒団に対して、土呂側は、三河との「すちめ」(19)を盾に執拗に与力継続を求めていることが知られる。これは、蓮如の没後、三河系（上宮寺）との関わりのなかで、幼少なるが故であろうか、実孝（蓮如十二男）入寺以後も吉野門徒の帰属の問題が露呈したことを示しているのではなかろうか。そして、(B)の裏書に飯貝が「祐慶門徒」と明記されることは、祐慶の素性を明確にできないものの、少なくとも上宮寺門徒でないことを明らかにしているものと考えられる。ただこの一行は、筆跡には問題はないが運筆がやや不自然であり、後筆の可能性もある。もしそうであれば、このことが一層明確となるであろうが、このような視点に立つとき、実孝入寺の裏には上宮寺や本宗寺をはじめとする三河系の勢力を抑止せんとする目的があったことが考えられる。

実孝が、このように本善寺取り立ての由来を記述した最大の理由は、「三河のすちめ」はすでに解決済みであることを再確認しつつ、妻はじめ後代に申し送ることにあったが、ここにいう「三河のすちめ」とは、元来上宮寺との関係であったものが、対土呂殿（本宗寺）の関係へと、記述の内容が変化していることに注意しなければならない。これは、当初の上宮寺の教線を次第に本宗寺が取り込んでいったものと考えられ、同時にこのことは、三河における本宗寺の地位の微妙な変化を示すとともに、権威の象徴として実質的に三箇寺以下の与力体制が整ったことを暗示しているようである。これは一つには実円入寺が契機になっているとも考えられる。すなわち、実如が門主になったとき、実円は唯一の連枝であり、本宗寺（兼住英賀本徳寺も含む）の地位も大きく上昇する。

ところで、吉野における本宗寺への与力化の動向は、この後は明確でないものの、『天文日記』には本宗寺の大和進出を裏付ける記述が見られる。すなわち「奈良本宗寺下」（天文十二年一月七日条）、「奈良本宗寺門徒中」（天文十三年十一月二十四日条）、「奈良本宗寺方」（天文二十年七月七日条）など、いずれも奈良における本宗寺門徒あるいは与力門徒の存在が知られる。この場合、吉野との関係は明確ではないものの、本善寺を介さない本宗寺傘下の門徒団も成長していたことは明らかである。すなわち飯貝にも道場が存在したようで、永正十七年（一五二〇）九月十二日付、絵像本尊の裏書のみが現存し、「本宗寺門徒吉野郡官上部郷飯貝　願主釈了西」とある。[20]

次に、(B)のもう一つの地名「射和」についてであるが、これには上寺関係が記載されないことから、必ずしも祐慶門徒ではなさそうである。『別本如光弟子帳』には「伊勢国伊沢一箇所」とあり、射和にはもともと上宮寺の下道場があったようであり、(21)その意味では「上宮寺門徒」とあってもよさそうなものである。そして、九字名号とともにこの「二尊立」を、如光後継の室角（如順）が「女儀ニ候ヘハ」実如へ「指上申候」とあり、これによって、この連座像が、もともと上宮寺にあったものであることが知られる。

また九字名号は、近時、小山正文氏により発見・修復され、自坊林松院文庫に収納された。その後、『同朋大学佛教文化研究所紀要』第三四号（二〇一五年）巻頭に写真とともに紹介される。それによれば、表画は初期真宗の大幅の金泥九字名号で、上下に讃文があり、明らかに蓮如本願寺化以前のものである。この種のものとしては異例の、実如による裏書が添っている。釈文は以下のようである。

奉修復方便法身尊号

釈実如（花押）

明応八年己未五月十八日

祐慶門徒吉野郷川頬庄飯貝

伊勢国飯野郡

中□郷射和

願主釈了春

この裏書は、射和本宗寺蔵の蓮如・如光連座像の実如筆裏書部分とほぼ同日であるとともに、宛所の地名も全く同じで、願主が異なるだけである。すなわち、「伊勢国飯野郡……射和」の地名を書いた後に窮屈に、「祐慶門徒……飯貝」の地名を書き加えてある。ただ、前者の願主が「寿正」、後者が「了春」となっており、両者の関係は、ここからだけでは不明である。

これが、如光妻如順から実如に贈与された九字名号であることは明らかで、この発見の意義は大きい。蓮如・如光連座像と同様に、吉野飯貝の門徒と伊勢射和門徒が、佐々木上宮寺系門徒であったことを示しており、『実孝書』の記述を裏付けている。そして、この九字名号を見る限り、三河地域にも定着した荒木門流のものと推定され、本願寺帰参以前の上宮寺は、荒木門流に属していたことを示唆するものといえよう。

さらに、連座像とともに射和道場自体も実如に譲与されたものであろうか。というのは、『別本如光弟子帳』のこの記述の前に越前吉崎に隠居所が一カ所あり、やはり「女儀」により門徒共に蓮如に「指し上げ」た旨が記されている。これについては、他に傍証するものがないためそのまま信ずることはできないにしても、興味深い内容である。ことによると射和道場の場合、連座像や九字名号とともに実如に仮託された実円に、譲与されたとしたならば、いかがであろうか。想像の域を出ないが、『別本如光弟子帳』の成立は近世初頭であり、上宮寺の立場からすれば分派後の状況に合った伝承が作られた可能性もある。このように考えるとき、先の『実孝書』の本宗寺の教線伸長のあり方を、ある程度裏付けることが可能となるのではなかろうか。

ところで、吉野と射和は地理的に一見無関係の地点のようであるが、大和・伊勢国境の峡しい山脈に阻まれてはいるものの、直線で約六五キロメートルの距離は、伊勢街道により交通上、比較的近い関係にあったものと思われる。また射和は櫛田川中流に位置し、中世においては、この地まで航行を可能にし、射和津として交通上の重要拠点として発達した。それは、近辺に古代よりの丹生の産地を控え、射和はその精錬・中継の場として、また、白粉の生産が行われるなどの、経済上の拠点でもあった。したがって、大和を越え堺や中央への交通路も開かれていたことは想像に難くないであろう（口絵4上宮寺と南伊勢・大和位置関係図参照）。

このような背景から、上宮寺（如光）を媒介として吉野飯貝と射和の間に何らかの連絡が持たれたことが想定される。『如光弟子帳』の百余の、川を中心とした広範な如光門徒の分布を考えるとき、何らかの商業活動を抜きにしては考えられない(22)。故井上鋭夫氏の提唱されたワタリの存在をここで打ち出すのは史料的にもあまりに早急であるが、吉野――射和――三河という地理的関係を考えると、これらの交渉を可能にするのには、少なくとも経済・交易上の連関を見逃がすことはできないであろう。また、如光を三河門徒団の雄たることを可能にしたのも、彼が何らかの形で交易・商業活動に関与していたためと考えざるをえない。

ところで、この連座像を所蔵する松阪市射和本宗寺（大谷派）は、三河土呂本宗寺の寺跡を継承する別格寺院であるが、これは江戸中期に真楽寺を改称したものである。真楽寺は、寛永二年（一六二五）、播磨船場本徳寺より従意（宣通）入寺により一寺が取り立てられ真楽寺を称したが、宝暦六年（一七五六）に本宗寺と改号し院家に復されている。前述のように射和の地には、もともと上宮寺の隠居所もしくは下道場があり、それが真楽寺へと継承され、さらに三河との密接な地であればこそ近世中葉に本宗寺寺跡寺院として取り立てられていったものと思われる。それは、射和本宗寺がこの連座像を伝持してきたことが何よりもの証左となるが、元来この地が如光によって急速に門徒化が行われたことにより、近世の本宗寺が如光顕彰という形でこれを伝えてきたものと理解することができる。こうした点を考慮すれば、土呂坊――如光の関係が濃厚であったことを、逆に裏付けることができるのではなかろうか。

また、二〇一三年二月二十七日に射和本宗寺の調査を行った折に、次の証如書状が見出された。

下向之後は何かに

打過候、折節馬
一疋賜候、喜悦候、
期其時候、恐々謹言、
七月廿四日　証如（花押）
　　本宗寺御房

（包紙）
「本宗寺御房　　証如
　几（カ）右　　」

※証如花押は前期と見られる。

これは、本来土呂坊本宗寺に伝来したはずのものである。また、射和本宗寺には教如息女で船場本徳寺初代教珍（寿継）の妻となった教妙尼真影も伝わる。裏書は「教妙之真影／本願寺釈宣如（花押）／寛永参丙寅歳三月廿二日／願主釈尼妙玄」とある。これと表裏ともに同じものが、船場本徳寺にも伝わる（後者は願主なし）。教珍は大和飯貝本善寺顕珍の息子で、顕珍は船場本徳寺を成立させた人物とされる。そして、伊勢射和真楽寺を船場本徳寺掛所とした。このためか、南伊勢地域には、近世には西弘寺をはじめ船場本徳寺末寺が点在する。[23]

このように見てくると、伝来品においても土呂坊本宗寺の証如下付の太子・七高僧像が亀山本徳寺に伝わるなど、本宗寺・本徳寺の一体関係を示している。さらに、東西分派後の教如方の船場本徳寺が南伊勢に門末を形成する。

人脈の上からも、大和飯貝本善寺とも関係しつつ、教妙は晩年、伊勢射和に下りここで没したとも伝える。

これら大和飯貝や伊勢射和の様相は、先にも示したように、元来佐々木上宮寺門徒集団・如光隠居所があり、『別本如光弟子帳』に語られるように、法宝物ともども上宮寺から実如本願寺に「指し上げ」られたことを裏付ける。

もともと、射和の地は土呂坊本宗寺と直接的関係はなかったといえる地であったが、英賀坊以来、分派後の東派船場本徳寺と密接な関係の地となったが故に、先の本宗寺宛証如書状が射和本宗寺に伝来することになった。すなわちこれは、上宮寺が実如に譲渡したことにより、本宗寺――本徳寺、本徳寺――射和、射和――本宗寺の一体的関係が、早くから成立していたと考えても大過ないであろう。

第三節　本宗寺実円

ここで、実円の動きと本宗寺の性格を考える上で、実円の周辺に焦点をあててみたい。

本宗寺は、実円――実勝（教証）――証専（教什）と相承し、三河一揆後の破却により血統は絶えることになり、以後は英賀本徳寺にて相承されてゆく。実円自身は、周知の通り実如の四男であるが、長男照如・次男後継円如・三男実玄が早世するため、実質的には実如の唯一の男子であり、証如代には叔父として活躍することとなる。また息男実勝の妻は願証寺実恵の女であり、証如期の後見人的存在である慶寿院（円如室）の姪にあたる。さらにその息男証専の妻は、顕如の妹である。このように本宗寺歴代は、常に本願寺門主と極めて近い血縁・姻戚関係にあり、永禄二年（一五五九）本願寺門跡成により願証寺・顕証寺とともに最初の勅許院家に補せられるなど、証如・顕如

表１　実円所在一覧

年	月日	記事
天文5	2・21	三河より上洛（上宮寺と同道）
	（5・6）	
	5・12	早々上洛・しのび
6	（1・28）	
	6・17	播州へ下る
7	（1・10）	播州のことについて本宗寺より注進）
	3・1	播州より上洛
11	1・11	摂津より上洛
	1・19	（20日に）播州へ下国
	7・23	上洛
	（7・26	阿弥陀堂上棟）
	（8・18）	
12	（2・5	斉）
	（12・8）	
13	（6・28）	
	（11・6 8）	
14	8・1	播州より上洛
	（9・7）	
15	（7・12）	
16	（1・23）	
	（5・29	去年より逗留）
	（7・23）	
18	（1・25	実如二十五回忌目を煩い不出）
	（2・2）	
	（5・7）	
	（7・13）	
19	12・15	播州へ下向
21	（2・9）	
	（7・7）	
22	7・24	上洛
	（9・8）	
弘治元	（12・18	死去於本願寺）

所在：三河　本願寺　本願寺　播州　本願寺　？　播州　播州　播州　？

（→は在国　……→は在本願寺　（　）は在本願寺を示す記事。

期本願寺一門の最重要の位置にあったことを確認しておきたい。

このような本宗寺、ことに実円の地位の重要性は、『天文日記』『私心記』に頻出する記事によっても裏付けられるが、ちなみに実円の往還をこれらより拾い出してみると表1のようである。

かなり不明瞭な部分が多いが、実円は多くは本願寺に在るものの、下向先は播磨の方が多い傾向にあったようである。これは、三河は息男実勝が天文十九年（一五五〇）早世まで住持であったことによるであろうが、このことは三河教団と本宗寺を考える上で留意しなければならない。

次に、本宗寺と一体関係となった播磨本徳寺の成立を知る上で重要と思われる親鸞影像が、名古屋市東区養念寺に伝蔵しており、この裏書を紹介しておきたい。

（実如）
明応五年□丙
大谷本願寺親鸞聖人御影
播磨国餝西郡
英賀東常住物也
願主釈空□

斯表補絵依及古獘令直之訖、
右裏書者任釈実円所好残留焉、

天文十四稔乙巳十一月十三日
釈証如（花押）

これは『第八祖御物語空善聞書』八五に「明応五年九月廿日、御開山ノ御影様、空善ニ御免、中〳〵アリカタサ申ニカキリナキコトナリ」（『真宗史料集成』第二巻、四三〇頁）とあるように、元来実如より空善に下されたものである。さらに証如の添書により、実円によって表装が直されたことを知ることができる。このことは、この影像が本徳寺のものであったことを示しており、本徳寺寺伝の通り、英賀坊はもともと空善により道場化が進められ、後に蓮如により取り立てられ、本徳寺を称したものと考えられる。本徳寺については、次節にも関連し言及する。

第四節　別坊鷲塚坊

ここで、本宗寺を考える上で忘れてはならない今一つの坊たる鷲塚坊について考察してみることにしたい。

実悟の『本願寺作法之次第』によれば、「但鷲塚ハ実如（上人）にて御入候歟」と、鷲塚坊については、やや明確さを欠いた表現をとる。また『日野一流系図』においては、実如の条に「河州枚方坊并参州鷲塚之坊開山」と明記し、枚方坊順興寺とともに実如が開山であることを明示している。ところが、土呂坊と並ぶ存在でありながら鷲塚坊の名を『天文日記』には一度も見ないが、それはおそらく土呂坊が実円入寺まで確たる住持がなかったと同様に、鷲塚坊も実如開山でありながら退転まで本願寺血縁者が入寺した形跡がないことによると思われる。しかし、この両者は成立の事情も異なる別個の坊でありながら、『反故裏書』には「三州本宗寺ノ御坊土呂・鷲墳《ママ》」[24]という捉え方がなされており、この両坊が本宗寺の名のもとに一体であったことが知られる。だが何故に土呂坊の外に坊を設けねばならなかったのだろうか。また鷲塚坊の果たした役割は奈辺にあったのだろうか。以下、少しく検討を加えてみたい。

まず、鷲塚坊の存在した地である碧南市鷲塚町に立地する願随寺には、次のような裏書の絵像本尊が所蔵される。

(C)

図版3　絵像本尊裏書（碧南市願随寺蔵）

方便法身尊像

大谷本願寺釈実如（花押）

永正十六年己卯七月廿八日

三河国

幡豆郡志貴庄

鷲塚惣道場物也

この裏書(C)は、土呂坊・鷲塚坊を考える上で極めて重要と思われ、特に以下の二点の問題について考えてみたい。まず第一点は、昭和六十年に姫路市亀山本徳寺で発見された絵像本尊(D)と年月日が一致することである。この時期、下付物の年月日が一致するという例は他にも見られないこともないが、願随寺にはなお一本これより五年先行するやや小ぶりの絵像本尊(E)を所蔵する。

(D)

永正十六年己卯七月廿八日書之

釈実如（花押）

願主釈顕誓

(E)

方便法身尊像

大谷本願寺釈実如（花押）

永正十一年甲戌十一月廿六日

参州幡頭郡志貴庄

願主釈恵性

願随寺の寺伝では、願主に名を見る恵性《えしょう》を中興（蓮如弟子）としており、これを願随寺の道場時代の本尊と考えるのが妥当と思われる。したがって(C)本尊が、鷲塚坊草創期の本尊であるという見通しを立てておきたい。また願随寺は、恵性以来数代は本宗寺「院代職」であり「勤番の懸所」と伝え、(25)(C)本尊や、先にもふれた本宗寺勤番制の名簿ともいうべき『月割勤番帳』を伝えていたことを考慮すれば、恵性の伝承はある程度信拠することができる。

一方、(D)の願主顕誓は、晩年の蟄居先である本徳寺（亀山）より発見されたことより、蓮如四男光教寺蓮誓の子顕誓であることは明らかである。そして、顕誓(D)と(C)とが本尊を同時に下付されたことは、一般とは異なった実如の血縁か、それに準じた相手に下されたと見て大過ないと思われる。さらにこの二つの本尊を同一線上に捉えるならば、『反故裏書』に見られる永正の三条目のうち、永正十六年（一五一九）夏頃に発布されたといういわゆる「一門一家の制」や、同時期頃の「新坊舎建立停止令」との関連性を考えねばならない。この問題については、金龍静氏が越中勝興寺の事例をもとに考察されるが、氏はこれらの法令は、円如を中心とした新親族団の確定を目ざした蓮淳・蓮誓の画策と位置付けられる[26]。これによれば特に後者の場合、たとえば越中安養寺（地名）の勝興寺の赤田・打出の草坊停止の措置はその具体例とされる。

このように、これらの法令は主に北国の諸寺諸坊に対して打ち出されたものであろうが、やはり、全国的にも通ずる法令として理解したならば、本宗寺の鷲塚坊の場合、別坊でありながら時を同じくして本尊の下付がなされたことにより、事実上別坊としての公認がなされたものと解することができる。そして金龍氏の説かれるように、円如に視点を置いたとき、実円は唯一人の男子兄弟であり、一門身分のいわゆる連枝の立場であった。やがて鷲塚坊が、宗主実如の開山＝兼帯という「御坊」格に位置付けられたことは、それが同時に、本坊たる土呂坊本宗寺の教団内の位置付けをも必然的に高めることになったことは、いうまでもない。おそらくこれも、後継円如の近親支持母体の確立をはかった実如の画策と考えてもよく、いわば、願得寺実悟や勝興寺実玄などが一代一門身分とされた特例とも相通ずるものであろう。

他方、顕誓の室妙祐は円如の妹であり、永正十六年二十一歳の段階ですでに結婚していたとすれば、円如――実円――顕誓は兄弟の間柄となる。このような背景を考えるとき、顕誓自身と実円の別坊たる鷲塚坊とに同日に実如より本尊が下付されたことは、ある一定の意図のもとになされたものとして理解できるであろう。さらに想像をたくましくすれば、顕誓自身は光教寺の後継であり新たな道場本尊の必要性は小さく、この場合、道場本尊とするより、裏書の書式も通例とは異なることからも、円如親族としてあらためて実如より認知されたことを示す性格を有したものではないだろうか。これらについては、史料的制約もありこれ以上考察する用意はないが、本尊下付の意義を含めて、実如・円如をめぐる本願寺中枢の組織・性格を考える上で、今後注目していかねばならないと思われる。

次に第二点目として、(C)の裏書には一部に抹消されたと見られる痕跡が認められることに注目したい。それは**図版3**からもわかるように、年号の次行の「三河国」が書き出しにしては下がり過ぎて不自然であり、この上には何らかの上寺関係が記されるのが通例であるからである。その可能性としては、上宮寺、本宗寺、あるいは本徳寺といった寺名を想定することができ、それぞれの場合を検討してみたい。

上宮寺

『上宮寺縁起絵伝』第四幅に如光没後「如光上人之墳墓築于同国鷲塚」の場面がある。これは近世前〜中期の成立であるが、如光伝（第三・四幅）に関しては、その多くは史実にほぼ合致していることを、すでに織田顕信氏が指摘され、あながちこれらの伝承が創作でないことを裏付けられている[27]。だが何故に如光の墓が、上宮寺や隠居所の西端辺でもない鷲塚の地に築かれたのであろうか。もちろん現在、この地に如光の墓は存在せずこれに関する伝承すらない。しかし、この地には上宮寺系の門徒が多く存在していた徴証もある。上宮寺の天正十九年（一五九一）の末寺帳（『天正本』）には、鷲塚に「長徳寺」、『別本如光弟子帳』には、同じく鷲塚に、順教・教順二カ所の道場がある。この順教の子尊心が知多郡乙川《おっかわ》へ移り円教寺と号したという。これが現在の半田市正通寺（大谷派）であり、鷲塚姓を名乗る。寺伝では願随寺と同じく恵性を開基と伝え、近世を通じて上宮寺末であることから、鷲塚における上宮寺系の伝承はこちらに引き継がれたようである。そして、願随寺が近世初頭に西へ転派したため、鷲塚の上宮寺系の伝承は消滅したと考えられる。また今一つの上宮寺末道場は、同地の大谷派蓮成寺に該当すると考えられる。ただこの寺は近世を通じて知多郡成岩無量寿寺末（懸所《かけしょ》）であるが、蓮如旧跡を伝える一方、願随寺蔵の『貞享の書上』には実如との関係による創建を伝え、現に実如寿像と分骨を伝える(28)。このことは、鷲塚坊と実如との関係を裏付ける証左と見ることもできよう。いずれにしても、上宮寺系道場・門徒の支持を受けて鷲塚坊が成ったことは十分考えられる。

本宗寺

願随寺に所蔵される『世間実録』は近世幕末の住職により記述された備忘録で、これによれば当地の河原五郎右衛門（襲名）家に次のような裏書の本尊を有したという(29)。

一、三百代本尊　証如判
　天文十二癸卯年十月卅日
　本宗寺門徒三河国碧海
　郡志貴庄鷲憤（ママ）
　　願主釈祐了

尼真妙

これによって、鷲塚寺内にあって与力門徒でない鷲塚坊直属の本宗寺門徒の存在が確認できる。あるいは河原家が本宗寺門徒であったものかもしれない。少し時代が下がるが、天正十年（一五八二）本能寺の変の際、徳川家康が急遽堺から岡崎へ帰城する折、河原五郎右衛門が馳走したことが本願寺下間頼廉の感状によって知られる(30)。この意味では、彼の存在は鷲塚寺内にとどまらず三河門徒団における有力門徒であったようである。このようなことより、先に見た吉野門徒に下された裏書より、永正十七年には本宗寺の寺号があったことが確実であり、(C)の裏書には「本宗寺門徒」とあった可能性もある。しかし本宗寺伝承を伝える願随寺に所蔵されてきたことからすれば、抹消する理由は稀薄となる。

本徳寺

同じく先の『世間実録』によれば、やはり河原家に、本徳寺門徒に下付された次のような本尊が所蔵されていたようである。

一、五百代本尊証如御判
享禄四年辛卯十月二日
本徳寺門徒寺内釈顕道

ここにいう寺内とは、もちろん英賀寺内を指すと思われるが、にもかかわらず鷲塚の地にこれが伝えられたことは、単に流入物と考えるより、実円が本徳寺を兼帯したことにその背景を求める方が、より事実に近いと思われる。

以上のように見てくると、そのいずれもが可能性があり決め手に欠けるが、願随寺が後に抹消したのであれば、「上宮寺門徒」であった可能性は高い。同時に鷲塚坊は、これらのいずれの寺院とも極めて密接な関係にあることが知られるのである。このように鷲塚坊は、土呂本坊との関係はもちろんのこと、遠隔の英賀坊とも不明瞭ながら交渉をもったことが想像される。また在地の大坊主の支持も、おそらく土呂坊と変わらぬものがあったと思われる。[31]

一方、鷲塚坊については、史料上からも伝承や現況からも復元することはほとんど不可能である。現状の地形から見る限り、推定南北約三五〇～四〇〇メートル、東西約四〇〇メートル程度の小島または半島先端で、対岸の西端・東端・根崎・米津・町（西条西の町）・平坂と二～六キロメートル程度の距離で取り囲まれた入江に突出していたことになる。そして周囲のこれらの各郷にも、蓮如期から実如期には道場が存在している。

このような地形は、たとえば伊勢湾最奥の木曽川河口の長島や大阪湾の淀川河口の大坂、あるいは北潟湖入口の吉崎と相通ずるものがあり、海に面した寺内町の立地に適った場所といえよう。『信長公記』にも、土呂・佐座喜（佐々木）・大浜とともに要害富貴な湊として鷲塚があげられている。そして、先にあげた永正十六年（一五一九）の(C)の裏書が同時代史料の初見である。

連歌師谷宗牧の『東国紀行』天文十三年（一五四四）閏十一月の記事に、次のように見られる。[32]

十二日、舟のこと、昨日よりいひつけられたれは、てまもいらず、暮はて丶大浜まで押しつけたり、称名寺（時宗）の住持までおりはべる、十三日、岡崎までと急ぎ侍れば、住持も馬にて鷲塚までわたり給へり、道のほどおもしろし（中略）などゝいゝつゝ、鷲塚の寺内一見して別れたり、向ひは吉良大家の御里なるべし、こゝの眺望ゑもいはれぬ入江の磯なり、舟より馬ひきおろさせ、うちはへ行くほどに、武蔵国まで思ひやられたる野径打過ぎて、岡崎へつきけり、

また『言継卿記』（東京大学史料編纂所蔵）には、遠州から岡崎を経て尾州成岩への旅程を、弘治三年（一五五七）三月十四日条に次のように記している。

立岡崎過六七町、矢ハキ川舟ニテ渡ル、過三里荒川《（八面）》傍吉良、又過一里渡入海、舟着鷲塚、一向宗、次又過一里着大浜宿了（中略）同伝馬従岡崎九疋出之、自鷲塚一里三分駄チン也、自此所一里半海上賊難有之由申候間、向地水野山城守内ナラワノ里蜷川十郎左衛門《右兵衛》所へ、■川《遠州》神宮寺ヨリ案内者宗全、夜舟にて遣之、迎之事申候了、

前者は大浜から岡崎へ、後者は岡崎から大浜を経て成岩への行程を記録するものであるが、いずれも鷲塚に立ち寄っている。地理的には若干北上し遠回りであるが、航行上の理由と寺内見物のために寄ったと考えられる。特に注目されるのは、山科言継は鷲塚をわざわざ「一向宗」と割註していることである。単に土呂坊の別坊が建立されているにとどまらず、一向衆徒により形成された完全な寺内町であったことを裏付け、注目に値する。

また、東本願寺の下付記録である『申物帳』[33]元和六年（一六二〇）十二月十八日条に「蓮如様　無量寿寺下三州碧海郡志貴庄鷲塚八町村池端　祐珍」とあり、「八町」の地名を見出すことができる。現に昭和四十九年（一九七四）まで小字名として「八丁」が存していた。このことは、土呂寺内で行われていた市を「土呂八町新市」[34]と称し

たことを思い合わせると、土呂と鷲塚は同様の町割が形成されていたようであり、両者の関係をこの点からも確認できるであろう。そして、『別本如光弟子帳』によると如光墓所以来、寺内町の痕跡は、一向一揆で壊滅したことに加えて、先にも記したように門徒団の多くが尾州智多郡乙川《おっかわ》へ移り、さらに越前北之庄にも移住したため、現地での伝承等も消滅したようである。現に福井市街北部に「鷲塚」の地名が存しており、さらに福井市長休寺（姓三河）は三河国碧海郡鷲塚より移動した寺であることを伝えている。『天正本』末寺帳に見る「長徳寺《わしつか》」と関係するものであろう。この点でも上宮寺記録と一致する。

これらのことより、家康の本願寺禁教解禁時までは、元来の如光所縁地の関係から、たとえ本宗寺別坊として存在していても、門徒の多くは上宮寺系門徒であったと考えられる。

このように見てくると、本宗寺は矢作川水運を基幹とし土呂坊・鷲塚坊の二坊並置の一家衆寺院として、全国的にも例を見ない形をとるが、加えて英賀本徳寺実玄の早世でこれも兼帯となる。伊勢射和や大和吉野・奈良にも門徒を擁し、大坂本願寺を中核とした極めて広域なネットワークで結ばれていたことになる。その意味で「鷲塚」は交易利便の地として大きな存在意義を有したわけである。したがって鷲塚坊は、本宗寺はじめ在地大坊主の交易上の拠点としての性格を有し、一方の土呂坊は本坊として権威的な本願寺直属の血族寺院として、次章で検討する三河門徒総与力の上に存在していたと考えられる。ちなみに、顕如期ではあるが、大坂にも門徒集団が存在したようで、やや小幅であるが以下の絵像本尊・裏書が伝わる。「方便法身尊形／□〔顕如〕（花押）／元亀四年癸酉六月十七日／本宗寺門徒摂州／□〔東〕成□〔郡〕生玉庄大坂／願主釈明恩」（碧南市等覚寺蔵）。

第五節　補　結

まず本宗寺の成立については、後に成立する別坊鷲塚坊がこの地に建立された縁由からも、如光（上宮寺）との関わりを否定することはできない。さらに、本宗寺の教線が三河にとどまらず伊勢射和・大和吉野などにも伸びたが、これらはすでに上宮寺系の教線が伸び門徒形成が行われていた地域であることを考えれば、本宗寺と上宮寺の関係は密接なものであったことが想定される。もちろん如光は、土呂坊創建の年と伝えられる応仁二年（一四六八）に没しており、土呂への蓮如誘引の足掛りを作ったにすぎないものの、その後もこの立場は継承されていったものと考えられる。このことは、佐々木上宮寺に対する蓮如よりの下付物が他の二カ寺に比して多い[35]ことも、その証左となろう。

次に、土呂坊本宗寺は播磨英賀坊本徳寺とその成立の状況や性格が類似しており、特にその草創にあっては、如光・空善という蓮如門弟の重鎮がともに基盤形成の先駆として存在していたことは注目すべきである。そして、ともに実如の息男が入寺したという点では、実如が最も期待を寄せたともいえ、後の両寺兼帯は実質的一本化でもあり、ことに本徳寺と鷲塚坊も何らかの呼応があったとも考えられ、今後これらの点を考慮しつつ両寺を捉え直す必要があろう。また、射和を中心とする南勢地域の寺々は、近世には本徳寺末に集約される。

さらに本宗寺は、在地における「蓮如開山」としてのカリスマ的存在として、三河門徒団の本願寺化に極めて有効に作用したことは明らかであり、実円の入寺はそれを一層推進したものといえる。いうまでもなく実円は、実如息男として蓮如のあと、実如――円如体制下の教団形成に重要な役割を担うべき存在であった。彼の入寺の意義は、蓮如によって本願寺化が進められた結果、三河教団に成長し、鷲塚坊の「実如開山」に代表されるごとく、あらためて、中央本願寺の蓮如後継の「実如化」の体制に寄与したものとみてよいであろう。たとえば、北陸筋に比して実如の下した絵像本尊の数が、三河地域では圧倒的多数にのぼることも[36]、これを示唆しているものとして注目したい。すなわち鷲塚坊の成立は、三箇寺体制下にあって一家衆本宗寺の存在意義を明確たらしめるべく、土呂坊の「蓮如化」に対する「実如化」を代弁する役割を果したとみることができる。それは、円如の新たな教団形成という視座からも重要な部分を占めるものとして、今後さらに注目すべきであろう。次に、こうした点もふまえて三河の大坊主の門末についてさらに注目してみる。

なお、本章成稿にあたって松阪市本宗寺・姫路市亀山本徳寺・碧南市願随寺の所蔵史料、同朋大学佛教文化研究所の調査資料等を使わせていただいた。記して謝意を表したい。

註

（1）織田顕信「『本宗寺』考㈠」（『真宗教学研究』第三号、一九八四年、後『真宗教団史の基礎的研究』法藏館、二〇〇八年に転載）。

（2）両寺とも応仁二年五月二十日の日付を有する。応仁寺蔵の六字名号裏書は註(14)に示している。本證寺蔵の六字名号とともに第Ⅲ編第二章に写真掲載している。

（3）岡崎市専福寺蔵。『同朋学園佛教文化研究所紀要』第六号（一九八四年）二〇〇頁。

（4）註(1)に同じ。

（5）「三河国端に土呂・佐座喜・大浜・鷲塚とて海手へ付けて然るべき要害、富貴にして人多き湊なり、大坂より代坊主入れ置き、門徒繁昌候て既に国中過半門家になるなり」の記事が見られる。
（6）『土呂山畠今昔実録　全』（土呂八幡宮蔵写本）（『新編岡崎市史』中世（本文編）一九八九年、七七三頁）。
（7）図録『播磨と本願寺―親鸞・蓮如と念仏の世界―』（兵庫県立歴史博物館、二〇一四年）七三頁。
（8）「本願寺作法之次第」（『真宗史料集成』第二巻、同朋舎、一九七七年、五六五頁）。ただここでは「但鷲塚ハ実如ニテ御入候歟」としている。
（9）新城市「沼田文庫」旧蔵写本、織田顕信氏のご教示による。
（10）『大系真宗史料』伝記編6「蓮如上人と縁起」（法藏館、二〇〇七年）四〇・四一頁。
（11）『真宗史料集成』第二巻、八一〇頁。
（12）碧南市願随寺蔵「当村五ヶ寺創建由緒」。
（13）「新出の蓮如・如光連座像について」（『同朋学園佛教文化研究所報』第二号、一九八七年）。
（14）註（2）で挙げた応仁寺蔵の六字名号裏書は次のようであり、同じく応仁二年で、これも物件の名称（首題）はない。

釈蓮如（花押）

応仁二年戊子五月廿日

願主　釈恵薫

（15）もともとこの記録については、早島有毅氏に御教示いただいた。さらにその後、金龍静氏より、補訂のご教示をいただいた。謝意を表したい。全文は、宮崎圓遵「蓮如吉野の旅」（宮崎圓遵著作集第五巻『真宗史の研究　下』思文閣出版、一九八九年）に紹介されている。二〇一七年九月に、本善寺にて実物を拝見させていただいた。謝意を表したい。
（16）寿徳・慶順の名は、第一章で注目した『門徒次第之事』（如光弟子帳）には見られないが、これによって今後、弟子帳以外の門末の存在を考えてゆかねばならないであろう。

(17)　小山正文「本證寺本『教行信証』の歴史的考察」(『安城歴史研究』第四号、一九七八年、のち『親鸞と真宗絵伝』法藏館、二〇〇〇年、所収)。

(18)　註(15)宮崎圓遵論文。

(19)　『邦訳日葡辞書』(土井忠生他編、岩波書店、一九九三年)によれば、sugimeとはまっすぐな線・筋、また血統という意を表す。

(20)　本願寺史料研究所よりご教示いただいた。

(21)　『上宮寺縁起絵伝』には「如光上人於勢州射沢□《勧》化益」の段がある。

(22)　拙稿「中世末期における三河上宮寺の本末関係」(『近世佛教』第四巻四号、一九八〇年、本書第一編第一章に転載)。さらに第四章でもふれた。

(23)　安藤弥「三河と播磨をつなぐ南伊勢の真宗」(『真宗研究』第五八輯、二〇一四年)。

(24)　『真宗史料集成』第二巻、七五一頁。

(25)　『蓮如上人御隠棲実記』(『真宗全書』第六九巻、国書刊行会、一九七六年、三四二頁)、註(10)にも収載される。

(26)　『富山県史通史編Ⅱ中世』第四章第一節七、永正末期の三法令。

(27)　註(1)に同じ。

(28)　碧南市願随寺蔵。これによれば、「実如上人之御絵像ヲ申給、尓今当寺ニ掛随候」とあり、現に大谷派蓮成寺に伝える実如影像には裏書を欠くが、技法的にも寿像と認められる。これについては、本書総論でもふれている。

(29)　碧南市鷲塚町の河原家(現当主河原秀五氏)には『世間実録』に記される本尊等は現在所蔵されていないが、蓮如筆と認められる六字名号を所蔵される。

(30)　態令申候、仍自本作
左御報具披見申候、

寔御意之義別而祝着
申候、即令披露候、今度
三河守殿御上洛候間、
御一乱之儀被仰候処、
京都不案之義付而
俄御下向之事而候間
不相調、重而本作左始
年寄衆御取成候処、
以書状令申、弥貴所
御肝煎ニ而作左御地走（ママ）
頼入候、家康路次無別
義御帰国之由、珍重ニ存
候、猶期後音候、恐々謹言、
六月十七日

形〔刑〕部卿ノ事也
頼廉判

河原五郎右衛門殿
御宿所

上書ニハ五郎右衛門尉殿ト有。

原文書は現存しないが、願隨寺蔵『世間実録』による。

(31) 註(24)に「御坊ノ跡ハ、今池トナル、其前ノ地。ヲ門ノ内ト称ス、又本證寺屋敷ト云有」とある。

(32) 『群書類従』巻三四〇。図録『應仁寺と三河の蓮如上人展』(碧南市藤井達吉現代美術館、二〇一八年)六八頁。

(33) 大谷大学図書館蔵「粟津家記録」。

(34) 徳川家康文書天正元年上林越前宛判物(中村孝也『徳川家康文書の研究』上巻、日本学術振興会、一九六七年、二〇〇頁)にこの文言が見られる。

(35) 上宮寺への下付物については、第二章三七頁に示している。

(36) これらについては第四章に詳述した。

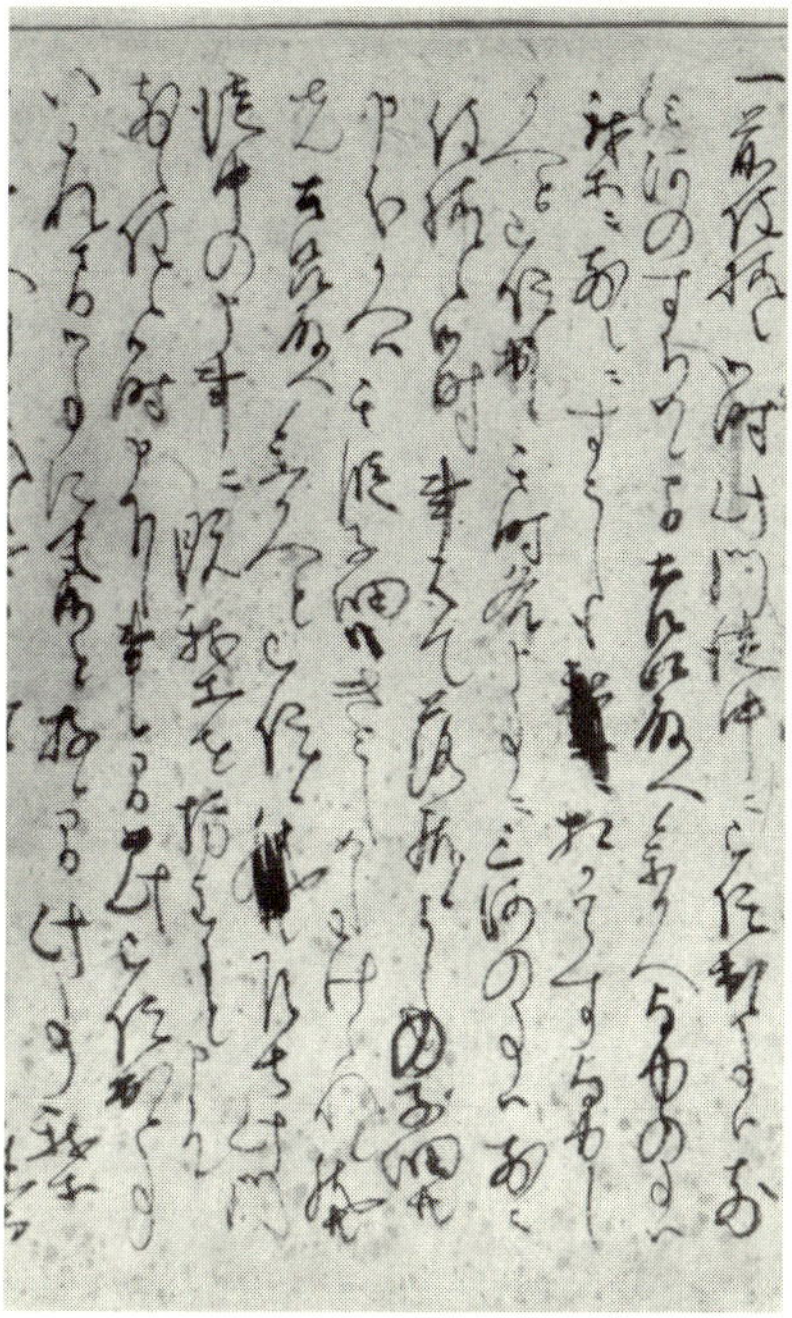

補註　『実孝書』原本写真(奈良県本善寺蔵)

第四章　本願寺教団の形成

第一節　三河の大坊主の動向

第二章において『如光弟子帳』を中心に取り上げ、第三章では本宗寺との関係において如光について注目したが、如光門徒を考える上で、如光自身についてここで今少しふれておきたい。大津市本福寺の記録には、寛正六年（一四六五）山門による大谷破却時の如光の物的支援などの活躍が見られる。すなわち『本福寺由来記』に「佐々木タ、ワタクシニ御マカセ候へ、山門モ京都モ、礼銭ヲホシカラハ、料足ハ、三川ヨリ上セ、アシニフマセ申スヘク候」[1]とあり、山門に対して金銭で手を引かせた。これはほぼ史実と考えられるので、如光のこうした経済的背景が門徒団をも急成長させたと考えられる。さらに、焼失した『上宮寺縁起絵伝』[2]では応仁二年（一四六八）十一月一日に没した後、「如光上人之墳墓築于同国鷲塚」とある。このことによって、如光の近世の油ヶ淵化生譚と合わせて、戦国期の一時期、如光は、本宗寺別坊化以前の鷲塚周辺を中心とする小湾と、入江一帯を掌握していたと考えられる。地形的特徴は前述した通りで、現在の油ヶ淵は慶長期の矢作川河口が変更される以前の小湾の痕跡である。したがって、この湖沼は、本来は一帯に広がった「海」を象徴しているといえる。ここに如光の油ヶ淵化生譚が創出するものと考えられるが、元来は墳墓の地が、やがてこのように誕生地（池）として伝承されてゆくことになると考えられる。こうして、如光は近世油ヶ淵において「湖《うみ》の神」的存在として蓮如伝承と一体化したようである。

　このように上宮寺は、経済力などからも総体的に土呂坊本宗寺草創に深く関わったと考えられるが、伝承上はあまり関わりを伝えていない。しかしながらこうした状況から、鷲塚坊創立には深く関わったとみられることはすでに述べたように、もともと伊勢射和や大和吉野まで広範に拡がる上宮寺門徒が、如光没後も本宗寺と深い関わりを持つことになるからである。鷲塚島（半島）の要害機能が、別坊創立の背景となったことは十分考えられることも前章で見た通りである。

　一方、本證寺は天文十八年（一五四九）の武士門徒連判状において、石川一族が三十三名をかぞえ、その中核をなしていることが知られる。そして、前章でもみた本宗寺の代表的な由緒書である『三河国光顔寺由緒書　全』[3]には、文安三年（一四四六）蓮如上人開基、大檀那小川城主下野権頭政康朝臣（後に石川氏を称する）により、三河国額田郡土呂に建立、柳堂本宗寺と称したとする。これは本證寺（小山《おやま》姓）開基慶円《きょうえん》が下野小山よりの到来伝承に加え、石川外護由緒と近似共通している。ただ三河の石川姓寺院群は、たとえば小川蓮泉寺（本證寺系・安城市南部）、六ッ美《むつみ》浄光寺（本證寺系・岡崎市南部）、六ッ美養楽寺（勝鬘寺系・岡崎市南部）などに代表され、必ずしも同系統ではない。また、本證寺連判状の筆頭にある石川右近将監忠成（清兼）の妻妙春（または妙西・芳春院）は、水野忠政の女で、徳川家康の叔母（又は伯母）ともいわれ、家康より禁教赦免を取り付けている（天正十一年〈一五八三〉十二月三十日付、日向守母方宛消息、西本願寺蔵）。一方、上宮寺には教如より多種の贈答品返礼書状（十二月十五日付　妙春宛）が伝蔵されている。裏書はないが、寿像または没直後の影像も、三箇寺ではなく岡崎市美合町本宗寺（西派）に伝わる。後に石川系門徒の総帥的存在であったようで、妙春を見る限り特定坊主寺院に所属していなかったと見るべきであろう。

そして、本證寺も如光とほぼ時を同じくして蓮如に結縁したと考えられる。応仁二年（一四六八）五月二十日、小幅の墨書六字名号が蓮如より下される。第Ⅲ編でもふれるが、この名号には「釈蓮如（花押）／応仁二年戊子五月廿日／願主釈光存」と読める裏書があり、表にも花押が据えられる。蓮如は応仁二年頃、一時的に花押の形状をやや変化させており、それに合致し、真本と見てよい。同日に如光門下の西端恵薫にも大幅の名号を授与しているが、これらはいずれも特例とすべきものである。何故この二人であるかは明確ではないが、これらにより応仁二年蓮如三河巡化伝承が醸成されていったものと考えられる。また本證寺は開山御影も下されており、裏書が欠損するが格高と思われる「左上の御影」であり、文明二～八年（一四七〇～七六）頃としてよい(4)。

そして第二節で一覧するように、末道場においても蓮如より絵像本尊が下付されており、光存も如光の存在の大きさにより隠れがちであるが、上宮寺とほぼ同じ段階で蓮如に帰したと考えてよい。したがって、本宗寺取り立てにおいては、石川伝承が有効であれば本證寺も深く関わったとすることができよう。

また本證寺は、『反故裏書』に「和田ノ信性」なる人物が越前に在ったことが記されており、「参川国野寺本證寺ノ末学也(5)」だとする。勝鬘寺と越前との関係も伝えられるが、三河門徒と越前との関係については蓮如帰参以前でもあり、本書ではふれる用意がない。

次に勝鬘寺は、これらの二カ寺とはやや路線を異にしていたと考えられる。戦国期の下付物が伝わらず、さらなる検証も必要であるが、勝鬘寺は上記二カ寺より早く、越前大町《おおまち》専修寺顕誓の兄了顕が入寺し本願寺の血縁を間接的に取り込むこととなった。これにより、本宗寺草創においても他の大坊主とは若干の差異があったと推定される。すなわち、越前石田西光寺を通して綽如系の血縁に連なることは『反故裏書』に詳しいが(6)、蓮如は本願寺の血族相続を背景に、当時一般的であった師弟相承・知識帰命を非親鸞的異安心として批判した。そして、親鸞以来の血縁重視と教義の正当性を、おそらく覚如にならって重要視した。ここに傘下の血族寺院の権威が増すとともに、地方大坊主もこれに準じた序列化が成立していく傾向にあった。たとえば、碧南市願随寺蔵の蓮淳書状は、本證寺と勝鬘寺に宛てたものだが、その宛所部分は「野寺御房・勝鬘寺殿」とあり、二者はおのずと後者が厚礼であることが知られる。『天文日記』では三箇寺共に設斎や当番などを行うが、設斎について勝鬘寺・上宮寺は下坊主が代行する場合が多く、本證寺は本人が上山する傾向にある。(7) そして、近世には三箇寺が触頭となるが、格の上で同列となるのは、後述するように近世中葉においてである。本願寺血縁化も、上宮寺へは約一世紀後に勝鬘寺より勝祐が入寺し、その後、本證寺も近江慈敬寺より空誓が入り血縁に連なることになる。しかし、これら二カ寺も門末群は、上宮寺と同様にほぼ同時期から矢作川流域を中心に広範な分布が見られる。これについては第二節で詳述する。

近世触頭として三箇寺のみを大坊主と見がちであるが、中之郷浄妙寺（岡崎市南部）や長瀬願照寺（岡崎市西部）、平坂・成岩無量寿寺（西尾市・半田市）、青野慈光寺（岡崎市南部）などにも注目しなければならない。いずれも戦国期に直参となった寺々である。そしてこれら大坊主は、矢作川に沿って極めて小範囲に点在集中していた。浄妙寺は、第二節に示すように、すでに蓮如期に西濃にも下道場があり、自身も延徳三年（一四九一）三月二十一日に蓮如寿像を下されている。さらに、実如期に三河の末道場に絵像本尊が下付されており、三箇寺と同列に蓮如本願寺化したといえる。そして、本寺からやや北へ離れた矢作川支流の乙川（大平川《おおひら》）流域に門末が分布したようである。

願照寺は教線は見られないものの、安城御影伝来からすれば専海系三河門徒（門流）の中核と言ってよい。願照寺についてはまず、すでに先に引用した願随寺蔵蓮淳書状に再び注目してみたい。この内容は、「御文」の聴聞が肝要であり、門徒に細々寄合談合の催促を本證寺と勝鬘寺に要請したものである。北西弘氏は、文中の「願照寺ニ此方滞留之間物語仕候」の文言より、蓮淳が長島願証寺（願照寺は誤記とされる）に逗留した時期を天文（一五三二～五五）初年頃と推定され、本書状の年代比定をされる。さらに、「然者雑々執心ハ雑行ニ可令落居候、願照寺ニ再三申談候」などより、息男長島願証寺実恵に期待を寄せていたとされる。(8)

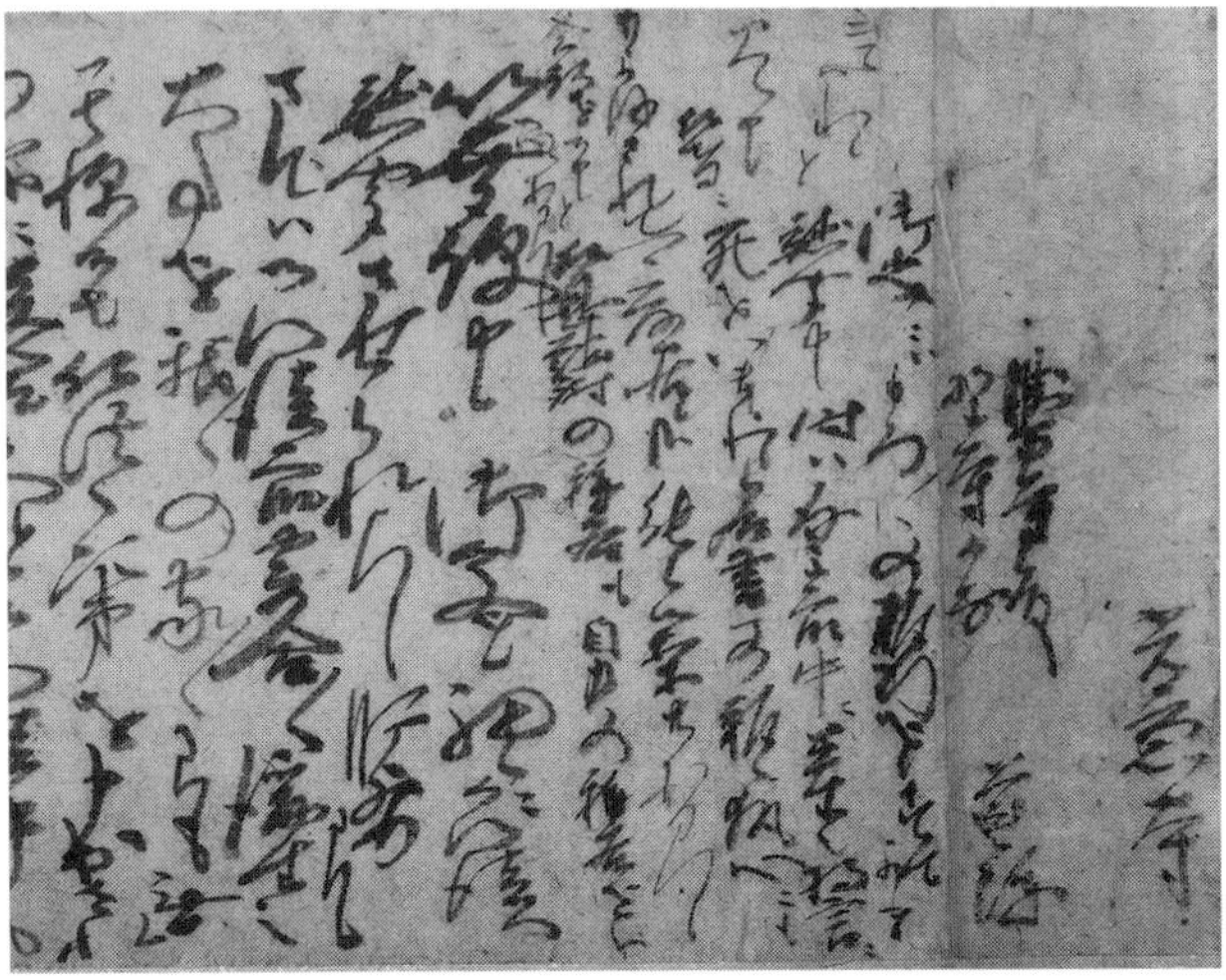

蓮淳書状（愛知県碧南市願随寺蔵）

（モト包紙ウワ書）　光応寺
「勝万寺殿　　蓮淳
野寺御房　　　　」

言　　　御文ニハもろ〳〵の雑行をすてよと
ハれ候　と　聴聞申候時ハ、房主衆中ニ平生之持言ニ
見被申候、　死をいまれ候、御書有難く執心ニも
仏智ニ
もよをされて
念仏を可申候　可落居候哉、能々御案共あるへく候、
と
御心えあるへく候、　仏恩報謝の称名も自力の称名を以
以幸便申候、御文を細々ニ御門徒へ
聴聞させられ候へく候、肝要にて候、
さてハ、御門徒衆寄合々々、後生之
大事を、我々の家々にても無

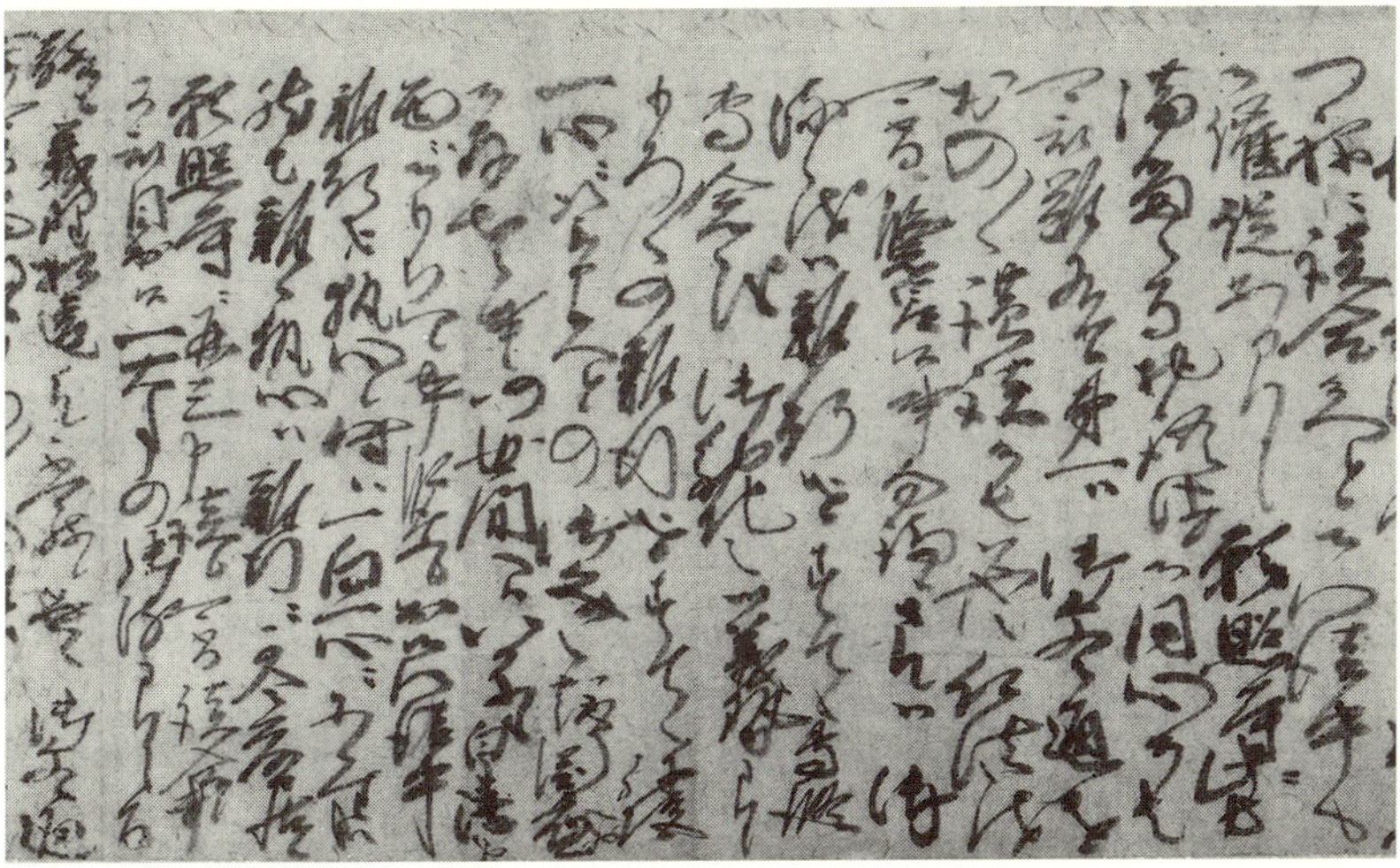

其憚候者、仏法之次第を申出され、
つねに談合候へと、御門徒中へ
御催促あるへく候、願照寺ニ此方
滞留之間物語仕候、御同心候者
可被難有候、第一ハ御文之通を
おの〳〵読談候者、必々仏法之儀
可有繁昌候事勿論候、さてハ御
流之儀ハ、雑行をすて丶、専修
専念之儀御勧化之御義勢にて候、
もろ〳〵の雑行をすて丶、弥陀をハ
一心ニ憑申候へとの御文之趣者、従元
御存知之事候、仍世間へハいかにも皇法を
面ニ御もちい候事肝要候、於御門徒中
雑行を執心候時ハ、一向一心ニあらす候哉、
然者雑々執心ハ雑行ニ可令落居候、
願照寺ニ再三申談候、可有談合候事
可被目出候、一大事の御流にて候間、
聊も義理相違候て不可然候、返々御文之趣

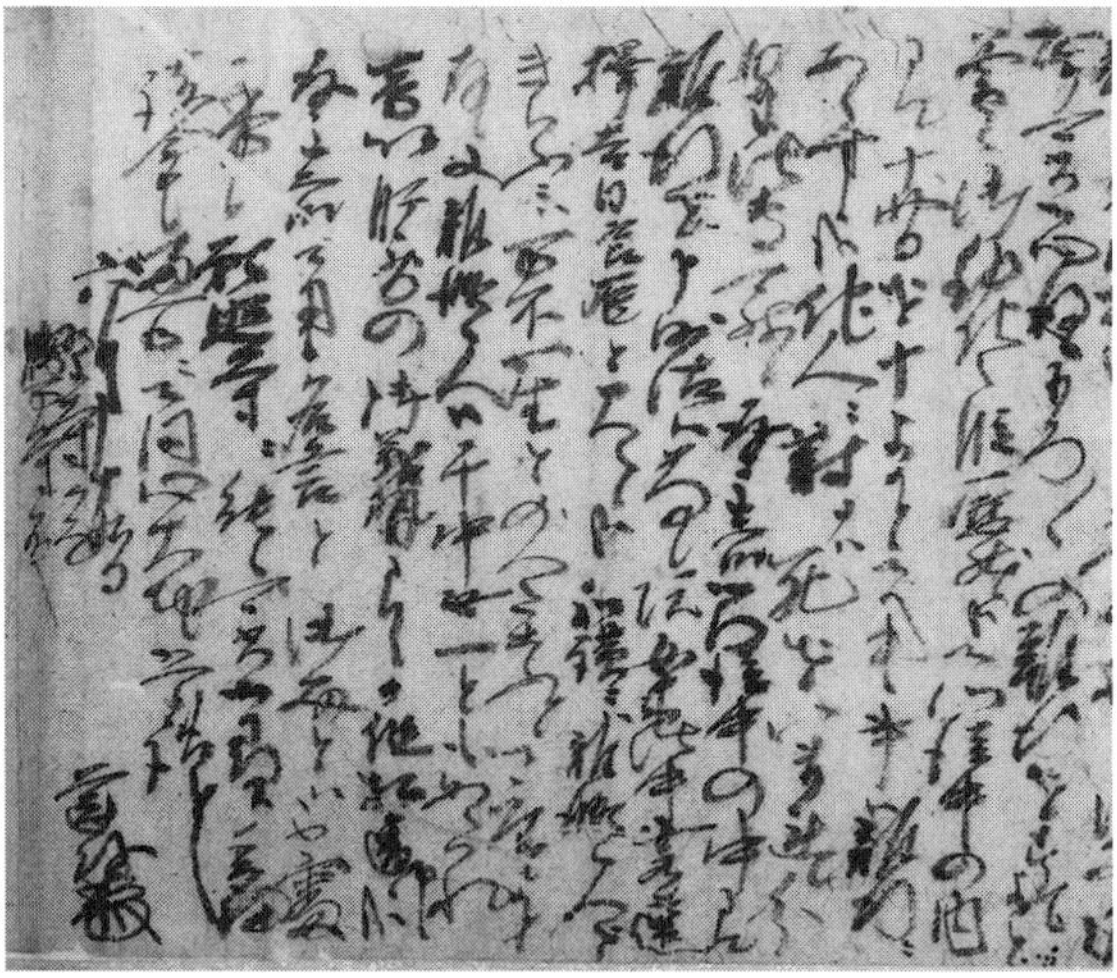

正ク可有御心得候、もろ〳〵の雑行をすてよと
暮々御勧化之段歴然候哉、御門徒中の内
にて十四日を十よかと御用候事ハ雑行ニ
あらす候哉、他人ニ対してハ死をいまれ候分
如来法専可然候、房主衆・御門徒中の中にて
雑行を申沙汰ハ如何候、既如来法中無有選
択吉日良辰と見え候哉、和讃ニハ、雑修之人を
きらふニハ、万不一生とのへたまふと御座候と
存候、又雑修之人ハ千中無一ともあらハれ申候、
旁以肝要の御義勢にて候の他、相違候哉、
房主衆御用候名言と御文とハ不審
千万候、願照寺ニ能々可有御尋候、委細
談合申候、両所ニ御同心大切候、恐々謹言、

六月十九日　　蓮淳（花押）

野寺御房

勝万寺殿

ここで問題となるのは、「願照寺」が三カ所見られるが、はたして蓮淳が自己の関係の寺名を誤記するであろうか、ということである。一般寺院ならこうしたことも起こりうるだろうが、蓮淳の関係寺院は顕証寺（西証寺）や願証寺であり、こうした誤記は考え難い。むしろ文字通り三河の長瀬願照寺としたら如何であろうか。蓮淳が長瀬願照寺に逗留した史料は見出せないが、むしろ本書状がそれを示す明確な史料ともなるであろう。

願照寺も、他の在地大坊主と同系の専信房専海を開基とする専海系三河門流の中核寺として、蓮如期本願寺化したとみてよい。この寺には元来、「安城御影」と称する親鸞寿像が伝えられており、蓮如は、寛正二年（一四六一）の親鸞二百回忌の年と、山科本願寺御影堂完成の文明十二年（一四八〇）の二回修復し、これを機に模写本を二幅製作し、一幅は本寺に、一幅は富田教行寺に配している。そして、実如期に至り『反故裏書』によれば「蓮淳、円如へ仰セ談セラレ、御本寺へ寄進申サレ侍リヌ」[9]と、蓮淳の画策により願照寺より寄進させたとする。その代替として、永正十五年（一五一八）五月二十八日、実如より親鸞御影が下付されている。「大谷本願寺親鸞聖人御影／釈実如（花押）／永正十五年戊寅五月廿八日書之／三河国碧海郡碧海庄／長瀬願照寺常住物也／願主釈正了」とあり、これが寺号の初見である。

「安城御影」は、上下讃文が親鸞自筆の優秀な寿像であり、親鸞在世中から注目されていたはずで、『尊号真像銘文』に引文されるのも、この御影を指すものであろう。したがって、蓮如がこの御影を尊敬し、修理を加え模写したのも当然で、蓮如が門末に下付した開山御影の容貌は安城御影を手本としている。真宗教団随一の「安城御影」を、蓮如が意図した「浄土真宗」の本山本願寺が入手することは重大な意義のあることであった。

後に慶長八年（一六〇三）、教如は堀川本願寺と決別し烏丸本願寺へ親鸞祖像を迎えた。これは上野国厩橋《うまやばし》妙安寺よりもたらされたものだが、爾来、妙安寺は東本願寺において別格扱いされている。

このことを考えると、願照寺が「安城御影」を本願寺に寄せたことは、代替の下付だけでなく少なくとも何らかの厚遇を受けたと推定されるが、こうした背景を考えるとき、蓮淳書状は、三河教団において蓮淳が教法に関して「願照寺に再三申談」「願照寺ニ能々可有御尋候」とすべき立場を任せたものと考えられる。蓮淳自身が安城御影指出に関与したことを思うとなおさらであろう。もしこれが長島願証寺であったなら、三河における本宗寺の存在意義が薄弱なものとなってしまう。実円入寺の年次は明確ではないが、姫路市亀山本徳寺所蔵の七高僧像の裏書年次は「享禄五年（一五三二）三月□日」であり、「本宗寺常住物也、願主釈実円」とあり、現在は実円入寺はこれ以前ということになる。もちろん名目上の入寺ということではあっても、願証寺の庇護下とは考えられず、蓮淳が実円を通して、願照寺に他の大坊主にない教法の監視役的ともいえる特権的地位を与えていった可能性が高いと考えてよいだろう。

次に、蓮如期にやはり帰参と門末形成がなされた無量寿寺について注目してみたい。該寺も蓮如より、親鸞御影を文明七年（一四七五）九月七日三河国羽塚《はつか》無量寿寺了順に下付されている。さらに、裏書の破損著しいが文明期に絵像本尊も三河に下付されている。ところが、文明十七年（一四八五）九月九日、対岸の尾州成岩《ならわ》にも願主了順へ蓮如から絵像本尊が下付されている。そして、永正六年（一五〇九）には「□《成》磐無量寿寺門徒尾州智多郡成磐郷某（不読）」として実如より絵像本尊が下付されている（半田市雲観寺蔵、本章第二節裏書一覧参照）。これらは三河幡豆《はず》郡羽塚と、尾張智多郡成岩の両沿岸十数キロメートルの地点に拠点を置く、二坊並存であったことを示している。半田市無量寿寺には、現在三河へ下付された上記二点の他、初期真宗の光明九字名号と高僧連座像（共に南北朝～室町初期制作）を伝える。後者も破損著しいが、写真は真宗大谷派名古屋教区『教化センター報告』第一一集（二〇一六）に掲載される。札銘も読み難いが、(あ)「（源信）」(い)「源空聖人」(う)「親鸞聖人」(え)「真佛」(お)「（専）

海」㋕「釈了正」または「釈了善」㋖「源正」と相承されており、開基を了善と伝え、㋕「釈了正」部分は不明瞭であり「了善」とも読める。岡崎市勝蓮寺本、犬山市浄誓寺本とほぼ同様で、専海系——三河門流の法脈ということになる。

このようにみてくると、無量寿寺は三河湾西部沿岸の如光が拠点とした地域に重なって、本宗寺同様二坊体制を具現したとみることができる。如光においても伊勢射和が別坊的役割を有していたと考えられ、伊勢湾・三河湾、矢作川・木曽川など海と川を基盤とした三河門徒の経済活動と一体化した門末形成のあり方が垣間見られる。加えて、先に示した「成磐無量寿寺門徒」の裏書も確認されており、本坊的機能は遅くとも実如期には尾張も同等であったとみてよい。『天文日記』には、三河無量寿寺として上山している（天文十年十月二十八日条）。

慈光寺については、本願寺よりの正式下付物は、天正九年（一五八一）、秘回流浪中の教如が下付した証如真影が初見である。さらに大坂抱様を謝する慈光寺宛の教如書状が伝来する。この時期の住持は教寿で、門主の「教如光寿」から法名を授けられたとすると、血縁はなくても近親の関係を想定させる。他の大坊主に比べ、蓮如以来の足取りは不明瞭であるが、『天文日記』により当番に上山していることも知られる（天文七年十月二十一日条、天文十三年八月十六日条）。これも蓮如期に帰参し、証如期に直参化したものであろう。

このように、三河の大坊主も、三箇寺のように帰参時にすでにある程度広範囲に拡大していた。蓮如期に同じく帰参した無量寿寺は、主に知多半島で拡大した。浄妙寺も西三河のやや北部を中心に、一部木曽川流域にも教線を伸ばした。願照寺のように、特権的地位を得たことにより門徒拡大がほとんど見られなかったものもあるが、大坊主の多くは海と川により教線を伸ばしたものを中核として、蓮如帰参以来、一世紀の間に急成長したとみてよい。これらを、伝来する戦国期の絵像本尊等の裏書においてさらに具体的に検討してみたい。

第二節　裏書史料に見る末道場の成立と分布

次に、これら三河の大坊主の門徒道場形成を、第二章でみた如光門徒と同様に、本尊影像類の裏書からさらに詳細に検討してみたい。ただ、上宮寺系についてはすでに紹介したので、ここでは一覧をあげるにとどめる（一四五頁表1）。

勝鬘寺系（便宜上、**勝1**のように番号を付す）

勝1（岡崎市泉龍寺旧蔵カ・勝鬘寺記録）

方便法身尊像　文明十年六月十日　参河国勝万寺門徒同国額田郡圍（ママ）田郷

勝2（豊田市光恩寺蔵）

（順如）

文明十三歳戊□二月□

方便法身尊像　参河国碧海郡重原庄

竹村（後筆）郷光恩寺勝□寺門徒

願主釈慈通

勝3（東本願寺旧蔵）

方便法身尊像

釈順如（花押）

文明十五歳□寅三月廿一日

三河国幡頭郡吉良庄

勝慢寺門徒

願主釈了頓

勝4（岡崎市勝蓮寺蔵）

本願寺釈蓮如（花押）

文明拾六歳甲辰六月廿日

大谷本願寺弟（ママ）七世蓮如真影

三河国勝万寺門徒

同国矢作勝蓮寺

願主釈善慶

勝5（岡崎市正覚寺蔵）

（切断カ）

文明拾六年□辰六月廿□日

方便法身尊形

参河国勝万寺門徒同国

幡豆郡吉良庄岡山郷
願主釈誓珎

勝6（知立市浄教寺蔵）

方便法身尊形
本願寺釈蓮如（花押）
文明十八年丙午二月十九日
参河国勝万寺門徒
同国青海郡八橋
願主釈性厳

勝7（豊川市敬円寺蔵）

方便法身尊形
大谷本願寺釈蓮如（花押）
長享三年己酉四月廿七日
参川国勝万寺門徒同国
碧海郡碧海庄三木
願主釈浄欽

勝8（岡崎市勝蓮寺蔵）

本願寺釈蓮如（花押）

延徳三歳辛亥四月一日

大谷本願寺親鸞聖人御影

参川国勝慢寺門徒

同郡碧海庄矢作

願主釈善明

勝9（岡崎市浄専寺蔵）

釈（実如）

明応四年乙卯四月

方便法身尊像

勝慢寺門徒三川国

幡豆郡吉良庄

西伊文郷

願主釈西念

勝10（刈谷市順慶寺蔵）

釈実如（花押）

明応九年庚申十月十二日

□□法□尊像

□賀茂郡

泉田郷池浦

勝慢寺門徒　願主釈了□

勝11（三河隣接）（大府市正願寺旧蔵）

大谷本願寺釈実如（花押）
文亀元年辛酉十一月廿八日
方便法身尊像　勝万寺門徒
尾州智多郡
横根郷市場
願主釈善明

勝12（岡崎市本光寺旧蔵・勝鬘寺記録）

方便法身尊像（額田郡駒立）　文亀元年カ

勝13（岡崎市西光寺蔵）

大谷本願寺釈実如（花押）
文亀三年癸亥九月五日
方便法身尊像　勝万寺門徒三河国
額田郡井口西光寺

願主釈明心

勝14（豊田市楽円寺蔵）

大谷本願寺釈実如（花押）
文亀三年关亥九月五日
方便法身尊像　勝万寺門徒三河国
額田郡細川郷奥殿村
願主釈明善

勝15（西尾市正念寺旧蔵・勝鬘寺記録）

方便法身尊像　永正七年四月二十八日　勝鬘寺門徒三州幡豆郡上吉良三井呑　称念寺常住物也

勝16（豊田市徳念寺蔵）

大谷本願寺釈実如（花押）
永正七年庚午六月十八日
方便法身尊像　（抹消）
碧海郡重原庄参州小浜
道場物也

勝17（岡崎市三橋家蔵）

大谷本□釈実如（花押）

方便法身尊像

勝万寺門□

額田郡菅生郷

大永二年壬午五月四日　願主釈善□

※三百代小型につき裏書も異例。

勝18（西尾市円満寺蔵）

□（実　如）□

□年甲□□

方便法身尊像　勝□寺門□三□

□郷

願主釈□

※永正元年、または同十一年。

勝19（刈谷市西念寺蔵）

（実　如）

方便法身尊像　勝慢□□三河［　］

※裏書損傷大。

勝20（西尾市浄賢寺蔵）

□□本願寺（実如）

［　］年□关［　］

方便法身尊像　勝鬘寺門［　］

［　］

［　］村

※裏書損傷大。

勝21（豊田市専光寺蔵、新修『豊田市史』6資料編　古代・中世参照）

大谷本願寺釈証如（花押影）

天文八年己亥六月五日

方便法身尊像　勝鬘寺門徒参河国賀茂郡

足助庄外下山内滝脇郷

願主釈誓慶

勝鬘寺系尾張部

勝22（名古屋市中川区宝泉寺蔵）

大谷□寺□実□

永正十五年戊寅五月三日

方便法身尊像　勝万寺門徒尾州

海東郡冨田庄

願□

※天正九年、教如下付証如真影あり。

勝23（犬山市立円寺蔵）

大谷本願寺釈実如□

大永四年甲申五月十□

□尊像　勝万寺門徒

尾□〔葉栗〕郡

□

願□

※『犬山市史』史料編3考古・古代・中世、一九八三年、五二〇頁。

真宗大谷派名古屋教区『教化センター研究報告』第一一集、二〇一六年、四九頁。

勝24（一宮市善徳寺蔵）

□（実如）

□〔永〕正□〔十七年〕

□□□□□□　□〔勝万寺門徒〕

尾州葉栗郡上□〔門〕真□〔庄〕

大野村　□〔願〕

※天正九年九月二十八日、教如下付証如真影あり。新編『一宮市史』資料編六・三六七頁。

勝25（名古屋市中川区浄賢寺蔵）

大谷本願寺釈[証如]（花押）

天文七年戊戌六月十五日

方便法身尊形　勝万寺門徒尾州

海東郡富田庄□〔番田カ〕

願主釈明歓

※天正九年七月十三日、教如下付証如真影あり。

勝26（名古屋市西区西方寺蔵）

証如上人真影／本願寺釈教如（花押）／天正九辛巳年正月廿八日／尾州春日郡織田江郷／下田村勝万寺門徒西方寺／常住物也／願主釈祐心

勝27（稲沢市徳円寺蔵）

証如上人真影／□釈教如（花押）／天正十壬申年二月三日書之／勝鬘寺門徒／願主□（当初所在地「海東郡蟹江村）

※稲沢市史資料第二一編『真宗寺院什物調査報告書』、一九八五年。

三河部追加

勝28（豊田市芳友寺蔵）

方便法身尊形／本願寺釈証如（花押）／勝万寺門徒

※略式裏書。

勝29（岡崎市西運寺蔵、勝鬘寺記録）

「絵像　証如上人御判　勝鬘寺門徒三州坂左右村惣道場」

勝30（岡崎市常楽寺蔵、勝鬘寺記録）

「絵像　証如上人御判　勝万寺門徒」

本證寺系

本1（墨書六字名号・安城市本證寺蔵）

釈蓮如（花押）

応仁二年戊子五月廿日

願主釈光存

本2（金沢市善照坊蔵）

釈蓮如（花押）

文明八□丙申三月廿八日

方便法身尊形　参河国□□〔羽津カ〕郡志貴庄

比目郷□

願主釈光存

※本来なら順如下付の年次。岡村喜史氏より御教示いただいた（写真）。

本3（安城市本證寺蔵）

親鸞聖人御影　裏書剝落　三狭間　左上・文明九年以前。

本4（西尾市聖運寺蔵）

本願寺［　］（蓮如）
文明十九年丁未五月廿八日
□便法身尊形　参川国幡豆郡志貴庄
野寺門徒同□吉郎庄
西□□朱（カ）院（カ）［　］

-----（切断）-----

本5（西尾市蓮正寺蔵）

大谷本願寺釈蓮如（花押）
長享二年戊申十一月十五日
方便法身尊形　参川国幡豆郡野寺門徒
同郡吉良庄志籠谷
願主釈玉珎

本6（西尾市龍讃寺蔵）

大谷本願寺釈「（実如）」
延徳三年辛亥四月廿八日
方便法身尊形　参河国幡豆郡志貴庄比目郷
野寺本證寺門徒徒（ママ）同庄米津郷道場
願主釈浄了

本7（安城市蓮泉寺蔵）

大谷本願寺釈「（実如）」
明応二年癸丑三月六日
「　　」尊形　三□□幡豆郡志貴庄
野寺本證寺門徒□川□
□□釈□□

本8（安城市円光寺蔵）

大谷本願寺釈実如（花押）
明応六年丁巳十二月四日
方便法身尊像　野寺本證寺門徒
三河国幡豆郡
志貴□桜井郷

願主釈順智

※参考　損傷顕著なお一本所蔵。

「（実如）三河国幡□／志貴庄稲□（納）／□□釈□□」

本9（西尾市宿縁寺蔵）

（実如）（花押）

明応八年□四月廿五日

方便法身尊形

□□（本證）寺門徒

三河国□郡

吉良庄浅井道場

願主釈永善

本10（安城市誓願寺蔵）

（実如）

明応□

□尊像

□河国幡豆郡

志貴庄比□（目）郷

本11（安城市明法寺蔵）

願主□

大谷本願寺釈実如（花押）

文亀元年辛酉四月十一日

方便法身尊像　野寺本證寺門徒

三川国幡豆郡

志貴庄安城郷

願主釈正順

本12（豊田市増慶寺蔵）

大谷本願寺釈実如（花押）

文亀三年癸亥四月十一日

方便法身尊像　野寺本證寺門徒

三河国賀茂郡

足助庄野口郷

（後筆）野口山増慶寺

願主釈晒西

本13（安城市念空寺蔵）

大谷本願寺釈実如（花押）

永正元年甲子六月二日

方便法身尊像　本願（證を改字）寺門徒三川国

幡豆郡志貴庄東端

願主釈了西

本14（豊田市浄照寺蔵）

大谷本願寺釈実如（花押）

永正元年甲子十二月廿八日

方便法身尊像　野寺本證寺門徒参州

碧海郡重原庄若林

願主釈正宗

本15（安城市松韻寺蔵）

大谷本願□実如□

永正二年乙丑□月廿八日

方便法身尊像　□□〔野寺〕本證寺門徒参州

幡豆郡志貴庄□郷

願主釈□正

本16（高浜市正林寺蔵）

大谷本願寺釈実如（花押）

永正七年庚午四月廿八日

方便法身尊像　本證寺門徒参州幡豆郡

志貴庄内吉浜郷

願主釈浄西

本17（福井県立徳寺蔵）

大谷本願寺釈実如（花押）

永正七年庚午六月十八日

方便法身尊像　本證寺門徒参州碧海郡

重原庄重原郷

願主釈教念

本18（安城市本證寺蔵）

大谷本願寺釈実如（花押）
永正十年癸酉二月五日
方便法身尊像　野寺本證寺門徒参州
幡豆郡安城井上
願主釈法了

本19（安城市浄玄寺蔵）

□谷本願寺釈□
永正十二年乙亥□
方便法身尊像　本證寺門徒参州
碧海郡志貴庄
（以下切断）

※五百代。

本20（西尾市源徳寺蔵）

大谷本願寺釈実如（花押）
永正十三年丙子六月廿八日
方便法身尊像　本證寺門徒参州

碧海郡重原庄
長崎ノ郷　釈心了

※点線は切断の痕跡。

本21（碧南市栄願寺蔵）

□（実如）□
永正十□〔六カ〕年□□月□八日
□尊像　野寺本□
参□碧□崎
願□

※流入品カ・表ナシ。

本22（岡崎市浄光寺蔵）

大谷本願寺釈実如（花押）
□
□便法身尊像　野寺本證□
三川□□海郡
碧海庄中嶋

※裏書別装・損傷大。

釈□

本23（豊田市願正寺蔵）

方便法身尊像／（大谷本願寺釈実如（花押））／文亀元年辛酉八月十三日／野寺本證寺門徒／三河国碧海郷／重原

庄上野郷／願正寺／願主釈浄円

※裏書損傷につき、『新修豊田市史』6資料編（古代中世）三六七頁参照。願正寺記録を含む。

本24（安城市法行寺蔵）

□谷本願□釈証如（花押）

天文五年丙申五月廿三日

方便法身尊形　本證寺門徒三河□

幡豆郡志貴庄□（桜井カ）

□

本25（三河隣接）

方便法身尊形（証如・本證寺門徒）

※豊明市正福寺蔵・同記録。天正十年九月二十八日、証如真影・教如下付「尾州愛知郡鳴海庄沓懸本證寺門徒正福寺」

本26（蒲郡市信光寺蔵）

方便法身尊形／□釈証如（花押）／本證寺門徒

※略式裏書。

本證寺系尾張部

本27（稲沢市円通寺蔵）

「（証如）」

□〔天文〕九年庚子□月三日

方便法身尊形　本□〔證〕寺門徒円通寺

尾張国丹羽郡川牛村

願主釈□

※『新修稲沢市史　資料編九近世寺社下』、一九八五年。

浄妙寺系

浄1（岐阜県安八郡本正寺蔵）

本願寺釈蓮如（花押）

文明十七年乙巳十一月十九日

方便法身尊形　参河国浄妙寺門徒

濃州安八郡二木庄
墨俣
願主釈円覚

※『蓮如方便法身尊像の研究』法藏館、二〇〇三年、六七頁。

浄2（岡崎市浄妙寺蔵）

大谷本願寺釈蓮如真影
本願寺釈蓮如（花押）
延徳三年辛亥三月廿三日
参川国碧海郡碧海庄
中郷浄妙寺常住物也
願主釈慶順

浄3（岡崎市永空寺蔵）

方便法身尊形
大谷本願寺釈実如（花押）
明応三年甲寅六月廿八日
浄妙寺下（後筆カ）参河国
碧海郡碧海庄
真鷹堂永空寺

願主釈□□

浄4（岡崎市順因寺蔵）

□釈実□

□〔文亀三〕年癸亥三月十六日

方便法身尊像　浄妙寺□

□内羽栗

願主□

浄5（岡崎市専光寺蔵）

釈実如（花押）

□二月廿□日

方便法身尊形　浄妙寺門徒

三河国□〔額〕田郡□〔大平カ〕

願主釈浄西

浄6（岡崎市奏梨町福正寺蔵）

方便法身尊形／本願寺釈証如（花押）／浄明寺門徒

※略式裏書

無量寿寺系（含尾張部知多半島）

無1（半田市無量寿寺蔵）

大谷本願寺親鸞聖人御影　三河国吉良庄西条羽塚

无量寿寺之常住物也

文明七季乙未九月七日

釈蓮如（花押）

願主釈了順

※三狭間礼盤・左上御影。

無2（半田市無量寿寺蔵）

方便法身尊形

本願寺釈蓮如（花押）

〔文明十七年カ〕□乙巳九月九日

□

成磐（カ）

願主釈了順

無3（半田市無量寿寺蔵）

□（蓮如）□

文□

方便法身尊形　参川国幡豆郡羽塚无量（カ）□

□

無4（半田市無量寿寺蔵）

釈実如（花押）

明応八年己未五月十二日

方便法身尊形　無量寿寺門徒

尾州知多郡

成岩郷

願主釈了恵

無5（西尾市巌西寺蔵）

大谷本願寺釈実如（花押）

文亀三年癸亥十二月四日

方便法身尊形　无量寿寺門徒尾州

智□郡英比郷上村

願主釈□□

※流入品カ。

無6（半田市雲観寺蔵）

□□本□寺釈実如（花押）

永正六年己巳八月八日

方便法身尊像　〔羽カ〕□塚无量寿寺門徒尾州

智□郡成磐郷

上寺記載なし

上無1（知立市萬福寺蔵）

釈順如（花押）

文明十三歳辛丑六月廿五日

方便法身尊像　参河国碧海郡重原本郷

上切漆江願主釈乗晃

※『蓮如方便法身尊像の研究』二九頁。後に本證寺下。

上無2（刈谷市金勝寺蔵）

本願寺釈蓮如（花押）

文明拾六年甲辰九月廿二日

方便法身尊像　参河国碧海郡

高津浪□道場

願主釈慶宗

※後に本證寺下。

上無3（西尾市浄顕寺）

大谷本願寺釈蓮如（花押）

文明十八□丙午十二月廿八日

□□法身尊形　参河国□□郡□

□須□□家武□山浄賢寺（異筆カ）

□釈□賢

※『蓮如方便法身尊像の研究』九〇・九一頁。後に本證寺下。

上無4（西尾市浄念寺蔵）

大谷本願寺釈実如（花押）

文亀三年癸亥十一月九日
方便法身尊像　三河国幡豆郡吉良庄
志籠谷郷惣道場物也

---（切断カ）

※後に本證寺下カ。

上無5（西尾市福浄寺蔵）

□願寺釈実如（花押）
永正十二年乙亥六月十五日
方便法身尊像　参川幡□〔豆カ〕郡吉良庄
江原郷□〔惣カ〕道場物也

※後に勝鬘寺下。

上無6（豊田市如意寺蔵）

大谷本願寺釈実如（花押）

永正十五年戊寅正月廿八日

荒木満福寺※□□
方便法身尊像　三河国賀茂郡

高橋庄志多利郷
如意寺常住物也
　　　願主釈浄念
※□□の二文字は寺伝では「改号」とする。後に勝鬘寺下。

上無7（西尾市瑞玄寺蔵）

□〔証〕如（花押）
天文廿辛亥十二月□
方便法身尊形　参川幡豆吉良□
八面郷惣□
□道
※後に本證寺下。

上無8（豊田市信光寺蔵）

大谷本願寺釈証如（花押）
享禄五年壬辰五月廿□日
方便法身尊形　三河国賀茂郡大□〔田〕
信光寺

願主釈徳□

※故織田顕信氏所蔵写真より。後に勝鬘寺下。

これらは、筆者が四十年の間に調査し、実見したものや写真確認のできたものである。ただ、一部には自治体史から確実性の高いと思われるものは採用し、これについては出典を付記した。また、この先も見出される可能性は高い。

先の上宮寺と同様、勝鬘寺系・本證寺系傘下の道場群の実如期の絵像本尊の伝来数は、おそらく全国の他のどの地域より多く、濃密であるとみてよい。こうした現象が、越前・加賀など北陸地域の気候的要因の差で残存率が高くなったものか、あるいは、もともと絵像本尊化率が高かったものかの判断は難しい。木曽川下流域も含め、西三河平野部（矢作川下流域）においては、今は後者であったものと推測しておきたい。それは、この地域も海岸か大河流域であり、水難などの自然災害の要因がかなり大きかったと想定される。それを考慮しても、やはり残存は多数にのぼるからである。長浜を中心とする湖北地方にも多数残存するが、体系的にまとめられていない。

さて、三箇寺をはじめとする大坊主傘下の道場群の分布状況には、何らかの傾向が見られるのであろうか。第一節で三河の大坊主の動向を概観したが、裏書に見る地名などから、あらためてその分布地域などを確認してみたい。これらを可能な限り地図に示したものが図1（勝鬘寺系）、図2（本證寺系）、図3（浄妙寺系・無量寿寺系）である。

まず、これらの分布地域は西三河の矢作川流域、特に平野部と河口域沿岸部に多い。そして木曽川下流域の尾張平野部にも展開する。これについては、第Ⅰ編第二章で見た『如光弟子帳』の木曽川流域での分布とも共通する。ただし、あえて絵像本尊の裏書からその傾向を見るならば、上宮寺は中嶋郡を中心に丹羽郡・葉栗郡に点在する。

表1　上宮寺系一覧　　　　物件「方」は方便法身尊像、※本寺部分不読により推定

物　件	年　月　日	宛　　所	願　主	所　蔵
十字名号（蓮如）	寛正 2・ 9・ 2	参河国志貴之庄佐々木上宮寺安置本尊也	如光	上宮寺旧蔵
蓮如如光（蓮如）	応仁 2・11・ 1	参河国波津郡志貴庄之内佐々木浄弘寺常住物也	尼如順	〃
開山（蓮如）	文明14・12・22	参河国波津郡志貴庄佐々木上宮寺常住物	尼妙光	〃
絵伝（蓮如）	文明18・11・20	参川国幡豆郡志貴庄佐々木上宮寺常住物也	尼如慶	〃
源空（蓮如）	延徳 1・10・10	参川国碧海郡佐々木浄弘寺	尼如慶	〃
六字名号（蓮如）	応仁 2・ 5・20	（西　畠）	恵薫	碧南市応仁寺
方（蓮如）	文明18・ 3・18	参川国佐々木門徒同国碧海郡碧海庄矢作	浄覚	岡崎市柳堂寺
方（蓮如）	長享 3・ 4・ 7	参州幡豆郡志貴庄佐々木上宮寺門徒同郡同庄西畠	恵□	応仁寺旧蔵
蓮如（蓮如）	延徳 3・ 3・18	参州幡豆郡志貴庄佐々木上宮寺門徒同庄西畠道場	□	碧南市応仁寺
方（実如）	明応 2・11・□	□寺門□三河国碧海郡碧海庄村高郷内合歓木	正願寺□善	岡崎市正願寺
方（実如）	明応 4・ 3・ 1	佐々木上宮寺門徒三川碧海郡志貴庄吉浜郷	了全	高浜市専修坊
方（実如）	明応 4・ 4・28	佐々木上宮寺門徒三川国額田郡大平郷	□秀	岡崎市縁盛寺
蓮如（実如）	明応 5・ 7・28	佐々木上宮寺門徒三河国碧海郡志貴庄鷹鳥郷	渓玉	高浜市専修坊
方(記録)（実如）	文亀 1・ 4・ 6	佐々木上宮寺門徒三州碧海郡志貴庄大浜	渓玉	（碧南市本伝寺）
方（実如）	永正 7・□・12	上宮寺門徒参州賀茂郡高橋庄広瀬□嶺	道慶	豊田市浄専寺
方（実如）	永正11・ 4・ 1	□門徒□国□海庄大友郷□専坊	定了	岡崎市玉専寺
方（実如）	永正11・11・25	佐々木上宮寺門徒参州渥美郡神戸郷道場物也	善秀	田原市西応寺
方（実如）	永正11・11・26	※□参州幡豆郡志貴庄□	恵性	碧南市願隨寺
方（実如）	永正12・ 5・14	佐々木上宮寺門徒参州幡豆郡志貴庄古□	教□	安城市願力寺
方（実如）	永正12・ 5・15	佐々木上宮寺門徒参州碧海郡重原荘若林	空心	豊田市円楽寺
方（実如）	永正15・ 4・25	佐々木上宮寺門徒三河国額田郡岡崎郷	祐念	岡崎市専福寺
方（実如）	永正16・ 7・28	※□三河国幡豆郡志貴庄鷲塚惣道場物也	無	碧南市願隨寺
方（証如）	享禄 5・ 3・ 9	上宮寺門徒三川国額田郡根石郷一沢	法光寺	岡崎市法光寺
方（証如）	無記載	無記載（龍泉寺）〈地名〉	無	岡崎市正道寺
方（顕如）	無記載	上宮寺門徒	無	音羽町正法寺

『如光弟子帳』（文明16年）〈西三河南部道場主名のあるもの、除、上記下付物所蔵道場、カッコは現在の地名〉

大友	坂崎３人	磯部	山中	長沢	高村（竹村）	
牛田	長瀬	鷲田	尾崎	鷹落（高落）	大門	河崎
務女（畝部）	俊賀利（渡刈）	江田（恵田）	田代	竹尾	新掘	

図1　勝鬘寺系道場（裏書）　卍：勝鬘寺　□：上寺なし裏書番号だが、のちに勝鬘寺門徒

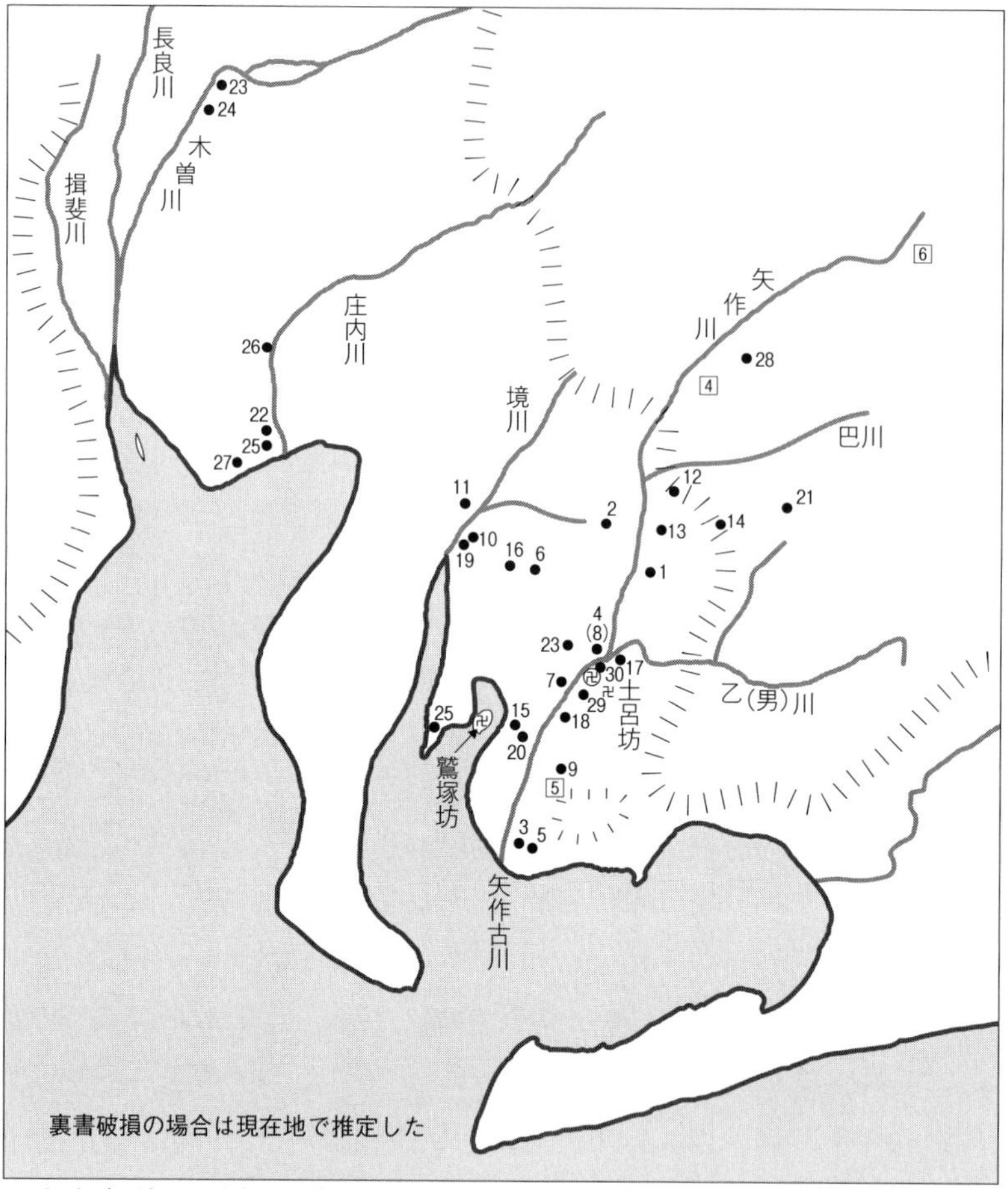

※西三河南西部は15世紀の海岸線を推定

図2　本證寺系道場（裏書）　㉀本證寺　□：上寺なし裏書番号だが、のちに本證寺門徒

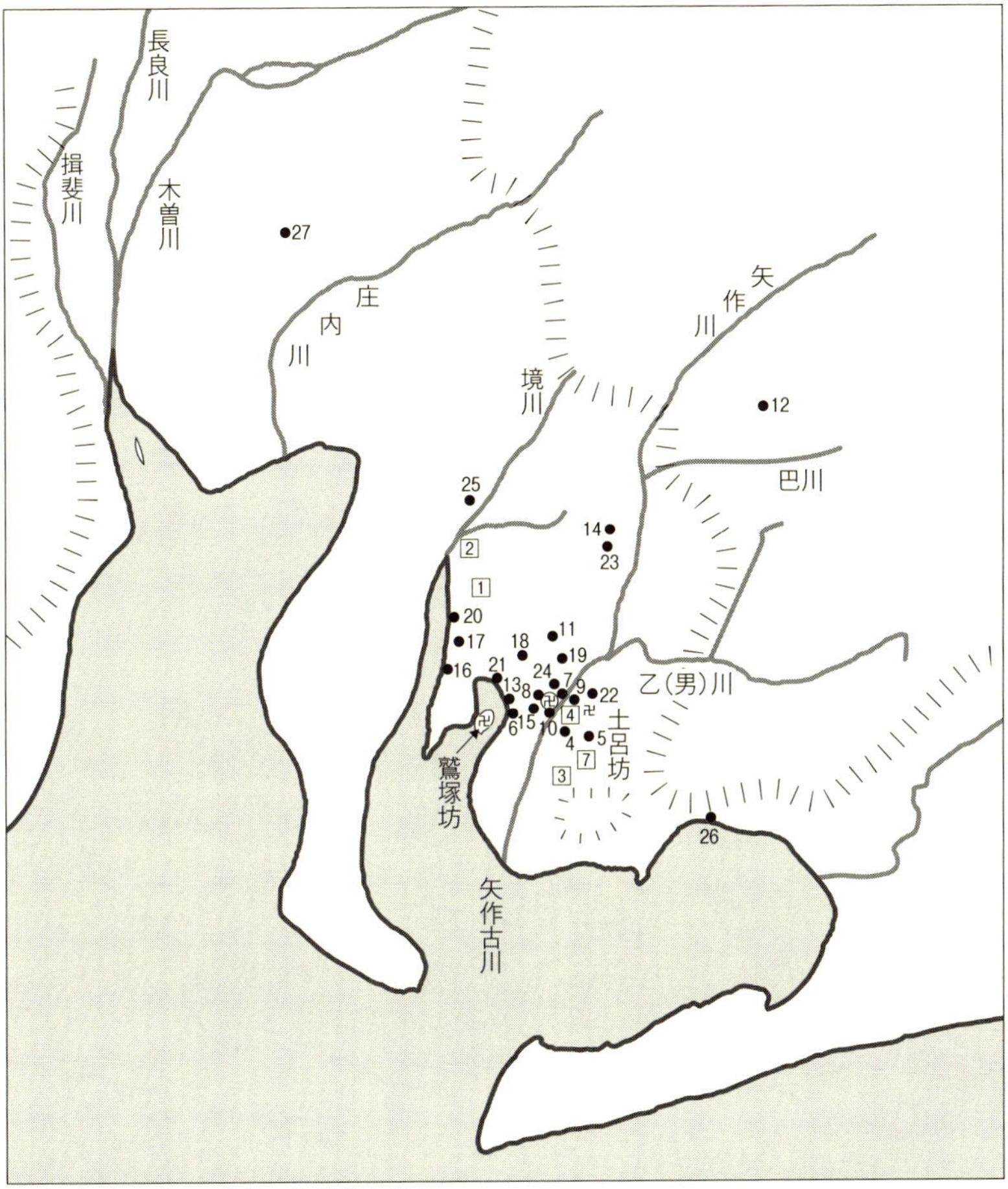

※西三河南西部は15世紀の海岸線を推定

図3　浄妙寺・無量寿寺系道場（裏書）

㊤浄妙寺　㊦無量寿寺　●：浄妙寺系　■：無量寿寺系

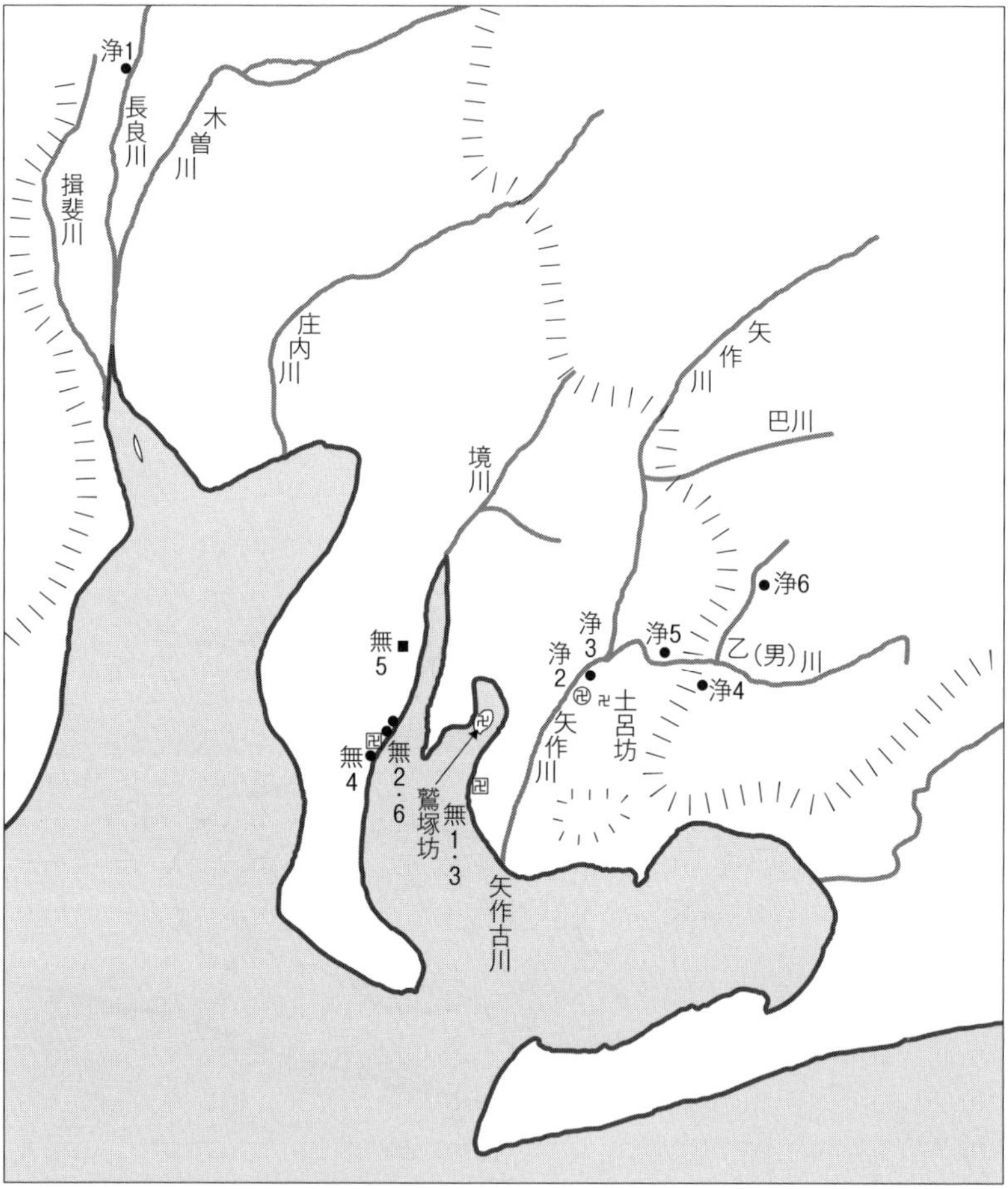

※西三河南西部は15世紀の海岸線を推定

勝鬘寺は葉栗郡も見られるが、海東郡を中心に春日郡など河口域に近い部分で、庄内川以西の元来のデルタ地域に分布する傾向にある(10)。本證寺は、この地域の蓮如・実如期の裏書は一点のみ管見に入っているだけである。ただ、この地域の大坊主である成戸《なりと》報土寺（現岐阜県、海津市成戸）との間で本末論争が生じており、『天文日記』（天文十年八月十九日条）にその記事が見られる(11)。

報土寺には、次のような絵像本尊裏書を伝えている。「方便法身尊形／本願寺釈蓮如（花押）／文明十七年乙巳（ママ）潤三月廿八日／「釈実如（花押）」（コノ部分版）／尾州中嶋郡長岡庄成戸／願主釈尊祐(12)」というもので、蓮如が出口にて直参に認めたとしており、裏書にも「本證寺門徒」の記載はない（裏書時点では、この地点は木曽川の流れにより尾張国であった）。なぜか本證寺は、濃州については「蒙勘気之間」と勘気を蒙っていたようで、報土寺も「親類」で「門徒」でもあったが、右裏書を根拠に、直参の主張をした。そして証如は、「堅申定直参」と直参の主張を認め、本證寺も納得したとする。やがて近世には末寺となる有力拠点であるべき報土寺直参化のこうした動きが障害となり、戦国期には本願寺の教線は木曽川下流域には伸び悩んだようである。しかし、このような問題が惹起するのも、本證寺も、他の二カ寺と同様に蓮如本願寺帰参前後から、木曽川下流域に教線が伸びていたことを示している(13)。

このように三箇寺をみたとき、上宮寺は史料的にも充実して、伊勢射和や大和吉野にまで教線が伸びていたことが知られ、木曽川下流域にも拠点的道場・寺院を核として進出が最も顕著であったといえる。そして第二章でもみたように、文明十六年（一四八四）から二十年、三十年後に絵像本尊が下付されることも珍しくない。さらに、浄妙寺も裏書の分布や近世から現代の末寺・門徒の多くは、矢作川支流乙川《おと》（大平川《おおひら》）流域の山沿い地域である、ただし現存最古の本尊裏書は、蓮如期の文明十七年（一四八五）美濃国安八郡《あんぱち》墨俣《すのまた》のものであり、三箇寺大坊主と同様に蓮如期に木曽川下流域平野部にも進出していることが知られる。

一方、無量寿寺も第一節でも触れたように、三河湾沿岸の幡豆郡羽塚（現西尾市）と、海上至近の衣ヶ浦《ころもがうら》を狭んだ知多半島東岸の成磐（現半田市成岩《ならわ》）の二カ所を本寺とした。その中程に本宗寺鷲塚坊も位置する。いずれも海上交易上の拠点であったが、教線は主に尾張側の知多半島に伸ばしたようである。そして、この寺へは上宮寺より七年早く、文明七年（一四七五）に親鸞聖人御影（三狭間礼盤・左上御影）が下付されており、蓮如帰参当初より三箇寺と同様、あるいはそれ以上に帰参の功績が想定される（上宮寺は二狭間礼盤）。そして、蓮如期に両坊共に下付物があり、三箇寺に匹敵するほどの勢力をもった典型的な「海型」の門徒集団であったと考えられる。

そして、あらためて三河における分布状況に注目してみると、その大半が矢作川流域とその支流域の山沿いから沿岸部である。さらに、尾張・三河境の現境川流域平野部と衣ヶ浦湾岸部で、ほぼこの二地域に集約される。東三河（現豊橋市を中心とする地域）には目立った地域はない。ただ上宮寺門徒「奥郡野田一箇所　兵衛次良」（『文明本』、『天正本』では「西円《のた》寺」）は、渥美半島の拠点として、属下の神戸《かんべ》に実如下付本尊をみる。これも上宮寺が三河湾を基盤に渥美半島へも展開したことを示すが、上宮寺が三箇寺のなかでも最も広範に分布することが見て取れる。矢作川と三河湾を中心に典型的な、「川・海型」の門徒集団であったといえる。

本證寺は、本寺を中心とした現安城市域に特に集中しているようである。木曽川流域への進出は、先にも指摘したような理由からか、戦国期では他の二カ寺より緩やかであったと考えられる。ただ、分派期から近世にかけては末寺が見られるようになり、門徒分布の素地はもともとあったようである。

勝鬘寺は、本證寺ほど本寺付近の集中は見られないものの、矢作川・境川流域にほぼ均一的に分布する。下付物からは、東三河・渥美への進展は戦国期には見られないようである。

このように、三箇寺や浄妙寺・無量寿寺は平野部における「農耕型」門徒だけでなく、「川・海型」門徒集団が急成長し、伊勢湾を越えて木曽川下流域にも同様の門徒集団の形成をみた。この地域は伊勢湾側の尾張知多郡大野光明寺門徒の進出も見られ、地域の河野門徒・正琳寺門徒や聖徳寺の門徒集団も形成された。逆に矢作川流域は、地域以外の門徒集団の展開は見られず、もともと直参として本尊を受けたような道場も、やがて本證寺や勝鬘寺が取り込んでいったようで、「上寺無」裏書に註記した。

このように、蓮如本願寺化とともに、実如段階までの短期に道場本尊の絵像化が急速かつ濃密に進行した。裏書の摩滅により、判読不能のものは提示していないし、滅失したものも多数あったことを勘案すれば、その数はさらに増すことになる。こうした状況を生み出した背景には、ほぼ同等な勢力を有する三箇寺をはじめとする直参大坊主群の、狭域での点在があったものと考えられる。本宗寺はじめ、三箇寺や他の大坊主も二〇～二五キロメートルの圏域に立地しており、いわば、互恵的に増長作用が生じたと推定される。さらに、碧海郡若林・竹村（豊田市南部）や泉田（刈谷市西部）さらに額田郡大平（岡崎市中央部）などは、上寺を別にする道場が並立する。こうしたことから、平野部における農業生産力の向上にくわえ、漁業・交易の経済力を有する門徒集団であったとも考えられる。

このように見てくると、三河湾沿岸域の西部、衣ヶ浦を狭んで知多半島にかけて、きわめて濃密に本願寺系門徒が分布したことが見て取れる。ただ、十五世紀から十六世紀にかけては、同じ三河湾沿いに浄土宗西山深草派系の教線進出も顕著となる。この門流は、京都の誓願寺を本山とし、現在も全国の八割がこの地域に集中する。しかし、矢作川流域にはその進出は少なく、本願寺門徒集団が矢作川流域に広く分布する傾向とは明らかに異なる。すなわち、裏書という現存の文字史料のみに限定しても、その分布状況から川と海に密接した集団であることが、あらためて知られる。また、衣ヶ浦や三河湾西部沿岸はもともと熊野信仰の強い素地が認められ、急速な門徒団形成の背景と深く関わっていると思われる。[14]

慈光寺については、戦国期の門末の裏書が本寺も含めて管見に入らないため、どの程度の門末形成がなされたかは判然としない。第一節に見た『天文日記』の記事が、同時代史料の初見である（近世には末寺が存在する）。

そして願照寺も、裏書で見る限り門末のものは見られず、門末形成の実態は確認できない。三箇寺や他の大坊主の寺々と比べて、極めて小規模な存在と見られる。しかし、これらの大坊主群のなかにあっても、第一節で述べたように、この寺は「安城御影」伝来による特殊な性格を帯びた寺であった。蓮如が借用し修復の手を加え、実如期に蓮淳の提言で本願寺に寄せたことにより生ずる権威的な立場は、三箇寺等の門徒勢力を超越する教学的地位を獲得したものと考えられる。[15]願随寺蔵の蓮淳書状が示すように、証如後見役の蓮淳の推挙が大きな力となったのであろう。この蓮淳書状は、勝鬘寺と野寺（本證寺）に宛てられ、上宮寺の名を見ない。これは先に第一章第一節でふれた上宮寺の聖教伝持にも関係するのではなかろうか。上宮寺も教学的優位性があったと考えられる。

いずれにしても、全国的にも類を見ないほどの矢作川流域の多数の大坊主とその末道場群を背景に、土呂坊・鷺塚坊本宗寺は、これらを与力として存在を可能ならしめた。この地域に「本宗寺門徒」の裏書がほとんど確認できないことが、本宗寺の性格をより闡明にしているといえよう。すなわち、播磨英賀本徳寺は、本徳寺自体が教線の先端として門末形成をしつつ、支持体制が構築された。これに対し、本宗寺は多くの大坊主傘下の門末形成が進展するなかに設置された。そして、伊勢湾を越えて築かれたネットワークは、やがて一体化してゆく英賀本徳寺との広範なネットワークの基盤ともなったと考えられる。

第三節　両本宗寺寺内と三河門末の与力化

三河における両本宗寺寺内町の検証は現在では極めて困難であるが、かろうじて土呂寺内の状況を、近世の記録ながら『土呂山畠今昔実録』[16]（明和五年〈一七六八〉）が伝える。関係部分を『新編岡崎市史』より、やや長文であるが引用してみる。

　其上山之結構ハ、嶺ニ老松生ヒ又繁リ、弥陀堂・祖師堂・廊下・庫裡・鐘楼・中門・坊舎マテ荘厳美麗ヲ尽シタリ、山之院主ハ御本山実如上人御舎弟ニテ実円御坊ト申ス也、第二代目ハ実証御坊、三代目ハ教什御坊（中略）大織冠之御苗裔御本寺格ト同フシテ御内陣之畳ヲバ廻リ敷ニ御免アル勅許之院家、中本寺、東国一之大寺ナリ、時之院主ハ本寺ニ有テ、下間美作（源三位頼政末葉、）万事ヲ守ル、其外口チ々小間十ケ所、夫々続テ国之三ケ寺（大坊也、）針崎村勝鬘寺（割注略）・佐々木村之上宮寺（割注略）・野寺村本證寺（割注略）之通庵アリ、其外ニ浄妙寺（清和源氏信親末孫末寺五ケ所アリ、）・慈光寺（伊勢三郎義盛末孫、末寺三ケ所、）・京福寺・蓮台寺（天正十八御竿之名所ナリ、）・浄専寺、町民家共千二百余、土呂之町割、西八町・東八町・夫八町ト名付ル事、昔シ御坊地盛ン之時今之町ヨリ上ニアリ、上地村マテ一ツニシテ、西ニ八町チ・東ニ八町チ・十六町チ有シトカヤ、永禄七子ノ年シ之三月廿八日ニ為ニ兵火之焼失タリ、其後場所ヲ南之方低キ所ニ町造り、前工町数之名ヲ呼テ八町トハ名付タリ、

○大対屋町○小対屋町、昔シ御坊地有ル時ハ多屋ト名付テ数之寺本坊ヲ取回シ、朝夕勤不怠、本願寺派之寺法也、本坊之西上宮寺、今権太郎屋鋪ト云、偖其次ニ京福寺、天正十八御竿入、一二三反歩之屋鋪トアリ、其辺リ

小対屋ニ小サキ坂ヲ今以道場坂ト申スナリ、亦本坊ヨリ南之方本證寺之旧跡有アリ、大対屋之内ニシテ藤左衛門・善三郎居所ナリ、本宗寺之大門ハ御堂山之東之方、山之上エト云所、門之右ニハ勝鬘寺今孫兵衛屋鋪ト云、夫ヨリ隔チ浄専寺、天正十八御竿ニハ五石四斗目丹後ト有、遥隔チテ慈光寺アリ、今山畑畠分畑ト成、亦浄妙寺之旧跡ハ上地村分畑ト成、右六ヶ寺ハ退転シ、浄専寺已為二相続一多屋ト云字ヲ誤テ広キ小路ヲ大タイヤ、細キ小路ヲ小タイヤト末世之今ハ申スナリ、

概略ながら土呂坊の状況をほぼ把握することができる。ただこの史料がどの程度信頼できるものか確認し難いが、『本願寺作法之次第』に「三河国土呂・播磨国の英賀両所共に蓮如上人御建立、畳まハり敷の内陣にて候」(17)とあり、内陣の様子が正確であることを物語る。この時期には一般に「常の押板」であり、土呂坊・英賀坊はこの時点で内陣形式だったようで、実円兼帯の両坊の存在の大きさがこの点からも知られる。

さらに後世の状況も細かく表現され、この史料はかなり正確に復元されているとしてよい。そうなると、まず「祖師堂」(御影堂)と阿弥陀堂の両堂形式ということになり、本山本願寺と同様であり全国的にも他に例を見ないが、実如のいわゆる連枝寺院としての地位の高さを象徴する。そして在地大坊主の通庵はじめ、他屋《たや》や東西八町の町割において民家共千二百余軒という、大規模かつ完全な形で寺内町が形成されていたと考えられる。

鷲塚寺内については、先に第三章第四節で詳述したが、『言継卿記』などの同時代史料により、一向宗の中核の地であることが判明する。したがって、両坊共に完全な形で「寺内」が存在し、信仰上でも交易上でも繁栄していたと考えられる。

また本宗寺は、蓮如開山として上宮寺系門徒を媒介に三河坊主衆全体の与力支持がその存在基盤であったと考え

られる。同時に本願寺路線への変更当初の三河教団にとって、本願寺血縁寺院の権威は教団伸長のために有効に作用したとも考えられる。これらの背景のもとに、坊主衆による中央本願寺にならった勤番制が、地方教団としては異例な形で整備されていたことは注目すべきである。これについて、『月割勤番帳』なるものが碧南市願随寺に存在していたことが記録により知られる[18]が、現存していない。一方、岡崎市本宗寺（本願寺派）にもやはり月割で勤番者名が記された記録が存したが、昭和四十三年（一九六八）焼失してしまった。ことによると、願随寺旧蔵のものは本宗寺焼失記録でなかったかと考える。それは次のように記されていたようである[19]。

七月　カマヤ 尊宗　タカトリ 祐念　ヲクトノ 空願　中畑 永願　上野 祐心　ナカソノ 良恩
　　　ホキウ 祐西　大草 教頓　ワカマツ 順西　ハカハヤシ 教恩　和泉 永宗　超秀
八月　タイタ 祐専　大門 了賢　岡サキ 秀了　サト 順正　□ 了順　オホトモ 尊誓
　　　山ムロ 教願　大浜 道場　八町 教恩　高たな 専宗　野口 了恵　八橋 誓順

このように、三河坊主衆が毎月ほぼ十二名程度割り振りされ番役が課せられる。これは本山本願寺の「三十日番」が範となっていたようで、時期的には文禄頃から慶長初期頃のものと推定されるが、坊主衆の与力支持が具体的に示される点、注目すべきものである。さらに、三箇寺のうちでも上宮寺ではこれとは別に独自の勤番制が布かれていた記録があり、天正十九年（一五九一）の末寺連判状（写）には、「御番之事、御ちやうめんの通、一はん七日ツ、御院家さまへまいり、御とう明・御そうち等は可申候、尤七日之内ハ我々共手伝（銭カ）にて御座候[20]」とあり、坊主衆にとっては二重の負担が課せられていたようである。これらはいわば中央本願寺の「地方版」であり、本宗寺ではすでに実円の頃から行われていたと考えられる。

このような状況にあって、門末のうちには一部直参化の動きが惹起したようである。『天文日記』（天文十三年十一月八日条）には「上宮寺門徒之内号直参不通衆有之間、此人数本宗寺へ出頭相止候者、可為祝着之由、上宮寺被申之也。本宗寺返事尓ハ直参之由被申衆者、本寺へ可伺也、以私之儀難申付之由、被返事也（以下略）」というような記事が見られる。このような動きは、番役に象徴される末寺役の二重構造からの忌避と見ることができるが、これが上宮寺系だけの現象であるかどうかは、これだけでは判然としない。上宮寺と本宗寺との創草以来の関係を思い合わすと、大和・伊勢の動向に同調するというような傾向が、あるいは上宮寺系門末にはあった可能性もある。いずれにしても、三河における本宗寺の存在を、勤番制の確立と末寺直参化の動きに求めるならば、これらは三箇寺体制をほぼ完全に包摂した状況を示すものとして捉えることができるのではなかろうか。そして、享禄四年（一五三一）加賀大小一揆に三河門徒が出兵[21]したのもその具体的表徴と見てよいであろう。

本宗寺と三箇寺体制の、三河一揆赦免後の復興について、安藤弥氏が詳しく検討されている。[22]これによれば、赦免直後の数年、本證寺をはじめとする大坊主と在地との大きな確執もあったが、本宗寺御坊・一家衆を頂点に、末一家たる三箇寺の与力擭持と、それにともなう門末編成の構造を有したとする。これによって、二十数年の空白期を復元するほどの強力な御坊与力体制が、三代目証専不在であっても機能していたことになる。

また、本宗寺は「聖地化」した土呂ではなく平地《ひらち》に復興され、興正寺（顕尊）の配下になったとする。ここに在地の問題と教団化による来る東西分派の空気に覆われる。さらには、大旦那の妙春尼（石川家成母）の死（慶長三年〈一五九八〉）や、本宗寺の血縁が跡絶えたことによる光顔寺の留主居役としての継承などにより、門末の護持意識の変化とともに東西分派に至る。終焉期の諸問題については、本書では論じえない。安藤論文を参照されたい。

註

（1）『真宗史料集成』第二巻（同朋舎、一九七七年）六六六頁。
（2）図録『よみがえる上宮寺の法宝物』（太子山上宮寺、二〇〇四年）五七頁写真。
（3）織田顕信氏のご教示による（同『真宗教団史の基礎的研究』法藏館、二〇〇八年、三九六頁参照）。同書には新城市新城中学保簡牧野文庫所蔵とあるが、筆者の写真版には「沼田文庫」印がある。
（4）図録『本證寺―その歴史と美術―』（安城市歴史博物館、一九九七年）二八頁。
（5）『真宗史料集成』第二巻、七五四頁。
（6）『真宗史料集成』第二巻、七五四頁。
（7）『新編岡崎市史』中世（本文編）（一九八九年）七三〇頁に、三河の坊主衆上山一覧が示されている。
（8）北西弘『一向一揆の研究』（春秋社、一九八一年）三七八～三八〇頁。
（9）『真宗史料集成』第二巻、七四三頁。
（10）勝鬘寺には、享保期に記録された『末寺触下絵讃之控』が伝わり、現存しないものも記されている。伝来していなくても、ここに記載のあるものは採用した。これによれば、近世には尾張海東郡の寺もさらに複数見られる。
（11）『真宗史料集成』第三巻（同朋舎、一九七九年）二八八頁。
（12）『蓮如方便法身尊像の研究』（同朋大学仏教文化研究所研究叢書Ⅶ、法藏館、二〇〇三年）八三頁。
（13）本證寺に、貞享四年（一六八七）『三川尾張美濃伊勢引接帳』と題する近世初期の末寺帳が伝わる。これによると、尾張二十七カ寺、美濃六カ寺、伊勢三カ寺の末寺名が見られる。
（14）拙稿「中世大浜の信仰世界」（図録『大浜てらまち』碧南市教育委員会文化財課、二〇〇九年）。
（15）『反故裏書』（『真宗史料集成』第二巻、七四三頁）。
（16）『新編岡崎市史』中世（本文編）七七三頁。第三章註（6）に同じ。

（17）『真宗史料集成』第二巻、五六八頁。

（18）『蓮如上人御隠棲実記』（『大系真宗史料』伝記編6「蓮如上人と縁起」、法藏館、二〇〇七年、四〇・四一頁）。

（19）和田康道「三河真宗の復興」（十一）（『真宗』三八〇号、一九三三年）。

（20）『新編岡崎市史』古代・中世（史料編）（一九八三年）六二一頁。なお、上宮寺にはここにいう『番帳』（原本）（同書六三五頁）も存するが、これは一班五日ずつとなっている。

（21）「態一筆取向候、仍今度於波佐谷被遂一戦、被得大利候、寔忠節悦入候、殊更長々在陣、辛労痛入候、弥馳走可頼入候、穴賢〳〵、

（享禄四年）十月五日　　　証如（花押）

三河坊主衆中へ

其外加州へ下国衆中へ」（福井県諦聴寺旧蔵文書）

（22）安藤弥「天正年間三河本願寺教団の再興過程―平地御坊体制をめぐって―」（『安城市史研究』第六号、二〇〇五年）。

補論　「御文」本流布の実態

真宗大谷派岡崎教区第十五組教化委員会では、平成二年（一九九〇）門徒宅に襲蔵される「御文」本の調査を行った。この調査は、あくまで教化事業の一環として行われたのであり、我が家の「御文」（本）を認識し、伝来の重みと祖先の信心の歩みを実感することが第一の目標であるとする。やや年月を経たが、事柄の性格上現状もあまり変化していない数字と思われるのでここで取り上げておきたい。

筆者は、各寺代表の委員に対し「御文」本についての種類・変遷等について概説的な説明を行い、調査について間接的に協力させていただいた。そして、その調査結果が別表に示したものであるが、以下これをもとに若干の私見を試論的に提示してみたい。

一　門徒宅の「御文」本調査

各寺に襲蔵される五尊仏以下の諸々の資料等の調査は、真宗史の基礎として従来より行われてきたところであるが、各門徒宅のそれらについては当然のことながら、ほとんどまとまった調査は行われてこなかったのが現状である。したがって今回のように、「御文」本に限られてはいるものの、組織的に一般門徒宅の内仏にかかわる調査を行いえたことは、一定の意義を持つものと思われる。しかも一千を超す調査対象は、調査員の資質や方法等に問題がないわけではないが、近世真宗教団史を考える上にも何らかの示唆を与えるものである、ただこれらのデータが、どの程度まで信頼でき、どう活用できるかは今後の課題であるが、とりあえず、この調査によって得られた数字を参照し、問題点にふれてみたい。

まず第一に地域性であるが、岡崎教区第十五組は愛知県安城市南部（旧明治村）・西尾市西部矢作川右岸部（同）と高浜市全域で十三カ寺で構成される。蓮如旧跡として名高い西端（現碧南市油淵町）と如光伝承を伝える油ヶ淵に隣接しており、蓮如以来の門徒地域ともいえる。第四章に示したように、高浜市高取専修坊には明応五年（一四九六）実如下付の蓮如寿像、西尾市米津龍讃寺には延徳三年（一四九一）実如下付の方便法身尊像、安城市東端町念空寺には永正元年（一五〇四）実如下付の方便法身尊像などが伝わる。そして門徒のなかにおいても、蓮如・実如筆と見られる名号が奉懸される家も散見され、蓮如以来の地域であることを裏付ける。こうした地域において調査されたことを、まず考慮しなければならない。

第二に調査の方法であるが、寺々の地域の門徒宅（必ずしも檀家ではない）の一部を対象に、主に調査員が各戸に説明を加えつつ調査用紙を配布・回収している（寺によっては住職が行った）。ただ問題となるのは、一部には、比較的古い家を恣意的に選んで調査した場合や、本山下付でない巷間で製作されたいわゆる町版との区別が、必ずしも正確でない場合もあることである。ことに達如判にそれが多いことは周知の通りであるが、他の判にも若干含まれていると考えられる。少なくともこうした点を考慮しなければならないが、とりあえず各寺からの報告に基づいて出来上がったのが**表1**である。表を一覧すると、若干ながら西派のものが伝わるが、寺檀制が厳密に定着していた近世においてこれらが混入することは奇異なことである。このことは、「御文」が「本」であるがために流動性が高いことを示しており、各戸において現在所蔵のものが当初から伝来したものばかりでないことの証左となろう。ただ、地域としての調査という点に注目するならば、それは一定の有効性を持つことになろう。

二　門徒宅所蔵「御文」本のデータ化

まずこの表の見方であるが、一軒に複数の「御文」が存し、かつ判の異なる場合があるため、その一番古いもののみを示したものが**表1**である。そして回答のあった全てのものを集計したものが**表2**である。したがって、各判の総計が必ずしも調査戸数とは一致してこないことになる。今ここでは一応、**表1**の数字に従って検討を加えてゆくことにしたい。

まず実如判については今回の調査では見出すことができなかったようであるが、証如判九点、顕如判十七点が存在することは、やはりこの地域の門徒形成の古さを物語るといえよう。さらに教如判が十一点とやや減り、宣如判

表1

・本山下付の「御文」についての集計。一番古い「御文」のみ。
・各寺タテの数字は複数回答、不明瞭回答などあり計数には合わない。

本願寺歴代	恩任寺	秋篠寺	専修坊	寿覚寺	正林寺	本龍寺	信照寺	念空寺	宝林寺	城泉寺	明水寺	隨厳寺	龍讃寺	合　計
9世　実　如														0
10世　証　如			1	2	1		1					1	3	9
11世　顕　如	1			3	1	2			3	1	1		5	17
12世　教　如	1		1	1		1		3	1			1	2	11
13世　宣　如	1		4		2	14	6	4	3	2		3	7	46
14世　琢　如	1		2	1	3		3	3		1		1	6	21
15世　常　如	2		2		1	2		3	2	1		1	4	18
16世　一　如	2		2		3	9	3	4	2	2	1	2	11	41
17世　真　如	14	1	11	4	4	8	4	4	10	6		4	16	86
18世　従　如	1	1	4		3	1	2	2	3			1	4	22
19世　乗　如	7	3	10	1	12	7	2	11	14	4		5	13	89
20世　達　如	49	7	42	5	50	41	12	7	29	11		23	44	320
21世　厳　如	13	1	24	3	17	9	5	2	2	4		3	6	89
22世　現　如	13	2	3	2	5	3	1	1	5	6	1		1	43
23世　彰　如	11		11	1	6	10	12		4	3		1	5	64
24世　闡　如	13		6	3	4	13	2		3	8		2	11	65
真宗本廟	2			1	1							2		6
調査戸数計	189	41	140	35	133	143	66	48	96	64	13	86	153	1,207

表２

・回答されたすべての「御文」についての集計。ただし（　）内は西本願寺本

本願寺歴代	恩任寺	秋篠寺	専修坊	寿覚寺	正林寺	本龍寺	信照寺	念空寺	宝林寺	城泉寺	明水寺	随厳寺	龍讃寺	合　計
9世　実　如														0
10世　証　如			1	2	1		1					1	3	9
11世　顕　如	1			3	1	2			3	1	1		5	17
12世　教　如（准如）	1		1	1		1 (2)		3	1			1	2	11 (2)
13世　宣　如（良如）	1		4		2	14 (3)	6	4 (1)	3	2		3	7	46 (4)
14世　琢　如（寂如）	1		2 (1)	1 (1)	3	(3)	3	3		1		1	6 (1)	21 (6)
15世　常　如（住如）	2		2		1	2		3	2	1		1	4	18
16世　一　如（湛如）	2		2		3	9	3	4	2	2	1	2	15	45
17世　真　如（法如）	14	1	12	4	5	10 (1)	6 (1)	4	10 (1)	6		5	19 (1)	96 (4)
18世　従　如（文如）	1	1	5		3	1	2	2	4			1	4	24
19世　乗　如（本如）	7	3	11 (1)	1	12	15	3	11	16 (1)	4		7	19	109 (2)
20世　達　如（広如）	49 (2)	7	47 (1)	19	58	48	17	10	39	12		27 (1)	55 (1)	388 (5)

21世　巌　如（明如）	13 (2)	1	24	3	35	11 (1)	10	2	8	4		6 (1)	13 (1)	130 (5)
22世　現　如（鏡如）	14	2	6	3	6	5	6	1	9	6	1		3	62
23世　彰　如（勝如）	12		18	3	11	15	18	1	20	3		6	11	118
24世　闡　如（即如）	13		10	3	14 (1)	17	4		7	9	1	4	36	118 (1)
真宗本廟	2			6	1							2	1	12
達　如　町　版	44	23	25	12	14	19	7	3	11	13	10	27	10	218
光　勝	3		5				2			1			3	14
巌　如　町　版	4		1						1					6
現　如　町　版	1													1
彰　如　町　版									1					1
闡　如　町　版			1							2				3
明　如　町　版		1			1				1					3
その他　手書本		2										5	1	8
不　明				1	7	2	2		2					14
無回答・ナ　シ	2·		1·		1·	2·			2·1			·4	·2	15

になると四十六点と急増することは、特徴的である。そして琢如・常如判が半減し、一如判が倍増し、さらに真如判が倍増する。東本願寺分立以降の各門主の在職期間を考慮に入れると、琢如・常如期は宣如期一代よりも短かく、一如期、それに続く真如期に数字が倍増していることも頷ける。下って従如期はやや短いため少し減少し、やや長い乗如期に増加し、極めて長い在職期間に加え幕末期となり当然残存率のよさから、達如期の増大には著しいものがある。以下、明治から現代に移行するのであるが、少なくとも近世においては、在職期間と「御文」下付数の間には大略関連性を保っているようであり、調査された数字がほぼ妥当なものであり信頼できるものと考えたい。

これらの「御文」を下付した側である本山本願寺側には、在家門徒に下付した記録はほとんど皆無であるが、一宮市正福寺には近世初期の門末の本尊・「御文」等の調査をした『門徒本尊控帳』[1]が伝えられており、極めて興味深い史料であるので、これを参照してみたい。

まずこの記載の一例を示すと次のようである。

本願寺釈教如

方便法身尊形　上宮寺門徒

願主釈浄了

六字一幅

御文教如判廿八通

西ノ河

六右衛門

表３　正福寺門徒本尊控帳（寛永２年〜元禄15年）

本尊	証如	顕如	教如	宣如	琢如	常如	一如	真如
総　数	7	3	12	32	4	11	20	1

※一部末寺宛のものや本尊以外のものは除いた。

この記録は表紙に「寛永弐暦　九月廿五日」とあり、寛永二年（一六二五）より元禄十五年（一七〇二）の裏書まで約八十年にわたり八十点余りの本尊類の調査がなされている。そして一部に、例示したように「御文」についての記録もあり、本尊下付年時と「御文」の下付年時の関係がうかがわれる。**表3**はここに記載される全体の数字であり、そのうち「御文」の記事の見られるもののみを抜き出したものが**表4**である。後には「御文」の記事はなくなるが、ほぼ宣如期までの情況が把握できる。

これによれば、「御文」の下付が本尊より先行することはあまりなく（二点）、証如・顕如代には本尊を下付された後に「御文」を受ける場合もあるが、基本的には本尊・「御文」は同時に受けている場合が多い。ただ絵像本尊を受けることによって最初の礼拝対象が設置されたのではなく、それに先行する名号等の礼拝物がすでに存した場合が多いことも考えられる。

ただ正福寺門徒の場合、すでに証如期より絵像本尊の下付が見られるものの、「御文」については教如判以前のものは見られない。これは三河部の場合と若干情況が異なるようであるが、逆に三河三箇寺門徒団の形成の早さを反映しているのであろうか、今一つ明確とならない。

いずれにしても、特に教如期以降においては本尊と「御文」が同時期に下付されているとするならば、**表1**においても、ほぼ近世前半においては本尊下付数と見ることも可能であろう。教如期から一如期までを正福寺の本尊と比較してみると、その比率は大略一致しているともいえる。このことは、やはりこの調査の数字があながち的外れなものでないことを示しているといえよう。

ことに宣如期において、その前後に比して数字が突出していることは特徴的であり、注目すべき点と思われる。寺院道場の場合、たとえば尾張国では、五尊仏のうちでも木仏本尊・祖師真影という最も基本的なものについては、宣如期の下付数が近世を通じて最も多くなっている[2]。これは、寺院体裁の整備のピークがこの時期にあったことを裏付けるものと考えられるが、一般在家門徒においても、寛永期を中心とするこの時期が、本尊・「御文」整備の近世前半でのピークでもあったようである。

ところで、一般在家において、どのような形態で本尊が安置されていたかは極めて不明瞭であり、仏壇がいつ頃から成立してきたかについてもほとんど研究されていない。ただ、先に引用した正福寺『門徒本尊控帳』には、元禄に入ると「持仏堂御祝」または「御聖教持仏堂御祝」というような記事が散見される。これが何を示すか明確ではないが、いわゆる仏壇の新調祝を指すものとも考えられ、この時期から、在家門徒において「持仏堂」と称する仏壇が安置されはじめたようである[3]。

表4　正福寺門徒本尊控帳

本　尊　裏　書	御文（収載数）
顕如	教如判　（18通）
教如	教如判　（28通）
宣如	宣如判　（29通）
教如	教如判　（29通）
宣如	宣如判　（22通）
証如	宣如判　（24通）
教如	宣如判　（22通）
宣如	教如判　（24通）
宣如（寛永６・１・５）	宣如判　（23通）
宣如（寛永14・４・晦）	宣如判
宣如	宣如判　（19通）
宣如	宣如判　（22通）
宣如	教如判　（24通）
教如	教如判　（20通）
宣如	宣如判　（20通）
宣如	宣如判　（27通）
証如（天文６・12・28）	教如判　（29通）
教如	教如判　（27通）
琢如	琢如判　（24通）

ところで宣如期（在職慶長十九年〈一六一四〉～承応二年〈一六五三〉）すなわち元和・寛永期は、幕府によるキリシタン禁制と新寺建立禁止による寺院の確定・把握とともに、寺請制の始動期でもあった。また西脇修氏によれば、寛永二十年（一六四三）「土民仕置覚」十七箇条、「田畑永代売却御仕置」四箇条、「郷村御触」二十二箇条等が幕府より出されるが、これら一連の条令は、家族型態が複合大家族制から単婚小

家族制に定着してゆくなかに、農地を基礎とする封建小農民としての統制・固定化が図られてゆくことを示している、と指摘される(4)。このことは、「イエ」の本尊の需要が増加する要因とあながち無関係ではないと考えられる。

このように、一部の数字的特徴の見られるものには社会的・教団的要因も考えられるが、今後さらに寺院における寺院明細帳の検討や在家門徒宅の調査が進めば、より明確な数字により、近世真宗教団の動向が把握できるのではなかろうか。

次に、こうした在家門徒への代々にわたる「御文」本下付に象徴される、本願寺教団の特質の一面についてふれておきたい。

三　「御文」本と門主署名

さて、上来「御文」本の門主署名に基づいて分類を試みてきたが、こうした本願寺門主の署名は影像形態の礼拝の対象物のほとんど全てにわたって裏書として記されている。こうしたことは、一体如何なる機能と意義を有しているのだろうか。

「御文」本における署名は、すでに実如段階で一般化しているが、あるいは聖教書写という面からすれば自明のこととせねばならない。ただこの場合、影像類の裏書も含めて門主より直接授与されたことを示すものとして大きな意味を有する。たとえば、帰敬式（剃刀）によって正式に門徒になった証として法名記を授与される。これは蓮如期まで遡りうるが、近世を通じて、門主の署名が入り形式的にも踏襲される。

こうした事柄について、すでに森岡清美氏は次のように指摘される。「「如来像・名号・親鸞像」は本山の本尊でもあるから、これを本山から下付されることは本山本尊の勧請を受けることに外ならない。門徒家はこの勧請を受けた時に本山の分末として成立するのであって、その基本的な構造は寺の成立と全く同一と云ってよい。（中略）法名の授与は、法主と門徒の間に師弟関係を設定ないし確認する手つづきに外ならない。門徒はつまるところ本山の門徒であるという意識はここにその論理的基礎をもつのであり、またこれは本山と門徒家との本末関係に相即する」[5]。

このように、本山（門主）と門徒との間には下付物を通して師弟関係ないしは本末関係が生ずるという氏の見解については、筆者も大筋において賛意を表したい。さらにこの師弟関係においては、形態的に、門主は茶華道等の家元的性格を帯びていることを提起しておきたい。

昭和五十三年（一九七八）以降、東本願寺出版部より『真宗相伝義書』と題した五箇寺寺院に伝わる相伝文類が刊行されてきたことは、周知の通りである。それにともない内容の研究や、相伝継承の機能と形態が明らかにされつつある[6]。これは蓮如以降の血縁寺院を中心に相伝家（五箇寺）が設定され、広本（『教行信証』）の相伝を眼目とし歴代門主に継承された。そして相伝家より新門主に伝授される場合は「返伝《へんでん》」、門主より直に伝授される場合を「的伝《てきでん》」と称した。これは一応蓮如期にその始源が求められているが、東西分派後、内容・形式等が整備拡充されたと考える方がより事実に近いと思われる。これについては、第Ⅱ編でも注目していくが、たとえば茶道界においても、茶道の印可や師資相承の証書としての「茶湯的伝」というものがあるようで、これは一般の免状や許状と異なり、宗匠が後継者や限られた弟子に授ける一書であるという。千家（表）流派の大成者ともいうべき七代如心斎（一七〇五～五一）がその後嗣啐啄斎に授けたそれが現存するというが、それには、茶道の祖珠光、紹鷗や利休以来の表千家代々の家元の名を連ねており、現在まで踏襲されている。これ以前のものは現存しておらず、利休流の千家の茶の湯の相伝の体系を整えた如心斎に始まると考えられている[7]。そしてこのことは、東本願寺の相伝は親鸞にその淵源があり蓮如以来の相承伝授が標榜されることに近似する。
また華道においても、若干性格が異なるものの、たとえば池坊における『専応口伝』（大永頃成立）に代表される花伝書または秘伝書が存する。専応（一四八三〜一五四三）以降、歴代において多少の改廃が重ねられ現在まで相伝が続けられているという(8)。

こうしたことからも、近世に入り、特に東派において相伝の形態は厳格化と秘伝化の道を辿り幕末に至るまで継承され、家元的相伝形態と相通ずるものとなるが、加えて分派後の門主にあっては自ら親鸞真跡等の極書を記したり署名をする場合がある(9)。ことに東派の場合、宣如に比較的よく見られるが、西派の場合は常楽台が古筆家と類似の性格を帯びた家柄となり、鑑定証を発行している。門主が自ら文物を極めることは、茶道界において千宗旦（一五七八〜一六五八）あたりから道具の極めを箱書することが行われ、流祖利休以来の道統相承者たる家元代々の署名入りのものを重視・珍重することに相応しうると考えられる。

今一つ忘れてならないのは、「御文」と並び、近世教団において爆発的にその数を増加させた講に対する消息にも必ず門主の署名が記される。消息は門主の人格そのものとして披露拝読が行われるのであるが、集団における門主消息、個に対する「御文」本は、毎回視覚を通してそれを実感しうる機能を有しており、同信の総師たる門主の署名がそのまま宗祖親鸞・中興蓮如に直結することを意味するものといえよう(10)。

結びにかえて

このように、三河の一部地域における「御文」の流布状況の調査を足がかりに、近世前半期の尾張正福寺記録とも対比しつつ若干の考察を行った。調査方法や地域性等、考慮しなければならない問題点も多いが、「御文」と本尊がおおむね同時期に授与されている点を重視するならば、近世における門徒（檀家）形成の趨勢をほぼ窺うことができる。もちろん宗旨人別帳などの分析によってもこうした調査はより精密となろうが、近世全般ということになれば一定の限界を免れない。

いずれにしても、調査対象の半分以上が近世のものであり、一部、東西分派期以前の中世のものが在家門徒において所持伝来し、現在もなお使用されているということは驚嘆に値しよう。そしてこのようなことは、おそらく高田派なども含めた真宗教団独自のあり方として特記すべきものである。これは、礼拝に関わるもののほとんど全てが本山からの下付物であるという、中央回帰の志向を強く反映したものとすることができる。それは実質的には、蓮如以降門主による署名書判を付すことが定式化したことにより、門末においてはより鄭重に扱い、保持伝来を一層円滑ならしめたことが要因の一つとして考えられる。

それは、門主の存在が、単に「生き仏」的貴人存在であるばかりでなく、芸道における家元的存在としての形態と極めて類似した性格を保持し続けたことにも起因する。もちろん近代・現代においては、相承の在り方や門主の存在形態、門末の意識など、次第に変貌しつつあるが、少なくとも近世本願寺教団においては、血統による血脈相承に裏打ちされつつ、信仰世界における家元――門弟・社中という擬制的家族形態がより強固に作用し、教団の存続・拡大の可能性を高めたといえよう。なお、このような本願寺の家元的性格については、第Ⅱ編でさらに論究する。

本稿（補論）論述にあたり、大谷派岡崎教区第十五組教化委員会、集計の労をとられた龍讃寺岩津忍氏に謝意を表したい。

註

（1）『新編一宮市史』資料編六（一九七〇年）所収。
（2）『名古屋別院史』史料編（一九九〇年）僧侶明細帳下付物一覧表。
（3）『真宗道場から寺院へ、仏壇へ　実物資料に学ぶ仏教文化Ⅱ』（同朋大学佛教文化研究所展示図録3、二〇〇六年）参照。ここに蒲池勢至・脊古真哉が在家仏壇の成立について論及している。
（4）西脇修「近世寺檀制度の成立について―幕府法令を中心に―」（圭室文雄他編『近世仏教の諸問題』雄山閣出版、一九七九年、所収）。
（5）森岡清美『真宗教団と家制度』（創文社、一九七八年）一六一頁。
（6）庄司暁憲「『相伝義書』の系譜（前編）」（『同朋学園佛教文化研究所紀要』第七・八合併号、一九八六年）、同「『相伝義書』の巻物」（同第九号）、柴田秀昭「相伝教学の歴史的経緯について―特に蓮淳・蓮芸の流れを中心として―」（『教化研究』第九四号、真宗大谷派教学研究所、一九八七年）。
（7）久田宗也「如心斎のころ」（『茶道雑誌』十月号、一九八八年）参照。
（8）西村勉「専応口伝」（いけばな芸術全集二『いけばなの成立』所収）。
（9）貝塚市願泉寺旧蔵親鸞真跡『皇太子聖徳奉讃』第六十一・二首末尾に教如花押、金沢市専光寺・福井浄勝寺各蔵同廟嘔偈文に宣如の極書と花押が認められるという（小山正文「親鸞見写の廟嘔偈」『真宗研究』第三四輯、一九九〇年、のち『親鸞と真宗絵伝』法藏館、二〇〇〇年所収）。また安城市本證寺蔵『教行信証』延書本零本末尾に宣如の署名が見られる。
（10）その意味では、大谷派で一時見られた「真宗本廟」印の御文本は蔵版を示すものと考えられ、従前とは性格が異なるものといえる。現今は、「釈浄如（印）〈印文・真宗大谷派門首〉」となり旧来を踏襲している。

第Ⅱ編　本願寺門主制と近世の末寺身分

第一章　本願寺門主制の性格

第一節　門主の権能

はじめに

本願寺教団は家元制であるという基本概念が提唱されて久しい。すなわち蓮如以降の教団の機構と機能は、近世に展開する日本独特の家元制度の先駆的形態と位置付けることができるという学説は、戦後の一連の家元研究で西山松之助氏が提唱し(1)、さらに森岡清美氏らが支持した(2)。

ただ、宗門外の芸能文化社会における研究成果の一部のため、真宗史学界では一部を除き、あまり注目されてこなかったようにも見受けられる。そこで本章では、蓮如期以降の教団の特質、とりわけ門主制について考えるとき、家元制度とのかかわりのなかからあらためてこれらの提唱を吟味していきたい。さらに、大谷派宗門より刊行された『相伝義書《そうでんぎしょ》』の性格にも注目しつつ、この点からも若干の検討を加えてみる(3)。

そしてその方法としては、近年の戦国期本願寺をめぐる多くの成果を参照することにより、明瞭なものにしていくものであるが、一応、門主の権能として考えられる次の三点に問題を絞り考察していくことにする。

一、下付・授与権
二、儀式主宰権
三、相伝権（権の呼称は必ずしも適当でないとも考えられるが、ここではあえて揃えて呼称する）

なお、現今、真宗大谷派では「門首」と呼称されるが、本章では歴史用語として本願寺住持の呼称について、「門主」を用いることとする。

一、下付・授与権

蓮如は門主または本願寺住持について、そのあり方を「御文」や消息などで明文化しているわけではないが、『栄玄聞書』の「代々善知識ハ御開山ノ御名代ニテ御座候、蓮如上人大坂殿へ御隠居ナサレ、実如上人或時大坂殿へ御下向ノトキ、御親子様ノ御アイタハ御私コトニ候、御開山ノ御来臨ト思召候」[4]の一節は注目してよい。蓮如は実如に対し、親子関係は私的な間柄であり、たとえ息子であっても善知識（この場合、本願寺住持＝門主）は「御開山ノ御名代」、あるいは御開山そのものと認識したことが知られる。この点をふまえて、下付・授与についてさらに、①礼拝物、②聖教、③法名の三項に分けて検討してみたい。

①礼拝物

蓮如が、本尊をはじめとする礼拝物を本願寺・蓮如の名において下付するようになったことは、次の第Ⅲ編第一章で詳細に論ずるが要点は次のようである。すなわち絹本のものを正式とし、そこに裏書を付す。それらの大半には、まず礼拝物の名称、蓮如の署名、本末関係（何某門徒）のあるときはそれと在所、そして願主名が明記される[5]。

このことは、全門末の礼拝物の親鸞教義との整合と統一をはかることを目的とし、本山としての本願寺の本尊や礼拝物の勧請としての性格を持つ(6)。さらに「開山ノ御名代」として開山親鸞よりの下付の取次として、蓮如（門主）が関与代行するものと理解できる。ここに、本山と門主の機能が具体的に象徴されていると見ることができる。そして、現在までほぼ同様な形態で踏襲される。

②聖教下付

元来聖教は、ごく限られた「師弟」の間柄と認められた門弟にのみ授与されるものであり、披見や書写が大きく制限されたものであった。そして本願寺教団では、蓮如により「御文」という形で教義が全面公開され、実如の名において巻子本や冊子本に写され下付された。そして本格的に流布することになる。

次代の証如に至り開版されるものの、冊子本に統一されつつも体裁は変更されることはなく、末尾に証如の証判を据える。これ以降も体裁を変えずに、代々の門主の名（証判）のもとに開版され続け、現在に至る。

蓮如以降の教団では、後述するように御本書《ごほんじょ》たる『教行信証』は秘伝を建て前とする要素があり、全門末においては「御文」聴聞が基本であった。したがって、一般門徒にとって聖教とは「御文」が唯一であったといっても過言ではなく、ここでは聖教下付とは「御文」本の下付を指す。

ところが、「御文」は蓮如の制作でありながら蓮如の名は一切記載されておらず、本来著者ではない当該門主の署名のみで発行される形をとる。これは、単に発行者あるいは蔵版者として門主名を表示しているのではなく、「当流聖人ノススメ」たる開山親鸞の教法として、開山の名代たる門主が門末に下付したものと理解することができよう。そこには、もはや蓮如の制作という事実を超越し、「当流聖人」親鸞直説としての位置付けが可能となろう。この点については、すでに、一般門徒宅所蔵の「御文」本調査の事例を第Ⅰ編 補論にて論述した(7)。

また、『三帖和讃』も蓮如以来門主名で下付されるが、これは必ずしも代替わりごとではない。蓮如の後教如に至り、版木磨滅による改刻の識語が付される。蓮如当初のものは現存が極めて僅少で、下付はかなり制限されたようであり、「御文」とは、やはり同一の性格とは考え難い。ただ、蓮如の発刊当初と同一の体裁である粘葉《でっちょう》装《そう》が後世まで踏襲されているなど、考えるべき点も多く、今後の課題である。

③法名授与

現存する法名状の初見は蓮如期のものである。これは次のような書式であるが、近世・近代までほぼ踏襲されるようである。

法名
　釈慶空
文明七年九月廿七日
　釈蓮如（花押）(8)

ただ蓮如期のものは少数しか現存しないが、必ずしも本願寺近親の者だけではなく、僧俗未分化の地方門徒の夫婦のものも伝わる(9)。これらはおそらく得度の際に授与されたものであろうか、蓮如が直接剃刀したものと考えられる。そして後にもふれるように、近世後半以降、門主の地方下向などにおいて、得度とは別に、多数の門徒に「オカミソリ」と称して剃刀を頭に当てる剃刀儀式により、法名が授与されるようになる。このときも法名状が授与されるが、これもほぼ前者と同様書式により門主名が記され、現在までほぼ踏襲される。

法名状については、大喜直彦氏が古文書学的に詳細に考察されている。[10]それによると、法名状は武家の加冠のときの諱の「一字」授与に近似しており、加冠状等にその背景が求められるとする。そして授与権は、法名状の遺る蓮如以来、基本的に宗主（門主）に帰属していた。そして書式の微妙な変化により、時代が下がるにつれ上から下へ授けるという意味が強くなるとされる。

また、門主の一族を中心とした法名授与については、早くに森岡清美氏の研究が指標となり、神田千里氏がこれを承けてさらに考察されている。[11]それによれば、蓮如以降（ほぼ蓮如の子女より）嫡子・一族、さらに一部の門末において法名には蓮如の「蓮」・実如の「実」・証如の「証」・顕如の「顕」字、諱には蓮如兼寿や実如光兼の「兼」・証如光教の「教」・顕如光佐の「佐」字などが配される。場合によっては一家衆《いっけしゅう》（連枝）から諱《いみな》を与えられることもある。これらは、武家の一字書出にみられる主従関係（御恩と奉公）が結ばれる習慣と共通した面がみられ、法名授与も本寺との分身、そして師弟関係を結ぶことを意味するとされ、大喜氏の指摘とも相通ずるものである。

このように法名授与は、門主の特権としての位置付けは可能であるが、法名状を介して授与者（門主）と被授与者（門徒）の師弟関係の成立を意味するとの指摘は、注目すべきである。

平松令三氏は著書『親鸞』[12]において、綽空そして親鸞という実名は、師法然から授与あるいは認知されたことを論じられる。ここでも法名の授与は師弟関係の成立を意味すると考えて大過ないであろう。その意味では法名状は、師弟関係契約状としての性格を内在しているといえよう。

また「一字」分与も基本的に現代まで踏襲されるが、たとえば近世後期においては極めて厳格であった一例を示しておきたい。三河国野寺本證寺は文政元年（一八一八）、大檀那の近江水口《みなくち》藩主加藤家により本願寺から「御字《ぎょじ》」の「達」字拝領（他に六藤紋と直達）許可が得られ、それを加藤家が本證寺に寄進している。そして本願寺家臣四名の連名による許状が発給される。(13)これについては本編第三章で詳細にふれる。近世教団では門主権威高揚により一層の厳格化がなされたが、その範囲は拡大され、連枝や一門にとどまらず、本證寺のような大谷一流や、ときに「院家」に昇格した地方大坊にも、やがて許されてゆく。これは同時に、本願寺財政の下支えとなることは明らかである。

こうした門主からの法名授与は、宗教的には師弟関係の成立であるが、社会的には血縁を超えた擬制的家族関係が結ばれることになる。すなわち「親鸞の家」(14)の一員に加わることを意味しよう。門主の一字の分与はさらにそれを補完するもので、猶父猶子関係とは異なる宗教的親族関係の成立とみることができる。事実上の血縁だけでなく、後代には拡大されてゆくことは先に指摘したが、地方御坊や大寺院住持においても門主一族に准ずる存在として、精神的に門主の代理的役割を担うことになったと考えられる。

奈倉哲三氏や有元正雄氏が近世後期の「オカミソリ」の実態を例示するが、(15)ここにも注目してみたい。文政六年（一八二三）東本願寺門主達如は、越後三条掛所下向の途次、各地での熱狂的な群参を受けて「御剃髪《おかみそり》」を実施する。御剃髪と御盃のセットで金三百疋（約金三分相当）の礼金のために家財等を売り払ってまで、小児にまで受けさせるという状況であったという。有元氏はこれを「生き仏崇拝」の「和製免罪符」取得と位置付けるが、それは門主を「如来の御代官」としてみた場合の理解である。むしろ真宗教団は強靱な祖師（親鸞）信仰を基底としており、門主＝開山の名代からの剃刀により、門主との師弟関係を結ぶと同時に、遠隔的には「親鸞の家」の一員に加わり、さらに救済を実感するための熱狂的行動と理解する方が、事実に近いと思われる。

二、儀式主宰権

石山合戦終結にあたって、顕如退出、教如抱様《かかえざま》をめぐる両者の間に浮かび上がる門主・本山の存在意義は、開山御影と血統維持の二点に集約できる。このなかで両者の微妙な意見対立が生ずる。すなわち顕如の退去は、絶縁＝一流断絶を阻止するためであり、教如の抱様は、信長による霊場（御座所）破壊の阻止のためであった。そのため真影留置、少なくとも代替御影の「みぐし」（頭部）の残置によって正当化されるものであった。この時点ではまさに「聖人一流」は、血統が最重要視されており、これはやはり基本的に「御開山ノ御名代」として法義が相続宣布されているという認識であったと考えられる(16)。

すなわち、御座所としての開山真影と、一流筆頭としての血縁者（門主）と、その前者への敬慕・護持の関係の三者の存在があって初めて本山としての存在意義となったのであり、敬慕・護持の具体相が開山真影を中心とした儀式主宰ということになろう。その本山本願寺の仏事の中心は報恩講であり、近年の研究の成果により開山忌日たる報恩講を次の三点、①法要儀式、②改悔《がいけ》批判、③斎《とき》に絞って、門主の位置付けを概観してみることにする。

①法要儀式

まず青木忠夫氏らにより報恩講儀式の研究が深められたが、特に顕如自筆史料の報告と分析が注目される(17)。それは門主顕如が報恩講をはじめとする一連の法要に読誦される和讃を書き記すものである。すなわち、法要内容の決定を門主自らがなしていることが実証された。言い換えれば、法要儀式には門主の意志が内在しているのである。

こうして御堂において門主は首座に着座し導師を勤め、儀式は声明はじめ諸作法により構成される。これらは後述するように、近世の相伝家が秘伝で伝える場合が多いが、分派期以前においても、内部の一部が習得していただけと考えられる。

②改悔批判

改悔批判は、蓮如の報恩講の「御文」にも「改悔」「懺悔」の言葉が見られるように、信心決定のための重要な儀式である。ただ名称は単に「改悔」と称していたようである。『本願寺作法之次第』にその様子が記される。やや長いが引用しておきたい。

一、報恩講の事御文にもあそハしをかれ候ことく、太夜過候へハ、人をこと〳〵く出され、御影堂に一人も人なきやうに成候て、のそミの人五人、三人残り候やうに見え候、人多き時ハ御堂衆・御坊衆、手蠟燭・しそくをともし持て人を出され候て、門をハたて候、御影堂にハ五十人、卅人候て、第一坊主衆改悔候て、次ニ其外人一人つゝ前へ出られ、坊主衆の中をわけられをかれて前にすゝみ、諸人改悔候間、一人つゝの覚悟申され、聴聞申候に殊勝に候し、縁なとより申候は不可然候、一大事之後生の一義を縁の端なとより被申候は不可然とて、一人宛前へ出て改悔名をなのり高らかに被申候て、一人〳〵の覚悟も聞え殊勝候き、当時の様に、五十人百人一度安心とて被申候へとも、わけもきこえす、忩々しきハかりにて、何たる事のたうときも義理の相違も何もきこえす候事ハ、前代なき事にて候、[18]

これによれば、いわゆる改悔批判は報恩講逮夜《たいや》後、坊主衆門徒衆共々に開山影前で一人ずつ名を名乗り、信仰を告白し「覚悟」を高らかに述べた。ところが、実悟の本書編集時（天正八年〈一五八〇〉）には、五十人、百人が一度に告白しているようで、その意義が見失われたことを嘆くものである。そして、近世において僧俗共に「改悔文」を唱和する形に変形していったようである。

改悔批判についても、青木忠夫氏の研究により(19)、報恩講の重要な位置を占める行事であることが明らかにされた。そして少なくとも天文期には、報恩講初逮夜後の改悔（批判）には証如が出座しているという。この場合、門主の出座にはやはり大きな意義が認められ、開山の名代たる存在が同座することにより、その意味合いが儀式的要素を超えてより具体的なものとなると考えられる。

③斎

斎は、声明や改悔批判のようには直接的に法義と関係しない行事であるが、報恩講はじめ年中の仏事における門主はじめ関係者の共同飲食として重要な位置付けがなされる。この点に本格的に注目されたのは早島有毅氏である(20)。氏の研究は頭勤仕《とうごんし》の性格の考察であるが、ここでは特に設斎の負担行為と斎の場に注目しておきたい。すなわち斎は、各地の直参衆が交替で頭人として上山し斎に関わる全てを負担し、門主と一族に給しつつここに相伴することが、『天文日記』などの分析で明らかにされている。これらの形態が蓮如期から実施されていたかどうかは明確ではないが、草野顕之氏は、証如期天文年間の強力な宗主権の確立が、諸制度、年中行事との有機的連動により門末の身分編制をテコに創出されたとされる(21)。おそらく蓮如期にはすでに何らかの萌芽的形態が存したとも考えられる(22)。

ここで仏事の一環としての斎に注目するとき、首座たる門主に給することに最大の意義が想定される。すなわち、すでに指摘される開山への報謝行としての頭勤仕であるが、やはりここでも、開山の名代たる門主への奉仕が開山への懇志として機能することになろう。

これらは、門徒の信仰形態としての名号を本尊のはたらきと受け止め、開山像や寿像や前住像に対し御影供《ごえいく》を備え、いわば生けるが如く対座し、阿弥陀の救済に対する謝念の、婉曲的かつ具体的表現と見ることができよう。

三、相伝権

教団において最も重要な事柄は教法《きようぼう》の伝持と伝授、すなわち相伝であり、その中心的役割を門主が血統とともに担ってゆくところに、本願寺教団の大きな特色をみる。本来血脈と血統は無関係なものであるが、本願寺では蓮如によりそれが表裏の関係に昇華されたとみて大過ないであろう。それは、『相伝義書』と総称される相伝文類が、〝蓮如以来〟を強調していることによるが、この『相伝義書』の性格を検討することにより、蓮如以降明瞭となる門主、門主制の特質も明らかになると考えられる。

『相伝義書』は、近世を通じて東本願寺において、門主から次世代門主へ相伝する広本（『教行信証』）伝授のシステムの内容の総称であり、このシステムを補佐する役割として蓮如近親の家柄を継承する「相伝家《そうでんけ》」が存在した。これらは門跡成当初の初期院家寺院であるが、西本願寺においては、東西分派後相伝家の重鎮光善寺寂玄が改派したため事実上途絶え、こうした当初の出入の混乱を経て、東派の重鎮教行寺らを中心に東派において伝承することに尽力した。

このシステムと系譜については、すでに庄司暁憲《ぎようけん》氏により詳細に論述されるが(23)、以下少しく概観しておきたい。

すなわち蓮如以来、門主が直接次世代に広本を伝授することを「的伝」といい、何らかの事情で門主在世中にそれが果たせなかった場合、相伝家によって次世代に伝授される。これを「返伝」という。蓮如のときに五家へ「分伝」されたものが常楽寺・願行寺・顕証寺・教行寺・光善寺で、実如のときにさらに称徳寺（後慈敬寺）・瑞泉寺（本泉寺・願得寺）・本善寺の三家にも分伝されたといい、教法相伝の断絶を防いだとする。また後年には、さらに別家五家（順興寺・本泉寺・真宗寺・願証寺・本宗寺）も取り立てられ、近世東本願寺では、これらを総じて「五箇寺」と呼称し別格寺院として遇した。近年、これらのうち、教行寺・光善寺に伝来する多くの関係文類の写真が初めて紹介され研究に給された[24]。さらにこれらが活字化され大谷派出版部より『真宗相伝義書』として昭和五十八年以来、遂次刊行されてきた（本書では、通称の『相伝義書』で表記している）。

こうした一連の研究や相伝文類・系譜によれば、これらの実質的な集成と始源を蓮如とするが、この点についてまず検討しておきたい。相伝系譜や関係文類では、蓮如が文明九年（一四七七）蓮淳に相伝し、明応三年（一四九四）光善寺光淳、同六年教行寺蓮芸に、他に順如・光信にも広本を伝授し、五家の創立を見たとする。ただこれらについては、蓮如伝や聞書類に具体的に示されたものを見出せない[25]。

一方、教行寺伝来文類のなかに、天文十五年（一五四六）「広本伝授日程」なる文書（原本には標題なし）が実誓筆として伝わる[26]。これは三月二日より四月十一日にかけての広本伝授の日程と内容が記されるもので、『私心記』に関連記事が見出せる。三月一日条には「朝新発意教行証之事以丹後申入候へハ　則御免候、（中略）夕、愚僧教へ候へキ由被仰候」、二日条「日中後堅治《実誓》・新発意《証従》・報恩寺《慈敬寺実誓証従広本伝授》・賢勝《従》・光徳寺五人ニ教行証教へ候、於後堂教へ候」、四月十一日条「朝教行証各ヨミハテ候也」とあり、文書の内容と『私心記』（堺本）の記事は一致する。

これによれば、三月二日より四月十一日まで実従が堅田治部卿・新発意《しんぼち》・報恩寺・賢勝・光徳寺の五人に『教行信証』を後堂で教えたことが知られ、文書写真からも何とかこの五名の名が読める。したがって教行寺実誓はここには入っておらず、教行寺に伝来したことから実誓が伝授を受けたときのものと誤伝されてしまったと考えられる。ここで注意されるのは、儀式的なものでなく、後堂で実従が「教へ」たのであり、他にも『私心記』には実従が広本伝授に関わった記事が見られる。

天文十四年（一五四五）六月二十五日条「安待従《（勝興寺）》教行証申候御免候、先一巻教へ候テ御帰候」、同二十三年二月十二日条「今日ヨリ教行証ヲシへ候、出口《実玄》・名塩《賢勝》・三位《証秀》・興正寺《証秀》・橋立《真宗寺》」同三月二十二日条「教行証今日オシへハタシ候也」とあり、『天文日記』(27)にも散見されるが、これらを見る限りでは、相伝家といわれる人々以外にも伝授されていたことが知られる。

また相伝文類関連の書である『安永勘進』や系譜には、天文五年（一五三六）八月蓮淳より証如に返伝、永禄三年（一五六〇）十一月実従より顕如に返伝があったことを伝える。いずれも父親が比較的早く没したため的伝がなかったためとする。前者を『天文日記』『私心記』、後者を『私心記』に照らしても、関係記事を見出せない。証如自身の重要事項を日記に記さないはずはなく、実従も門主に返伝したことを書き漏らすことは考えられない。当該期の史料に見出されない以上、門主への返伝の事実は疑わざるをえない。したがって、東西分派以前において、広本伝授は相伝記録と同時代史料の上では、必ずしも一致しないことが確認できる。

さらに、教行寺に伝来する相伝文類十一巻のうち『還源録』（真宗寺十七代真昭著）では第一・四・六・七・八巻を蓮如筆とする（第二・三・五・九巻実順書写、第十・十一巻准玄補記）。第六巻一部が『教化研究』第九四号（真宗大谷派宗務所、一九八七年）の写真版にあり、その奥書は次のようである。

右斯一帖者開示当流大事之
指南書也、
時也明応三甲寅季十一月廿八日
選述作清書之功、幷自画肖像
相添令授与焉旱、
蓮如満八十歳、
（光善寺）光淳小師

写真版には第一・四・六・七・八巻の蓮如筆といわれるものの一部がそれぞれ掲載されるが、筆致は一手であるも蓮如の筆跡とは見えない。仮に写本であるにしても、奥書の日付が現に光善寺に襲蔵される蓮如下付の寿像の裏書の日付と一致しており、相伝の本来的形態（縦物＝肖像画・横物＝聖教）をとるが、実際には他の寿像にはその例を見ないので、この文類が蓮如により撰述されたものとはにわかに信じ難い。

ただ、教行寺旧蔵文書のなかの明応六年（一四九七）十月二十六日付の蓮如自筆の一紙は、疑う余地はない。名号・信心に関して箇条書されたものだが、「須ノ之文点用ノ之文点、可レ用レ之、自リレ現返スレニ得文点当流之相承ト可レ知レ之」の文点に関する表記は、読法に関する相承の留意点を示す。むしろこうしたものが、蓮如において、聖教そのものとともに相承されるべきものとして相伝されたのではなかろうか。

このように見てくると、東西分派以前において、門主と相伝家との相伝システムが明確に機能していたとは考え難い。むしろ近世において、蓮如期あるいはそれ以前にまで遡って相伝のあり方とシステムが敷衍されたと考える方が事実に近いようである。そして庄司暁憲氏も指摘されるように、東派において光善寺が中心となって、それまで相伝されてきたとされる科文《かもん》類や口伝の小紙類を基礎に、相伝教学の大系化を目指した。そして、相伝家側に現存する相伝義書講義類の大半は彼らの手により作成されたとする見解(28)は、留意すべきである。

したがって、これら相伝家に伝来した文類は、本願寺門主家が親鸞・蓮如より血統だけでなく、直接的に広本の教義を秘伝相承する特別な立場にあることを形づくることに寄与するものであった。それは学寮の高位の講者も追随できるものではなかった。

そして近世には、一向一揆や分派により消滅した寺の寺跡復興を行い、本宗寺や願証寺など相伝家の増設が計られるが、これは、徳川将軍家が三家の他に三卿を加え将軍家の継承を強化した方策とも近似する。このように本願寺家の血の継承は一族たる連枝の担うところであるが、宗教の根幹たる教法伝持の「家」と権威の存続のためには、相伝家は大きな意義と責務を有したといえよう。したがって、身分的にも連枝より恒久的な位置付けが与えられたようで、この点については第三章でもふれている。

第二節　門主制と近世家元制

家元とは単に根元の家とか本家を指すにとどまらず、日本近世の文化的諸芸の家元であることはいうまでもない。これらは実質的には、古代・中世の貴族や仏教界における雅楽や和歌・弓馬・香・書・神祇・衣紋など多様な家が存在し、次第に秘技秘伝の免許も行うようになる。しかし、本来的な意味での「家元」が成立するのは近世中期以降とされる。その大きな要因は、武家人口が江戸や城下町に集住し、貴族に加えて武芸や諸芸を教養とする文化人

口の急増にある。(29)

ここに諸芸が芸道として確立されるが、その背景には、実力の上で決して門下がこれを上回ることのできない秘伝の哲学的美学的要素と実技的要素を兼ね備えた「秘伝書」を「家元」が伝持していたことによる。もちろん、これらのものの多くは、近世に入って体系化され創出されるが、これによって、家元はあらゆる面での免許発行権を独占するようになる。すなわち家元制未成熟の段階では、その形態は「完全相伝」（免許皆伝を与えられた師匠から免許が与えられていくもの）であったが、こうした伝統的伝承形態から全ての免許発行権を家元一人が独占することにより、「家元」の存在と形態が基本的に成立する。

さらに家元制社会（文化的流派集団）においては、名取制度による身分的序列も形成される。すなわち、家元の名の一字を拝領し、多くの場合、町師匠として家元に準ずる中間教授機関となる。そして免許の取得に応じた、一定の序列社会が形成される場合が多い。

このように家元制の特質を概観しつつ、あらためて本願寺門主制をみるとき、いくつかの共通概念を検出できるようである。

まず第一に、近世以降の家元の大半は血統で相承され、従来より伝えていた芸道の家、たとえば花道の池坊家、茶道の千家、歌道の冷泉家、香道の志野家、絵画の住吉家や狩野家、技術面での刀剣の本阿弥家、甲冑の明珍《みようちん》家、古筆鑑定の古筆家など、あらゆる分野に及ぶが、ここに仏教界における「親鸞の家」としての本願寺家の位置付けも、これら諸芸道の「家」と同一範疇でとらえることも可能である。

さらに秘伝書の堅持という面からも、たとえば茶道において、千家第八代如心斎（表千家・一七〇五〜五一）が流祖利休の口伝を成文化した『茶道的伝』なる秘伝書を成立させる。(30)ここに〃利休以来〃を強調する血統を継ぐ家元としての千家が名実共に確立するのであるが、本願寺（東派）の『相伝義書』が〝蓮如以来〟（内容は『教行信証』が中心であることより実質的に〝親鸞以来〟）の秘伝書として成立するのも、ほぼ同様の意義が第一に見出せるであろう。この意味でも、その体系化はやはり近世とみるべきであり、一部には蓮如に仮託されたものも含まれている。

そして若干の変更をみながら相伝家である五箇寺（本徳寺・教行寺・願得寺・慈敬寺・本泉寺と准五箇寺の光善寺・恵光寺・本宗寺・真宗寺・願証寺）と連枝などのいわゆる本願寺分家を筆頭に、蓮如血縁の名跡や血縁の濃薄と身柄・家柄による身分の序列化が形成される。それらが「御字拝領ノ衆」として門主の法名と名乗（諱）の二字、法名一字、名乗一字拝領など、近世においてはその特権内容にも序列がみられる。[31]こうした門主の一字（二字）分与も家元制の名取と共通すると考えられるが、門主制の場合、「家」と「血」による特権的性格も強く、武家の主従関係を基底とした擬制的家族関係形成のあり方とも近似する。

相伝のもう一つの性格である法要の勤式作法などのいわば実技面においても、門主が確実に相承する点において家元的性格をみる。それらも、法要儀式の場で「御開山の名代」としての色彩の強いものであることは、すでに見た通りであるが、実質的にはこれらも相伝家において保持伝承されていき、他は追随できない。

一方、近世家元制の顕著な特色である門下に対する免許発行権の独占化という面においては、蓮如以降の礼拝物・聖教（「御文」本）・法名の下付・授与が、門主の名において独占的に本願寺から行われたことに共通する。加えて、東西分派期より「木仏・寺号」「飛檐出仕」などの許認を門主の意を戴するという形で「御印書《ごいんしょ》」が門末に発給され、[32]やがて許認可全般にわたるようになる。家元制成立以前に、ほぼ完全な形で門主の権能が明確化され、下付体系が整備されていたことは注目すべきことであろう。

さらに第三章で、法衣装束という視点から、近世東本願寺における、本山儀式での巡讃や名乗（法名）・末寺の格付など、多岐にわたる門主の家元的性格を具体的に見ていくことにする。

またこれもほぼ分派期からであるが、たとえば教如や宣如により親鸞真跡の認定が行われている(33)。それ以前においても、実如が蓮如筆の名号を認定した例があるが、後世の門主が開祖のものを認定する意義はさらに重い。茶道家元が盛んにこうしたことを行うようになるが、それも千家三代宗旦（一五七八～一六五八）以降のことであり、時期的に一致する。

このように、実質的に蓮如期に本願寺が本山化し、以後機構整備の道を歩むが、近世以降の相伝においても、その基本理念は〝蓮如以来〟である。門主のあり方「御開山の御名代」という位置付けを基底とし、下付・授与・認可あるいは儀式主宰がなされ制度化される。近世を下るにつれいわゆる「生き仏信仰」の色彩も帯びるが、本願寺の性格上、開山親鸞を前提とした概念を抜きには考えられない。すなわちそれは、単に大谷廟堂にとどまらず、「親鸞の家」として機能しつつ、家の主（相伝者）へと集約される。そしてここに属する全ての門末は、その一員として門主の人格と機能を通して開山親鸞を崇敬し報謝の懇念を表現することとなる。

したがってその存在形態は、最初に見通したごとく近世家元制の先駆的形態を示し、近世を通じ濃厚となる。さらに現代に至ってもその特質を色濃く残すと考えられるが(34)、この点については後日を期したい。

註

（1）西山松之助『家元の研究』（校倉書房、一九五九年。後『西山松之助著作集』第一・二巻、吉川弘文館、一九八二年、収載）。

（2）森岡清美『真宗教団と「家」制度』（創文社、一九六二年）。

（3）本章において課題とすべき点については、すでに見通し的にふれたことがあるので、合わせて参照されたい（「御文本調査より見た近世本願寺教団の特質」『真宗教学研究』第一四号、一九九〇年。本書第Ⅰ編補論に転載）。

（4）『真宗史料集成』第二巻（同朋舎、一九七七年）五九〇頁。

（5）拙稿「本尊・影像論」（『講座蓮如』第二巻、平凡社、一九九七年、所収）。存如下付物もわずかに見られるが、蓮如に至って完成されたといえる。本書第Ⅲ編第一章に転載した。

（6）註（2）森岡前掲書、一六一頁。

（7）註（3）拙稿。

（8）奈良県下市町西照寺蔵。

（9）文明五年七月二日付釈浄融・同日釈尼性融（小松市林西寺蔵）、文明七年九月廿七日付釈慶空・同日釈尼妙祐（同註（8））。

（10）大喜直彦「本願寺教団文書の推移について―「御印書」と法名を通して―」（千葉乗隆編『本願寺教団の展開』永田文昌堂、一九九五年）。

（11）註（2）森岡前掲書、神田千里『一向一揆と真宗信仰』（吉川弘文館、一九九一年）一八五頁～。

（12）平松令三『親鸞』（歴史文化ライブラリー37、吉川弘文館、一九九八年）一二四頁。

（13）図録『本證寺　その歴史と美術』（安城市歴史博物館、一九九七年）四九頁。

（14）「親鸞の家」という表現は註（11）の神田前掲書に見られる。

（15）奈倉哲三『真宗信仰の思想史的研究―越後蒲原門徒の行動と足跡―』（校倉書房、一九九〇年）、有元正雄『真宗の宗教社会史』（吉川弘文館、一九九五年）。

（16）名畑崇「本願寺御影崇教と霊場説」（北西弘先生還暦記念会編『中世仏教と真宗』吉川弘文館、一九八五年所収、後『蓮如大系』第三巻、法藏館、一九九六年に転載）。拙稿「大坂拘様終結における顕如と教如」（金龍静他編『顕如

―信長も恐れた「本願寺」宗主の実像―』宮帯出版社、二〇一六年、所収)。
(17) 青木忠夫「本願寺顕如筆「讃頭」関係文書考―永禄・天正期年中行事―」(蓮如上人研究会編『蓮如上人研究』、思文閣出版、一九九八年、所収。後『本願寺教団の展開―戦国期から近世へ―』法藏館、二〇〇三年に転載)。
(18) 『本願寺作法之次第』(『真宗史料集成』第二巻、五七一頁)。
(19) 青木忠夫「戦国期本願寺報恩講の『改悔』に関する一考察」(『仏教史学研究』第三七巻第一号、一九九四年。後『蓮如大系』第三巻、法藏館、一九九六年に転載。後『本願寺教団の展開―戦国期から近世へ―』法藏館、二〇〇三年に転載)。
(20) 早島有毅「戦国期本願寺における『頭』考―勤仕の性格と問題情況―」(『真宗研究』第二六号、一九八二年。後『蓮如大系』第三巻に転載)。
(21) 草野顕之「戦国期本願寺教団における年中行事の意味」(『大谷学報』第六七巻第一号、一九八七年。後『蓮如大系』第三巻に転載。後『戦国期本願寺教団史の研究』法藏館、二〇〇四年に転載)。
(22) 『金森日記秡』によれば「蓮如上人御中陰御斎ノ次第、汁二・菜五・菓子五」とあり、蓮如期にも斎が仕立てられている(『真宗史料集成』第二巻、七〇五頁)。
(23) 庄司暁憲「『相伝義書』の系譜(前篇)―親鸞・蓮如から五ケ寺へ―」(『同朋学園佛教文化研究所紀要』第七・八合併号、一九八六年)。相伝においては、「広本」とは『教行信証』を指し、「略本」とは『浄土文類聚鈔』を指す。
(24) 『教化研究』第九四号(真宗大谷派教学研究所、一九八七年)、特集「相伝義書の研究」。
(25) 『蓮如上人仰条々』九三に、慶聞坊龍玄が若年の頃、大谷にて蓮如上人より聖教を大略伝授され、永正十三年に実悟や実従に本書(『教行信証』)を伝授したという記事が見られる(『真宗史料集成』第二巻、四八七頁)。
(26) 註(24)一四九頁、写真版。
(27) 六年三月二日条「一、照蓮寺よミ候本疏、自今日左衛門督ニ習候、御堂うしろの座敷にて也」、二十一年一月十五

日「一、本書読度之由宮内卿（順）望之条、得其意也」、同二十二日条「一、本書拝読事、四五ケ日以前望候間、免之衆、明覚寺・光徳寺・性誓・了誓・光永寺・端坊、是ハ五ケ年以前より申之、此六人也、一昨夕読候者□皆遂候哉之由尋之処、昨日経、選択、四帖書、浄土論、仮名聖教読たる之由□（候）也」。

(28)　註(23)庄司論文。

(29)　註(1)に同じ。

(30)　久田宗也「如心斎のころ」（『茶道雑誌』第五二巻第一〇号、一九八八年）。これについては、本書第Ⅰ編補論「「御文」本流布の実態」でもふれた。

(31)　『安永勘進』（『真宗史料集成』第九巻、同朋舎、一九七六年、七七一頁）。

(32)　御印書は永禄から天正期にかけては、懇志請取状がこれにあたるが、東西分派以降慶長期には、本仏許可の御印書が見られる（拙稿「教如の木仏下付について」『同朋学園佛教文化研究所紀要』第一二号、一九九〇年）。

(33)　註(3)拙稿。

(34)　近・現代の存在形態についてはさらに多角的に論ぜられるべきであるが、本願寺派では現在も門主法名に「如」字を使い、実名は「光」字を継承する。そして何より「御消息」を発布する権能を有しており、教法の相伝・宣布が行われている。一方、大谷派の場合においては近年、五箇寺の廃止、門主（首）実名の「光」字廃止と一字分与の廃止、法名授与権の末寺住職への開放（ただこの場合でも法名状は門首法名署名）などがなされている。

第二章　戦国期門主とその一族――装束に見る――

第一節　教行寺実誓影像と装束

一、実誓影像

蓮如以降、本願寺教団の拡大とともにその下付物も急増するが、その大半は絵像本尊や親鸞御影・蓮如寿像である。これらについては第Ⅲ編第一章で考察するが(1)、ここでは比較的少ない人物像、わけても蓮如の一族の事例を手掛かりに装束や身分について考察を進めてみる。その人物とは、蓮如の孫に当たる教行寺実誓でこの影像を手掛かりに、その紹介をかねて蓮如期以降の本願寺一族の影像の特徴の二、三の問題について少しく論じてみたい。

まずここに提示した影像は、蓮如八男教行寺蓮芸の息男実誓像（図版1）で、元来摂津富田《とんだ》教行寺に伝来したものであろうが、近年、流転の末奈良県箸尾《はしお》教行寺蔵となった。その概要は次のようである。

絹本著色、タテ八四・五センチメートル・ヨコ三六・七センチメートル。上畳に左向きに座し、茶系の鶴丸紋の入った僧綱襟《そうごうえり》の紋衣《もんえ》に、白色のやはり鶴丸紋入りの袈裟（五条袈裟に似る）を着す。ただ、両膝に開口は見られず襞で足元が隠れている。讃文は「憶念弥陀仏本願　自然即時入必定　唯能常称如来号　応報大悲弘誓恩」の『正信

図版１　教行寺実誓影像と同裏書（奈良県教行寺蔵）

偈』の四句を引く。銘は「釈実誓」でこれらは顕如の筆と見てよい。

　裏書（タテ五三・六センチメートル・ヨコ二八・二センチメートル）は次のようである。

（押紙）本願寺釈証如（花押）
釈顕如（花押）
天正七年己卯二月二日
実誓真影
願主釈証誓

　本影像は概ね二つの大きな特徴を有する。それは、まず表画が本願寺一族の一家衆の一人であり、装束がこの時期の通常のものに比べ貴族的な特徴を有すること。そして裏書は門主の署名が連名となっている点が注目される。時期的には天正七年（一五七九）と蓮如期より一世紀の隔りがあるが、この実誓影像を例に蓮如期の影像類統一の理念との差異を検証することにより、この点から蓮如教団の変容を考察することもできる。

まず表画の特徴は、上畳に左向きに座し、右手に檜扇《ひおうぎ》、左手に念珠を一重に握る。装束は先に記した通り通例の黒系衣ではなく僧綱襟を立てた権威的装束となっている。

次に裏書に着目してみると、いくつかの特徴を見出すことができる。まず通例、願主の在所が本末関係とともに見られるのが一般的であるが、この場合は願主名のみである。おそらく一族において、嗣子が父の影像の願主になっているということで、これらが略されたものと考えられる。たとえば、実孝影像（天文二十二年一月二十九日、奈良県吉野本善寺蔵）も嗣子証祐の願主名が見られるばかりであるのと同様である。

他方、門主署判の右側に前住証如の木版の紙片を添付している。これについては、『実如上人闍維《じゃい》中陰録』に「愚拙未夕御寿像不申間、望申候処御免候、難有存候キ、其後皆々被申人数多候、御裏書ハ一々ニアソハシカタク候之間、御法名御判斗一ツアソハシ候テ、板木ニ開キ所々ヨリ被申候開山ノ御寿像等ニ押サセラレ候(2)」とある。実如の最晩年、愚拙（実従）が寿像を求めたところ免ぜられ、その後多数が申し入れたため、法名・花押を開版し開山像などの裏書に押されたという。ただ、この記事にあるような遺品は見かけないが、「御文」本には木版の署名が添付されるものが散見される。

ところが、証如期になると、天文六・七年（一五三七・三八）頃より前住実如影像をはじめとして、証如署名の右側に実如の木版署名が添付されるようになる。たとえば、実如影像では美濃国安養寺宛（天文七年四月十日、郡上市八幡安養寺蔵）、紀伊国黒江宛（天文十三年六月二十五日、和歌山市鷺森別院蔵）、親鸞御影では美濃国性顕寺宛（天文十九年閏五月六日、岐阜県神戸《ごうど》町性顕寺蔵）、蓮如影像では美濃国安養寺宛（天文七年四月十日、同寺蔵）などを挙げることができる。

そして、実誓影像には上記同様、前宗主たる証如の木版署名が添付される。顕如期のもので証如木版署名が見られる例は、管見では今のところ他の例を知らないが、少なくともこれにより、二世代にわたって、いわば宗主連名で下付される場合のあることを指摘できる。

このことにどのような意味があるのか明確にしえないが、実如晩年の多数応需のためになされたこととは少し意味が違うように思われる。全体の一部だけがこうした形態になっていることより、やはり被授与者（願主）が希望することによりなされたと考えられ、前門主も本願寺において生き続ける存在として、御判《ごはん》を据える行為も、引き続きなされたと考えられる。この点については後考を俟ちたい。

二、教行寺実誓

では次に教行寺実誓の、その教団的位置について見ておかねばならない。

実誓は蓮如第二十子蓮芸（母宗如）の息男で、文亀三年（一五〇三）に誕生、永禄六年（一五六三）に五十八歳で没する。父蓮芸は蓮如八男で蓮如子息主要五人に入っていないが、これは蓮如七十歳のときの誕生であるためであり、蓮芸が入寺していく富田坊《とんだ》（後、教行寺）は蓮如の畿内教団形成における最重要処点であった。まず富田坊・蓮芸への下付物を列挙してみる。

親鸞聖人御影（連座）　文明八年十月二十九日（以前）「摂州嶋上郡富田常住物也」（これは紀州清水了賢の本尊となる。現在和歌山市鷺森別院蔵）

源空上人御影　長享二年六月十八日「摂州嶋上郡冨田」（東本願寺旧蔵）

墨書九字名号　明応六年五月下旬「願主釈蓮芸」[3]（現在所在不明、愛知県蟹江町盛泉寺旧蔵）
方便法身尊像　明応七年□三日「摂州嶋上郡冨田　願主釈蓮芸」（現在滋賀県東浅井郡称名寺蔵）[4]
親鸞聖人絵伝　明応七年一月二十八日「摂州嶋上郡冨田常住物也」[5]（現在和歌山市妙慶寺蔵）

またこれらの下付物に加え、蓮如が三河願照寺伝来の安城御影を借り受け、二幅の写本を制作し「一本ハ山科ノ貴坊ニ御安置、一幅ハ冨田教行寺ニヲカセラレ侍ル」[6]という。すなわち本願寺とともに冨田坊に「安城御影」が付属されたのである。先の開山御影（連座像）を、紀州了賢のもとへ移動したことと関連するものと考えられるが、いずれにしても、多くの下付物などより冨田坊教行寺は蓮如期にすでに重要な位置付けがなされ、墨書九字名号や方便法身尊像が下付された時期に蓮芸が入寺したもののようである。

こうした流れのなかに蓮芸息男の実誓兼詮を見てゆく必要があるが、青木忠夫氏により顕如筆にかかる永禄期の報恩講の巡讃の記録が紹介される。[7]これによると、『天文日記』（天文十二年〈一五四三〉十一月二十八日条）と永禄二年（一五五九）の座配の比較が提示される。前者は首席兼誉（蓮淳）、次席兼智（実従）、三席兼詮（実誓）、四席兼珍（光善寺実順）、五席教清（慈敬寺実誓）、後者は首席兼智、次席兼詮、三席兼順（光教寺顕誓）、四席教清、五席純恵（常楽寺証賢）、六席珍充（光善寺実玄）である。両者は十六年の開きがあるが、蓮如息男の蓮淳や実従に次いで、実誓は孫においては最上席ということになる。

『天文日記』『私心記』天文二十一年（一五五二）四月二十八日条には、実誓息男の得度の記事が見られる。宗主証如はじめ、実従・土呂殿（実円）・堅田殿（実誓）・宮内卿（証珍）・少将（証専）らが出て、その後の披露も「大方殿御出候、外モ皆参候也」と大方殿慶寿院も出座し、大変丁寧に行われている。これらからも、教行寺の教団的立場が極めて高いものであったことが知られる。

ここで、現存する蓮如を中心とする本願寺一族の影像類を見てみると、管見では次のようである。

長男順如影像（文明十五年五月二十九日　墨袈裟黒衣・西本願寺蔵）
次男蓮乗影像（永正十二年三月二十八日　墨袈裟黒衣・金沢市本泉寺蔵）
四男蓮誓影像（大永元年十月十日　墨袈裟黒衣・富山県勝興寺蔵）
五男実如影像（大永四年五月十九日　墨袈裟黒衣・大阪市定専坊蔵、門主であるが寿像は僅少）
六男蓮淳影像（裏無・五条袈裟紋色衣・大阪市慧光寺蔵、本像は後世作とも考えられる）
十二女蓮周影像（裏無・金沢市善福寺蔵、ほぼ寿像と考えられる）
九男実賢影像（大永三年十月四日　墨袈裟黒衣・滋賀県即得寺蔵）(8)
十男実悟影像（裏無・五条紋袈裟紋色衣・門真市願得寺蔵、ほぼ寿像と考えられる）
十二男実孝影像（天文二十二年閏正月二十九日　墨袈裟黒衣・吉野本善寺蔵）

数多い蓮如の子息のうち、寿像や没直後の影像は上記のようであり、失われたものか、もともと存在しなかったものか、その数は決して多くはない。さらに蓮如の息男の子息となると、本願寺下付のものは本件の他に例を知らない。これまた、この時期ではいまだ下付数が僅少であると考えられ、本影像の存在は実誓の教団内の位置の高さを示しているものといえよう。一般的には、没直後に下付を受け忌日法要の崇敬の対象になるのが、近世から現代までの通例である。しかしこの場合、天正七年（一五七九）と没後十七回忌の年に当たる。

たとえば、蓮如期の門弟像の如光影像や法円影像は命日の日付であり、没直後の下付と考えられる。むしろこの方が特例なのであろうか。教団体制が整備されるに従い、門弟はもちろん一家衆の影像類の下付が制限された可能性もある。後考を俟ちたい。

三、装束（法衣・袈裟）

次に、本影像の特徴の一つである僧綱襟を着けた装束に関して、他の事例を参照しつつこの点について少しく検討してみたい。

ところで従来の真宗史研究において、装束の研究はほとんどなされておらず(9)、影像の着衣や袈裟の名称も時代変化もあり特定されていない。ここでは、現在の名称をもってそれに当てることを断っておきたい。

まず、蓮如は衣については「衣の色はうす墨にて、可《か》〔加〕古《こ》の教信の意巧を本と御まなひにて候と也、開山聖人の仰にて、蓮如上人の御時実如上人の御時までも、うす墨にて侍りし(10)」ということであったが、一家衆は対外的考慮により黒衣を所持していた。やがて末々まで所持したという。あるいは「仰ニ、衣墨クロニスル事然ルヘカラス、衣ハ子《ネ》スミ色ナリ、凡夫ニテ在家ノ一宗興行ナレハ、イツク迄モ上下共ニタフトケセヌナリ(11)」など、蓮如は徹底して黒衣を嫌い、開山親鸞が尊崇した加古教信沙弥の意巧を手本とし、うす墨（ネスミ色）の衣を唯一の着衣とした。

ただ蓮如の寿像を見ると、黒衣と薄墨の差異は不明瞭で、ねずみ色のようには見えない。これは実如・証如以降も基本的に踏襲されるが、少なくともこれが薄墨なのであろう。

ところが、西本願寺伝来の山科八幅御影の蓮如影像は檜扇を持ち、黒色系無地の衣に僧綱襟、白無地五条系袈裟を着用する。従来これらは旧来のものも含めて蓮如が誂えたものといわれるが、蓮如影像は寿像というより、実如から証如期の制作のようである。そして実如の影像では天文六年（一五三七）長島願証寺宛のもの(12)は、無地の衣に僧綱襟、無地五条系袈裟を着用する。また天文十三年紀州黒江宛のもの(13)は鶴丸紋の五条袈裟、同様に広島県三次《みよし》市

照林坊蔵のものも、天文十六年証如の下付と知られるもので、鶴丸紋の衣に鶴丸紋の五条袈裟を着用する。(14)

このように、実如期に本寺の前住上人影像の衣が僧綱襟の衣に五条袈裟（檜扇所持）着用となり、末寺では証如期の実如影像（前住）に同趣のものや鶴丸紋入りのものが見られるようになる。

証如は摂関家たる九条尚経の猶子となり、天文十八年に権僧正に叙任されるなど、一段と社会的地位が上昇する。前住上人像の着衣が権威化するのも、こうした動きと連動するものであろう。ただ証如影像の場合、寿像や顕如下付の前住像には、僧綱襟のものはほとんど見られないようである。このことは、単に社会的上昇が衣服に反映するのではなく、蓮如の精神が重んじられ、あくまで権威的着衣は特例であり、被下付者も選ばれた存在であることを思わせる。

さらに顕如影像について見ると、寿像は管見では今のところ見出していないが、前住像の権威的着服の例で、文禄二年（一五九三）貝塚願泉寺宛(15)、同三年溝杭《みぞくい》仏照寺宛(16)（以上二点教如下付）、同四年紀州鷺森宛(17)（准如下付）は、いずれも八藤紋衣（僧綱襟）に同紋五条袈裟を着用する。このように顕如期以降、前住上人の袈裟・衣に八藤紋が使用されるようになり、大谷派では近現代まで踏襲される。西派でも連枝紋として使用されている。

また、衣の色についても詳細に分類せねばならないが、史料的制約と、画像の色調も不明瞭であるため、今はふれずにおきたい。だが、少なくとも影像類を概観すると、蓮如以降東西分派期までに、ほぼ次のような段階的差異を見ることができよう。薄墨（黒系袈裟＝現墨袈裟・黒系衣）――黒系無地衣（僧綱襟）・白系無地袈裟（五条系）――無地衣（僧綱襟）・紋五条袈裟（鶴丸紋）――紋衣（鶴丸紋）・紋五条袈裟（鶴丸紋）――紋衣（八藤紋）・紋五条袈裟（八藤紋）。

柏原市光徳寺に、次のような裏書を有する本願寺歴代連座像を蔵する（図版2）。まず裏書は次の如くである。

本願寺代々次第
釈顕如（花押）
天正三年乙亥三月十九日　書之
摂州東成郡
生玉庄大坂
願主釈乗賢

分派以前のものとしては他に例を知らないが、分派以降近世においては、御坊寺院などに双幅の形で下付されるのが通例となる。この段階では単幅で十名が収められている。ただ銘もなく顔も似ていないため人物の特定に躊躇するが、一人目（左上）が帽子《もうす》着用、七人目（左上より四段目）が蓮如を思わせる容貌であることより、親鸞ではなく如信から十一代顕如までが描かれていると考えられる。
とすると、蓮如までが無地の僧綱襟の衣に白系五条系袈裟に檜扇であり、実如は鶴丸紋衣に同紋五条袈裟に檜扇、証如・顕如が八藤紋衣に同紋五条袈裟に檜扇所持というものである。

これにより天正期の本願寺が認識した装束は、蓮如までは紋衣着用はなく、実如段階で鶴丸紋、証如以降八藤紋の袈裟衣を用いている[18]ことが知られる。紋衣については、下付された前住上人影像とほぼ一致しているが、覚如以降も僧綱襟であるのは、後述するように、覚如以来「法印権大僧都」であることによると考えられる。このように総体的に権威的装束になっているのは、この歴代像の下付年次が永禄二年の門跡成以後であることより、分派以前の本願寺の貴族化の最高潮の様相を示すものといえよう。

このように、寿像を除く、次代の門主が下付する前住上人影像や歴代影像の場合、証如の段階で装束の貴族化が

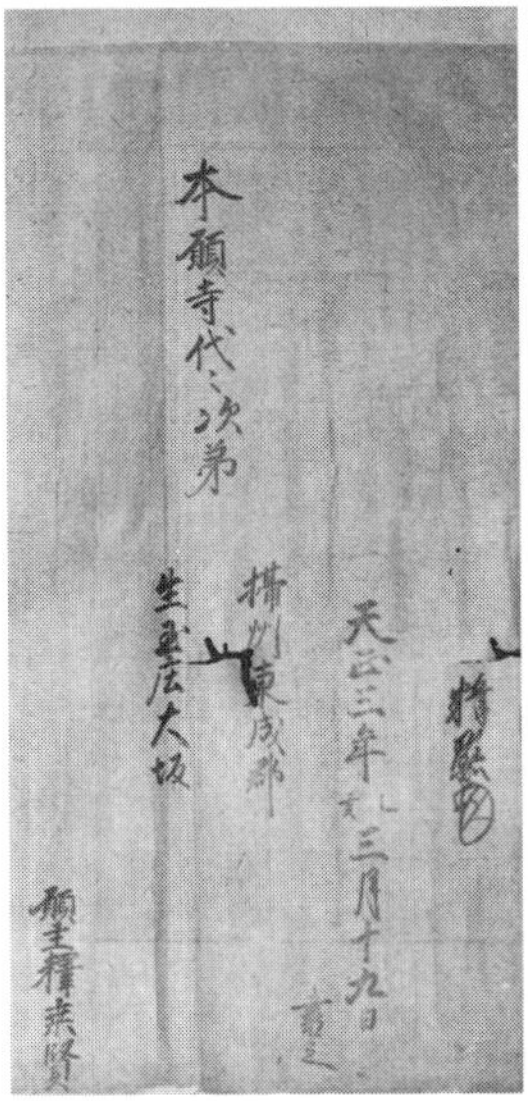

図版2　本願寺歴代連座像と同裏書（柏原市光徳寺蔵）

見られることが指摘できる。そして紋も実如像で鶴丸紋、証如像ないし顕如像以降は八藤紋となる。こうした流れのなかであらためて実誓影像に注目してみると、鶴丸紋衣着用であり、顕如段階（あるいは証如期からか）では一家衆に許されたようである。願得寺蔵の実悟影像も鶴丸紋衣であり、この時期こうした装束（衣・袈裟共に鶴丸紋入り）は門主に次ぐ高位のものであることが知られる。

他方、岡崎市西派本宗寺に伝える蓮如上人影像（図版3）は、裏書を欠くが讃文の筆致より顕如下付と考えられる。これは黒系の僧綱襟無地衣に白の五条系袈裟を着用し檜扇を持つ、山科八幅御影像のうちの蓮如影像の写しのようである。ただ面貌は全く似ておらず、強面の権威的な印象を受けるものである[19]。門末に下付されるこの時期の蓮如影像としては違例のものであり、本宗寺に下付されたものとすれば、門跡成以後、蓮如影像においてもこうした権威的装束のものが、院家寺院などに下付されたことを知りうる。

図版3　蓮如上人影像（岡崎市本宗寺蔵）

ところで、この時期の装束について『今古独語』に若干の記事を見ることができる[20]。すなわち、永禄二年（一五五九）門跡成後、同四年親鸞三百回忌や直後の報恩講の装束が記され、多分に権威化した形態に変様することが知られる。ここに見られる装束を挙げれば次のようである。

親鸞三百回忌（永禄四年）
行道衆　法服・金襴衲袈裟・横被裳・水精七襲束

数球
坊主衆　裳付衣・白袈裟
坊官衆　右同
永禄八年報恩講
太夜（一家衆）・日中　素絹・綾袈裟・絹袴
朝勤　直綴・絹袈裟・絹袴
御堂衆日中・太夜　裳付衣・白袈裟
永禄九年証如十三回忌
日中　素絹・綾袈裟・絹袴
太夜　直綴・絹袈裟
（一家衆カ）
同年報恩講
内陣衆　太夜・日中
素絹・織物袈裟・絹袴
一家衆　太夜　直綴・絹袈裟
日中　裳付衣・綾袈裟
御堂衆　太夜　直綴・白袈裟
日中　裳付衣・白袈裟

これらから、衣では「法服《ほうぶく》」「素絹《そけん》」「裳付衣《もつけごろも》」「直綴《じきとつ》」などの名称が見られる。また袈裟では「衲袈裟《のうげさ》」「横被裳《おうひも》」「綾袈裟」「絹袈裟」「白袈裟」、他に「布袈裟」も見られる。

衣については、現在あるいは近年まで、真宗大谷派でも使用される名称であり、ほぼ推定できる。影像類に見られるものが、そのどれにあたるかなどの点については、ここでは名称を挙げるにとどめて、次章であらためて考察してみたい。

袈裟については、現在ではこれらの名称を使用しないためあまり具体的ではないが、たとえば、大阪市慧光寺には「織物袈裟」として「東六条角六つ藤」紋の五条袈裟を伝える（伝蓮如着用）。また柏原市光徳寺には「絹袈裟」として無地の絹地の五条袈裟を伝える[21]（伝蓮如着用）が、これらは図録制作者が呼称したものと思われるものの、大いに参考にすべきものである。ただ蓮如がその使用を強調する薄墨衣と対となる、親鸞以来影像類の基本となっている黒系袈裟（真宗大谷派では墨袈裟と呼称）がいずれにあたるのかは、依然明確とならない。

しかし、これらから、例外はあるものの、ほぼ次のような衣と袈裟の組み合わせが考えられる。

法(袍)服 ― 金襴衲袈裟・横被裳（七条袈裟）
素絹　　　　織物袈裟（五条袈裟）
裳付　　　　綾袈裟（同右）
直綴　　　　白袈裟（同右）
　　　　　　絹袈裟（五条袈裟？・墨袈裟？）

いずれにしても、蓮如期から東西分派期にかけての一世紀の間に本願寺の装束は大きく変化し、多様になったことは誤りない。

第二節　門主と一族の社会的身分

このように、門跡成あたりまでの戦国期の影像の装束について特に注目したが、実誓影像も含め、これら僧綱襟を立てた紋衣《もんえ》の形態は、「裘帯《きゆうたい》」と称する装束と見られる。ただ、永禄九年（一五六六）までの記録にはその名を見ない。そして、顕如は永禄十一年（一五六八）八月二十四日に公家装束の専門職である高倉家に対し、「次裘帯と申事当町〔時カ〕諸門跡御不堪之由候、貴辺には可有御分別歟之趣承候、様体具注給候はゞ、尤可為本懐候」[22]と、裘帯に対しての詳細な情報を求めている。門跡としてこの着用について気に掛けている様子がうかがえる。

もともとこういった装束は、法要儀式用ではなく参内用と思われ、対外的な格式標示のものと見られる。しかし、すでに証如期に下付された実如真影の一部には（郡上安養寺・紀州黒江・堅田実誓宛など）、鶴丸紋の裘帯を着用しており、影像の上では証如がすでに採用していたと見てよい。

こうした背景にあって、顕如はあらためて裘帯について専門家の意見を乞い、さらに影像に反映させたと考えられる。山科八幅影像や天正三年（一五七五）の本願寺代々次第の連座像において、蓮如までの無紋と実如以降の有紋の差異が、禁裏との関わりの様相の結果であると見れば、一定の理由は成り立つ。すなわち、蓮如までは本願寺が勅願寺との認識があったにしても、実如により大永元年（一五二一）三月、後柏原天皇の即位の資を献じたり、香衣を授けられたとも伝え、少なくとも禁裏との交渉はさらに具体的となったとみてよい。

しかし、ここで取りあげる実誓影像は膝元が両側開口しておらず裘帯よりむしろ鈍色《どんじき》のように描かれている。また、門主真影より襞が形式化しておらず自然に描かれる。ただし鈍色であれば無紋なのでこれも裘帯なのであろう。

この時期蓮如の孫などの権威的影像は他例を見ないが、やはり門主より一段下げた鈍色様の装束を描き、影像の描法を模索していた可能性がある。そして第三章で紹介検討するように、東西分派後もしばらくは末寺大坊主にも同様に袈帯を着用した影像が下付されるようになる。こうして、顕如の門跡成以降本願寺においては、門主以下試行模索しながら、この袈帯着用の影像を権威の象徴として普及させたといえる。

そこで先にも少し触れたが、影像類の装束とのかかわりのなかで、今一度門主一族の身分について考えてみたい。親鸞と蓮如の基本姿勢たる薄墨衣は、基本的には本願寺門主において、近世・近代まで踏襲される。しかし一般に近世以降は、被下付者の身分や冥加金などの条件により着衣に差がつけられ、一般末寺においても門主の権威的影像である「袈帯御影」や「職掌御影」が下付されるようになる。これらについても次章でさらに検討を加えることにする。

庶民仏教たる真宗教団も、覚如の本願寺建立以後、顕密仏教の機能に属する動きが見られるようになる。すなわち、勅願寺化をはじめ僧位僧官の取得、そして公家・武家社会との猶子猶父関係である。本願寺歴代の場合、『日野一流系図』や『尊卑分派』によりそれらを見てみると次のようである。

覚恵　法印
覚如　法印権大僧都（猶父勘解由小路兼仲）
善如　法印権大僧都（同　日野俊光）
綽如　法印権大僧都（同　日野時光）
巧如　法印権大僧都（同　裏松資康）

存如　法印権大僧都（同　広橋兼宣）
蓮如　法印権大僧都（同　広橋兼郷）
実如　法印権大僧都（同　日野勝光）
証如　権僧正　　　（同　九条尚経）
顕如　僧正　　　　（同　九条稙通）(23)

さらに、蓮如の子息をはじめとする本願寺一族についても、系図で確認できるものを列挙しておきたい。

順如　法印権大僧都（猶父日野勝光）
蓮綱　法印権大僧都（同　勧修寺教秀）
蓮誓　法印権大僧都
蓮淳　法印権少僧都
　息実淳　法印権少僧都
蓮悟　法印権大僧都
蓮芸　権律師
　息実誓　法印権大僧都
実賢　権律師
　息実誓　権大僧都

実悟　権少僧都・著香衣（同　飛鳥井雅康）
実順　権律師
実孝　法印権大僧都
実従　権律師
　息証珍　権律師

これらによれば、まず門主は覚如以来、蓮如・実如まで代々法印権大僧都の僧位僧官を取得してきた。これは小笠原隆一氏の指摘の通り、山門僧侶として青蓮院との師資関係の立場が重視されていることは当然のことであろう。また本願寺の寺としての権威化も、『日野一流系図』によれば亀山院以来代々勅願所、将軍等持院（尊氏）以来祈願所であるという。前者は系図に代々記され、実如の後柏原院勅願寺まで見られる。

蓮如の子息も法印権大僧都は実如以外、順如・蓮綱・蓮誓・蓮悟・実孝に見られる。法印権少僧都が蓮淳、権少僧都が実悟、権律師が蓮芸・実賢・実順・実従であり、兄弟間の格差が大きい。また後の子供の方が低位の傾向もある。さらにこれらの子息の場合、右に記さないものもあるが系図で確認できるもので見る限り、蓮綱息蓮慶が権律師、実如息円如が権少僧都・同実円が法印権大僧都、蓮淳息実淳が法印権少僧都、蓮芸息実誓が法印権大僧郡、実賢息実誓が権大僧都、実従息証珍が権律師などが確認できる。

系図の記載が必ずしも正確であるとは限らないが、これらで見る限り、蓮如以降、門主以外の一族も法印権大僧都が最高位で、本宗寺実円と教行寺実誓の二人である。先に見たように、実円は実如期の実質唯一人の連枝であり、この点からも実誓の位置が高いことがうかがわれる。(24)

またこの他、蓮如の子息らの内室は公卿の出身者も多く、本願寺一族は血縁の上からも、ときに名流公家の流れのなかに存在するようになることが系図の上からも知られる。この点については木越祐馨氏の考察にも注目すべき指摘がなされており(25)、本願寺教団の社会的地位の上昇を考えるとき、見逃がしえない点である。

このように蓮如の孫教行寺実誓影像を手掛かりに、この時期の影像類に見られる装束に着目し、その背景となる社会的・仏教教団的地位を概観しつつ蓮如以降の本願寺の権威化の過程をほぼ検出することができた。大要は従来より認識されていた事柄ではあるが、あらためて絵画史料として影像類に当たるとき、従来あまり具体的に論じられなかった点などを若干指摘できたと考える。これらを今一度取りまとめ、今後さらに細密な調査と考察のもとに留意すべき点を挙げておきたい。

まず、蓮如により礼拝物とともに装束も脱天台がはかられ、親鸞の市井の念仏者の精神に立ち戻り真宗の立場が明確化された。すなわち薄墨の遁世僧の姿を基本としたが、第Ⅲ編第一章でもさらに考察するが、その薄墨衣の親鸞を礼盤と繧繝縁《うんげんべり》の上畳に着座させたものを一般化したのは蓮如であった。このことは、本願寺「開山像」として内外に標榜して、親鸞像を権威化させる効果を有したといえる。これが証如期まで下ると、門末安置の前住（実如）像のなかに僧綱襟や紋衣（鶴丸紋）などの権威化した装束を着用させる動きが見られるようになる。

さらに顕如の段階になり、本願寺の門跡成の動きと呼応して教如・准如は八藤紋の紋衣・紋袈裟装束の前住顕如影像を下付する。そして顕如期には実悟・実誓影像のように、一族にも「紋」着用の影像が現出する。鶴丸紋は日野流、藤紋は藤原流由来を示し、猶父も証如は日野家から九条摂関家となり最上位にランクアップしたといえる。これにより、教団内の使用紋も二様となり格差が生ずることとなった。

この場合、紋の使用は「家」の表現とともに門閥化・貴族化の表れといえるが、蓮如・実如期には影像上はそれを見出しえない。しかし、証如・顕如期以降は門主のみならず一家衆などの一族にもそれが見られるようになる。これは蓮如が親鸞を権威化したことに対し、歴代門主を権威化していくことへの変貌と考えられる。すなわち、門主自らの貴族化が影像の上に明確に投影されることになる。さらにこうした傾向は、近世には末寺住職似影にも及ぶため、次章にてさらに検討を加えていきたい。

また蓮如の場合、「法印権大僧都兼寿大和尚位」と自記した紙牌《しはい》風のものがいくつか伝存しており、これは、すでに蓮如自身においても、権威化思考が内在したことを示していると考えてよいであろう。ただ、自己の寿像は黒衣・墨袈裟の親鸞と同様の遁世僧の姿である。

さらに、門主の社会的地位が上昇し、教団が拡大しても、親鸞影像の装束そのものは変化させずに現在に至ることは注目すべきである。ここに、蓮如の目指した「浄土真宗」の姿とそれを継承する精神が凝縮されるようである。

註

（1）拙稿「本尊・影像論」（『講座蓮如』第二巻、平凡社、一九九七年、所収）。本書第Ⅲ編第一章に転載した。
（2）『真宗史料集成』第二巻（同朋舎、一九七八年）七六四頁。
（3）拙稿「失われた蓮如筆名号について」（『蓮如上人研究会会誌』第二号、一九九〇年）。
（4）小島恵昭「新出の蓮如下付方便法身尊像二点をめぐって」（『本願寺史料研究所報』第一八号、一九九六年）。
（5）織田顕信「慶長末年以前在銘「親鸞聖人絵伝」目録稿」（『同朋学園佛教文化研究所紀要』第一〇号、一九八九年）。
（6）『反故裏書』（『真宗史料集成』第二巻、七四三頁）。
（7）青木忠夫「戦国期本願寺報恩講の「改悔」に関する一考察」（『佛教史学研究』第三七巻第一号、一九九四年。後

『本願寺教団の展開―戦国期から近世へ―』法藏館、二〇〇三年に転載）。

（8）滋賀県黒谷慈敬寺（西派）に蓮如九男実賢「自画」像が存するが、本願寺より下付されたものではないようである。

（9）松岡（現山口）昭彦研究会発表レジュメ「本願寺と家紋―衣体制度との関係を中心に―」（一九九六年）の他に知らない。二〇〇四年十一月北陸真宗史研究会において、この問題がテーマとなった。

（10）『山科御坊事幷其時代事』（『真宗史料集成』第二巻、五四五頁）。

（11）『第八祖御物語空善聞書』（『真宗史料集成』第二巻、四三三頁）。

（12）滋賀県日野町願証寺蔵。

（13）和歌山市鷺森別院蔵。

（14）蓮淳開創の堅田坊舎に下されたもので、裏書は以下のようである「実如上人真影／釈証如（花押）／天文十六年丁未四月十六日／江州志賀郡／堅田新在家／願主釈実誓」。

（15）貝塚市願泉寺蔵。

（16）名古屋市聖徳寺蔵。

（17）和歌山市鷺森別院蔵。

（18）証如より八藤紋着用であることが知られるが、証如自身がこの形を採用したかどうかは不明瞭である。

（19）先に紹介した天文六年三月二十日長島願証寺宛の実如影像も強面である。

（20）『真宗史料集成』第二巻、七二二頁。

（21）いずれも図録『蓮如と大阪』（一九八六年）に写真が掲載される。

（22）『顕如上人文案』（『真宗史料集成』第三巻、同朋舎、一九七九年、一一四二頁）。同じく庭田殿にも打診している（『同』〈『真宗史料集成』第三巻、一一四三頁〉）。

（23）小笠原隆一「中世後期の僧位僧官に関する覚書」（『寺院史研究』第四号、一九九四年）も参照した。

(24)　天文二十二年八月に勝興寺玄宗と光善寺実玄が大僧都になっているが、官位については不明である（註(23)論文、『私心記』天文二十二年八月七・八日条）。

(25)　木越祐馨「戦国期記録編年をめぐる若干の問題」（『大系真宗史料』文書記録編5「戦国記録編年」解説、法藏館、二〇一四年）に本願寺一族と公家社会との交流について論じ、系図も提示している。

補記

紋入り五条袈裟の場合、本願寺依用のものは影像類を見ると他宗と異なる点が見られる。すなわち、一般には紋が整列している（居並び）が、本願寺のものは紋が整列でない斜め配置（乱付）である。このため肩帯部分には紋が左右交互に半分だけ見えるという一見不自然なものとなる。これが本願寺五条袈裟の大きな特徴であるが、この意味は今のところ不分明であり、今後の課題としたい。なお、大谷派では現在もこれが踏襲されるが、本願寺派（西派）は居並びになっている。

第三章　近世「似影」に見る住職家の成立と格付

第一節　真影と似影

近時、僧形の面貌部分の白描下絵が貼り交ぜられた巻子が管見に入り、筆者架蔵となった。小紙片がほぼ二段で横並びに、総数約一九四点、うち女性九点を数える。明和三年（一七六六）から文化五年（一八〇八）前後のものであることが知られる（口絵5参照）。

これらのうち、一部に着彩されたものも見られるが大半は白描で、法名や寺号の記されるものもあり、似影《じえい》依頼者から東本願寺絵所に提出されたものであることが判明する。したがって本品は、東本願寺絵所か専属の絵師の手から流出したものと考えられる。

近世の似影については、本願寺歴代影像（真影）とともに当核寺院史の上で考慮される程度で、従来真宗史の上で問題にされたことは皆無であるといってよい。それは絵相のパターン化と、似影は裏書を付さないものが多く、美術史的にも史料的にもほとんど意義を見出せなかったからに他ならない。

そこで本章では、この巻子を仮に『似影下絵調巻』とし（以下『調巻』とする）、この『調巻』に見られる近世中期以降増加する似影に着目し、装束の形態や紋などに留意しつつ、近世本願寺教団の身分的特質について考察を進めてみたい。

『調巻』に出る面貌の多くは、何も記されていないため人物名等不詳であるが、一部にはかなり詳細に記されるものもある。たとえば、「勢州香取法泉寺　内陣衆　文化五年五月廿二日　面貇《（貌）》相定ル　月番安芸　右治定之方　歳齢五十九歳　顔□赤き方」とあり、身分や顔の特徴などが記されこの場合は少なくとも二枚提出しており、似た方が採用されたようである。

また通達院良秀（江戸本法寺）の場合は、「裸《（ママ）》頭御免　紋六ッ藤　江戸本法寺退職三州本法寺　明和九年辰月三月」とあり、親鸞の帽子《もうす》と同様の裹頭《かとう》を免ぜられ、紋の指示や隠居寺への転住なども記される。すなわち、似影によってその人の身分等が象徴されることを示唆している。

「似影」とは一般末寺住職の影像で、本山本願寺絵所で制作、下付されたものを指す。『調巻』のなかに「紋左リ二ッ巴　本證寺」「院家」とあるものがあり、三河本證寺十七代林松院慶誓であることが知られる[1]とともに、現に本證寺蔵の似影群の一本として伝来する。これには次のような裏書が記される。

本願寺釈達如（印）
文化七年庚午十月十一日
林松院影
参州碧海郡野寺
雲龍山

本證寺

表画は、白色の衣に記載通り左二ッ巴紋の五条袈裟を着用している。こうした似影が、本證寺には十代空誓（慶長十九年〈一六一四〉没）以降、先代まですべて揃っている（表2本證寺歴代似影）。

まず似影で最も問題となるのが装束であるが、前章にて戦国期の場合について概観したものの、史料的制約があり、名称や形状が今一つ明瞭とならなかった。

二〇〇四年十一月、北陸真宗史研究会において「本願寺の有職《ゆうそく》と服飾文化」をテーマに例会がもたれ、山口昭彦氏が近世の装束等について問題提起された。それによれば、本願寺の装束、特に衣は公家装束からの流れに在ることが指摘された[2]。

文献史料としては、『真宗故実伝来鈔』『安永勘進』（以上東派系）、『法流故実条々秘録』『考信録』（以上西派系）などに関係記事が見られ、いずれも『真宗史料集成』第九巻（同朋舎、一九七六年）に収載される。

また法衣を扱う場合、衣や袈裟の色も重要な要素となるが、色については時代とともに変化するなどさらに複雑であり、本章では門主影像（裏書では「真影」であるが、通例「御影」と称する）や、末寺住職の似影（裏書がある場合「影」と記される）の図容の変化に注目するものであり、色については最低限ふれるにとどめる。そして歴代門主の真影の場合、裘帯《きゆうたい》着用が「裘帯御影」、鈍色《どんじき》着用のものが「職掌《しよくしよう》 御影」、さらに黒衣墨袈裟着用のもの（常御影）と、基本的にはこの三様である[3]。しかし『稟承餘艸《ほんじようよそう》』[4]なる相伝書には、「当流根本ノ衣体ハ黒衣墨袈裟ナリ」と、あくまで他の装束は特例とする。

ただ現存する近世の門主影像を見ると、職掌御影が鈍色着用とは考え難い。多くの場合、膝の両側が開口となっており、袈帯の形態と同じで、これが無地となったもののように見え、末寺住職の似影の白鈍色とは形態が明らかに異なる。その点、山口昭彦氏も例示される西本願寺蔵の顕如上人影像は鈍色を着用している描法であるが、西本願寺教団では、良如影像までこれが踏襲されるようである。それ以後は不明瞭である。

東本願寺における職掌御影は管見では宣如を前住としたものから色衣《しきえ》のものが見られるが、『稟承餘艸』も「鈍色ノ影」とするが曖昧で、蓮如以前からの無地の袈帯形態を踏襲したものと考えられる。袈帯は、袈代とも袈袋とも記されるが、東派では「袈帯」を依用してきたので、本書も「袈帯」を用いることにする。

また似影については、後述するように近世前期（ほぼ一七〇〇年）以降は、基本的には白色の鈍色着用にほぼ定まるようである。

このように門主御影（真影）や末寺住職似影を考える上での問題点は、まずその装束（法衣）にあるが、それらの着用する法衣が、いかなる種類の装束であるかは、従来あまり気に掛けられることはなかった。戦国期本願寺の社会的地位の上昇とともに変化することはすでに前章で指摘したが、ここであらためて近世を中心に、影像に見られる装束の形態や名称を確認しておかねばならない。

第二節　法衣と身分

法衣についての研究は、井筒雅風《いづつがふう》氏の『法衣史』(5)があり、実物写真も多く掲載され、基本的にこれに依るところが多い。ただ影像類は座像であり、不明瞭な部分も多く残す。

もともと法衣は、僧侶における立場や身分を象徴しており、本願寺における歴代色装御影も変化を見る。『真宗故実伝来鈔』には、如信が「黒衣・白キ御衿巻（裸頭）」、覚如より蓮如までは「黒キキウタイ・白袈裟」で第二章でも見たように山科八幅御影の蓮如像もこのようである。そして実如より「木蘭色ノキウタイ」で、やがて緋色もあるとする。黒色無紋のものが裘帯といえるかどうかは山口昭彦氏も留意するところであるが、他の衣とも形態が異なるので、こう言われざるをえないと思われる。

まずその裘帯であるが、『法流故実条々秘録』に「実如上人以来ノ御代々御真影ノ御衣裳ハ裘袋《キウタイ》ト申物也、素絹ニ僧綱《ソウカウ》ノアルモノ也、家々ノ紋ヲ織付事本式也」とあり、素絹に僧綱襟を立てたものとする。そして、織紋・単仕立で丈が一等身半の長丈で、腰部左右が開口し裾が襞状（いわゆる裳か?）で、内に白綾の袙《あこめ》を下襲《がさね》とし、近世中期以降は門主のみが着用する最高格の法衣であった。これは公家装束の束帯に相当するものと考えられている(6)。

ただ、戦国期から近世前期にかけては、以下に見るように、一族や地方大坊住持の似影にも着用が見られることに留意すべきであろう。すなわち、分派後ほぼ百年間は地方大坊の住職も似影が示すように裘帯の着用が許されていたようであるが、法要での着用はなかったと考えられるため、この場合は画像上のみの可能性もある。そして、十八世紀に入ると似影が鈍色に統一されることからも、裘帯の着用は門主ないしその一族に限られることになったと考えられる。同時に一般末寺住職は、白鈍色・五条の定形の似影許可が余間昇進ならびに五条袈裟着用の許可と連動することを予想しておきたい。

次に素絹は裘帯と同様に長丈で、場合によってはさらに長く、裾が襞状で、やはり裘帯と同様腰部が開口する。単《ひとえ》仕立であるが、本来白色無地（無紋）で僧綱襟ではない。ただ丈が等身のものや白以外のものも存する(7)。

次に袍裳《ほうも》（法服）は、袍（袷《あわせ》仕立）と裳（単仕立）に分かれ、織紋絹で僧綱襟を立てる。腰から襞状となり、等身で裘帯や素絹とは形状が大きく異なるが、腰を帯（通例石帯《せきたい》だが、この場合当帯《あておび》）で結ぶのは同じである。

表1　門主真影と装束

真影名称	法衣名称	襟	形態	付属物・備考
裘帯御影	裘帯 （きゅうたい）	△	⬮	「素絹に僧綱」（単）紋織込 指貫・石帯・檜扇〈俗服…束帯　または　直衣〉
——	袍裳（法服）	△	⊝	袍（袷）裾（単）・織紋絹 表袴・当帯・檜扇〈七条着用で、俗服…束帯〉
職掌御影	鈍色 （どんじき）	△	⊖	袍（単）裳（単）平絹無紋（精好）、本来白 指貫・白下袴・檜扇　〈俗服…狩衣〉 職＝檜皮色の鈍色（この場合大僧正）
——	素絹	—	⬯	（単）本来無紋・無模様・本来白地（後に色あり） 指貫・白下袴・石帯・中啓　〈俗服…衣冠〉
色衣御影 （近世後期に見られる）	裳附 （もつけ）	—	⬯	（単）無地 指貫・石帯・中啓 色＝山吹・橙色系
常御影	黒裳附 〈墨袈裟着用〉	—	⬯	黒直綴に見えるが両膝脇開口 扇類なし

凡例：△…僧綱襟
⬯…非分離一体・⊖…分離、⬮…織紋・柄織、非分離、俗服対象は諸説あり。
⊝…織紋・柄織、分離

これに対し、鈍色も袍と裳に分かれ、帯も結ぶがこちらは上下共単仕立である。僧綱襟も立てるが、原則白無紋であることに特徴がある。近世中葉以降の似影はこの装束に統一されるが、両膝の左右に開口部分が見えないことからも、これが鈍色であることを示している。

以上のように三通りの真影と衣については、矛盾しつつもほぼその形状は明らかとなるが、前章で見た永禄期の親鸞三百回御遠忌や報恩講にも着用される裳附や直綴については、今一つ明らかとならない。この二点は現在も大谷派などでは専ら使用されており、その形状はほぼ把握できるものの、上記四点との連関や使い分けは不明瞭である。ただ註(7)のように素絹を「裳附衣」とも表記していることから、裳附や素絹の類の一般的名称とも考えられる。『私心記』や『今古独語』には、永禄二年（一五五九）の門跡成後の報恩講で、「素絹」と「裳付」の両者が見られる。なお「裳附」は、史料により「付」「附」

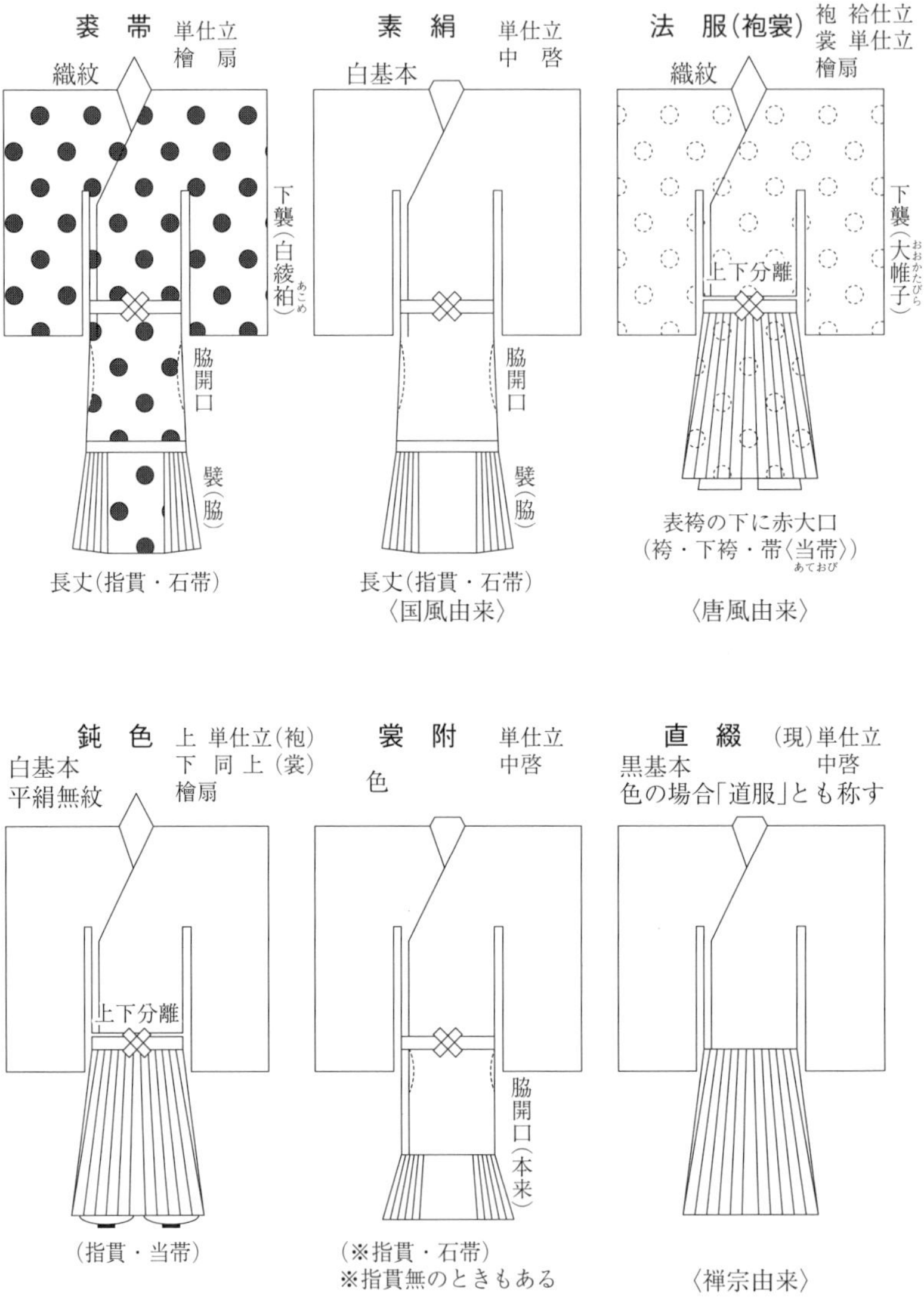

図１　法衣概念図（井筒雅風『法衣史』参照、山口昭彦氏ご教示により作成）

表2　本證寺歴代似影

			衣	（紋）	袈裟	（紋）	裏書
①	10代	空誓（1614没）	黒系裘帯	（鶴丸）	五条	（藤系カ）	無
②	11代	覚誓（1657没）	黒系裘帯	（鶴丸）	五条	（鶴丸）	無
③	12代	敬受（1664没）	黒系裘帯	（花鉄線？）	五条	（八藤）	無
④	13代	林松院信誓（1705没）	黒系裘帯	（鶴丸）	五条	（二ツ巴）〈自紋〉	無
⑤	14代	林松院敬誓（1730没）	白鈍色	（無）	五条	（二ツ巴）	無
⑥	15代	林松院圓誓（1745没）	白鈍色	（無）	五条	（二ツ巴）	従如裏（1745）
⑦	16代	林松院賢誓（1770没）	白鈍色	（無）	五条	（二ツ巴）	無
⑧	17代	林松院慶誓（1807没）	白鈍色	（無）	五条	（二ツ巴）	達如裏（1810）
⑨	18代	林松院達誓（1834没）	白鈍色	（無）	五条	（六藤）	厳如裏（1861）
⑩	19代	林松院達圓（1845没）	白鈍色	（無）	五条	（八藤）	厳如裏（1867）
⑪	20代	林松院達誉（1891没）	白鈍色	（無）	五条	（二ツ巴・六藤）	無
						以下略	

が両用されている。現在は「裳附」であり、本章では「裳附」と表記している。

装束としての衣は、下着類や袴類、扇などの持ち物も一体となったものであるが、井筒『法衣史』や山口氏の研究を参照しつつ、最小限を一覧にしたものが**表1**（門主真影と装束）であり、衣の形態を試論的に略図化した法衣概念図が**図1**である。

このように見るとき、本證寺歴代似影の場合、空誓①から四代は左右膝部分の開口が見られることより裘帯（黒鼠または黒緑系色・鶴丸紋、ただし敬受③は異例の花鉄線模様カ）で、五条袈裟は鶴丸紋や八藤紋、十三代信誓④からは自紋の左二ツ巴紋となる。そして次代敬誓⑤からは左右の膝部分の開口が見られず、白の鈍色ということになり、以後踏襲される。五条袈裟は自紋で踏襲されるが、幕末期の達誓⑨・達圓⑩・達誉⑪の三人は藤紋（自紋織り交ぜ）であり、これについては後述する（**表2**）。

表3　聖徳寺歴代似影

		衣	（紋）	袈裟	（紋）	裏書
14代	顕好 （1638没）	黒系素絹？		五条	（双鶴丸）	無
15代	覚成院賢澄 （1666没）	黒系裘帯	（鶴丸）	五条	（双鶴丸）	無
16代	柳洞院頼元 （1681没）	黒系裘帯	（鶴丸）	五条	（双鶴丸？）	無
17代	聞声院秀顕 （1680没）	黒系裘帯	（鶴丸）	五条	（牡丹様）	無
18代	境智院永元 （1716没）	白鈍色	（無）	五条	（牡丹様）	無
19代	久遠院顕栄 （1714没）	白鈍色	（無）	五条	（鶴丸）	無
20代	成善院顕儀 （1759没）	白鈍色	（無）	五条	（三階菱）〈自紋〉	無
21代	常行院顕曜 （1785没）	白鈍色	（無）	五条	（自紋陰陽）	無
22代	圓乗院顕正 （1842没）	白鈍色	（無）	五条	（自紋・六藤）	達如裏(1846)
23代	稲口院顕實 （1845没）	白鈍色	（無）	五条	（自紋・六藤）	達如裏(1846)
24代	威光院厳顕	白鈍色	（無）	五条	（六藤）	現如裏(1893)

表4　本念寺歴代似影

		衣	（紋）	袈裟	（紋）	裏書
2代	顕珎 （1610没）	黒系裘帯	（双鶴丸）	五条	（白系無地カ）	無
3代	柳線院宣澄 （1663没）	黒系裘帯	（双鶴丸）	五条	（双鶴丸）	無
4代	柳線院宣誓 （1693没）	黒系裘帯	（双鶴丸）	五条	（双鶴丸）	無
5代	柳線院常誓 （1720没）	白鈍色	（無）	五条	（双鶴丸）	無
8代	柳線院真證 （1747没）	白鈍色	（無）	五条	（双鶴丸）	無
9代	常称院真淳 （1784没）	白鈍色	（無）	五条	（鶴丸・六藤）	無
10代	柳線院乗淳 （1803没）	白鈍色	（無）	五条	（鶴丸・六藤）	無
11代	柳線院乗澄 （1825没）	白鈍色	（無）	五条	（抱牡丹・六藤）	無
12代	柳線院達同 （1871没）	白鈍色	（無）	五条	（抱牡丹・六藤）	無
13代	柳線院達義 （1851没）	白鈍色	（無）	五条	（抱牡丹・六藤）	無
14代	常心院厳同 （1862没）	白鈍色	（無）	五条	（抱牡丹・六藤）	無
			以下略			

裏書については、従如期の圓誓⑥と達如・厳如期の歴代に見られ、書式は先に示したものに共通する。これは、他のものは失われたというより、当初からなかったものと考えられる。それは、名古屋市聖徳寺や羽咋《はくい》市本念寺のものとも共通する。両寺も近世の歴代ほぼ全ての似影が伝存しており、比較のためにこれらも一覧しておく（表3・表4）。

すなわち、聖徳寺（写真掲載なし）は十四代顕好の似影が最初で、妻尼空誓のものも存する。顕好は黒系衣の左右膝部分の開口が見られ、素絹と思われる無紋衣（僧綱襟なし）に、双鶴丸紋の五条袈裟を着用するが、次代の顕澄から三代は黒系袈帯（鶴丸紋）となり、十八代永元から白鈍色となり、二十代顕儀より五条袈裟に自紋が入る。裏書は達如裏書が二十二代顕正・二十三代顕実、現如裏書が二十四代厳顕に付される。本念寺については裏書は顕祢のみ写本が存するようである（口絵2本證寺歴代似影、口絵3本念寺歴代似影参照）。本念寺は、十六代柳線院常誓から白鈍色となる。このように近世以降の各歴代に似影を伝える三カ寺は、多くの末寺を擁する三河三箇寺のうちの触頭、尾張の元触頭（名古屋御坊成立後移管）、また能登の触頭として中本山的地方大坊という類似の性格を有する。そして似影についてもほぼ共通した傾向が見られる。

まず、前期の住持は黒系袈帯を着服し、紋は基本的に鶴丸紋で、本證寺敬受③だけは異例である。十八世紀に入ると白鈍色となり、五条袈裟の紋も鶴丸から自紋となる傾向にある。さらに近世中葉より六藤紋（聖徳寺は自紋と交紋《まぜもん》）が見られ、『安永勘進』には「六藤ハ古来格別ノ御免物ニテハ無之、御連枝方、五ケ寺衆皆自紋ニ用ラル、（中略）或ハ、其身一代御免ノ輩出来ニテ御免物ニ成来レリ」(8)とある。すなわち連枝・五箇寺では自紋となり、上位の寺々においては許可紋となった。ただ本證寺や聖徳寺のように、先祖を武家出身とする場合は自紋が用いられ、本念寺のように大谷一流の場合は六藤紋や牡丹紋を用いる傾向にある。

もともと似影は、蓮如直弟の河内国久宝寺（地名）法円のものが八尾市慈願寺に存在しており、呼称は「法円真影」とあり門主一族と同様で、文明十三年（一四八一）の蓮如の裏書を有する。さらに他にも地方大坊住持のものがわずかに知られるが、たとえば三河上宮寺勝祐真影が天正十年（一五八二）顕如より下付されており、黒糸の素絹・黒袈裟の姿と描法は同様で、いずれも裏書が記される。

やがて東西分派後近世中葉までは、先の両寺のような裏書を添えられなくなるものが多く見られるなか、三河守綱寺初代恵頓の似影（黒系袈帯着用）には次のような裏書が記される。

前大僧正琢如（花押）
寛文四稔甲辰閏五月廿四日（一六六四）
芳松院釈恵頓肖像
三州賀茂郡寺部村
守綱寺与之
願主釈恵超

恵頓は、名古屋興善寺の出身で兄教尊に教如息女如尊が嫁いでいるが、正保四年（一六四四）西派に転ずる。興善寺は長島願証寺（蓮淳開創）、美濃平尾真徳寺の系譜に連なり、恵頓は大谷一流の一員として、こうした装束を着用し、徳川家康重臣渡辺半蔵守綱以来の菩提寺住職としての地位からも、このような丁寧な裏書を付したものが下付されたものと考えられる。

このように見てくると、蓮如以来東西分派以前においては、一門一家から地方大坊主においても似影的影像の裏書が記されて下付されるのが一般的で、法衣も教団内身分に応じた装束を着用している。そして東西分派以降は、東派におけるいわゆる似影には、一部を除き裏書が見られなくなるが(9)、何らかの願主による例外も散見されるようである。ただ装束は分派初期は、やはり一定の身分には許されたと考えられる袈帯着用の権威的な装束であるが、一七一〇年前後を境に白鈍色に統一されていくと考えられる。もちろんこれも、許認されることが一定の教団内身分の獲得であることには変わりない。ただ、裏書は後期の達如期あたりから記されることが多くなるのも、何らかの制限によるものとも考えられるが、さらに多くの事例を見なければならない。

また似影がどういう条件の下に下付されたかは、今一つ不明瞭であるが、白鈍色・五条着用の条件が基本と考えられるものの、『調巻』には一部、黒衣・飛檐《ひえん》の寺のものもある。西系の『申物諸願取扱之記』では、「一、自影平僧河原者江も御免《ご》(10)」とあり制限はないようである。

いずれにしても、これら似影からうかがわれる近世本願寺教団の身分体系は、装束にとどまらず、座次や役割（巡讃など）、御字《ぎょじ》など多岐に及ぶ。次にそれらに着目しておかねばならない。

まず、影像類の装束の変化にともなう「紋」の変化に注目すると、ここにも大きな特徴を見出すことができる。「紋」はすなわち「家」の表現であり、すでに見てきた鶴丸紋が日野家の分流の表現であるならば、八藤紋は藤原氏あるいは九条家の一家の宣言であると見ることができる。

西系の『法流故実条々秘録』には、「本願寺御家之御紋《モン》、根本ハ鶴丸《ツルマル》也、日野家之紋也、御当家一門御一家衆ハ二鶴也、証如上人ヨリ初テ摂家ノ猶子ト成給テヨリ、御家之紋八ツ藤ニ改マリ候(11)」とある。証如期に摂関家たる九条尚経の猶子になったことにより、鶴丸紋から八藤紋に改められたとする。

この点については、前章ですでに検討した通り、証如から教如・准如期に下付された前住影像の事例では、実如……鶴丸紋、証如・顕如…八藤紋（いずれも袈裟・衣共）であり、教行寺実誓影像はじめ、一族に連なる場合は鶴丸紋の袈裟・衣が多く見られる。ただ必ずしも二鶴（双鶴）ではないようでもある。

そして、十八世紀に入り白鈍色が似影の定形となり、五条袈裟に個々の自紋が描かれることになる。これは、地方大坊の「寺家《じけ》」あるいは「家柄」意識の反映であり、そこからさらに別の身分表現へと展開する。すなわち門主の法名や諱の字を拝領する「御字」(12)の免許や、本願寺での内陣・余間着座や院家昇進、さらに「本願寺紋」の免許の動きと呼応するようである。

これらは本来、門主一族の血縁者に許されたものであるが、近世には厳しく制限されつつも徐々に地方有力末寺に拡大されてゆく。当然そこでは、金銭が代価となるが、「冥加金」「官料」の名において規定されるようになる。そして、余間昇進により色衣・五条袈裟の着用免許も連動するようである。

三河本證寺の場合、歴代の似影のなかで十八代達誓が六藤紋を付け、「達」字の法名を名乗っている。これは大名門徒である近江国水口藩主加藤明邦の尽力により、六藤紋と東本願寺門主達如の「達」字拝領が、文政元年（一八一八）東本願寺より許可され、それが本證寺へ寄進されたものである。これに関する文書が本證寺に伝わっており、次のような内容である。

（a）
御字　達
六藤　家紋

直達
右者追々御懸合
之所々付、永々被対
其御家被致許容候間、
三州本證寺江御附属
可被成候、以上、
（文政元年）
寅
十一月
石井隼人
正長（印）
粟津出羽介
元陳（印）
下間治部卿法眼
頼隆（印）
下間宮内卿法眼
頼敏（印）
菅清右衛門殿
石川　外記殿
菅　直記殿

藪　作輔殿

（b）

一筆令啓上候、愈無
御障珍重存候、然者従
先達寺格之儀、
御門主（本願寺達如）江申立候処、今度
依免許別紙之通、永代
致寄附候、右為可申伸
如此候、恐惶謹言、
（文政元年）十二月四日
加藤孫太郎（明邦）（印）

本證寺

（c）

寄附状之事

一、御字　達

一、六藤　御紋
一、直達
右之条々、今度従
（本願寺達如）
御門主依免許、永代令寄附者也、
文政元戊寅年　加藤孫太郎
十二月　（印）
本證寺(13)

（a）文書は、東本願寺家老から加藤家に対し門主の法名一字、六藤紋、直達の伝達状で、（b）・（c）文書はこれを加藤明邦が本證寺に附属する寄附状である。こうして、これ以後の本證寺住持達誓の似影には、五条袈裟に六藤紋が、法名に門主の一字が、付けられるようになる。

一方、聖徳寺の場合、幕末の二十二代顕正が自紋と六藤紋の交紋を使用しているのも、こうした許認可を経てのことであろう。また門主法名の一字は、この場合二十四代「厳」顕から見られ、本證寺より一代遅れて厳如期に許認されたようである。

御字拝領については、『安永勘進』に詳しく見られる。「御字拝領の衆トハ五箇寺衆・巡讃地・御身近衆ノ御字拝領ハ上ニ記ス如シ、此外ニ五箇寺ノ次男ハ身柄ニツイテ御一字拝領ナリ、寺ニツイテハ代々御二字拝領、能州本念寺計リナリ、其外御一字拝領ハ江戸報恩寺・江州福善寺・同国称名寺・尾州光明寺・同国守綱寺・加州瑞泉寺・同本覚寺・三州上宮寺・同勝鬘寺当時此分ナリ、」また世代によって許されたのが、越前法雲寺・江戸教証寺・加州善福寺で、「御名乗ノ一字」は法名一字より軽く、越前西光寺・加州聖興寺・同善福寺・出羽専称寺の名があげられる(14)。

もちろん、五箇寺衆に准ずる八カ寺（井波《いなみ》瑞泉寺・城ケ端《じょうがはな》善徳寺・江戸本法寺・高田浄興寺・同本誓寺・福井本瑞寺・高山照蓮寺・熊本延寿寺）も、「家柄」において巡讃御免や素絹・御字拝領となるという(15)。巡讃などの役割については後にも若干触れるが、いずれにしても、連枝、五箇寺はじめ、家柄や門主に身近な存在には二字（法名と名乗または諱）以下、法名一字、名乗一字という段階が想定されている(16)。

西本願寺においても『故実公儀書上』に、法名一字・諱一字の二字、法名一字のみ、諱一字のみ、の許可寺院名が厳格に明示され(17)、東西同様の発想にもとづいていることが知られる。

こうして見ると、三河本證寺は上宮寺や勝鬘寺に一世代遅れて、大名門徒の肝煎で一字拝領を取得することにより地位上昇が得られ、三箇寺・触頭寺院としての面目を保つことになる。近代になり、社会的にも経済的にも東本願寺を取り巻く環境が激変することにより、これらのこともかなり緩和されはするが、幕末期に至るまで極めて厳格に維持されたことがうかがわれる。それは、近世身分制社会のなかに存在したことによることはもちろんであるが、その特質は、本願寺が血縁によって門主制が存続維持されていることにより、血縁を基底とした身分体系が近世的家元制度的要素により展開し、格付や身分が規定されているからに他ならない。

前章においてこの点はすでに指摘したが、主に戦国期における様相を中心に検討しつつ近世へも視線を向けたものであった。次にあらためて、装束や紋、御字に象徴される近世教団内身分のあり方を、家元制という視座に立ち具体的に検討しておきたい。

第三節　近世的身分と家元制

まず、ここで先に例示した似影の性格について確認しておかねばならないが、第一に蓮如期の門弟影像の流れを汲むものといえる。

もともと真宗では、親鸞以来、御影に関しては、独特の崇敬観念を醸成しており、その点、本願寺も蓮如期以前まで一般門末をはじめ、本願寺血縁者にも原則的には下付されることはなかった。そして、蓮如期、蓮如門弟の久宝寺法円や法淳の単身像や上宮寺如光と蓮如連座像が、親鸞・蓮如連座像や蓮如寿像に加えて下付された。

さらに実如期以降、蓮乗像（金沢市本泉寺蔵）や実孝像（奈良県本善寺蔵）のような近親者の影像が縁由寺院へ下付されるが、これらはすべて黒衣・墨袈裟である。

そして、戦国期本願寺の社会的地位の上昇とともに、装束の多様化が見られるようになり、影像にも反映される。殊に門跡成を契機に、親族（一門一家）の装束にも上昇化が見られるようになる。すなわち、教行寺実誓影像（天正七年二月二日、顕如→証誓）に代表されるように、裘帯・五条袈裟に鶴丸紋が付けられる(18)。これは、この時点で門跡としての八藤紋に次ぐものであるが、先に見たように、近世初期における有力末寺の縁戚者の似影もこうした装束姿である。

さらに近世、特に後半には（東）本願寺歴代門主影像は、裘帯姿の「裘帯御影」、檜皮《ひわだ》色鈍色姿の「職掌御影」、これに黒衣・墨袈裟の「常御影」の三種三段階が基本で、「色衣御影」も見られる（表1参照）。そしてこれは、下付される側の身分と連動したものでもあったようで、職掌御影は、官職昇進寺院すなわち「余間」身分以上において許され、無官寺院は「常御影」であったとする。[19]

そして似影においては、十八世紀以降、白鈍色・五条袈裟姿が定型となり、必然的に、余間昇進においてこの装束が許可される。そして、五条袈裟の鶴丸紋はなくなり自家紋、さらには教団内身分を示す門主紋の八藤紋に次ぐ六藤紋も並用される。こうして、装束の形態や色、さらには紋が教団内身分を表徴する重要な役割を担うものとなる。

もともと本願寺の御堂は、血縁の遠近による着座が原則であるが、近世ではさらに内陣を「御身近《おみじか》」、余間を「御身遠キ御親族」とし、これらの人々は「門主ノ一家」として、「御家ノ家紋、鶴丸ノ紋を御免也」と規定された。[20]

これらは、上来みてきたように、もともと門主としての実如の装束のあり方に準ずるもので、やがて門跡成の流れのなかで八藤紋を採用したとき、一族の紋として鶴丸紋が移行し、近世初頭まで拡大的に継続された。[21] そして近世中葉には一家の紋として御免されることにより、「格」を示すものとして認識されたことになり、これと並行して一般末寺には六藤紋を免ずることになったと考えられる。

こうして似影は、近世寺院化の潮流のなかで、教団内身分と「寺家」を装束の上に表示象徴しつつ近世的展開を果たすが、これは血縁を基本とした本願寺教団独自の身分体系と一体であり、家元制的身分体系とも底通するといえよう。

もともと蓮如の子息（分家）を中核とした血縁序列の具体的規約が、実如により一門一家制度として確定され、[22] 顕如の門跡成による院家創設が後の寺格身分、すなわち一般末寺を含む格付の原点となる。ここに血縁と家の二通りの身分序列の概念が生じ、東西分派による主要寺院の分裂・離合を経て、東派においては蓮如が分伝したとする相伝家として、あらためて「蓮如以来」の血に遡り、「家」を基本とする蓮如の分家が本願寺家の補弼寺家として、近世を通じて存在する。

これらの相伝家についてはすでに第一章で見たが、近世後期では「五箇寺」と称され、勅許院家寺院を基本に、本徳寺（実如息実玄・実円・英賀坊）・教行寺（蓮芸・富田坊）・慈敬寺（実賢・堅田坊）・本泉寺（蓮悟・若松坊）・願得寺（実悟・清沢坊）・願証寺（蓮淳・長島坊）・恵光寺（同・萱振《かやふり》坊）・光善寺（順如・出口坊）・真宗寺（信証院旧趾）・本宗寺（実如息実円・土呂坊）の寺々がある（准五箇寺を含む）。五箇寺身分は、家の血すなわち寺家としての「家柄」であり、本願寺における巡讃などの役割において「代々不易」「家ニツヒテ永代御免」（『安永勘進』）であった。これに対し、時の門主の弟の連枝や五箇寺の血縁に連なる者を、「御身近」衆として「身柄」たる血縁において一代限りを基本とした。これは代を経るごとに軽くなることが原則であり、前者とは厳格に区別された。

こうした基本概念に準じて、五箇寺や連枝以外の縁戚や由緒寺院の身分や寺跡についての格付も見られるようになる。すなわち寺跡（寺格）では、教団内「院家」とそれに准ずる「内陣」「余間」（これを「三官」と称する）、さらにこれに准ずる「飛檐」といった身分的寺院格付などである。加えて素絹を基本とする装束や紋、「御字」や「巡讃」「助音《じよいん》」といった役割などを包摂した許認可身分体系が、漸次整備された。このように門主がその全ての許認可権を有することにより、家元制的機能とその体系が本願寺教団において具現されたといえよう。

こうした潮流にあって、一般末寺（道場）においても十七世紀以降漸次、木仏《もくぶつ》・寺号が許されつつ寺院化を果たし、ほぼ十八世紀には住職家たる「寺家」が成立してくる。これが似影に見る五条袈裟の紋の表示であろう。これは同時に「由緒」の上からも文字的に表現され、語られるようになる。

寺院由緒の研究は、近時、塩谷菊美氏により精力的に深められているが[(23)]、本書も総論において、蓮如由緒寺院の成立について三河地域を中心に若干の事例を提示している。すなわち、寺院由緒は必ずしも史実を反映したものではなく、近世に入っての寺や住職家の自己主張を象徴する。つまり、開基または中興の系図上の素姓、たとえば佐々木・那須、三河では安藤や本證寺の小山姓などを取り込み、開基伝承化・説話化しつつ由緒の始源とする。そしてそこに「家」としての由来が表現されることになる。もちろんこれらにおいて、親鸞や蓮如あるいは教如との結縁が象徴的に語られる場合が多い。これについて大変興味深い史料が、安城市願力寺に伝来する。嘉永三年（一八五〇）、願力寺が余間昇進のために本山東本願寺に嘆願した際の、諸条件や御礼金額の示談交渉の苦労や支払金額を克明に記録したものである。このなかで寺の由緒についてもふれており、尾張源氏山田氏を系統とし、蓮如との結縁を強調する由緒も昇進のための大きな要件になっていることが知られる。これらも含めて、これに関わる七点の史料を補論に紹介しておく。

　こうした趨勢は、寺跡（寺格）の格付上昇と表裏をなすもので、たとえば先に似影を例示した名古屋聖徳寺の開基閑善は、寺伝では甲州之住人小笠原左衛門尉長顕といい、「聖人（親鸞）直弟」で宣如代に一家分に召し上げられ、慶安元年（一六四八）由緒をもって院家御免となったとする。(24) こうして聖徳寺は、擬制的血縁上と、寺跡（寺格）の上からも本願寺家の一族の一員となるが、先にも見たように、御字においては幕末まで許されることはなかった。極めて厳しく制限されたことが知られる。

第四節　地方家元化への動向

　これまで、近世本願寺教団、特に東本願寺教団の似影をもとに、そこに描かれる寺院住職の装束や紋などを手掛かりに、さらに本願寺門主影像とも対比しつつ、本願寺教団の身分秩序体系の特質について若干の考察を試みた。

まずその大きな特質は、「家柄」と「身柄」という概念によっていることである。すなわち前者は、実如期以来の一門一家制や近世東本願寺の「五箇寺」に象徴されるように、蓮如の子息と一部実如の子息の「家」を最上位とし、それから派生する血縁が大谷一流として重視された。蓮如以外の歴代の血縁は、蓮如に比べその位置付けは軽い。

そして、現門主の息子であっても次男以下の傍系（嫡子）は一代限りの連枝身分で、あくまでもそれは「身柄」としてのもので永続的なものではない。この家柄・身柄の概念において、法名・諱の「御字」、巡讃などの役割や座次、衣や紋などが、「家」としての永続的許認可と個人的非永続的許認可とに大別される。そしてこれら許認可の全ての権能は、親鸞・蓮如直系の本家たる本願寺門主が独占し、血の論理を中核とした家元的存在として機能する点にその特色を見る。

ところが、門主以外の者が寺号や法名を許可した場合もある。岡崎市大井野町源光寺には次のような許状が伝わる（図版1）。

これらは、上寺である勝鬘寺住持了意が法名を、次代の良（了）明が寺号を、授与したものである。他に延享四年（一七四七）釈智山の法名状（真海下付）も伝わる。

また上宮寺文書のなかに、天正十九年（一五九一）正月二十日付「今度御定候御院家様御高法之事」[25]とする門徒連判（写）がある。前半は申物の礼銭を規定したもので、御開山御影、寺号・木仏、飛檐、七高祖は本山礼金とも考えられるが、「頭剃御礼金」については「御院家様」「中将様」「奥さま」へそれぞれの礼金額が記されており、法名状は見出せないが、勝鬘寺住職発給と同趣のものが存したものと考えられる。

さらに「御院家様」と呼称されており、この段階ですでに上宮寺は院家に補任されていたものであろうか。永禄

法名

釈専正

文禄二年（一五九三）十二月廿六日

釈了意（花押）

源高寺

元和七年（一六二一）正月六□

釈良明（花押）

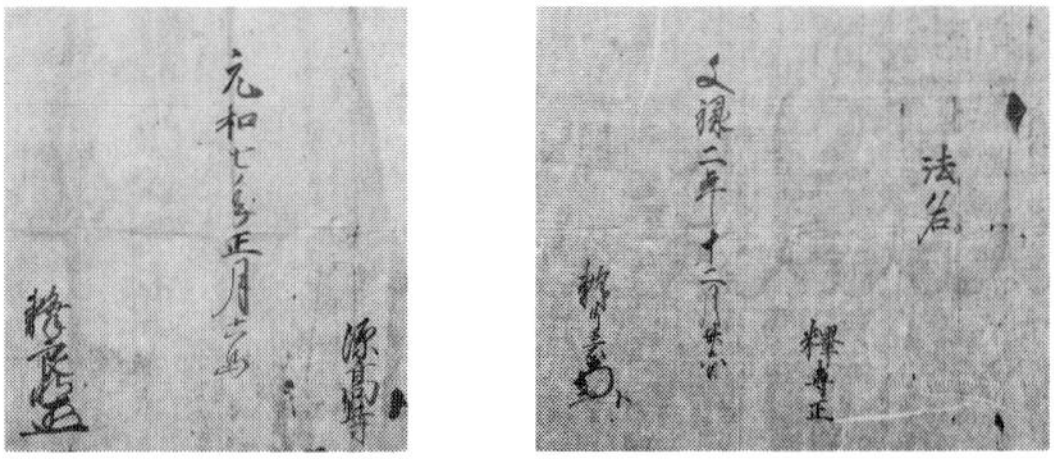

図版１　法名（右）・寺号（左）許状（岡崎市源光寺蔵）

二年（一五五九）の門跡成にともなう勅許院家補任以降は、本願寺が独自に院家を許認している徴証があり[26]、全く可能性がないわけではないが、この点は後考を俟ちたい。また近時、播磨船場本徳寺教珍の発給した、寺号免状（寛永元〈一六二四〉年八月十六日）、木仏免状（寛永元年九月十二日）、法名状（寛永十年八月二十一日）が見出された[27]。

これにより本山本願寺門主ではなく、地方大坊主が、実質、門主権を代行していることが想定される。しかも、近世的教団機構成立以前にすでにこうしたことが見られるのは、注目すべきである。これらがどの程度の拡がりを見たかは明瞭ではないが、少なくとも東西分派前後の十六世紀末から十七世紀初頭には、地方大坊主が地方において家元的性格を有していたことが確認できる。

これらのことも含め、上来みてきた装束や紋、さらには「御字」などにみられる教団的身分の昇階は、昇階という形をとった門主への近親化・擬制的同族化の営為でもある。また同時に家元的性格からいえば地方家元の成立と捉えることができる。その点からすれば、「似影」自体が門主影像の末寺版でもある。

そして家を象徴する家紋でみれば、鶴丸紋が戦国期に本願寺住持家の家紋として使用されはじめ、やがて一族に及び、近世初期には地方大坊主住持の装束（袈帯・五条袈裟）と一体となった「格」としての性格へと変化する。同時に本願寺住持家（門主）は、九条家との猶子関係から八藤紋を使用するようになる。(28)

そして近世中葉から、さらに東本願寺末寺住持には、八藤紋の変形である六藤紋を一層厳格化させて許認可することにより、紋による身分の格付が明確となる。ただこの移行期には、本證寺十二代敬受のように五条袈裟に八藤紋が見られたり、近世前期（十七世紀）までは地方大坊主住持も袈帯の着用が見られるなど、少なくともこの時期までは、門主（家元）と一族やそれに準ずる大坊主においては、衣の着用についての厳格な分化はなされていなかったと考えられる。そして十八世紀に入ると袈帯は門主のみの参内用などの特殊な装束となり、末寺坊主は素絹を許認の基本とし、鈍色《どんじき》の着用にとどまり、五条袈裟において紋の明示が家や身分・寺跡を表現することになる。

ここに、本願寺住持家を頂点とした蓮如の血統を中核とする血の論理における秩序化が完結し、その家元的性格は相伝や組織面だけでなく、装束や紋による格付と序列化の中にも見出すことが可能となる。さらに「御字」等も含め、免許と分与という機能的側面もそれに付随する。こうして家元的性格を包摂しつつ、本願寺「家」と末寺「家」との擬制的血縁関係により身分の序列化がはかられ明確化されたことに、大きな特色をみる。

ただ本章では、いわゆる僧官（僧綱）の序列についてはふれなかった。これは本願寺宗門外の顕密仏教の制度によるものであるためであるが、遠藤一氏は、本願寺成立期より教団確立期たる戦国期に至る本願寺の教団支配の「門跡制」と、それにともなう「本願寺法王国」の成立という視点において、日本的僧制（僧綱制）の中にその支配原理を求めたとする。さらに、宗主が門跡・僧正に叙されるということは、教団秩序を日本的寺院制・僧制に合体させることにより確立したと読み込むことができ、その周縁として、本願寺宗主権力を、中央においても地域においても、支えていく官僚僧団に、門跡・僧正制を前提として「院家」制・「坊官」制が成立した、とみる。(29)

本章では、それらがさらに近世本願寺において僧綱制と並行しつつ、身分序列の基本となる独自の寺格的身分制を展開する点に注目した。加えて東本願寺では、五箇寺・三官（院家・内陣・余間）を基本とし、巡讃以下堂内の声明の役割、袈裟・衣の形状や色・紋に反映されるべく格付が整備されてゆく。こうして近世東本願寺では、蓮如以来の血縁に加えて由緒等の要素により、本願寺家と一般末寺寺家との序列階梯が明確化され、末寺においてはその上昇の営為が発生するのである。それとともに、一部には僧位・僧官の僧綱の勅許を求める顕密仏教に包摂される教団外身分の上昇志向も並行する。

こうしたことを背景に、末寺の由緒や寺家の家系が語られ、旧跡も成立することになる。これについては総論において検討してみたい。

註

（1）安城市本證寺前住職小山正文氏のご教示による。また本證寺所蔵似影群も同氏のご協力を得た。謝意を表したい。

（2）山口昭彦「東本願寺の有職について」（北陸真宗史研究会第三回例会レジュメ、二〇〇四年）。

（3）前掲（2）で山口は「色衣御影」を加えるが、天保年中までの赤《（緋）》色裳附姿の御影とするが、二〇一七年十月、姫路市善行寺において「色衣歓喜光院（乗如）御影」（文政八年十月十七日・箱書）を見出した。色調は橙色の衣で、僧綱襟ではなく、檜扇も中啓もなく両手で念珠を持つ。色衣御影の事例として考慮すべきものであろう。

（4）真宗大谷派大阪教区教化センター紀要『生命の足音』第二三・二四号（二〇〇七年）に翻刻される。

（5）井筒雅風『法衣史』（雄山閣出版、一九七四年）。

（6）註（5）に同じ。

（7）文政六年（一八二三）十一月の、名古屋御坊遷仏法要の様子を描いた絵本『富加美草』（高力種信〈猿猴庵〉編、五編15オ）には黒色の長素絹着用の姿も見られ、次のように記す。

「座《ざ》奉行《ぶぎやう》の僧衆俗《そうしゆぞく》に列方《れつがた》といふとて茶紋白《ちやもんじろ》の五條袈裟《ごでうけさ》に裳附衣《もつけころも》を着《き》て、扇子《あふぎ》を持《もち》て一行《いちぎやう》につらなりたるハ、これ行列《ぎやうれつ》幷《ならび》に下陣《げじん》に着座《ちやくざ》の奉行《ぶぎやう》なり、此裳附衣《このもつけころも》ハ素絹《そけん》といふ黒衣《くろごろも》なり、裳《も》をつけてうしろへ長《なが》くひくなり、此法衣《このはふい》ハ衣冠《いくわん》にあたれり、此法衣《このはふい》にハ指貫《さしぬき》をはくなり、」（『名古屋別院史』史料編・別冊、一九九〇年）。

（8）『真宗史料集成』第九巻（同朋舎、一九七六年）七七四頁。

（9）僧形の似影だけでなく、近世初期には有力武士門徒の俗形の似影が下付される場合もある。東京都徳本寺蔵本多正信夫妻像、岡崎市勝鬘寺蔵板倉一族像、豊田市守綱寺蔵渡辺歴代像（この場合は近世末期まで存在）などで、本多夫妻像は宣如裏書が失われたようだが、他は裏書も付す（拙稿「守綱寺・勝鬘寺蔵武士門徒肖像画」、『同朋大学佛教文化研究所紀要』第二八号、二〇〇九年）。

（10）『真宗史料集成』第九巻、二二二頁。

（11）『真宗史料集成』第九巻、四二三頁。

（12）戦国期の法名の一字授与については、大喜直彦氏が考察されるように、武家の加冠の時の諱の一字授与に背景が求められるとする。大喜直彦「本願寺教団文書の推移について―「御印書」と法名を通して―」（千葉乗隆編『本願寺教団の展開』永田文昌堂、一九九五年)。
(13) 図録『本證寺　その歴史と美術』(安城市歴史博物館、一九九七年)。
(14)『真宗史料集成』第九巻、七七一頁。
(15)『真宗史料集成』第九巻、七七六頁。
(16) 五箇寺の場合、得度時に授与される「御字」の法名は「取名《とりな》」と称する。奈良県箸尾教行寺には、歴代の「取名」状が伝来する。たとえば次のようである。

正徳五乙未年冬十一月十七日
剃髪　　兼丸六歳
取(印)名
真誓
正徳五乙未年
冬十一月十八日
龍谷山本願寺十七世
真如大和尚示(印)
(包紙)
「取(印)名」

こうした文書は一般末寺には伝来してはおらず、相伝家たる五箇寺が一般末寺とは厳然と異なる教団的立場であることを示している。教行寺住職のご教示に謝意を表したい。
(17)『真宗史料集成』第九巻、七一七頁。
(18)本編第二章に詳しく紹介した。なお、現在は奈良県箸尾教行寺蔵。
(19)前掲山口註(2)レジュメ。『稟承餘艸』よりの引用。
(20)『真宗故実伝来鈔』(『真宗史料集成』第九巻、六五五頁)。
(21)『法流故実条々秘録』には、証如の時、九条尚経の猶子になり八ツ藤に改まったとする。貝塚市願泉寺蔵証如影像(証如木版裏書)は、衣が鶴丸紋、五条袈裟が八藤紋、顕如裘帯着用影像の大半は衣・五条袈裟共に八藤紋である。したがって顕如期には鶴丸紋は完全に一族紋に移行したと考えられる。
(22)草野顕之『戦国期本願寺教団史の研究』(法藏館、二〇〇四年)第Ⅱ部第三章で一門一家制について詳しく分析されている。また同第六章では、永禄二年門跡成での「院家」を「一門」から選出し、旧「一門」身分を「内陣」、旧「一家」身分を「余間」の僧階と定め、ここに三官が成立すると指摘する。
(23)塩谷菊美『真宗寺院由緒書と親鸞伝』(法藏館、二〇〇四年)。
(24)聖徳寺文書。
(25)『新編岡崎市史』古代・中世(史料編)(一九八三年)六二一頁。
(26)教行寺文書。(永禄九年)後八月八日曼殊院覚恕教行寺宛書状には、天台座主覚恕が教行寺の院家相続を聞き及び祝しており、比叡山が関与することなく本願寺が独自に許認したものと見ることができる(『第五十三回真宗連合学会記念展示図録』同朋大学仏教文化研究所、二〇〇六年、三三頁)。
(27)兵庫県小野市等覚寺蔵。図録『播磨と本願寺—親鸞・蓮如と念仏の世界—』(兵庫県立歴史博物館、二〇一四年)一〇五頁写真。また石川県妙厳寺文書に、松岡寺蓮慶が下した法名状(永正十五年〈一五一八〉三月二十五日・釈玄宗)が見られる(『加能史料　戦国編Ⅵ』石川県、二〇〇八年)。木越祐馨氏の御教示による。

(28)　近世東本願寺では、近衛家との猶子関係により「抱牡丹」紋を家紋とすることにより、八藤紋は宗派紋的性格を帯びるようになる。西本願寺でも八藤紋が宗派紋であったが、十四代寂如期より菊紋・桐紋が宗派紋と見られるようになる。

(29)　遠藤一『戦国期真宗の歴史像』（永田文昌堂、一九九一年）第五章「本願寺成立の特質」。

追記　本章では、東本願寺内事部の山口昭彦氏に多大なご教示をいただいた。謝意を表したい。

また近時、安藤弥編『大系真宗史料　文書記録編13　儀式・故実』（法藏館、二〇一七年）が刊行された。本章で引用した「稟承餘艸」や故実書が収載されるが、本書校正終盤であったため、該書からの引用はできなかったことをお断りしておきたい。

補論　願力寺所蔵史料『余間昇進記録』

解　説

ここに紹介する史料は、安城市古井町願力寺（山田姓・真宗大谷派）に所蔵されるもので、もともと地域の古文書研究会で翻刻され、平成十二年（二〇〇〇）に『願力寺文書』として出版されたものの一部である。ただ、私家版のため学界にはほとんど知られておらず、あえてここに紹介するものである。特にここで取り上げるものは、一連の記録・文書群のうち、『余間昇進記録』と題する一冊で、AからFまで七点の記録類である。関連で、G「覚」として本山に納めた金額の請取状も一通加える。翻刻にあたり、原本写真と照合し、若干の補訂と読点を付したことを付記しておきたい。

これらはいずれも、嘉永三年（一八五〇）七月から八月にかけて、住持行含が、東本願寺において「余間」昇進を願出、免許される顚末に関するものである。Aを中心とするその関連文書類で、東本願寺宗門における三官（院家・内陣・余間）への格上げ昇進が、いかなる手続きと形態で行われていたかが詳細に知られるもので、同時に、莫大な礼金と住職の苦悩を読み取ることができる。また由緒書の内容が史実と乖離し、必然的に俗社会の権威・権力者や親鸞・蓮如に歩み寄っていくものになることも、あらためて確認できる。
なお翻刻にあたっては、一部の固有名詞を除いて原則新字に改めた。改行はほぼ原本と同様にした。

解題

A　余間昇進願記録

嘉永三年七月十八日、時の住持行含は先代以来の悲願であった余間昇進を発願し上洛する。門徒の寄附金に加え、住職が借財して礼金を工面していることが、B以下からも知られる。そして、まず和歌山へ行き、同族とされる紀州藩士山田八右衛門の屋敷へ出向き、由緒の後ろ盾を願うこともなされている。

そして、本山の窓口である月番を通して歎願書を提出する。礼金不足を由緒で補うつもりであったが、本山側はこれに応じず、再、再々歎願で満額礼金と思われる百三十両で折り合い、受理された。地元から早速資金を取り寄せ、昇進の儀式にのぞむ。

しかし、昇進に至るまで、家老池尾伊織をはじめ月番関係者等への挨拶（現金）や接待を重ね、涙ぐましく奔走する姿が克明に記されている。また昇進の儀式も、黒書院で家老より免許の伝達を受け、大宸殿において門主と対面、杯を交わすことにより出仕が許されたとする。さらに南御殿（奥向きのことか）にて、門主奥方等にも間接的に対面し、ここでも菓子等を下されている。もちろん挨拶金も一括組み込まれている。

こうした一連の儀式は、従来ほとんど詳細には明らかにされなかったが、同時に本願寺殿舎の性格も垣間見ることができる。

さらに帰寺後は、主要門徒や近隣寺院へも昇進挨拶や振舞を広範囲に行っている。余間（格）が、地方寺院にとっていかに大きな存在感を持ったものかを表徴している。

B　御本殿本願書之節書上

正式願書に添えて、概免許の木仏以下、前門歓喜光院（乗如）真影までを列挙し、寺域（広さ）と門徒数、住持以下寺内生活者等の記載書。昇進にあたって、一定の免物御印書が必要で、その一覧と寺の実勢を提出させたと考えられる。

C（仮称）由緒書

正式「本願書」（または歎書）に添えた由緒書で、三度とも提出したとある。

まず住持家の俗姓は、山田丹後守源重里とし、松平（後徳川）家に仕えた。そして、蓮如上人三河御下向の砌、御弟子となり、教賢坊行専と法名を給わり、古井村に天台宗廃寺を念仏道場とし、蓮如上人より願力寺寺号も給わった。『御一代(記)聞書』の「三河之教賢」[1]が中興開山で、佐々木如光と同心、教化したとする。

一般に三河の蓮如期開創道場の典型的な由緒内容である。願力寺は、先に見た『如光弟子帳』（『文明本』）に「古井一箇所行専」とあり、如光門徒が道場化したもので、永正十二年（一五一五）、実如より絵像本尊が下付され現蔵する。それが近世後半には、松平家臣から蓮如に帰依し蓮如門弟との位置付けと『聞書』の三河教賢も取り込み、上宮寺如光と同格となり、三河一揆でも御免、教如にも御機嫌伺をするなど、輝かしい由緒が創成される一例である。これによって余間昇進が現実化したのも事実であろうが、由緒による冥加金（礼金）の値引きには奏功しなかったようである。

D　乍恐御歎奉申上口上覚

八月三日付で、御本殿集会所月番御衆中に由緒書とともに提出した一回目の歎書である。内容の大略は以下のようである。拙寺は由緒はあるが、今まで昇進を願うことはなかった。しかし、先住円能が願うも、時節悪く寄附金が集められず没した。しかし極貧少檀ながら、『御一代(記)聞書』に出る三河教賢の開基の由緒もあり、寄附金百両、借入金十五両で余間昇進を願い出た。近隣には由緒が劣る寺々も昇進しており、この段お聞き取り願いたい、とするものである。しかし、金額が少なかったことにより、即返却となり、再びEの歎書を認めた。

E　乍恐再往御歎奉申上口上覚

再び八月七日付で、三河教賢開基の寺跡でもあり、これをもって満金調達不可能のため由緒に免じて前歎書より五両借り、都合百二十両を御礼金として御免を願う。当方七月二十一日夜に二十年来の大颪・大水により田畑居宅大荒となり、凶作必至の状況のなかより調達したものであることを付け加える。結局これも却下され、三度目の歎書を認めることになる。

F　乍恐三往御歎奉申上口上覚

結局、再々度の歎願控は手許になく潤色して提出し、さらに十両増しで百三十両にて八月十五日に昇進が許された。以下その経緯を記している。

介在した月番の西琳寺と隆賢などに振舞や心付けを渡したり、「上檀　池尾伊織殿」（家老）に五両三分の礼や、挨拶をしたりして昇進を獲得していく。池尾への奉書包紙の表紙を「御菓子」と認め配慮するなど、陰の実態が知られ興味深い。さらに、家臣団や月番ら関連する者にも金銭を渡すなど、さまざまの気遣いが見て取れる。懇切に応じてもらえなかった場面もあったが、結局、何とか円満に事が進んだ。

そして最終的に、装束代も含め二百両余りの経費となり、その詳細が記録される。その経費は門徒の寄附金だけでは足らず、借金や田畑の質入れにも及び、莫大な金額が動いた。当初の予定額を大幅に上回ったが、この栄誉を関係者に丁寧に披露している。

G　覚

本山東本願寺に納めた余間出仕にかかわる請取明細状である。総額金百四十六両二分二朱・銀三百二十目五分で、金換算で百五十余両となり、嘉永三年八月二十日付で極印所が発給している。事細かな集金システムを垣間見ることができる。

岡崎市中島町浄光寺にも、天保六年（一八三五）三月二十二日付の余間出仕に対する「上納目録」と「覚」（極印所発給）が所蔵されている。それによると、金三百三十九両・銀五匁六分七厘五毛の総額が見られ、願力寺よりははるかに多額であり、金額も不定であったことが知られる。

近世後半には、本山（東）本願寺の売官売位の実態は顕著となり、西本願寺も同様であったと思われ、こうした動向は近代にも継承される。本山の運営は諸申物許認にとどまらず、こうした営為により補完されたことを、これらの史料があらためて語り伝える。

註

（1）「三河之教賢」は、「伊勢之空賢」とともに『第八祖御物語空善聞書』六三にその名を見る（『真宗史料集成』第二巻、同朋舎、一九九一年、四二七頁）。

史料

安城市　願力寺史料

A

余間昇進願記録

一、七月十八日国元出立、住持幷ニ同行惣代供と兼帯本地組佐重と両人ニ而、十七日夜仕度、池鯉鮒宿より先堺河辺ニ而、微妙今川村ニ而清明ニ相成候、自坊より駕ニ而送り、世話人之内、西組助右衛門・同重兵衛・亀山森右衛門・東組八郎兵衛・同組五右衛門悴惣兵衛・本地嘉吉・寺内敬応・源助送り人八人、上京之住持幷佐十両方、〆十人前後、緑屋ニ而致仕度候、酒肴幷飯入用弐朱余り、夫より送り之人々帰り、佐十と両人送り者共と引分れ上京いたし、尾州宮宿浜之銭屋へ九時頃着致候処、当節往来至而無人ニ而、朝船一そうより外出ぬ様子ニ而御座候得者、銭屋ニ少々茶代廿文斗り置、佐屋宿廻リ可致処、二ツ屋越へ廻リ、桑名渡船便船五・六人有之候間、引合当日桑名宿迄打越、十八日夜桑名宿京屋ニ泊り、十九日関宿玉屋泊り、廿日江州草津宿ニ泊り、廿日夜半過きより風吹、廿一日朝早天より大風ニ而、矢橋舟不乗、勢田橋へ廻リ道いたして、膳所城下ニ而除髪致し候、廿一日四半時頃ニ京著仕候、京都東六条下珠数屋町弥助宅へ行き着き、廿二日新町五条下ル大丸屋ニ而野跨〔袴〕、鶴羽色黄形中模様錦地、合代金壱両壱分ニ而求め、紀州山田八右衛門殿へ進物ニ求め候、新町□□屋に而、羽二重ちゝみ単物金三分ニ而求め、緑茶地著様々求め候、廿三日早朝ニ

京都を出、伏見竹田階〔街〕道へ出、伏見船場ニ而なみ
わ講宿ニ而仕度致候、舟ニ乗り八時頃ニ大坂へ
致著、夫より堺へ行道、住吉なみわや之松見物致
候而、名物餅上ニ墨あん、持来候、下女今晩堺ニ御泊
りニ御座候得者、
此宿ニ御とまり被下と□、高菱《ひし》やと申、妙国寺前
高菱屋ニ泊り候而、翌廿四日堺より岸和田へ行、
貝塚へ行き、貝塚御堂木庵之事也、参詣仕、夫より
紀州道行、新立と申より山道ニ而、山中といふ
処越、山口云、若山より三里手前ニ泊り、山口より
六百文ニ而若山
城下へ入り、若山城下茶屋町小倉屋惣兵衛と申宿ニ
泊り
候つもりニ而行候、此宿者先年養父若山へ
参著之節、途中ニ而聞合候処、右之処宜敷
様子申候事、先住記録ニ記書き候故に、
右記録ニより右之宿屋尋ね行き候処、
亭主野田へ出留主なれ共、老母出、山田八右衛門

殿方へ尋る様子申入、廿五日四半頃着ニ而、
右宿屋ニ而除髪いたし、并ニ酒を呑仕度
致、尚又午眠等いたし、尤其日登城日故、
八半すきてなくてハ下城なき様子故、八半
頃より仕度いたし、宿ニ而壱人案内者相頼、
右案内草履取り兼帯ニ而、佐十引つれ、
都合三人ニ而、草履取りニ手札願力寺と
認めたる持参させ、内玄関へ向け出させ、
拙僧者玄関より参り候処、取次侍罷
出候ニ付、拙僧者三州願力寺ニ而御座候間、
右取次奉願上候と申入候得者、右侍奥
向に行窺ひ、又来り候て、唯今旦那登城
留主ニ御座候得者、又々御出被下候や、乍尓
若旦那へ申入候やと申ニ付、若旦那へ御申
入頼上候ニ付、広間とおぼしき処へ通し、
進物者錦跨〔袴〕地、拚〔兼〕金有小刀弐丁ニ而、先方
ニ而台かり受差出候処、夫より八右衛門殿
悴弥作殿ニ出会、致一礼終り互ニ種々咄

おり候内、表之方へ御帰り〳〵とよひ候ニ付、家内不残玄関迄向ひニ出、夫より上座敷へ通し、八右衛門へ面会いたし種々咄合、其内拙〔寺脱カ〕昇進之義ニ付、何卒貴家より本山へ御頼状頼度旨咄し候処、領分之内ならハ各別なれ共、他領之事故、とうも致様か無御座、当家御出入て茂御免あらハ、国方向より本山へ頼み状差出様もあり候得共、貴寺と拙者と内緑〔縁〕のよしみくらいニてハ、兎ても右様之頼状差出義難成候、俗に申、むやみニ差出て出せぬ訳柄て茂なけれ共、夫者一向不都合成分柄故、先々今般者右之段御承知被下、乍尓、愈々遠国より御出之事故、当殿へ御本山より万事取次懸所同様なる、近頃御本山より寺格御取立之寺御座候、是分前年者私共旦那寺故、夫より本山へ頼かけ呉候様、此方より一ツ懸合可申旨被申候に付、種々外咄ニ相成、慢〔饅〕頭菓子出候、

夫より暫くすき煎茶出候、夫よりいとま申、茶屋町小倉屋迄かへり、其日茂日没に相成候、翌廿五〔六〕日早朝雨天之処、侍壱人従者引つれ案内を請ひ尋ね来り、弥作義御尋ね可申処、種々御用向ニ而繁用に付、拙者名代として御尋ね申候、昨日御頼之義処々聞合候処、不都合ニ御座候得者、乍機毒、今般之処御引申と、旦那より申付候得者、左様に御承知被下申候に付、拙茂誠当惑いたし候、前様より泰山院法眼之筆、
きぬ地
御夢見之図、並に淡水之桜花の図、幷ひに茶方緑茶ふくさ、幷に紫帛都合二ツ、和哥之浦名産団扇、すきや持五本あしの骨之うちわ也、右之品々頂戴仕候、其より当日八頃礼に参り、内玄関よりあかり、上陰へ通り種々咄し候処、御当家同性〔姓〕之義、本山へかきあけ候義相尋ね候処、不苦被申候、夫より宿元へかへ

り候処、追々雨強ふりに相成、夜分者取分け
大風雨に相成候、翌廿七日早天より出立、尤佐十
足に豆出来、拙壱人宿をたち、さきのもり
御堂へ参詣いたし、其日に急き候処、夜
五時頃に堺高ひしや迄著、大坂日本橋
河藤と申三十石船持亭主と泊り合、翌朝
道を急き日本橋迄来る処、早船出たるあ
とニ而、京橋通り出ておかどふり通り、京
都之人と一処ニ相成、夜五時半頃三河屋弥助へ
著いたし候、誠此度之紀州行斗り難渋致候、
後人思之、
一、翌廿九日早朝御堂参詣致候、拙紀州留
主、堺真宗寺殿より役僧被遣、願力寺此度昇
進に被登候様子、佐々木（上宮寺）より申来候、重役へ
申入る義、此方より申入て遣して、宜敷候得者、
此段願力寺へ申遣す様弥助へ申置候、又々本
「（上段、付箋）拙慇志付役方へ申入呉る様に申来、」
浄寺隆賢公茂、右様被申候ニ付、翌廿九日早天

隆賢公方へ尋ね行、酒肴出、夫より拙僧茂
酒肴かい、色々隆賢公と相談いたし、其日晩
廿九日也、金壱分菓子料包、集会所役僧之
西淋（ママ）寺宅須輪之町へ行、昇進一件頼候処、最
三・四日を早く、拙僧月番之内出せハよひと申候得
共、
色々頼み先々いとまこひしてかへり候、遺書〔由緒〕
認、早くみせる様にとある事故、晩迄にかき
持参いたし、翌朔日八朔故、祝義等にて
役方へ行事延引いたし、八時すき隆賢
同道ニ而金三分持参仕、菓子料、間町池尾伊織
殿宅へ参り、勿論遺書〔由緒〕持参致候処、到而
世話敷故、先々あつかり置得と一見仕候趣
被申候ニ付かへり、翌朝参り随分尤成義
ニ候得共、何程上納出来候や被申候ニ付、極貧
地故、金百三十両より余分者出来不申様申入候、
夫てハあまり少い、もちと出様にと申され
候得共、遺書〔由緒〕申立、是非々々夫ニ而御免願ひ

度様かけ合、初めハ百十五両より書出候様に申入候、先々兎も角も歎書差出様にと有事故、八月三日に歎書を書き、当日四時すき持参致、集会所へ行き月番浄輪寺・蓮乗寺之処、浄輪寺之前へ出し候処、余間昇進之歎願と申候得者、蓮乗寺御預り被成と申ニ付、又此方よりよひかけると申ニ付、早速引取帰り候、夫より池尾へ御歎きあける前七両包み持参いたし候処、先ニ持参之菓子料迄返され候得者、しいて納置、あとより持参のハ出不申かへり候、西淋(ママ)寺へ三両包持参し候処、速に請取申候、隆賢公・拙・佐十、三人にて参り候、池尾(伊織)殿玄関侍両人へ金弐朱やり候、歎願あけると、すくに月番浄輪寺へ金壱両壱分持参致候処、事成就之上ニ而貰請と申て取不申、蓮乗寺者直にとり候、是茂壱両壱分也、御歎三日にあかり、六日に御下け不容易と申、

御下け再往御歎七日にあがり、十日にさかり、最《も》すこし増す様にとあり、三往御歎十一日にあけ、十五日に御免御歎、御免者十五日八時也、夫よりすく様本願書可出処、国元大水ニ而、金子登り不申、甚心痛致候、十六日相侍〔待〕候処不来、十七日に飛脚金三分ニ而相頼、既に昼すき出立之処、十七日九時頃国元より四人登り、金百八十両持参ニ而、亀山松右衛門・東組五右衛門・亀山松兵衛悴国蔵・西組藤十悴藤四郎、右四人八月十三日国立、十七日に京著、夫より酒筵催し、当日尅之印処、金子納、集会所へ願ひ込、十八日本願書した、め、是者集会所書役之方に而出来候也、廿日に御免に相成候、廿日ニ集会所より四半頃よひに来る、其時者青袈裟持参致、集会所に扣居処、小奏者案内ニ而、黒書院次席に初にすわり、願ひ之通り、余間出仕御免に相成と、御家老被申と席

立家老同席ニ而、難有と承る也、此時者
御家老と集会処役僧と弐人出る也、
余間出仕申渡席

家老
役僧
願人　後座
願人
初座

本願書上ると前届直様廻る、御連枝様・
五箇寺上首・御家老中・月番役僧中、
此時者墨袈裟也、
御家老より昇進御免之義申渡あるやすく様、役
僧より満金上納之義をき、、満金上納いたせハ出
仕勝手次第、御礼ハ追而御差〔沙〕汰あると申と、
墨袈裟着ニ而、輪袈裟願ひ之書、役僧之
前へ出す也、此時横向之初め也、当日
又々御連枝様初処々廻る也、
廿一日退〔逮〕夜、初而御堂出仕、香部屋向ニ而袈
裟かけ中へ入る、上座回向〔恵光〕寺殿・泰音院

殿・教行寺殿・浄誉院殿、例席廿二日日中
遅参致候、
廿一日晩に明廿二日、日中すき御経すき、引続き
御礼有故、無遅参出る様小奏者より宿元迄
申来候、も〔裳〕附・五条ニ而香部屋に侍居と、
小奏者向ひに来る、御礼者大シン殿ニ而、
三間ある中間しき中ニ而、横向御前、御
成前下間出候、御前御成あれハ平伏致候、
瓦杯出、御前召あかり被下、うけ頂きかへる、
中扇にあけいた、きかへる、

御前
三等
下間

廿二日御前御礼引続き、南御殿御礼有へき処、
宿南御殿之封物忘脚致候ニ付、小奏者
申ニ者、明廿三日四時、集会所へ向け装
束御持参ニ而、御出被成候様申候ニ付、即

四時南御殿献上、封物幷装束持参ニ而
出候処、長き間して小奏者案内ニ而、南殿
宮様御礼、簾前老女出られ小奏者、
次之間老女、下に侍壱人付、こし元女三方
持参、老女出ると前にすへ一礼之後、前へ参り
菓子・こんふとのしをくれ候也、
一、其よりすくに帰国届に出る、集会所手札
帰国御届三州願力寺と認、出外様へも
其通り回り候也、集会処ニ而茂申上る故、
御勝手ニ帰国被成様と被申候、其より仕度
致候而、廿四日早朝ニ京都罷立、供者金
三分弐朱ニ而、向仕度人足壱人池鯉鮒宿迄、
弥助より引合つれて参る荷物十弐〆目余り、
廿四日夜水口宿桝屋、廿五日石薬師宿
米屋泊り、此夜庄野宿に可泊処、御学寮
騒動夏已来有り、騒起処（ママ）化致其頭分
二条御役所とられ、関東御差出ニ相成者、
庄野宿に泊り候ニ付き、石薬師宿迄拙僧

罷越候、翌廿六日朝よりくもり雨天ニ而、
其上人足之者かつけをこり、漸九時頃ニ
桑名京屋迄著致候ニ付、唯今出船致候、
もう今日者船者出ぬ様子被申候ニ付、
廿六日桑名宿京屋泊り、夜中雨ふり、夫より
廿七日朝少々雨天なれ共、出船いたし、八前ニ
宮宿へ著、其より仕度したる処、人足中々
池鯉鮒迄行けそうにハなかりた故、拙寺半
分出、人足壱人頼み来る処、堺河ニ而寺より
向同行亀山伊右衛門・ひかし八郎兵衛・本地組
佐十郎、右三人に行合候処、八郎兵衛池鯉鮒
山形屋迄、八郎兵衛先ばしり、世話方同行
朝より山形屋迄乗物持参ニ而向に出る処、
侍共〳〵桑名宿より来る者故、中々取急き
て茂容易にあわす、誠に同行共機をも
み、何角途中ニ而不事出来候かと、寺内者
幷同行機をもみ候処、八郎兵衛、山形やかけ付候処、
もはや日没真闇相成故、皆々かへり候処、山形

亭主はしりをいつき、向者引かえし候ニ付、
皆々出向ひ、夜四半時すき寺入致、山形やニ而
酒呑、又々帰坊之上自坊ニ而酒莚催し、皆々
悦ひ、其夜者同行中かへり、廿八日日中すき
村方昇進披露、本地中本地だけまわり候、
扇子弐本つゝ持参、勿論他旦那衆迄まわり、
夫より東牧内与左衛門母死去いたし、葬式へ行、
同廿九日亀山東組・なへや町あるき若党・
寺内嘉吉・役僧敬応、草履取扇子く
はり、廿八日亀山岳右衛門、廿九日なへ源蔵、
夫より他処追々廻り候、在家へ遣扇子者
壱本十六文くらい、弐本袋へ入れ遣す、堀内
役人茂、庄や組頭者右同断、稲垣長右衛門
ハ弐本、六分扇子勿論せん子つゝみに水引
かけ遣す、法中之処、寺領松韻寺・小川村
蓮泉寺・姫村誓願寺・安城村明法寺・
上条村浄玄寺・川嶋村西心寺・山崎村
正法寺、右者弐本六分扇子、桜井法行寺

中扇壱本祇園香煎、円光寺へ者風呂
敷ニ扇子弐本、合歓木正願寺風呂敷
幷ニ扇子弐本、海谷〔苔〕円宗寺中扇砂糖
袋持参、組合法中光善寺・安養坊・浄慶
寺・正福寺・宗円寺・安受寺、右之寺々へ
六分で弐本之扇子くばり、他組法中同様、組
合より金壱分祝義浄慶寺持参、九月
廿六日法中講之節酒出す、

献立

源平

初味噌水物　鯛きぬふくい唐たんこ《ひさんしょ》
広蓋　大根うちこのしろ細引一くわへさつ
まいもあへ　蓮根三杯　松竹てんかく
太平海老だんご　薄雪　しめじ
鯛あんかけ　すまし水物すゝき　松竹ゆつ
しお焼さば　煎附すゝき
うしおさば魚　小しょ　其外取合
湯附

豆腐あんかけ　魚につけ

B

御本殿本願書之節書上

一、木仏　宣如様御免
一、寺号　蓮如様御免
一、御開山　一如様御免
一、太子七高祖　同断
一、蓮如様御影　宣如様御免
一、前卓・四本柱　従如様御免
一、御絵伝　(達如)大門様御免
一、御開山様厨子形　同断
一、羅網　同断
一、歓喜光院様御影　同断
一、本堂　奥行八間
　　　横　七間
一、寺内境内　東西六十間
　　　　　　　南北八十間
一、三百軒　門徒
一、住持　坊守　弟子
　行含　たい　諦住
　三十三才　廿九才
　下男　下女
　壱人　弐人

右之通り一々書上ニ相成事也、尤本願書ハ集会所ニ認呉候事也、

一、院主・佐十、両人上京・紀州行入用米高之節故、誠ニ多分ニ入り候、

C

（由緒書）

一、昇進ニ付、金百疋扇子料殿様へ差上候、金弐朱つゝ、用人両人へ遣、飯田茂治兵衛出役之節差出、〆金弐分殿様・用人とニ差上申候、

一、昇進ニ付、御地頭処より祝義金弐百疋
被下置候ニ付、幸便ニ御礼状差出候、
文面者別記のことし、

余間昇進ニ付、御本山へ差上候由緒書扣、
右者みの紙に別段に認め、竪とじニ而差上ル
事也、尤御嘆書に差そへ、三度なから出也、三
度目に御殿へ納り申候、

由緒

一、拙寺義、俗性〔姓〕者清和天皇之後胤、山田
但〔丹〕後守源重里、又左衛門五郎と申者ニ而、数年来尾張之
内
領候ニ付、尾張源氏と奉称候、然処、織田
家之疎強勇、徳川家之仁風、深
慕一族悉移転而、三河国　御当家へ
奉仕候、時者寛正・文正年中之頃也、
足利義政将軍之御治世也、
御当家者清康（松平）様、安城之城御在城
之砌に御座候、応仁元丁亥年之頃、
信証院（蓮如）様三河国御下向被遊御化
道之節、御法筵へ参詣仕、奉蒙
御化益、宿因頓ニ開発し而、山田但〔丹〕後守
重里、直処捨武門、速ニ　信証殿様
之御弟子となり、永入浄土易行門、
法名を給教賢坊行専、古井之村ニ常
照院と申天台宗之廃院御座候ニ付、此
寺場再興堂宇、為専修念仏道場、
其節　信証院様給願力寺と申寺号、
即御一代聞書之三河之教賢と申
者、拙寺中興開基山田教賢之事ニ而
御座候、其後上人様御帰洛之後、佐々木
如光と同心仕候而法義を引立候処、
延徳二年庚戌四月四日没去仕候、従其
已来子々孫々寺跡相続仕候
処、其後永禄年中、　神君（徳川家康）様岡崎
御在城之砌、当国本願寺宗徒企一揆

候ニ付、一国悉御宗門之徒及破滅候、
然処、以　御憐愍、蒙　御免候節茂、
拙寺義者、先祖奉対　御当家忠勤
之以功、早速ニ奉蒙　御免帰坊仕候、
其後　神君様関ヶ原御出馬之節、
拙寺四代目敬専、御機嫌窺ひ参上仕、
其節　教如様へ茂御機嫌伺ニ参堂
仕候ニ付、其節　教如様より御菓子
被下、洲浜右御菓子拙寺替紋ニ仕候、
其後貞享年中、寺内火難ニ掛り、宝
物等多分紛失致候得共、乍尓伝来
之宝物・頂戴之御筆物等、今以宝
庫ニ納置候、以前申上候通り、拙寺
義者武門末葉之事故、同性〔姓〕諸家之
御家中ニ御座候、紀州様等ニ奉仕候而、
御用人・御用御取次等之重き役柄
被勤候、其外御籏本山田佐渡守者、
御使番之御役奉蒙候、皆拙寺同性〔姓〕
之親類ニ御座候、御籏本細井家等、
拙寺旦那筋ニ御座候、如斯等之寺跡
御座候故、地頭本多佐吉殿代ニ、拙寺
寺内東西六十軒〔間〕・南北八十間除地
拝領被申付候、一々申上候義御用
繁奉恐入候、由緒撮略而申上候
事、如斯御座候、
一、右之通り認め、御本殿集会所差出候、
尤此由緒書ニ者、年号等者しるすに不及、
此段可心得事也、

D

乍恐御歎奉申上口上覚

一、拙寺
義、由緒書奉申上通之寺跡ニ御座候、
今般余間昇進之奉願上度奉存候、誠ニ
従来之懇願ニ御座候得共、元来少檀貧

地ニ而、とても満金調達難仕御座候、乍恐
拙寺義従来由緒も有之候得共、唯今迄
聊も御歎奉申上義無御座候得共、先住
円能義昇進奉願上度段、度々門徒共
及示談候得共、時節悪敷候而、少々之
寄附金も出来不申、空敷先住没
去仕候、亡父之継遺志を、拙僧代に願
望成就仕度候段、門徒共へ談合候処、
門徒共極困窮之中より漸金百両調達
仕呉候、依之身分昇進之儀故、極貧
窮之中より精々尽力、金拾五両他借仕候
而、都合百拾五両ニ而余間昇進之義、
冥加御礼銀ニ而奉願上候、
御本殿御時節柄奉恐入候得共、同国之
内拙寺より由緒劣り候隣寺共、聊之冥
加御礼ニ而、昇進被為仰付候寺々
其数不少御座候、且同国吉田宿御坊
役寺五ケ寺共も、誠ニ聊之冥加御礼
金ニ而昇進被仰付候趣、且外寺々
聊之冥加御礼銀ニ而、三冠〔官〕共奉蒙
　御免候寺不少御座候、元来　拙寺義
由緒ニ而、御聖教ニも御記ニ御座候義、
御一代聞書三河之教賢之開基ニ
御座候、依之困窮之中より調達仕候
冥加　御礼銀之義、都合金百拾五
両ニ而、乍恐余間出仕　御免被成下
候様、深重之以　御慈悲御聞届ケ
程、奉願上候、右願之通り被為
仰付被下置候ハヽ、寺檀共如何斗歟
難有仕合ニ奉存候、此段何卒御執
成之上、宜被　仰上可被下候、以上、
　嘉永三庚戌年
　　八月三日　　三河国
　　　　　　　　古井村
　　　　　　　　　願力寺
　　　　　　　　　　行含（花押）

御本殿
　集会所月番御衆中

E

乍恐再往御歎奉申上口上覚

一、拙寺義、由緒書奉申上候通、御一代聞書ニ御座候三河教賢之開基之寺跡御座候、今般余間昇進奉願上度、従来之懇願ニ御座候得共、元来少檀貧地ニ而、迚も満金調達難仕御座候、乍恐拙寺義従来格別之由緒も有之候得共、唯今迄聊御歎等不仕候得共、先住円能義昇進奉願上度段、度々門徒共及示談候得共、時節悪敷候而先住空敷没去仕候、此度亡父之継遺志を、拙僧代に願望成就仕候段、門徒共及示談候処、門徒共困窮之中より金百両調達仕呉候ニ付、拙僧極貧中より金十五両他借仕、都合金百拾五両ニ而、余間出仕奉願候、然ル処不容易之趣ニ而、歎書御下ケニ相成当惑仕候得共、金五両他借仕、都合金百弐拾両ニ而、余間出仕冥加御礼ニ而、御免被成下候様奉願上候、

御本殿御時節柄奉恐入候得共、同国之内拙寺より由緒遥ニ劣り候隣寺共、聊冥加御礼銀ニ而、三冠〔官〕共奉蒙御免候寺々不少御座候、且今朝国本より書状着、仕早々被見仕候処、去ル七月廿一日夜廿年来稀成大風・大水ニ而、田畑・居宅等大荒ニ而、極必至之凶作難渋之趣申来り、寺檀共差当り難渋仕候、極窮之中より右金調達仕候、冥加　御礼金百弐拾両ニ而余間出仕、奉蒙

御免候様、再往深重ニ御歎奉申上候、
右願之通り、何卒広大之以御慈悲を、
御免被成下置候ハヽ、寺檀共ニ如何斗歟、
難有仕合可奉存候、此段御執成之上、
宜被　仰上可被下候、以上、
　　嘉永三庚戌年　三河教賢開基
　　　八月七日　　古井村
御本殿　　　　　　　願力寺
　集会所月番御衆中　　　行含（花押）

F

三往御歎奉申候

　　乍恐三往御歎奉申上口上覚

三往之御歎者、御殿へ納り候得者、扣書者無御座候、乍尓再往御歎ニ潤色いたし差あける也、初歎書百拾五両ニ而願、再往百弐拾両と願ひ、三往目に百三拾両ニ而御歎御免ニ相成候、八月三日より願い初め、同十五日御歎御免ニ相成候、一返が三日目か、四日目ニさかり候、始より三往迄、十三日目ニ御歎御免ニ相成候

願書者、不残隆賢公認呉候、

再往御歎上る頃、西淋（ママ）寺・隆賢・拙僧三人ニ而、木屋町生亀と申生洲料理屋へ行き、右之人々へふるまいいたし候、茶碗むし・大長うまき玉子・鮎《あゆ》之附焼、其外三鉢出、勘定　代金二百疋遣六十文斗りあまり候、此処ニ而西淋（ママ）寺を頼候処、十五日ニ者乞度御免ニ相成様子慥ニ被申、万一違時者此西淋（ママ）寺か首を切れと雑興申、いろ〳〵咄合大笑、西淋（ママ）寺大酔いたし候、夫よりすわの町宅へ送りつけ、私共かへり候事、七月廿九日隆顕公拙両人生亀へ行き、茶碗むし・うなき・鮎ニ而酒呑、代金壱分、其外万旁と申西へ行き、一杯呑両人ニ而弐分之処、拙僧壱人ニ而おごり、

八月十五日御歎御免ニ付、御役方へ
御礼ニ出候、金五両上檀池尾伊織殿へ
御礼進上、金壱両壱分浄輪寺へ進上、
勿論奉書紙包中ニ五両とかき、そとハ唯
御菓子とのみ書、金銀之水引ニ而持参候、
御礼相済、西淋（ママ）寺同道ニ而生亀へ行き、生・
亀ニ而十五夜月見致なから酒筵催し候、
献立者、茶碗・うなき・うまき玉子・
新松竹・鮒作身・鯛につけ、
代金弐分ニ百文あまり、
翌十六日朝金壱両壱分持参、西淋（ママ）寺礼相
済し候、
一、池尾伊織殿　初対面菓子三分、両度ニ
後礼金五両、　〆五両三分、
一、西淋寺　初対面金壱分、
歎書上ルニ付三両遣後礼金壱
両壱分、三口合四両弐分、
生亀二度之ふるまい迄入れ五両、

一、月番浄輪寺御免後礼金壱両壱分遣、
一、月番蓮乗寺御歎上る前金壱両壱分遣、
一、隆顗公へ金壱両礼、外壱分願書料也、
一、三河屋弥助へ金三分遣、同下女きよへ二百文、
一、金二朱池尾様玄関侍へ遣、
惣〆拾四両三分弐朱銭二百文　菓子料幷御礼類
其外生洲ふる舞西行花代引、〆壱両弐分、
両口〆十六両壱分弐朱と銭二百文、
一、官金百三拾両冥加御礼
一、金千匹　枳殻御殿御礼
御隠門様之事
一、金五百疋　真心院様御礼
一、銀拾弐匁九分　右御附三人
銀壱両ツ、
一、金弐両　南御殿　御礼
宮様
一、銀八匁六分　右御付弐人

銀壱両ツ、
一、金二百疋　深量院様御礼
一、金壱両三歩弐朱　極印料
銀四匁五分
一、金弐両　入座料
一、金六両弐歩　御届
銀百弐拾目四分　金弐百疋四
金百疋　八
金百疋　十
銀三両　四
同弐両　八
一、銀弐拾八匁八分　附台料
一、同拾匁三分　願書料
宝物付
人別書
四本柱断共
一、同百弐拾四匁八分　小判折
一、同拾匁弐分　掛く紀折

萬料
一、金百五十弐両　官料冥加と
前後届迄入而
一、金六両壱分弐朱　色法服・輪袈裟
願金
一、金三両　喚鐘御免料
〆百六拾壱両壱分弐朱　極印所出
喚鐘・前卓・四本柱、右三種者昇進身附
之品物故、是非願者なれ共、拙寺ニ者前
卓之義者願済而有り、四本柱者祐専
代、五代先ニ、寛延二年巳十一月十日撞鐘
願上候節之願書ニ、前卓・四本柱一如様
御免と認め有故、願者済而おる様子なれ共、
御免書無是ニ付、昇進之節帰国之上吟味
仕、若御免書無是節者、当年中ニ願ひ申義、
願書差出置候、喚鐘者此度願申候、
是迄入用金百七十七両三分

装束類求めニ付入用
一、金壱両壱分弐朱五匁　夏衣かんしや
一、金三両弐分　紫葵角字紋白
　　注文おり
一、金弐両弐分　色法服綾地
一、金弐両　紫地あや
　　さしぬ〔き脱か〕也
一、金壱両三分　紗綾紋衣代
一、金壱分三朱　墨袈裟夏地
　　右六品奈良新より求之、
一、金壱分　尋常〔晨朝〕袈裟
一、金壱両四匁　五条ニ而求
　　色喪〔裳〕附壱ツ
一、六匁八分　衣ひも二前〔揃〕
一、金二朱　衣洗濯
一、十四匁　色喪〔裳〕附いろあけ
　　仕立代
金拾壱両弐分三朱銀十九匁

此金十弐両ニ五分抜
　　右之通奈良や新右衛門払
一、金壱分　紫鶴丸輪袈裟　ちきり屋ニ而求、
金壱両弐分弐朱と弐百八十文外衣や払
惣〆法衣類十三両弐分弐朱と
　　銭弐百三十文
　　払方
一、三貫五百拾弐文　薬紙・袈裟箱・洗濯・菓子也、
　　三河屋ニ而借用向
　　小遣取替出
一、壱貫六百三十弐文　佐十郎
　　宿料
一、五貫九百四十八文　住持
　　宿料
拾壱貫九拾弐文
此金壱両弐分弐朱と
　　弐百八文
一、金壱両三分扇百ニ付六本六百文百三本

弐十本中扇四本、丹羽屋吉兵衛
一、金弐朱三百文　願書紙類　尾張や吉兵衛
一、金三分弐朱　京都よりちりふ迄
帰国ニ付人足壱人
池鯉鮒迄頼代
一、三百文三河や帰国祝義
一、五十文下女きよ祝義
一、十弐文　もうせん
一、四百八十文　鶴之丸つる柏灯ちん
一、五匁　安田御茶代
入金出処
一、廿三両　八〔七〕月十八日持参
一、百八十両　八月十七同行四人持登
〆弐百三両
一、拾両　祠堂金
一、拾三両　安受寺頼母子
落金

一、百両　岡崎
一、三十両　川西や弥八取替
西浦田所質入
大岡医者ニ而かり
一、金五十両　世話方同行取替
一、　佐々木添翰
一、金廿両　内十両上納
一、金壱両　役寺両人分
一、金弐分　小嶋倉之助
一、金弐両　本坊より酒代祝義被下内ニ而
役寺小嶋分差引
此節者佐々木役寺両寺共ニ休役ニ而、川野村宗円寺役寺代勤候処、壱人ニ而両人之分壱両取事無理也、甚票〔評〕判悪し、初宗円寺に弐朱やり、京都歎書願御聞済上、添状頼出候間、宜敷頼申候と申候、組合法中茂京都様子出来次第、咄頼度容子懸合置候、

同行より宗円寺ニ弐朱やり、都合壱分之菓
子料やる也、

G

覚

余間出仕

一、金百三拾両官料冥加

一、金千匹　御礼
枳殻〔殻〕御殿

一、金五百疋　御礼
真心院様

一、銀拾弐匁九分　右御附三人
銀壱両ツ、

南御殿

一、金弐両　御礼

一、銀八匁六分　右御付弐人
銀壱両ツ、

深量院様

一、金弐百疋　御礼

一、金壱両三歩弐朱　極印料
銀四匁五分

一、金弐両　入座料

一、金六両弐歩　御届
銀百弐拾目四分　金二百疋　四
金百疋　八
金百疋　十

銀三両　　　　四
同弐両　　　　八
〆
一、銀弐拾八匁八分　附台料
一、同拾匁三分　　　願書料
　　　　　　　　　　宝物料
　　　　　　　　　　人別書
　　　　　　　　　　四本柱断共
一、同百弐拾四匁八分　小判打
一、同拾匁弐分　　　掛分銀打
　　　　　　　　　　対料
〆金百四拾六両弐歩弐朱
銀三百弐拾目五分

右へ
金百四拾六両弐歩弐朱
同五両壱歩弐朱　　受取、
　此代三百弐拾三匁三厘
差引
印　銭弐百五拾三文　　過
　　　　　　　　　　　戻ス、
右之通上納取斗相済候訖、
嘉永三年　　　　極印所（印）
戌八月廿日
三州
　願力寺殿

第Ⅲ編　本願寺下付物と墨書名号

第一章　戦国期本尊・影像論

第一節　蓮如・実如期下付と「裏書」

まずはじめに結論的言辞を用いるなら、真宗教団は掛け軸教団であるといえる。礼拝物のほぼ全てが開祖親鸞以来一貫している。この自明の事柄を、蓮如本願寺教団において本尊・影像の面からあらためて考察するのが本章の目的である。

蓮如や実如らが門末に下付した遺品は多量に伝存し、裏書を添えることから戦国期真宗教団史解明にあたり、主に文字史料として活用されてきた。しかし、歴史学の諸分野において一層厳密な考察がなされるようになり、真宗史・美術史・絵画史や古文書学などからも多くの業績[1]が提示されるにいたった現在、こうした流れのなかに「表画」「裏書」をあらためて問い直す必要がある。もちろん全国の寺院などに襲蔵される蓮如期の下付物が全て見出されたわけではなく、今後の調査如何では新たな見解も生まれる可能性のあることを、まずもって付言しておきたい。

蓮如の下付した影像類は、本尊たる光明名号と絵像本尊（方便法身尊像をここでは絵像本尊と呼称統一する）、開山親鸞像や自らの寿像、さらに源空像や一部門弟像などの影像類、そして開山親鸞の絵伝に、ほぼ大別することができる。このほかわずかながら七高僧像や聖徳太子像も存するが、これは蓮如の時点では特殊な事例としなければならない。

そしてこれらには全て「裏書」が記され、表画はどれもほぼ一定の図柄であることから、蓮如の恣意により「統一」されたことは明らかである。内容も単一で、本尊では名号か阿弥陀如来像のいずれかで人物が挿入されることはない。影像も単身か二人連座で、親鸞絵伝も康永本からの転写で絵相はいずれも基本的に同一である。すなわち、従来の真宗教団で依用された非本願寺系の光明本尊をはじめとし、太子眷族連座像や先徳高僧連座像、多様な親鸞絵伝とは明らかに別趣の礼拝物が構築されたと見ることができる。

そしてこれら蓮如の下付物の名称は、本尊は「方便法身尊号（尊形・尊像）」、開山像は「大谷本願寺親鸞聖人御影」(2)、数例ではあるが源空像も「黒谷源空聖（上）人御影」、寿像やその他の影像類は「蓮如上人真影」「何某真影」、絵伝は「大谷本願寺親鸞聖人之縁起（伝絵）」などとなっている。この名称に注目するとき、本尊は「尊」号、開山と源空像には「御」影、自らと歴代や門弟像には「真」影としていることが知られる。そして下付の絶対量からも本尊・開山像（含親鸞絵伝）・蓮如寿像にほぼ集約することができる。したがって呼称の上からも「尊」号（形）・「御」影・「真」影と区別が明瞭となり、本尊（名号・絵像）――開山像（含絵伝・源空像）――蓮如像（含歴代他）(3)、という下付物の一元化にともなう図式が想定できる。ここに蓮如が目指した本願寺教団の礼拝物の大枠を見ることができよう。また近世において、第Ⅱ編第三章でみた末寺住持の「似影」裏書は「何某影」となっている。

こうした背景には、「代々善知識ハ御開山ノ御名代ニテ御座候」といい、譲職後の実如には「御開山ノ御来臨ト思召候」（『栄玄聞書』）と開山の名代を強調する。さらに「御文」は蓮如の作文であっても、「御文ハ弥陀ノ直説と存スヘキノ由候、形ヲミレハ法然、詞ヲキケハ弥陀ノ直説ト云ヘリ」（『蓮如上人一語記』）として、開山の名代たる蓮如（代々の門主）の人格の上に阿弥陀の本願が直結するのである。このような思想的背景を具体化したものが本願寺教団構成員の礼拝物であり、蓮如の一連の礼拝物の構築はそのまま「統一」であり、逆に言えば従来の礼拝物の捨象でもある。『東寺執行日記』寛正六年（一四六五）三月、大谷破却について次の記事が見られる。

廿三日頃、東山大谷家自山門発向、其子細者阿弥陀仏ヲ川ニナカシ、絵木ノ仏火入ナントシテ江州ニ金森ノ庄ニ沙汰之ス、仍山門ヨリ発向之ス、此本所ハ大谷也、悉犬神人取之、金森ハ建仁寺ノ内妙喜庵領也、山門へ知行之、曲事也、(4)

必ずしも意味が明瞭とはならないが、少なくとも阿弥陀仏を川に流したり、絵木の仏像の焼却を江州金森にまで沙汰したため山門が発向したことを告げる。これによれば蓮如は、本願寺のみならず門徒集住地域にこうした指示をしていたと考えられる。(5)また高田専修寺真慧の『顕正流義鈔』は暗に蓮如を批判した書であるが、同趣の文言も散見される。

マツ絵像・木像ヲスツルコトハ五逆ノ罪人ナリ、(中略)イマ新義ヲタテ、ヒトヲ仏法ト号シテス、ムルヤカラ、モハラ絵木ノ仏像ヲステ、皇太子ノ尊形ヲノケ、念仏方便トイフ、アニカノ同類ニアラスヤ、(6)

このように性格の異なる二者が共通して「絵木」の仏像の廃棄、または焼却を記述していることは、蓮如のこうした行為が奇異なこととして周知されていたと考えられる。

ところで仏像を焼却することについて、大喜直彦氏によれば、蓮如の「焼く」行為は、釈迦を形像化した仏像なるが故に入滅＝荼毘に付すことと意識されたことが中世の理解としてあったことを提言される(7)。大変注目すべき意見といえる。比叡山側の大谷襲撃の理由がここにあるとすれば、たとえこうした理解があっても、やはり蓮如の「アマタ当流ニソムキタル本尊已下」（『蓮如上人仰条々』四七。傍点筆者）を焼却する行為は異常と見られたに相違なく、蓮如に対する憎悪感を増長させたと考えられる。こうした行為に対する蓮如自身の感情を吐露した記事は見当たらないが、意識的に焼却することと引き替えに十字名号を下付、すなわち親鸞回帰を強調する手段としてこれを断行したものと思われる。そして後述するように、新たな十字名号には、その全てに「方便法身尊号」と記すごとく、「法性」でなく「方便」の本尊である。すなわち「掛ケヤブレ」るものであり焼却されてしまうものでもあったが、蓮如下付の名号こそが、法性なる真実の具象化された不滅のものとして親鸞の教説に裏打ちされたものであればこそ、この行為が正当なものとして門末に支持されたものと考えられる。

一方、真慧は太子像までも捨象したことを批判するが、事実、蓮如以降東西分派まで、本願寺より下付された太子影像は極めて少なく(8)、先にもふれたように従来の太子眷族等の絵像を廃しているのも事実である。しかし、山科本願寺にあっては阿弥陀堂北側押板に太子絵像（讃文蓮如筆）と六高僧像が奉懸されており、「太子の御命日に太子講私記あそはされ度候由、御物語候つると被仰由御物語候き(9)」として、蓮如自身は太子を否定どころか崇敬の念篤いものがあった。やはりそこには、本寺でのあり方と門末のそれとを形の上で区別して、あくまでも弥陀――開山――蓮如の礼拝物の一元化を目指した蓮如の姿勢が、真慧など他派の目には「皇太子ノ尊像ヲノケ」る現象として強烈な批判をあびせる要因となったといえよう。

こうして、蓮如は独自の礼拝物の体系を構築していくが、これらの礼拝物の最も顕著な特徴は自ら「裏書」を記す点であるといってよい。以下、この「裏書」について考察してみたい。

当人の裏書は、すでに親鸞の墨書名号に見られることは周知の通りで、蓮如以前においても散見されるが、蓮如によって表画同様、書式的にも統一される。これら裏書の概念、史料的位置付けについての論議は後述のように、ほぼ出尽くした感があるが、それ以前に、統一された裏書を有すること自体、他の仏教教団には見られないことであり、多様な史料的価値を内包することは多言を要しない。

まず、全国に多数伝存する品々は、その全てが中央で制作されたことを示し、かつその年次を特定することができる。美術史的にも極めて有効な資料ともなり、さらに在所名・郡名・郷名・荘園名など中世後期から近世の地名が明記されており、歴史地理学上でも有益となる。十五～十六世紀初頭、すなわち蓮如・実如期の裏書に見られる郷名や村名は、その地域における地名の史料上の初見である場合も少なくない。

さてこうした裏書の付される礼拝物は、基本的に絹本著色の名号・影像・絵伝類とすることができる。紙本に墨書された名号や聖教抜書のなかには、裏書の見られるものも皆無ではないが僅少であり、例外的に扱うべきである。ただ紙本の墨書名号も、後述するように蓮如期においては本尊としての機能を有していた場合もあると考えるが、裏書の有無には如何なる意味があろうか。

裏書の記載内容は、後にもふれるように「本尊也」「常住物也」、あるいはその記載がなくても地名または願主名が記される。つまり特定の「場」に安置されるべく下されたものであると考えられる。

逆に裏書のない墨書名号は、いつでも・どこでも・誰でも、といった流動的な性格を有する。すなわち「常住」でないものとすることができよう。つまり蓮如の手を離れた後、所縁により道場やそれ以外の場にも流動的に安置され、「掛ケヤブレ」ることを想定して下されたと考えられる。ただ近世前期において、在家の本尊類も移動していた点が指摘されており[10]、裏書を有していても移動することもあった。だがその場合は、多くは「場」の記載はなく、願主名のみの場合が多く、やはり基本的には裏書は「場」を特定する機能を有したといえる。

したがって、絹本著色の安置物は本尊はじめ道場における、いわば正式の礼拝物として機能し、紙本のものは礼拝物ではあるが副次的な性格のものであったと位置付けることができよう。

次に裏書それ自体に着目してみたい。そこでまず、蓮如に先だつ存如期の現存する裏書を列挙してみると、管見では以下の五点を知り得る。

a（金沢西別院蔵）

永享十二年十月十四日御往生六十五歳

巧如上人之御真影

嘉吉三歳癸亥正月七日　　本願寺住持存如（花押）

b（加賀市専称寺蔵）

宝徳元年己巳十一月廿八日　本願寺住持釈存如（花押）

東山大谷本願寺開山親鸞聖人御縁起也

加州江沼郡山城庄川崎専称寺住持願主釈真光

但於此御伝者不可出専称寺門外者也

c
（鯖江市専光寺蔵）

方便法身尊像

　宝徳三年辛未六月廿八日　本願寺釈存如（花押）

越前国和田本願寺（ママ）門流木田庄内

橋屋了善坊安置之御本尊也

（別筆）宝徳三年十月廿九（カ）□　重（カ）（花押）

d
（西本願寺蔵）

享徳三年甲戌七月十一日　大谷本願寺釈存如（花押）

　河内国新開道光門徒同国蔵作

　　願主　兵衛

e
（西尾市本法寺蔵・明栄寺保管）

□法身□

康正三年丁丑□三日　大谷本願寺釈存如（花押）

河内国渋川郡久宝寺慈願寺門徒

同国郡亀井

　願主釈心道

これらを見ると、書式は一定ではなく、aは手元にあって安置されたものであろうが、他の四点は門末へ下付されたものである。bは絵伝、c・eは絵像本尊、dは裏書のみ伝存しており、名称もなく願主も俗名である。ちなみにd・eは従来全く知られていなかったもので、蓮如期に成長した河内門徒は、すでに存如期に教線が伸びていたことを知る貴重な史料である。(11)そしてこれらに共通するのは年月日まで記され、署名は必ずその下に書かれる。これはむしろ文書としての公式を守っているもので、蓮如以降の書式との大きな相違点といえる。

次に蓮如最初期の裏書を例示すれば**図版1・2**のようである。

中央上部に表画の題を書き、下部右から署名・年月日・本末関係と在所（宛所）・願主（法名）の順を基本書式として、これは晩年まで変わることはない。さらに実如・証如はじめ以下近世教団にも踏襲される。

蓮如によって裏書の書式が確立されるのは明らかであるが、内容については存如のそれと大差はない。ただ蓮如の場合、願主が俗名のものは報告されておらず全て法名である。蓮如期の裏書の残存量からすると法名状は極めて僅少で、本尊（裏書）下付が法名下付を兼ねていたことも考えられる。これについては後考を俟ちたい。

また蓮如の裏書で注目されるのは、署名部分と願主名との高さがほぼ揃っていることである。実如・証如期（以降）のものは、願主名がより低い位置に記されるが、文書様式という点からも本願寺門主の地位と意識の向上を示しているといえる。

大喜直彦氏の法名状の分析によれば、門主に対して被授与者の名が証如期よりやや下がり、近世では小さくなってゆくことより、上から下への授与であることを指摘される。(12)このことは裏書の場合も同様の意識と考えられる。ことに裏書の場合は、蓮如・実如共通の明応期にすでに両者の相違が明瞭となり興味深い。実如は継職当初から、門主としての身分的立場を明確に意識していたといえよう。

ではこうした裏書は、どういった意味・機能を持つのであろうか。今や、少し前の見解ではあるが、大略次の二つの見解が基本であろう。

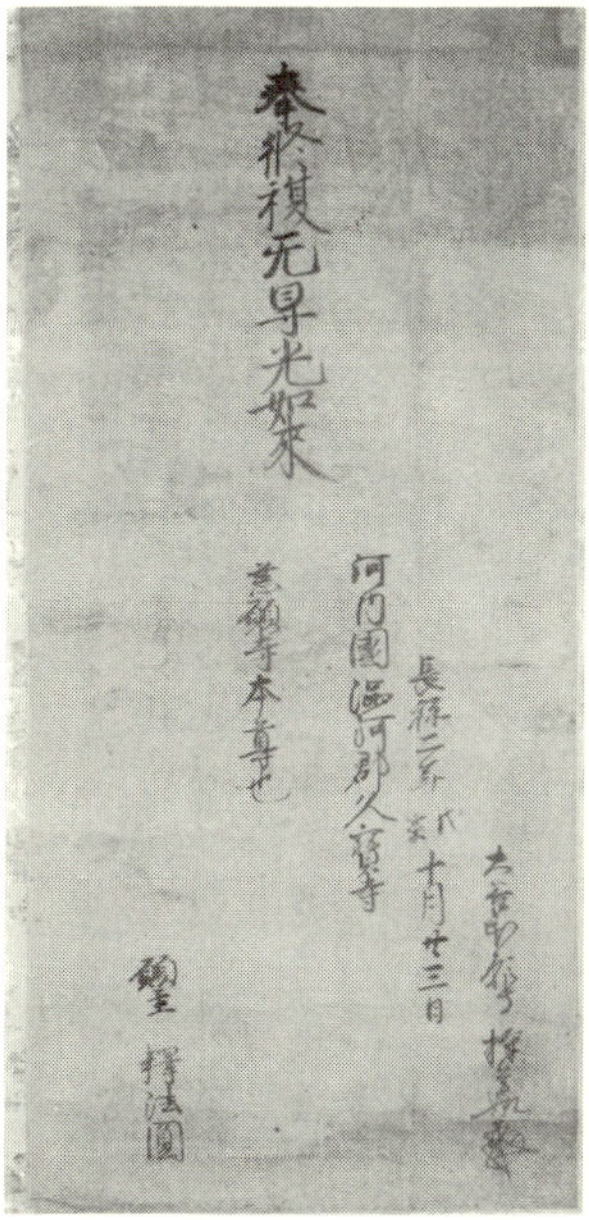

図版1　蓮如十字名号と同裏書（長禄二年、八尾市慈願寺蔵）

大谷本願寺釈蓮如（花押）
長禄二年戊寅十月廿三日
河内国渋河郡久宝寺
奉修複无导光如来
慈願寺本尊也
願主　釈法円

図版2　蓮如十字名号と同裏書（長禄四年、守山市蓮生寺蔵）

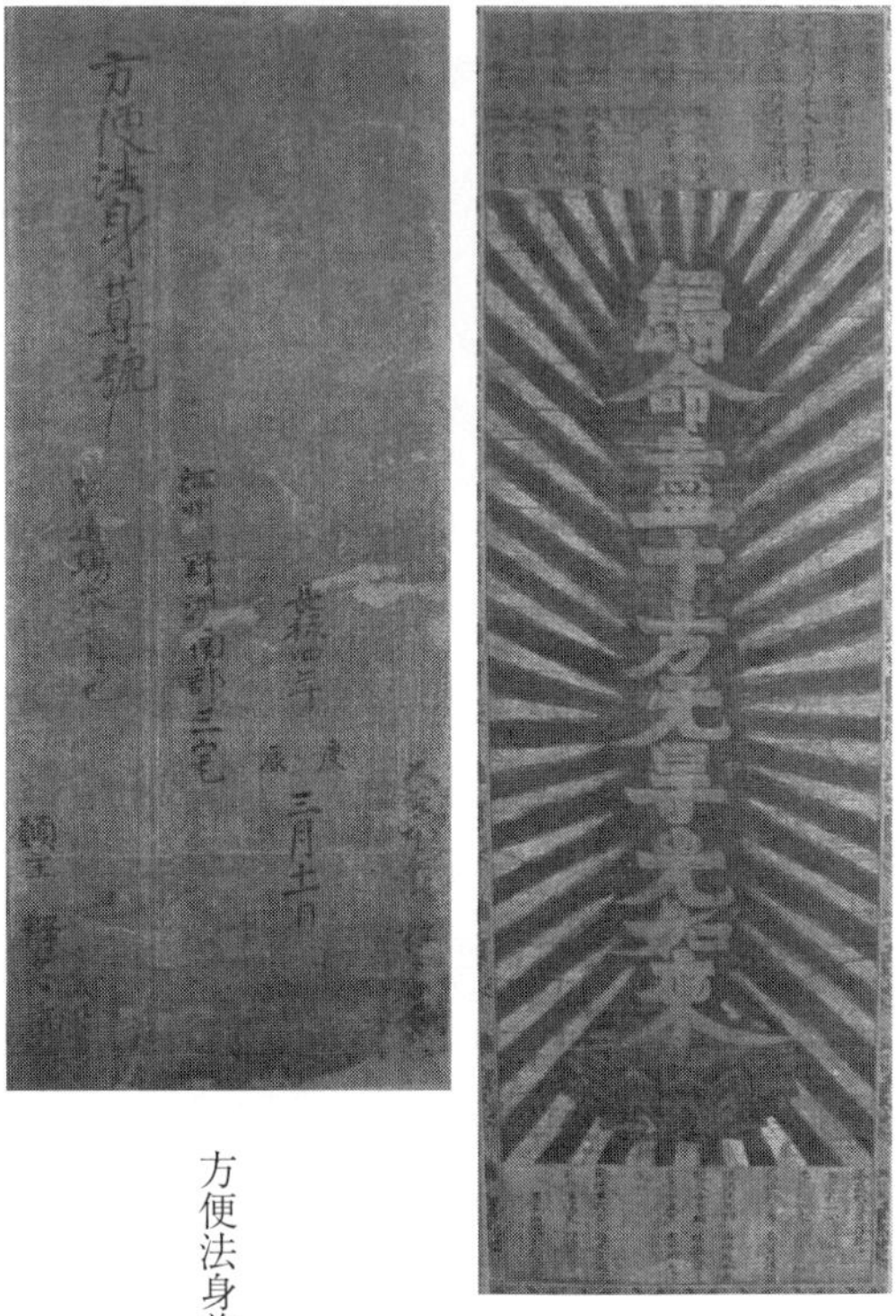

大谷本願寺釈蓮如（花押）
長禄四年庚辰三月十一日
江州野洲南郡三宅
方便法身尊号
惣道場本尊也
願主　釈了西

第一は金龍静氏、遠藤一氏の、下文・下知状的機能を有するという古文書学的位置付けである(13)。

第二は、神田千里氏の、願主と来世を結ぶ善根の明記の書であり、本願寺門主がその保証者となったとするものである(14)。

この両者の見解をもとに検討を加える前提として、裏書は添付された「文書」であるという通説を問い直す必要がある。通常、東西分派以前の裏書は、掛軸裏側上方にどれもほぼ同位置・同方向に添付される。ところが、八尾

図版3　実如影像裏書（八尾市慈願寺蔵）

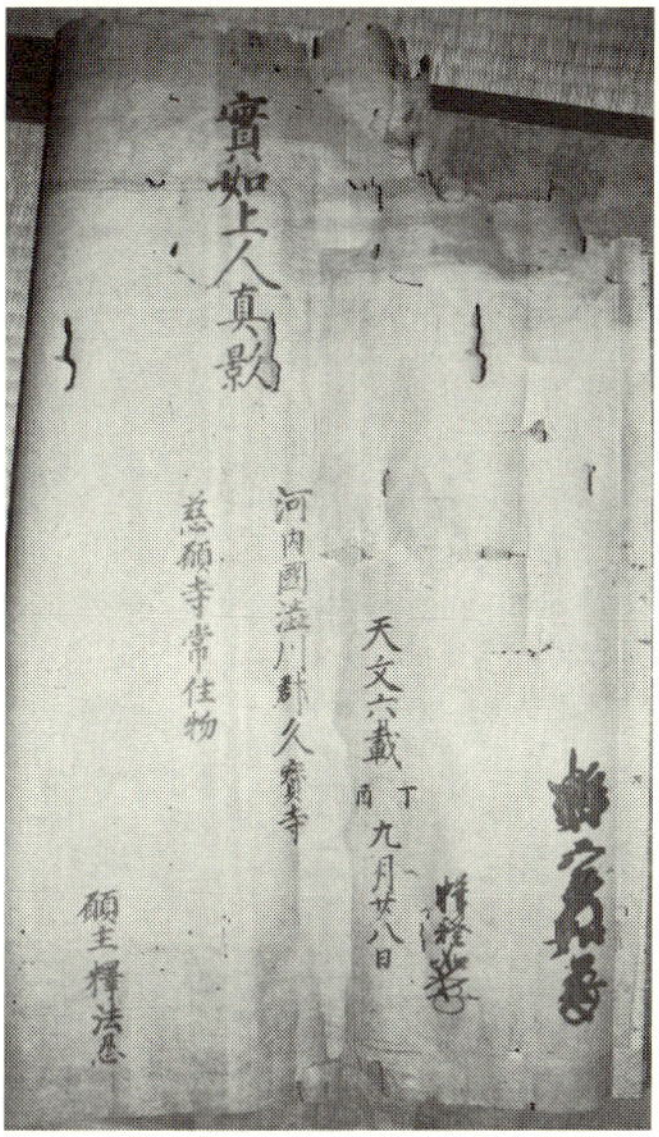

図版4　親鸞絵伝裏書（奈良県本善寺蔵）

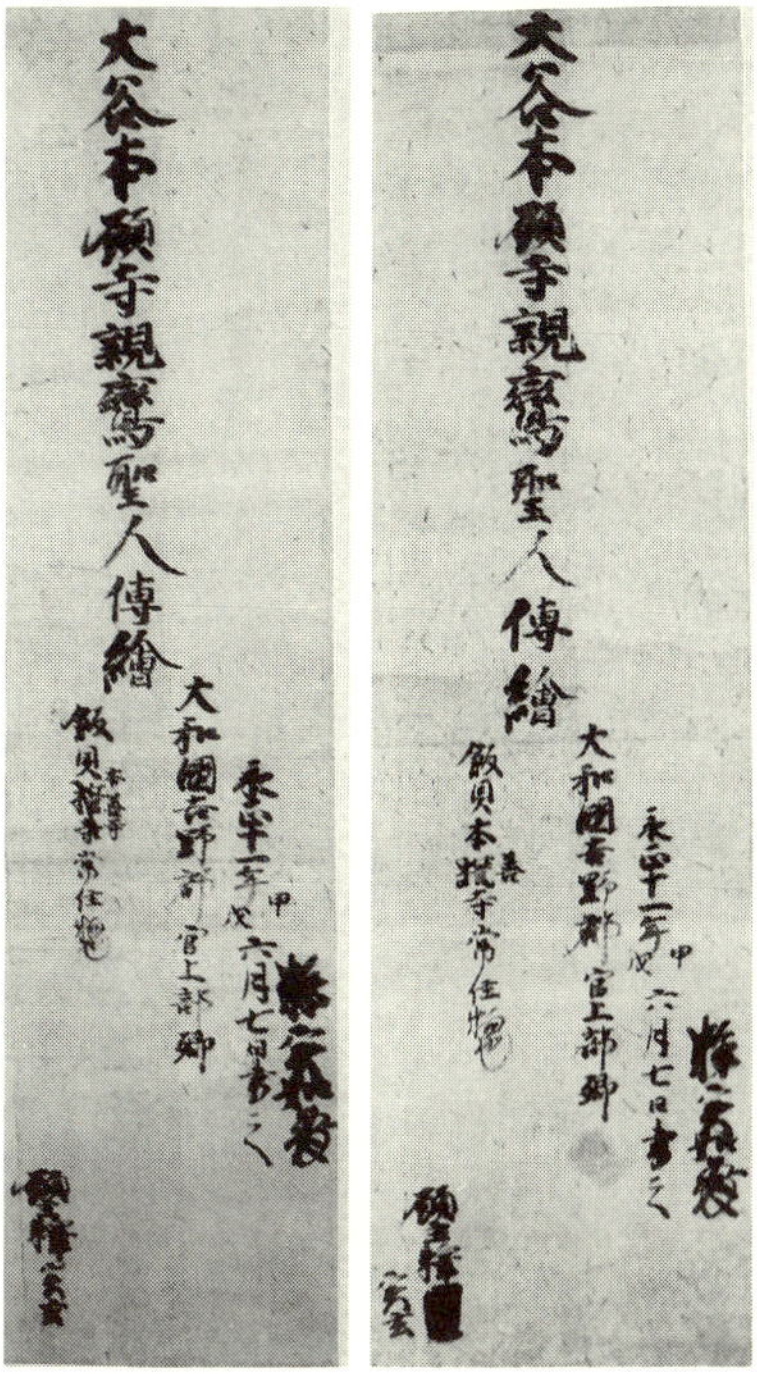

市慈願寺蔵の実如影像（天文六年九月二十八日）は破損著しいが、これは原装のままの状態と考えられ、添付でなく直に裏書されている（図版3）。また大阪市浄照坊蔵の蓮如下付法円影像（文明十三年十二月七日）の裏書は、竪長の料紙の中央あたりが継がれている。継目にも文字があり、明らかに当初より継がれていることが知られる。他にも類例は散見されるが、このことは、もともと表具の裏打ち紙に直に書かれた証左となろう。

近・現代まで本願寺教団では裏書が踏襲されるが、近世中期以降の原装と考えられるものはやはり直に書かれている。こうした形態が、近世に始まるのでなく中世以来踏襲されていると考えた場合、上記の事例が特殊でなく一般であったとして誤りない。したがって、たとえば奈良県吉野本善寺に所蔵される二幅本親鸞絵伝（永正十一年六月七日）の裏書（図版4）は、実如が三カ所も訂正するが、直書なるが故に見苦しくなっても取り替えが不可能であったからに他ならない。また『山科御坊事幷其時代事』によると、蓮悟が蓮如に寿像を求めたとき、似ていたので蓮如は「表褙」[補]までして御礼金も固辞し、そして裏書をして下されたという[15]。つまり表具をした後裏書を書いたことが知られるが、金龍氏の言われる白紙が添付してあったと考えるより、先の事例からも、直に書いたと考える方が自然である[16]。

このように裏書が添付でなく直に書かれているということになると、従来の裏書の位置付けは如何であろうか。まず金龍氏の文書的位置付けが全く否定されることはないにしても、直書は仏像などの造像銘に近い性格を考えることができよう。神田氏が注意されるように、裏書も元来画工の名が記されたことが光明本尊などに見られることが、『存覚袖日記』により見出される。直書は造像銘に通ずるものであり、その意味では、神田氏の指摘の通り善根の証明を示すものであると言えよう。ただ、考察の対象とはしないが親鸞の墨書名号にも裏書されている。

そして画工に代わって、存如・蓮如以後の裏書には必ず本願寺門主の署名が記され、蓮如以後、金龍氏の指摘のように「大谷」の字句が冠せられる場合が多い。ことに親鸞影像（開山像）と同絵伝の大半に見られ、金龍氏は、親鸞と大谷以来の歴代住持という相承譜を背景として当該門主は裏書を下付したとされ、神田氏は宗主は親鸞の血脈者として仏と願主の間にあって、来世のための善根の保証者たり得たとされる。

言うまでもなく、寛正六年（一四六五）の大谷破却まで、大谷の地こそ親鸞廟堂の原点地として、覚信尼や覚如以来、全親鸞門徒の崇敬の中心であるべきものであったが、実際には本願寺門徒以外には形骸化していった。

しかし蓮如にあっては大谷が廟堂の地名であるのみならず、「黒谷」が法然の別称であったと同様に「大谷」も親鸞の別称としての意味が含まれていた。「本願寺」もまた同様に親鸞の別称的意味合いを持ちつつ、その本尊なり影像なりを礼拝することを通して、親鸞門徒として「本願寺」に回帰する機能を有したといえよう。そして開山親鸞の「名代」たる門主の署名は、それをさらに補完しつつ、弥陀の救済＝報土往生を決定へ導く要素を内包したと考えられる。

ではこうした裏書を付す各種の礼拝物の免許は、一定の条件をともなったのであろうか。近世以前の一般道場・寺院の経済的側面については史料が乏しく明確ではないが、早島有毅氏はこの時期本願寺から発給された権利能力に、寄進を属性とする行為は認められないという特性を指摘される。(17)少なくとも蓮如期や実如期の前半は教団内身分の制度的未成熟もあり、一門・直弟・直参・手次坊主などの性格も必ずしも明瞭ではない。(18)

たとえば開山像は直参門徒にのみ免許されることは、蓮如期にまで遡られると考えられるが、寺院・道場にどのような順序で下付されたかが問題となる。比較的残存のよい主要門末の場合を一覧すれば**表1**のようである。

これによると、まず十字名号（または絵像本尊）、開山像と絵伝の三点がほぼ共通している。そして十字がまず本尊として下付され、続いて開山、絵伝の順が多く、これが一応の基本順序と考えられるが、慈願寺や赤野井惣門徒は逆の順序になっている。また福田寺の場合、開山に先だって蓮如単身寿像が下付され、翌年開山単身像が下付される例もあるが、初期に近江湖南門徒に多く見られる開山・蓮如連座像が分化する形と理解できる。これについては後述する。

こうした下付例を概観すると、本尊・開山・絵伝の基本的な傾向があるものの、必ずしも一定のパターンは認められず、上宮寺や慈願寺のようにときには特別な連座像が下付されることもある。そして開山像は、東西分派以前は極めて制限されたことはすでに見た通りであるが、絵伝もそれに準ずることが十分に考えられる。ただこれについては、四幅のものを懸けるスペース、すなわち道場の建物の整備とも関係することが想定される。

表1　主要寺院礼拝物下付順一覧

近江本福寺	十字(蓮)長禄四・二・二四)	開山 蓮寿(蓮)寛正二・三・二三)	絵伝(蓮)寛正五・五・一四)		
近江赤野井惣門徒	絵伝(蓮)寛正五・五・一四)	開山(蓮)明応七・一〇・一八)			
近江福田寺	蓮寿(蓮)文明六・八・一三)	開山(蓮)文明七・三・二八)	絵伝(実)明応七・一一・二八)		
近江箕浦誓願寺	開山(蓮)文明一〇・九・二〇)	蓮寿(蓮)明応七・一・一九)	絵伝(実)永正九・六・八)		
河内慈願寺	十字(修)(蓮)長禄二・一〇・二三)	太子 祖師 存如(蓮)寛正二・八・二)	絵伝(蓮)文明七・九・二三)	開山(蓮)文明八・一〇・二六)	法円(蓮)文明三・三・七)
三河上宮寺	墨書十字(蓮)寛正二・九・二)	蓮寿 如光(蓮)応仁二・一一・一)	開山(蓮)文明一四・二・二三)	絵伝(蓮)文明一八・一一・二〇)	源空(蓮)延徳一・一〇・一〇)
尾張河野善性	十字(蓮)寛正五・五・七)	絵伝(蓮)文明二・三・一二) 開山(蓮　同　日)	方(蓮)文明一八・九・一三)		
美濃安養寺	方(蓮)明応二・六・九)	開山(蓮)明応二・九・一八)	蓮如(証)天文七・四・一〇)	絵伝(教)天正九・三・二)	
大和本善寺	十字(修)(蓮)文明九・四・五)	蓮寿(実)明応三・一一・二八)	源空(実)明応九・四・五)	太子(実)明応九・四・一〇)	絵伝(実)永正一一・六・七)

(十字……光明十字名号　開山……親鸞御影　蓮寿……蓮如寿像　絵伝……親鸞絵伝　方……絵像本尊)

第二節　名号本尊と絵像本尊

ここで、あらためて蓮如以降の名号本尊と絵像本尊について考えてみたい。蓮如は長禄元年（一四五七）の継職後、精力的に道場本尊たる光明十字名号を下付するが、現存遺品のうちほぼその初例ともいうべきもの[19]が、長禄二年十月河内久宝寺慈願寺法円に下したものである。第一節で写真（図版1）を掲載したが、これは裏書に「奉修複无导光如来」とあり、新たなものでなく、元来のものを修復し蓮如が本尊として認めたものと考えられる。これは後のものに比して上下の讃文を欠くという決定的相違はあるが、後の十字名号の雛形となったと考えてよい。裏書も以後は「方便法身尊号」と一貫して記されるようになる点からも首肯できよう。

さらに、これらの光明十字名号の制作技法や様式論・機能論についてはすでに早島有毅氏により論究されており[20]、参照すべき点は多いが、形態等について若干の私見を加えておかねばならない。

この名号の基本的な形態は、美麗な蓮台の上に金字の名号と金色の四十八条の光明、上下に親鸞以来の十字名号と同文の讃文（上讃は『無量寿経』より第十八願文と「其仏本願力〜自致不退転」「必得超絶去〜自然之所索」、下讃は『浄土論』より「世尊我一心〜広大無辺際」「観仏本願力〜功徳大宝海」を引く）を踏襲し、蓮華絵の下図の色紙型に蓮如が自筆で墨書するというものである。これらは直接的には、本願寺に伝来する覚如制作の十字名号（籠文字、上下自筆讃）[21]が手本となったと考えられるが、紙本を絹本とし金色の光明を加え豪華美麗なものにしたのは、蓮如の考案によると考えられる。

もちろん、覚如期以降蓮如期に先だつ多様な名号も想定しなければならない。たとえば光明やそこに化仏が描か

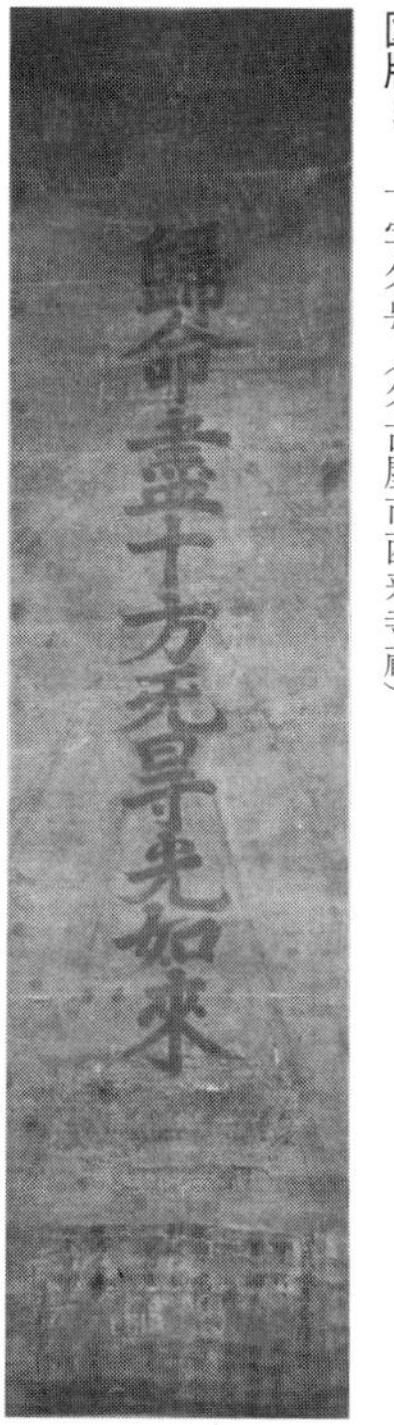

図版5　十字名号（名古屋市西来寺蔵）

図版6　十字名号（碧南市西方寺蔵）

れるもの、条数や描法などが異なるもの、光明本尊を意識しつつそれとは異なるものなど多岐にわたる。しかし、かつて見出された名古屋市西来寺蔵(22)（光明十二条、図版5）、碧南市西方寺蔵（光明三十六条、図版6）などは、讃文の筆致や技法的にも蓮如期以前に製作されたと考えられるが、名号部分の字体は蓮如のものに相通ずるものがある。おそらくこれらのものが直接的先例となって、蓮如の名号が創出されたものと推定される。

そして、この教学的根拠について親鸞は『唯信鈔文意』に、信心を仏性、仏性を法性、法性を法身とし、信心を法身に直結し、この法身は色も形もなく言葉を絶えたもの、すなわち一如より形を現じ「方便法身」の姿になったとする。これを世親は「尽十方無㝵光如来」と名付けたことを明確化している(23)。さらに『一念多念文意』には光明について、「コノ如来ハ光明ナリ、光明ハ智慧ナリ、智慧ハヒカリノカタチナリ、智慧マタカタチナケレハ不可思議光仏」「世親菩薩ハ尽十方無㝵光如来トナツケタテマツリタマヘリ」とする(24)。聖覚の『唯信鈔』は源空の『選択集』の略述書であり、ここに蓮如は法然・親鸞の教説を背景とした「智慧ノカタチ」を信に根ざした形で表現した礼拝物を具体化し、多様な伝来礼拝物に選びと創意を加え絵画化したものといえる。

蓮如は継職当初より、この光明十字名号を近江を中心に下付するが、本福寺において「无㝵光ノ御本尊、ウツホ字ハカリ本福寺門徒ニ明応五年ノ日記ニ十九幅《クフク》オハシマス也」と蓮如最晩年の時期に十九幅存在したという(25)。したがって、元来はさらに大きな数字となることが推定でき、大谷破却後ほとんどその下付を見なくなるものの(26)、後々まで依用されたことが知られる。事実、山科本願寺では、脇掛ではあるが御影堂南押板の代々御影の南側に「无㝵光泥字」、つまり光明十字名号が掛けられていたという(27)。

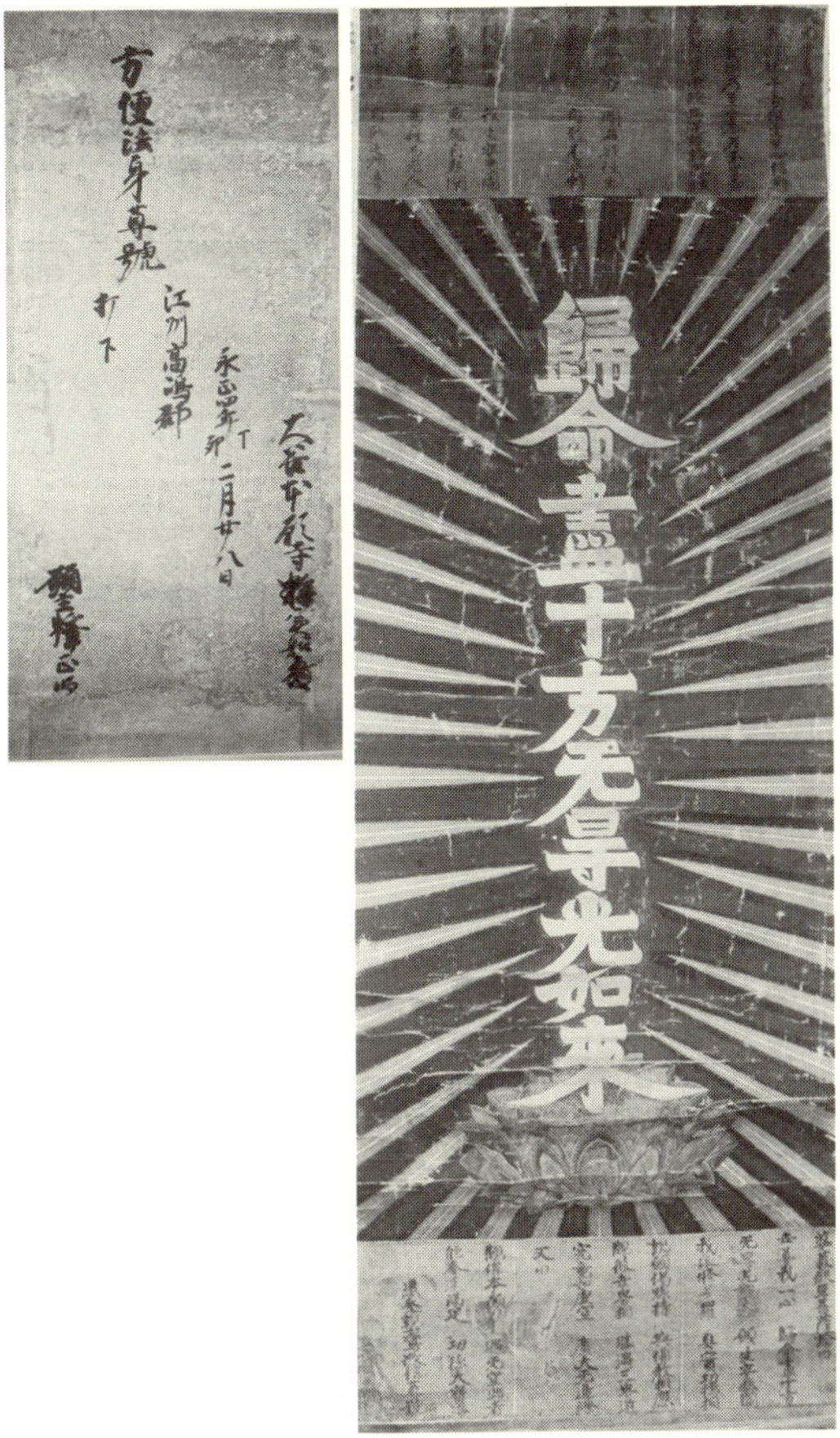

図版7　光明十字名号（上下讃は蓮如筆）と同裏書（滋賀県最勝寺蔵）

さらに実如期においてもわずかながら下付例が確認できる。注目すべきものは、滋賀県高島町最勝寺蔵の永正四年（一五〇七）二月二十八日の裏書を付す実如下付の名号で、上下の讃文は蓮如の筆跡と見てよい（図版7）。このことは、裏書が「奉修復」ではないので、もともと下付されたものを後に実如が裏書を加えたとするより、この時点で実如より下付されたと見るべきであろう。したがって、蓮如期のものを実如が下付した特殊な事例といえる。このように実如期にあっても、蓮如が大谷破却で下付をほぼ中止した光明十字名号を踏襲しており、次に考察する絵像本尊に必ずしも全て統一されていないことを指摘できる。一方、絵像本尊についても、名号中心の大谷破却以前にもわずかながらその下付例が確認できる。[28] ただ量的傾向としてはやはり大谷破却を境に転換されてゆくことは間違いない。

蓮如の絵像本尊の成立過程についても、宮崎圓遵博士が考察されるところである。すなわち、十字名号に光明・化仏が描かれたものが次第に尊号部分が尊像へと転化し、化仏が消去されたものが蓮如が依用した形状となる。光明四十八条は、四十八願からとするより十二光からの転化であるとする。さらに蓮如が採用した絵像は、すでに前時代の存覚期から依用された「マムキ」といわれるものとほぼ同様とされる。[29]

これらは多くの現存遺品からおおむね定説となっている。ただ光明については、先にもふれたように先行のものは条数は多様でもあり、十二光の転化と見るより四十八願を意識して成立したとする方が、事実に近いと考える。[30] いずれにしても蓮如下付の絵像本尊の場合も、最も古態の一つは龍谷大学蔵の文明二年（一四七〇）大和国十津川鍛冶屋道場浄妙へ下付した「奉修復」のものである。先に例示した慈願寺蔵光明十字名号（図版1）と同様、伝来のものを修復した段階で蓮如が「認定」したものと考えられ、蓮如の絵像本尊の以後の基本形の一つとなったと見てよい。

すなわち蓮如は、少なくともオリジナルの絵像を考案したというより、基本的には伝来のものを選び取ったと考えるべきであろう。それは、唯一点であるが存如下付（光明十八条・鯖江市専光寺蔵、図版8）の絵像とも全く異なり、踏襲していないことからも頷けよう。具体的には、蓮台に立つ像と四十八条の光明のみで、化仏や名号・人物等一切を捨象したもので、以後現在まで踏襲される。注目されるのは、像容全体が繊細な截金技法で美麗に仕上げられているが、これは主に仏光寺系が依用した光明本尊中にあるものと同様である。

そしてこれらの絵像本尊は、吉崎以降大量に制作されるが、工房集団などについては史料もほとんどなく明確とならない。また、脊古真哉氏と吉田一彦氏らの精力的な調査で、蓮如長男順如（一四四二～八三）下付の絵像本尊

図版8　存如下付絵像本尊（鯖江市専光寺蔵）

図版9　順如下付絵像本尊（滋賀県西琳寺蔵）

図版10　順如下付絵像本尊（岐阜市浄性寺蔵）

図版11　蓮如下付絵像本尊（高山市蓮徳寺蔵）

表2　文明16年『如光弟子帳』絵像本尊下付事例

道場名	年　月　日	下付者	所　　蔵	備　考
西　畠	長享3・4・7（1489）	蓮如	碧南市応仁寺	旧　蔵
村　高	明応2・11・□	実如	岡崎市正願寺	
吉　浜	明応4・3・1	実如	高浜市専修坊	
専修坊	明応5・7・28	実如	高浜市専修坊	蓮如影
瘖　井	明応5・11・3	実如	一宮市長誓寺	尾張国
大　浜	文亀1・4・6	実如	碧南市本伝寺	記　録
於　保	文亀1・□・□	実如	稲沢市善慶寺	尾張国
冨　岡	文亀3・5・14	実如	犬山市西蓮寺	尾張国
於　保	永正12・②・4	実如	碧南市蓮成寺	尾張国
古　井	永正12・5・14	実如	安城市願力寺	
若　林	永正12・5・15	実如	豊田市円楽寺	
オカサキ	永正15・4・25（1518）	実如	岡崎市専福寺	

が数点確認されている（図版9・10）。さらに蓮如期の絵像本尊の特徴を精密に分析される(31)。順如下付のもので年次の知られるものは文明六年から十三年（一四七四〜八一）までで、没年頃まで下付したようである。あるいは従来蓮如下付と思われていたものが順如裏書であったりもするため、今後さらに見出される可能性が高い。そして順如の下付物は、「実如上人の御時みなあそハし直され候」といわれ、慶聞坊龍玄・越中正珍や御堂衆に書かせ、御判のみ自らしたため、実如の時に書き直し、または取り替えられたようである(32)。それに外れたものが伝存するものであろうか。

いずれにしても、順如下付のものを含むほぼ文明十五年以前のものの大半は、阿弥陀像頭部真上と蓮台真下に延びる光明が一条あり(33)、以後それは減少し、実如期のものにはほぼ見られない。これを一応前期と後期とに分けるならば、前期はやはり像高が高いものが多い。蓮如期の後期も大差はないが、徐々に身長が短くなり光明の変化も見られるようになる（図版11）。先の最勝寺蔵十字名号の例と同様、かなり後になって裏書をしたり下付したりするものもあったと考えられる。

そして実際は、絵像本尊の場合、蓮如により本格化するものの実如段階でピークとなることは、多くの調査報告から見ても明らかである。次にこれらの絵像本尊が道場化や本願寺門徒化にどう機能していったのか、その一端を考察してみることとしたい。

絵像本尊は一般に「開基仏」などと称されてきた場合もあり、この下付により道場化が成ったとも言われてきたが、これ以前の本尊が墨書名号類であるとすれば道場化の時期は遡る。従来この見通しは、実はあまり具体的に報告されてこなかった。そこで三河門徒団の場合を少しく検出してみたい。

三河本願寺教団は、上宮寺・勝鬘寺・本證寺の三箇寺や大坊主等が、ほぼ同列に蓮如期に下部組織とともに帰参転向する。特に上宮寺は、それが寛正二年（一四六一）の十字名号下付時点と見られ、最も明瞭である。さらに文明十六年（一四八四）の『如光弟子帳』（『文明本』）により、この時点での末道場が確認でき、すでに第Ⅰ編に見たが、再度ここにその名の見られる道場の絵像本尊類の一部を列挙すれば**表2**のようになる。

文明十六年段階の末寺末道場百五カ所のうち、たとえば上記十一カ所の絵像本尊、一カ所の蓮如寿像を見てみると、年次は一四八九年から一五一八年に至る三十年に及ぶ開きが認められる。これにより、文明十六年段階では絵像本尊や裏書を付した礼拝物は皆無で、明らかに絵像本尊は道場当初の本尊ではないことになる。したがって、絵像本尊を従来「開基仏」と呼称してきたが、これは訂正されるべきであろう。

また、これらの寺院はいずれも光明十字名号は伝来しておらず、西畠道場の応仁寺には応仁二年（一四六八）裏書の墨書名号を伝えるのみで、多くは蓮如・実如筆の一般の墨書名号等を伝えるばかりである[34]。すなわち、蓮台のない墨書名号も絵像本尊下付以前の道場本尊として機能していたことを裏付ける。この点については第二章でも検討するが、すくなくとも、絵像本尊は道場草創期の本尊とするより、技法的にも截金細工の入念なものであり大きな経済的負担を要することが想像されるため、むしろ道場が一定の安定段階に達した時点で下付を受けたものと考えられる。また蓮如・実如期には礼金額については不明瞭だが、天正期に本願寺に絵所《えどころ》が設置[35]された頃にサイズと礼金額が確定したようであり、サイズと金額はかなり以前から慣習化していたと考えられ、たとえば「一貫代《いっかんだい》」等と称されるので、ほぼ推定はできよう。

さらに、全国的な下付状況については数字的に明示できないものの、実如期の下付数が圧倒的に多く、以後もあまり例を見ないという上宮寺の傾向は、ほぼ全国的傾向と一致すると見てよい。そして上宮寺門末の場合、蓮如期に本願寺門徒化（または道場化）したものが、実如期に絵像本尊を安置し、ほぼその大半が近世に寺院化したようである。流出せず襲蔵されてきた事[36]が何よりの証左であるが、『文明本』に名を見る、特に矢作川上流域の道場の多くは、早い時点で退転していることも付記しておきたい[37]。

一覧の上宮寺末道場の場合、現存するものは大半、いわゆる一貫代[38]のサイズであり、筆者が採訪した三河門徒団全般の道場の多くは実如期のもので、ほぼ同サイズであるという共通性を持つ。ただ、一周り小型の五百代サイズも散見され、さらには三百代サイズのものも確認しているが[39]、稀に二百代サイズのもの報告されている。このことは、実如期以降、道場未分化の在家門徒にも絵像本尊下付がなされたことを示唆している。ただ墨書名号においては、蓮如期には六ッ切・八ッ切[40]という小型のものも見られ、さらに実如期のものはその数を増すと推定される[41]。道場化していない門徒はこれを安置し、このうちの一部有力門徒がすでに実如期に絵像本尊化するとみられる。

次に墨書名号についても少しく検討しておきたい。

蓮如の墨書名号の大半は六字名号であるが、親鸞の墨書六字名号の遺例もあるものの、初期真宗では九字や十字がその中心であり、蓮如により六字名号が本願寺教団に大量普及したといえる。第二章でふれるが、楷書は本尊的性格を有したが、草書体名号はその性格は薄いと考えている。そして、草書体六字名号を蓮如は独特の筆法で、おそらく吉崎以降、大量に授与してゆく。

蓮如は「御文」において善導の六字釈を極めて重視しており、「抑南無阿弥陀仏ノ体ハ、スナハチ我ラ衆生ノ後生タスケ給ヘトタノミ奉ル心」（帖内四―一一）、「安心トイフハ、南無阿弥陀仏ノ六字ノコ、ロナリ」（同五―九）と集約する。すなわち六字名号こそ救済の原理であり、安心《あんじん》の原点ともいうべきものとして、ここに「体」と「コ、ロ」を一体化し視覚化したものとして六字名号があり、すなわち教説がそのまま体現化されたものと位置付けることができる。さらに、道場や在家に下付することにより、その視覚がそのまま称名・信心となることを願ったものといえる。(42)

また蓮如の墨書名号の特徴として、ごく一部の例を除いて署名裏書をしない。この時期、たとえば高田専修寺真慧や天台真盛派真盛なども六字名号を多く書いているが、必ず表に署名している。蓮如は純粋に他力仏教の立場から、信心は如来より付与されるべきもので、名号を媒介とするものであれば、あえて「蓮如筆」という署名の介在を必要としなかったと考えられる。

もちろん六字名号以外にも、十字や九字も散見されるが、ことに十字の場合は実如筆のものが圧倒的に多く伝存するのは、(43)蓮如によって、大谷破却以後は光明十字の下付が中止されたことによるのであろう。こうした墨書名号類は、さらに証如筆のものも含めて総じて「蓮如筆」として伝わる場合が多いが、決して蓮如筆のものが僅少というのではなく、実如筆のものが従来考えられている以上に存在することを示している。この点についても、第二章で詳述する。

このように、東西分派以前の門主は蓮如の書体と無署名のあり方を継承するが、これらも含めて「御文」写本・版本の普及が表裏となり、蓮如の教化を教団内において共有することが可能となったと考えられる。

第三節　開山親鸞像と蓮如寿像

次に、蓮如下付の主要物件である本尊以外の影像類、すなわち開山像・蓮如寿像に着目してみたい。

まず親鸞像であるが、蓮如は継職当初より親鸞像・蓮如像との連座形式で下付するが、この場合も裏書の表画名称は「大谷本願寺親鸞聖人御影」である。連座形式は、ほぼ山科建立以前まで見られるが、親鸞単身像は大谷破却後、文明段階に入って多く見られるようになる（表3）。ただ単身像の初見は、管見では寛正五年（一四六四）五月十四日付の守山市赤野井福正寺蔵のもので[44]（図版12）、大谷破却以前ものとして注目される。さらに裏書に「赤野井物門徒中安置本尊也」とある点にも注目される。同様の例は、紀州了賢に下付された連座像に「清水道場之本尊

表3　親鸞・蓮如連座像下付一覧

寛正2・12・23(三)		大津市本福寺蔵
3・1・28(三)	裏無	守山市円立寺・延命寺蔵
3・2・16(三)		守山市蓮光寺蔵
5・11・28(三)		守山市聞光寺蔵
文明2・5・17(二)		岐阜市願誓寺蔵
2・5・20(二)		滋賀県万福寺蔵
2・5・28(三)		新潟市真宗寺蔵
4・8・16(三)		京都市西本願寺蔵
5・10・21(三)		大垣市西円寺蔵
7・5・16(二)		守山市慶先寺蔵
8・2・16(二)		守山市蓮生寺蔵
8・6・28(二)		小浜市妙光寺蔵
8・8・4(三)		福井市興宗寺蔵
8・8・4(二)		滋賀県正崇寺蔵
8・10・29(二)		和歌山市鷺森別院蔵
9・2・15(二)		京都市安居院西法寺蔵
明応7・4・28(二)		金沢市善照坊蔵 輪島市善龍寺蔵
未　詳(二)		岐阜県満福寺蔵
未　詳(二)		石川県林西寺蔵
未　詳(二)		茨木市仏照寺蔵

括弧内は礼盤の狭間数。この一覧は井川芳治「親鸞・蓮如二尊連座影像と単身の親鸞影像の研究」（『名古屋教学』第10号、1996年）より作成。その後さらに発見されている。

定之者也」（文明八年十月二十九日、鷺森別院蔵）とある。親鸞像を道場本尊として蓮如が認定したことが知られる。

そしてこの福正寺蔵本は、面貌をはじめ像容が「安城御影」に酷似していることに気付くが、蓮如下付の親鸞影像は総じて安城御影を模したものと考えられる。しかし「安城御影」と大きく異なるのは礼盤に座することである。ここに蓮如の親鸞像に寄せる思いが象徴されるようである。

図版12　親鸞影像（守山市福正寺蔵）

初期真宗の太子連座像や高僧連座像には礼盤に座す親鸞像も多く見られるが、蓮如下付のそれには礼盤に繧繝縁《うんげんべり》の畳が敷かれる。それまでの親鸞像では礼盤に高麗縁《こうらいべり》のものが散見されるばかりであり、礼盤上の最高位の繧繝縁に座すところの親鸞像は、蓮如により、いわば本願寺「開山像」として創出されたと考えられる。

もちろんこれに先だつ何らかの手本があってのこととも思われるが、蓮如以降の開山親鸞像は全てこれを踏襲する。たとえば、本願寺下付の初見である存如下付といわれる単身像が石川県輪島市本誓寺に蔵され、次のような裏書写を伝える。(45)

東山大谷本願寺親鸞聖人御真影
能登国不下子郡阿岸村
本誓寺　　願主釈了道

図版13　親鸞像繧繝縁《うんげんべり》（単は単身像）

寛正２年
（大津市本福寺）

寛正５年
（守山市聞光寺）

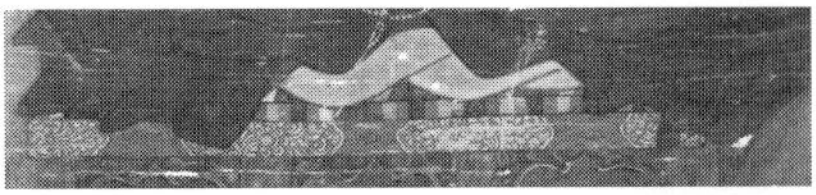

寛正５年
（単、守山市福正寺）

文明４年
（西本願寺）

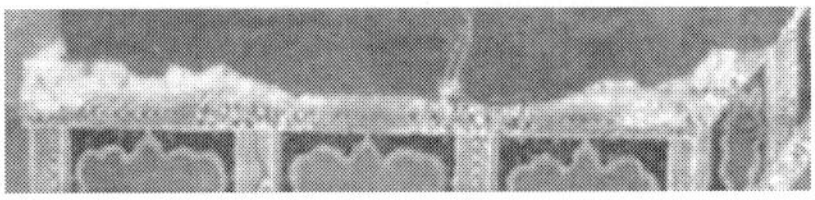

文明５年
（大垣市西円寺）

文明７年
（守山市慶先寺）

文明８年
（福井市興宗寺）

文明９年
（京都市安居院西法寺）

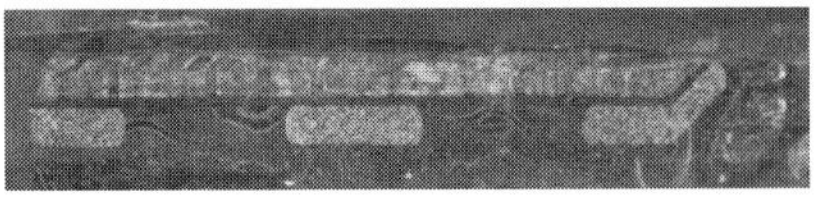

延徳３年
（単、岡崎市勝蓮寺）

永享八年丙辰八月廿五日存如御判

この単身像は近時の研究調査で、存如裏書の可能性もあるとされる。蓮如が大谷破却後、親鸞との連座像から転換して下付するようになる単身像と全く同趣（礼盤・繧繝縁）のものが、この時点ですでに下付されており、後年単身像下付ではこれを参考にしたとも考えられる。

また蓮如下付のもののうち、唯一繧繝縁でないものがある。最初期に次ぐ、例を見ない太子・開山・存如連座像（寛正二年八月一日、八尾市慈願寺蔵）で、礼盤の大紋高麗縁に座す親鸞像である。そしてこの直後から下付される親鸞・蓮如連座像（同二年十二月二十三日、大津市本福寺蔵）では礼盤・繧繝縁の形態となる（図版15）。

この繧繝縁に着目する時、興味深い事実が浮かび上がる。それは初期の寛正期のものは、衣で隠れてあまり明瞭に見えないものが多いが、文明期以降のものは衣で隠れる部分が少なくなりこれが明瞭に描かれる傾向にある。大谷破却から応仁期を境に、蓮如下付の親鸞影像にはこのように微妙な変化を認めることができる。すなわち、繧繝縁の親鸞像が視覚的に明瞭となり、実如期のものには正面が衣で隠れるものはほとんどない。「安城御影」を基調とした親鸞寿像写から、一宗の開山像たることを意識的に明確化していったものと見られる（図版13）。

ちなみに、この時期の座像の上畳の縁《へり》に着目してみると、元来、繧繝縁は最高位の畳縁として、天皇や法皇などに用いられる場合がほとんどで、武将や公卿の絵像に描かれる場合は意外に少ないようである。たとえば、室町将軍では三代足利義満の法体像（京都市鹿苑寺蔵）が繧繝縁となっている以外、二代義詮像（京都市宝篋院蔵）、四代義持像（京都市神護寺蔵）、六代義教像（一宮市妙興寺蔵）は大紋の高麗縁となっている。公卿では三条西公条像（京都市二尊院蔵）は小紋の高麗縁で、武将の三好長慶像（京都市聚光院蔵）、朝倉孝景像（福井県心月寺蔵）、尼子経久

図版14　存如影像（金沢市金沢西別院蔵）

像（松江市洞光寺蔵）なども同様である。ただ織田信長像（豊田市長興寺蔵）は大紋である。僧では真盛像（大津市西教寺蔵）や日親像（京都市本法寺蔵）も小紋高麗縁である。そして少し時期が下がるが、豊臣秀吉の没後像（京都市等持院蔵、大津市西教寺蔵）に至って繧繝縁が見られる。豊国大明神としての姿を象徴していると思われる(46)。

このように、繧繝縁の影像は室町末期に至ってもその例は極端に少なく、天皇やそれに準ずる立場、あるいは神格化された人物においてのみ用いられている。したがって、親鸞像のようにいくら一宗の開祖といえども、礼盤に加えて繧繝縁の畳に黒衣（薄墨）を着服して描かれることは本来あり得ないことである。寛正期に下付された連座像の多くが、縁の部分が衣で隠されているのはこうした理由によるものと思われ、また叡山や他宗を意識してのことと考えられる。

いずれにしても、東西分派期までは本願寺教団歴代の影像も小紋高麗縁で統一されているが、ここに蓮如は、歴代とは決定的差異をもって本願寺開山像として親鸞像の権威化を視覚表現したといえよう。

次に蓮如の寿像について若干の検討を加えてみることにする。

蓮如は、自己の肖像（寿像）を子息や主要門弟の求めに応じ下付したことは、多数の伝存例から容易に知られる。

ことに当初は、親鸞像との連座形式であることは先に見た通りで、後には親鸞像同様単身像となる。寿像について『山科御坊事幷其時代事』に次のような記事が見られる。(47)

　蓮如上人の御時御寿像ハ、蓮如卅三の御時始寿像を書事とて、狩野に被書侍し、それ願成就院殿（順如）御中也、狩野にハ千疋被下侍しと也、

順如の求めにより、三十三歳（文安四年〈一四四七〉）のとき、初めて寿像を狩野に千疋の画料で描かせたという。金額まで明記し、あながち誇張とも考えられず、狩野が事実なら、初代正信（一四三四～一五三〇）が二十歳代から制作活動をしていたとしても、順如（一四四二～八三）の年齢から蓮如四十三歳の継職時とする方が自然であろう。この時期の遺品は伝存しないが、たとえば存如影像（金沢西別院蔵、**図版14**）は、康正三年（一四五七）没後しばらくして描かれたもののようで、端正な表情を忠実に表現しており、蓮如四十三歳の寿像が正信作ならこれも同時期であり、正信作の可能性もある。(48)

『山科御坊事幷其時代事』では、さらに蓮如六十歳頃、多数の応需のため数多く描かせたという。『本福寺由来記』には、「蓮如上人様御寿蔵（像）イツクヘモ御ユルサレナシトイヘトモ、法住ニハシメテ御免アルナリ」(49)とあり、これは本福寺蔵の寛正二年（一四六一）十二月二十三日裏書の親鸞・蓮如連座像を指す。事実、これ以前に門末に連座像や単身寿像の下付例は報告されておらず、この記述通り本福寺に最初に下付されたとしてよい。これ以後、主に近江門徒を中心に、連座像という形で寿像が下付されることは先にも見た通りである。

そして、やはり大谷破却以後、漸次単身像が増加していくが、その初見は、管見では小松市長円寺蔵の加賀国賢

覚宛（応仁二年□月□日）のものである[50]。伝存するものでは、寿像は五十四歳から八十四歳まで見られることになるが、文明初年までのものは面貌はかなり若く描かれている。

そしてこれらに共通するのは、上畳は小紋高麗縁で前述のようにこの時代の公卿・武将等に見られる通例である。さらに装束は薄墨衣・墨袈裟であり、五条袈裟は管見では一点もない[51]。ことに蓮如は装束には極めて厳格であり、「直綴なとの墨染の色くろき不可然候とて、ふかく曲言之由蓮如上人ハ仰事候き、（中略）いかにも〳〵当流の儀はうす墨なるか肝要候と被仰、教信沙弥の作法たるへきと常に被仰し也[52]」と厳しく誡めている。偏依親鸞ともいえる蓮如の、視覚的具体的共有性といえよう。装束については、第Ⅱ編ですでに考察した通りである。

さて、寿像下付は如何なる条件にて行われたのであろうか。開山像は証如期には直参であることが条件であったが[53]、ほぼ蓮如期にまで遡ることができよう。蓮如期の場合、連座像であればそれは開山像としてよいが、蓮如単身像の場合は性格が異なると考えられる。

伝存する単身寿像には、蓮如巡化の折、弟子との別れにあたって、形見あるいは弟子となった者が「願主」となって蓮如「自画」を貰った等の、近世の読縁起類が付される場合が多い[54]。近世の縁起物や由緒をそのまま信拠することはできないが、必ずしも直参という教団内の身分的要因ばかりでなく、蓮如との「門徒」としての結縁を媒介として下付されていく場合が多いと考えられる。もちろん何らかの具体的下付条件をともなったであろうが、単身像として開山像から切り離された時、下付対象は大きく拡げられたといえよう。たとえば三河門徒団の場合、勝鬘寺門徒勝蓮寺は開山像下付（延徳三年四月一日）に先だつ七年前（文明十六年）に下付されるのをはじめ、上宮寺門徒矢作浄覚（文明十八年）、同西畠恵薫（延徳三年）、浄妙寺（延徳三年）、上宮寺門徒専修坊（明応五年、実如下付）などの下付例を見る。蓮如との結縁の深さからか開山像に先だつ事例は多い[55]。

生前の寿像は、まさに「生ける蓮如」を開山像同様に礼拝対象としたところに、蓮如本願寺教団糾合の視覚的作用として、大きな効果をもたらしたと考えられる。

ところで蓮如の下付した影像類は、正面向きのものは基本的には皆無で、斜め向きであり、これ以降もほぼ踏襲

表4　歴代影像の向き

親鸞像	安城御影		右向
如信像	山科八幅の内		右向
覚如像	山科八幅の内		右向
従覚像	山科八幅の内		右向
善如像	山科八幅の内		右向
綽如像	山科八幅の内		左向
巧如像	山科八幅の内		左向
	金沢西別院	（嘉吉3）	右向
存如像	金沢西別院	（康正3）	左向
	山科八幅の内	（延徳4）	左向
蓮如像			
連座像	大津市本福寺	（寛正2）	左向
	守山市聞光寺	（寛正5）	左向
	鷺森別院	（文明8）	左向
単身寿像	山科八幅の内	（裏　無）	左向（僧綱襟・五条）
	小松市長円寺	（応仁2）	左向
	滋賀県福田寺	（文明6）	左向
	岡崎市勝蓮寺	（文明16）	左向
	岡崎市浄妙寺	（延徳3）	左向
	枚方市光善寺	（明応3）	左向
実如像			
寿像	大阪市定専坊	（大永4）	左向
寿像	碧南市蓮成寺	（裏　無）	左向
前住像	奈良県願行寺	（天文19）	左向
前住像	三次市照林坊	（天文16）	左向（紋衣・五条）
証如像			
寿像	彦根市法蔵寺	（証如裏）	右向
前住像	泉大津市南冥寺	（天正4）	右向
	名古屋市専勝寺	（天正9）	右向
顕如像			全て右向
教如像			寿像全て左向
一族関係			
順如像	西本願寺	（文明15）	右向
蓮乗像	金沢市本泉寺	（永正10）	右向
実悟像	門真市願得寺	（裏　無）	右向（紋衣・五条）
実孝像	奈良県本善寺	（天文22）	右向
蓮周尼像	金沢市善福寺	（裏無）	右向
蓮能尼像	西本願寺	（永正15）	右向
門弟関係			
如光像	岡崎市上宮寺	（応仁2）	連座・右向
如光像	松阪市本宗寺	（応仁2）	連座・右向
道祐像	堺市真宗寺	（文明8）	左向
法円像	大阪市浄照坊	（文明13）	左向
法円像	八尾市慈願寺	（文明13）	右向
法淳像	八尾市慈願寺	（明応7）	右向
善忠像	茨城県勝願寺	（明応3）	右向

図版15　親鸞・蓮如連座像（大津市本福寺蔵）

される。このことに注目されたのは早島有毅氏や金龍静氏である[56]。ことに金龍氏は、蓮如が親鸞と対座し、以後代々前住に対座するという基本線が考えられるとするが、実際には一貫性がなく、顕如・教如が順序からすると逆向きになるのは、義絶された教如が天正八〜九年（一五八〇〜八一年）頃証如を前住とみなし証如像（右向）を下付し、その後自身の寿像（左向）に対し、あらためて前住像ということで顕如像（右向）を下付したため、逆向きになったとされる。しかし、いくら教如が義絶中といえども、証如を前住とすることには無理があろう。ここであらためて各代の影像類の向きを一覧してみることにする（**表4**）。

　影像の向きを考える上でまず取り上げねばならないのは山科八幅御影である。これは蓮如がまとめて制作したのではなく、代々作られたもののようで、存如像は蓮如制作である。これに親鸞像の基本である「安城御影」を加えると、親鸞・如信・覚如・従覚・善如まで五人が右向、綽如・巧如・存如・蓮如まで四人が左向であり、互いに向き合う形式ではない。さらに実如像も左向で前代を踏襲する。ただ巧如像は、なお一本伝わるものは右向であり、左右存在する。そしてこの順でいけば証如・顕如像が右向に変わるのはむしろ順当である。ところが教如は前代に反して左向になる。意図したものか否か明確さを欠くが、あえて理由を見出すとすれば次のようになろう。

　まず第一に、実・証・顕三代では僅少であった寿像を教如は大量に下付しており、蓮如のあり方を意識的に踏襲していると考えられる。第二にそれは教化姿勢にもみられ、慶長四年（一五九九）『正信偈・三帖和讃』を蓮如以来再版したり、「御文」もすでに分寺以前から版行している。[57] すなわち教如は、蓮如を正当に継承することを強く意識して寿像も蓮如と同じく左向に制作したと考えられる。[58] なお、准如には寿像は見出されていない。

次に、現存する子女や妻蓮能尼などの一族は全て右向である。門弟像についても基本的には右向である。このうち左向の道祐像は、真宗寺の祖で蓮如門弟ではなく、法円像は二幅存し左右見られる。

このように、一連の影像にはほぼ一定の向きがあるが、必ずしも親鸞を基本とした対座の法則性は見出せない。ここで今一度、親鸞・蓮如の「対座」に注目してみたい。

堅田法住へ下された最初の連座像（図版15）は、両者が中央部上下に描かれる。井川芳治氏の調査によれば、現存のほぼ全ての連座像（十九点）を比較すると、親鸞が上部中央・蓮如が下部中央（この場合やや左寄もある）のタイプと、親鸞が上部右寄・蓮如が下部左寄のタイプとに大別できるという。そして前者には大谷破却以前下付の四点全ても含まれ、文明以降は両タイプ見られる。[59]

また蓮如・如光連座像の一本（応仁二年〈一四六八〉上宮寺旧蔵）も前者のタイプであり、これらのことは、蓮如が当初は両像を「対座」というよりむしろ「連座」として制作した可能性を示唆するものではないだろうか。

そして漸次両者は分離し、親鸞像が文明二年（一四七〇）、蓮如寿像が応仁二年（一四六八）に下付されはじめることは先に見た通りであるが、これは道場において本尊に向かう形で安置されたことは容易に想像できる。このことはまさに本尊との対座であり、下付物が単身像になり事実上「向き」が意識化されたと見られる。したがって、連座像即対座像とするより、元来、歴代像においても対座のパターンが認められない以上、親鸞・蓮如連座像が対座するとするのはむしろ単身座像が下付されだしてから後の意義付けということになろう。応仁・文明期以降、蓮如の下付意識に変化が生じたと考えられる。ただ近世においては、この概念も薄化されるようである。

大変大きなテーマのわずかな部分の問題を考察したにすぎないが、以下のような見通しをもって結びにかえたい。

小　結

蓮如は、親鸞の教説をより忠実に図像化し礼拝物を確定し、本願寺が親鸞の教説と礼拝物の発信元として聖教・「御文」などと同様に礼拝物を門末に分与したといえる。基本的には本尊・開山像と蓮如像とに集約されるが、その間に介在する内外の浄土の祖師や列祖をも捨象した礼拝物の成立背景には、焼却行為や「廃スル」との非難もあったが、取捨を超えた究極の選択であったのである。

本尊と開山親鸞の間は、光明本尊や高僧連座像のように、視覚的人物像を介することなく、正信偈の読誦という従来にない形で七高祖の顕彰と崇敬をしつつ直結し、さらに本尊（名号）・開山・蓮如は「御文」によって貫通されるのである。そして裏書は、開山親鸞と蓮如が大谷廟堂「本願寺」を通して一体になる機能を有するとともに、門徒は往生・救済をも親鸞・蓮如との共有化へと向かわしめる意義を有したともいえる。門徒にとってそれは表画とともに極めて重要であり、もともと軸裏上部に直に書かれていたものを、後世世代が変わっても改装に際してこの部分を切り取り同じ位置に再添付することをくり返した。伝存する遺品の大半に裏書が添付されることがそれを示している。もちろん、裏書の意義はそれにとどまらず、本末関係（本寺名）の記載・不記載による教団内的位置の確認と保証がなされるという機能を有した点も見逃せない。

そして、本願寺による全ての礼拝物の規格化とその下付が、結果的に本願寺の教権高揚と家元的性格をもたらし、門末の身分的序列を明確化させる作用をもともなった。たとえば、大谷破却までは開山像の礼盤は三狭間《みつざま》で一様であったが、文明期以降二狭間が見られるようになり並用されることにより、いわば二通りの開山像が現出した[60]。そのことが、門末の身分的位置を明確に規定したものかどうかは今のところ明確ではないが、何らかの差異を想定しなければならない。すなわち、先に見た礼盤と繧繝縁に象徴される開山像の権威化は、被下付者たる直参門末の権威化を導き、さらに狭間による何らかの分化はそれを顕著なものにしていったと考えられる。さらに証如期以降は、蓮如像や前住像などの装束にも一部権威化が見られるようになり、門末の身分的序列化を助長したといえよう。これらの点については第Ⅱ編ですでに考察した。同様に実如期の絵像本尊の急激な増加も、経済的側面だけでなく道場本尊としてのその有無が、こうした傾向と呼応していたと見てよいであろう。

本章は、ことに直接的に文字史料でない本尊や影像類を絵画史料として取り扱い、読み取りを通して蓮如期の教団形成を考察したが、誤解した部分も少なからずあろうかと思う。今後、この分野はハイテク機器の恩恵により多角的な進展が期待される。

註

（1）『真宗重宝聚英』全一三巻（同朋舎、一九八七～八九年）、週刊朝日百科『日本の歴史』26「一向一揆と石山合戦」（朝日新聞社、一九八六年）、神田千里『一向一揆と真宗信仰』（吉川弘文館、一九九一年）、金龍静「戦国期本願寺教団の裏書考」（『年報中世史研究』一三、一九八八年）、同「戦国期本願寺教団の法物考」（福間光超先生還暦記念『真宗史論叢』永田文昌堂、一九九三年）、早島有毅「本願寺蓮如の名号本尊と戦国社会」（『京都市歴史資料館紀要開館10周年記念論集』一九九二年）、『蓮如方便法身尊像の研究』（同朋大学仏教文化研究所研究叢書Ⅶ、法藏館、二〇〇四年）、早島有毅編『親鸞門流の世界―絵画と文献からの再検討―』（法藏館、二〇〇八年）など。

（2）下妻市光明寺蔵親鸞影像裏書（寛正四年十月十三日）、岐阜市願誓寺蔵同（文明二年五月十七日）には「和朝親鸞聖人真影」とあり、一部にこうした呼称も見られるが、大半は「大谷本願寺親鸞聖人御影」である。

（3）蓮如は源空像も「御影」として扱うが、源空を宗祖、親鸞を開祖と位置付けていることは明らかで、両者同置であればこの呼称は理解できる。なお、蓮如と源空については北西弘「真宗史上の法然上人」（『佛教大学総合研究所紀要』二号、一九九五年）参照。

（4）図録『蓮如上人—復興の生涯』（安城市歴史博物館、一九九五年）掲載写真。

（5）『本福寺由来記』に破れた本尊・名号を「風呂ノ功徳湯ノタクカマノシタニ入申セトノ御意ナル間」（『真宗史料集成』第二巻、同朋舎、一九七七年、六六〇頁）の記事も間接的にこれを裏付ける。

（6）『真宗史料集成』第四巻（同朋舎、一九八二年）八頁。

（7）大喜直彦「仏像の焼失」（『歴史学研究』第六七五号、一九九五年、のち『中世びとの信仰社会史』法藏館、二〇一一年に転載）。

（8）蓮如下付の太子単身像は一点知られるが（文明十六年九月十六日、東本願寺蔵）、以後のものと全く像容は異なる。実如期において近世に普及する孝養像が三点確認される（明応九年四月十日、吉野本善寺蔵。文亀三年十二月五日、姫鷺亀山本徳寺蔵。永正十年四月五日、吉野願行寺蔵）。また裏書のみであるが（永正九年八月二十八日、赤野井西別院蔵）、太子・七高僧双幅も存する。

（9）『山科御坊事幷其時代事』（『真宗史料集成』第二巻、五四三・五五一頁）。

（10）蒲池勢至「オソーブツと真宗仏壇の成立」（『同朋仏教』第二五号、一九九〇年。後に『真宗と民俗信仰』吉川弘文館、一九九三年に転載）。

（11）d大阪市立博物館特別展図録『大阪の町と本願寺』（毎日新聞社、一九九六年）。e拙稿「新出の存如裏方便法身像」（『同朋大学佛教文化研究所報』第一三号、二〇〇〇年）。

(12) 大喜直彦「法名と法名状について」(『佛教史学研究』第三四巻二号、一九九一年)。
(13) 前掲註(1)金龍静「戦国期本願寺教団の裏書考」、遠藤一「近江の蓮如」(『龍谷史壇』第九九・一〇〇合併号、一九九二年)。
(14) 前掲註(1)神田千里『一向一揆と真宗信仰』。
(15) 前掲註(5)『真宗史料集成』二巻、五五五頁。
(16) 前掲註(5)『本福寺由来記』(六七〇頁)には、大谷時代法住と大夫が祇候して、无㝵光の本尊を望んだところ、「スナハチ御ウラカキヲアソハサレテ、御付属アリ」とある。これも裏書をして下付しているところを見ると、やはり表装後直に書いていると考えられる。
(17) 前掲註(1)早島有毅「本願寺蓮如の名号本尊と戦国社会」。
(18) 実如期から証如期における本願寺教団の構造等における考察は、草野顕之氏の一連の論考に詳しい。ことに直参については「戦国期本願寺直参考」(前掲註(1)『真宗史論叢』参照。後に『戦国期本願寺教団史の研究』法藏館、二〇〇四年に転載)。
(19) これ以前のものも報告されるが、仮託や写などであり明確なものはない。なお、この裏書は蓮如の真筆としては問題があるとの説もあるが、著者は蓮如筆でよいと考えている。
(20) 前掲註(17)早島論文、同「本尊と影像」(前掲註(1)週刊朝日百科『日本の歴史』26)。
(21) 蓮如により文明十七年四月四日に修理されている(西本願寺蔵)。本願寺伝来の覚如制作の十字名号本尊が紙本であることについて、従来何も言われていないが、理解しがたいものがあり今後の課題である。
(22) 西来寺蔵本についてはすでに紹介したことがあるので参照されたい。「西来寺所蔵「絹本著色十字名号」について」(『センタージャーナル』第一九号、真宗大谷派名古屋教区教化センター、一九九五年)。
(23) 『真宗史料集成』第一巻(同朋舎、一九七四年)三三三頁。

(24) 同前、三九八頁。

(25) 『真宗史料集成』第二巻、六三四頁。なお、たとえば従来の調査では、前掲註(1)早島論文の一覧で二十五点、少なくとも二十三点の原本や記録で確認できる。

(26) 大谷破却後の光明十字名号の下付は、奈良県本善寺の修復裏書(文明九年四月五日)が知られるが、他に数例記録が報告されるのみである。

(27) 『山科御坊事幷其時代事』(『真宗史料集成』第二巻、五四三頁)。

(28) 大谷破却以前の絵像本尊としては、従来たとえば新井市照光寺(長禄四年二月十四日、守山市真光寺寛正元年四月二十五日)が知られるが、いずれも裏書の年次部分他が判読不能である。由緒書はこの年次を伝えるものの、後者は順如下付の可能性があり、今後の精査を期したい。また、岐阜県垂井町専精寺において次のような裏書の絵像本尊が見出された。小島惠昭氏のご教示による。後に前掲註(1)『蓮如方便法身尊像の研究』に掲載。

大谷本願寺釈蓮如(花押)
長礻□三年己卯七月二日
□
方便法身尊形
美濃国□　□「善相庵」
願主釈妙□

(29) 宮崎圓遵「尊号から尊像へ」(『初期真宗の研究』永田文昌堂、一九七一年。後に宮崎圓遵著作集第四巻『真宗史の研究(上)』思文閣出版、一九八七年に転載)。

(30) この点については、早島有毅氏は宮崎説と四十八願光明説の両面を支持している。

(31) 吉田一彦・脊古真哉「本願寺順如裏書の方便法身尊像(一)」(『名古屋市立女子短期大学研究紀要』第五六号、一九九六年、同「湖北浄土真宗関係史料（二）」『寺院史研究』第五号、一九九六年。後、前掲註（1）『蓮如方便法身尊像の研究』に集成された）。

(32)『本願寺作法之次第』（『真宗史料集成』第二巻、五八二頁）。

(33) この点についても脊古・吉田両氏よりご教示を得た。

(34) 墨書名号は移動が容易で、現在の存否は必ずしも明確な史料とはならないが、こうした結果を否定するものではない。

(35)『本願寺史』第一巻（浄土真宗本願寺派宗務所、一九六一年）四六三頁。

(36) 本文に提示した『如光弟子帳』（『文明本』）絵像本尊下付一覧中、「吉浜」道場のみ退転したようである。「於保」道場のものは流出したが（碧南市蓮成寺蔵）、元来の寺院は存在する。その他は元来の寺院に伝存する。

(37) 本書第Ⅰ編第一・二章「中世末期における三河上宮寺の本末関係」（初出は『近世佛教』第四巻四号、一九八〇年）。

(38) 近世末期の記録であるが、架蔵『雑録』（園林文庫旧蔵）所収「本願寺年中行事」によると、一貫代は「竪三尺三寸・幅一尺四寸であり」、中世以来ほぼ同値と思われる。

(39) 岡崎市三橋家蔵。裏書は次の通り。

　　大谷本願寺釈実如（花押）
　方便法身尊像
　　　勝万寺□
　　　額田郡菅生郷
　　　　大永二年□壬五月四日
　　　　　願主釈善□（西カ）

蓮如期にもこのサイズのものが見出されている（前掲註（1）『蓮如方便法身尊像の研究』一四二頁）。

(40) 前掲註(38)によれば名号の大きさは「代」でなく「切」で、唐紙六ツ切（二百代）が「竪一尺二寸四分・幅五寸八分」、八ッ切が「竪一尺八分・幅四寸八分」である。

(41) 拙稿「本願寺蓮如・実如筆名号比較試論」（『仏教史学研究』第三七巻二号、一九九四年）参照。小型名号の場合、Bタイプのものがかなり多く見られる。上記拙稿は、本編第二章に転掲した。

(42) 蓮悟が幼少の頃、数多の小名号を所望した時、「信心ヲヤルソ〳〵ト被仰候、信心ノ躰名号ニテ候ヨシ被仰侍リシ也」とする（『蓮如上人仰条々』〈『真宗史料集成』第二巻、四七五頁〉）。

(43) 前掲註(41)拙稿。

(44) 井川芳治氏より御教示、写真提供いただいた。

(45) 『真宗重宝聚英』第四巻（同朋舎、一九八八年）三九頁。親鸞聖人七五〇回忌記念事業「真宗の教え　北陸布教の道」調査報告書（北国新聞社、二〇一二年）一五一頁。

(46) 展観図録『日本の肖像』（京都国立博物館、一九七六年）などを参照した。また畳縁については、「貞丈雑記」巻之一四（『新定増補故実叢書』一巻、明治図書出版、一九五二年、五四二頁）によれば、多くの説の一例として次のように記す。「○海人藻芥ニ云、帝王院繧繝也、神社・仏前半畳用二繧繝縁一、此外更ニ不レ可レ用、大文高麗縁親王。大臣用レ之、以下更ニ不レ可レ用、大臣以下公卿小文之高麗縁也、僧中者僧正以下同、有職・非職紫縁也」。

(47) 『真宗史料集成』第二巻、五五五頁。

(48) 裏書は次のようである。

大谷本願寺釈蓮如（花押）
康正三季丁丑六月十八日
存如上人之真影　　六十二歳御往生

(49)『真宗史料集成』第二巻、六六五頁。

(50)『新修小松市史』資料編9寺社（石川県小松市、二〇一〇年）一四三・一四四頁。

(51)山科八幅御影の蓮如像は僧綱襟と白系無地の五条袈裟であるが、蓮如制作の確証はない。ただそれ以前のものも如信像を除き共通しており、本願寺安置のものについては威儀を重んじたものとなっている。

(52)『本願寺作法之次第』（『真宗史料集成』第二巻、五七六頁）。

(53)早島有毅「戦国期本願寺における「頭」考」（『真宗研究』第二六号、一九八二年）、前掲註(18)草野顕之論文。

(54)たとえば小松市浄念寺「御寿像縁起」（『蓮如上人絵伝の研究』東本願寺出版部、一九九四年、二六四頁）、半田市無量寿寺「無量寿寺縁起」（碧南市蓮成寺蔵）など。

(55)近世教団では、道場の寺院化により開山像免許が一般化し、その後蓮如像が下付される場合が多い。

(56)前掲註(1)早島論文「本願寺蓮如の名号本尊と戦国社会」、同金龍論文「戦国期本願寺教団の法物考」。

(57)教如判「御文」のなかには手書花押のものも見られ、その形は天正～文禄期のものとすることができる。

(58)「親鸞伝絵」康永本は現に東本願寺に伝わり、教如が所持したものとしてよい。康永本は蓮如以来、「親鸞絵伝」の底本であり、本願寺継承者固有の伝持法物と考えられ、これを得たからこそ退隠後も門主活動を続けたのではなかろうか。拙稿「文化人としての教如―自筆書状にみる交流―」（『教如と東西本願寺』法藏館、二〇一三年）にもこの点についてふれた。

(59)井川芳治「親鸞・蓮如二尊連座影像と単身の親鸞影像の研究」（『名古屋教学』第一〇号、一九九六年）。

(60)親鸞・蓮如連座像下付一覧にも示したが、単身像においても両者が見られるようになる。

第二章　墨書名号の考察

第一節　草書体六字名号

一、蓮如筆・実如筆の名号

蓮如筆といわれる墨書名号は、全国の本願寺系寺院に数多く伝来する。ときには一般門徒宅にも伝来する場合もある。しかし、これらには一部の例外を除いて署名も裏書もない。このため、実如筆や証如筆のものも含め、「蓮如筆」と伝承され、由緒など付随しており、研究者においてももっぱら経験と主観により筆者を判断していた。蓮如直系の由緒寺院に所蔵されれば、そのことによってこれを「蓮如筆」と判断されることもあった。

著者は、多くの類似した名号を見るなかにも、いくつかのタイプがあり、これによって区別して判断することこそ合理的であると考えるようになった。この考え方をベースに試論を発表したものが旧稿である(1)。ここでは特に蓮如筆・実如筆の差異を中心に見たが、客観的に見ることにより由緒や伝承と異なる場合が頻出することにもなった。

そしてこの試論をベースに、他の研究者も交えた共同研究により同朋大学仏教文化研究所叢書Ⅰ『蓮如名号の研究』（法藏館、一九九八年）を上梓した。これにより客観的識別の概念が研究者の間にも受け入れられるようになったように感ずる。ただ、現在では右筆的存在が書いたと思わせるものも混在するのでは、との視点からさらに厳密に分類すべき点もあると考えるようになった。しかし、具体化には至れていない。本節では、『蓮如名号の研究』の草書体六字名号の論考部分を中心にして、若干の補訂を加えてさらに客観性を重視する。

『蓮如名号の研究』では、草書六字名号の比較的明瞭なものの写真約一〇〇点を得て、あらためて分類を試みるとともに、旧稿の分類方法を基本にしつつ若干の変更を加えた。また、分類については、いずれとも言えない中間的なものもあり、いずれのグループに属するか問題となるものもあるが、いずれかの特徴をより多く有するという考え方に立つものとする。本書では写真図版の掲載に限度があり、『蓮如名号の研究』を参照されたい。

まず、蓮如の花押が、二首の詠歌とともに添えられている大阪市願泉寺蔵のものを一つの基準として、これと類似のものをAタイプとする（図版1―1）。

これに対し、「南無」の間隔がつまっており、「無」の字がAタイプと異なるものが見られる（図版1―2）。すなわち図1のように、前者Aタイプは最下横棒が右上がりとなり二等辺三角形状となる。後者は最下横棒が中棒とほぼ平行であり、これをBタイプとする。そしてこのBタイプに分類したものの「弥」の字に注目すると、図2のように旁《つくり》が「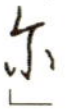」となっているものが目立つ。Aタイプは「」と第二画目がより立っており、ときに第一画と重なって見えるものもある。そして第一画と第三画はほぼ平行である。

こうした特徴が二つ以上見出せるものをBタイプとして、Aタイプと区別してみる。このような観点から二タイプを分類してみると、あらためて別の特徴をいくつか見出すことができる。

まず「南」であるが、Aタイプは比較的穴（隙間）が見えるのに対し、Bタイプはつぶれてしまう傾向にある。「無」は先にあげた特徴の他に、Aタイプは中棒が右へ長めに伸びるものが圧倒的に多く見られる。ところがB

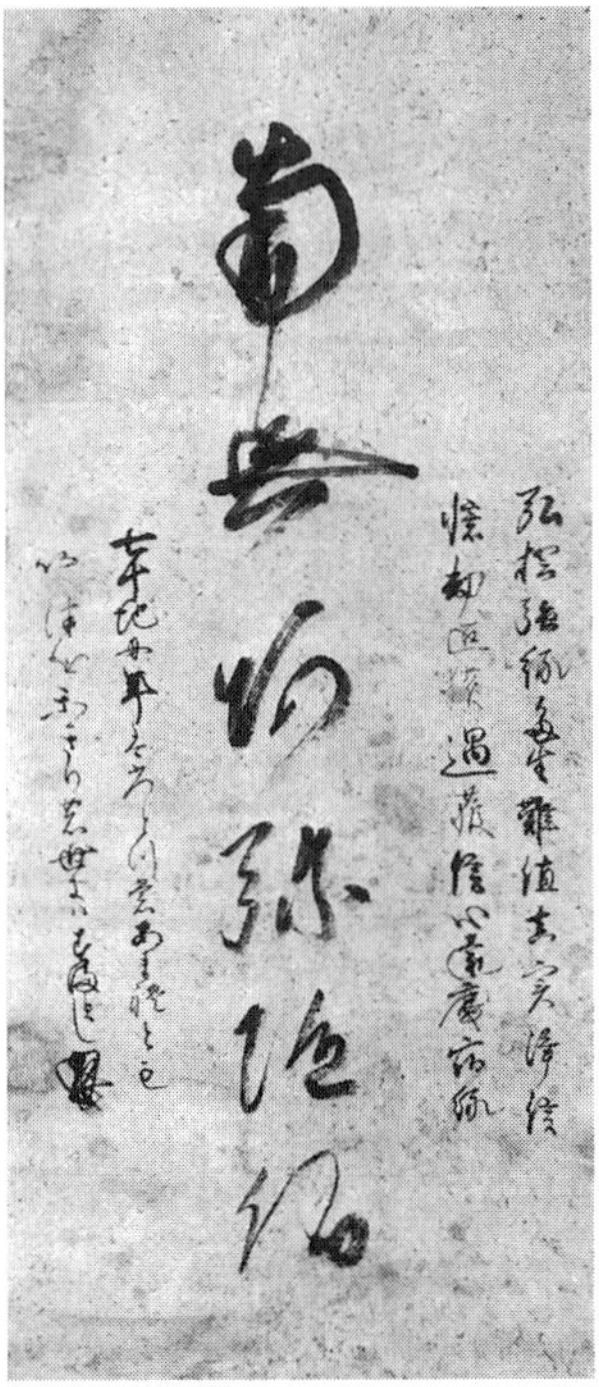

図版1－1　Aタイプ蓮如筆六字名号（大阪市願泉寺蔵）

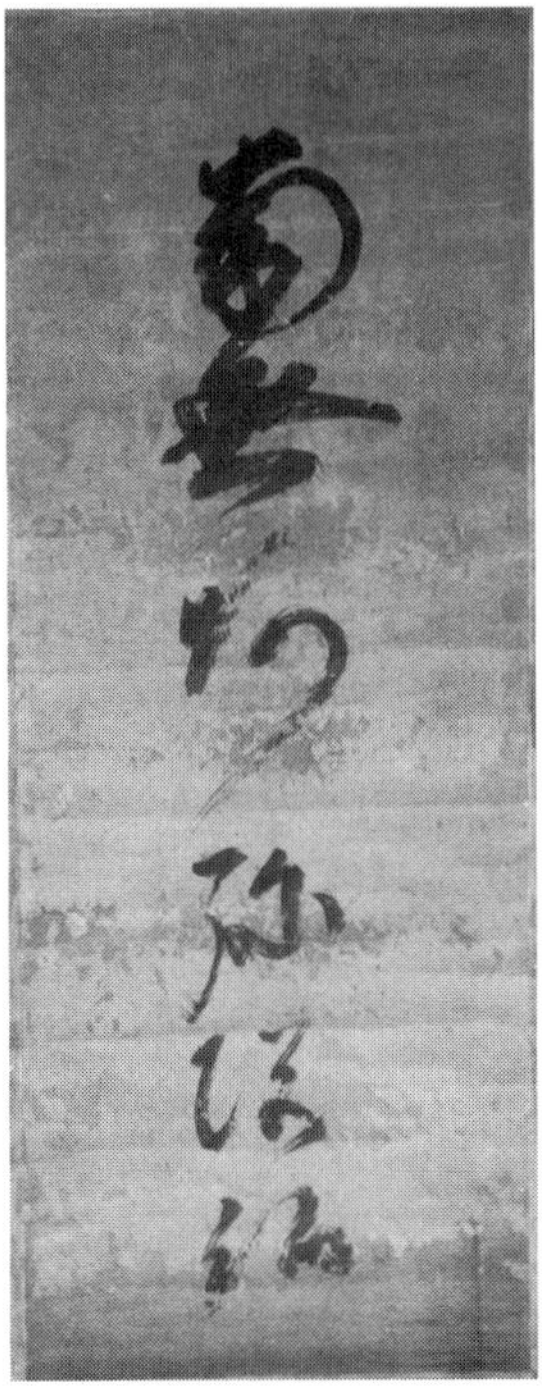

図版1－2　Bタイプ蓮如筆六字名号（碧南市本伝寺蔵）

タイプでは、Aタイプと同様のものと右伸びが目立たず左右のバランスがとれているものも多い。またBタイプでは中棒が線になっていないものも見られる。

「阿」は、際立った差異を見出し得ないが、傍の「つ」部分の跳ね出しが強く見えるものが多く、BタイプはAタイプに比べ下向きに跳ねる傾向にある（図3）。

「弥」については、まず弓偏《へん》についてAタイプは旁とのバランスが整っているものが多いのに対し、Bタイプはこれが縦に長いものが目立つ。

「陀」は、Aタイプでは「陀」と「陀」いずれもがほぼ同数見られるのに対し、Bタイプでは「陀」がほとんど全てで、『蓮如名号の研究』では「陀」は一～二点を数えるに過ぎず、極端に少ない。このことは両者の大きな特徴と見ることができよう。

「仏」についてはAタイプとBタイプの差異は認められないが、あえて言えば、後者の旁の止めの部分が太い（図

4)。

全体的に見ると、Aタイプは字配りが均一であるのに対し、Bタイプは先に指摘するように「南無」がくっついていたり、阿の「つ」部分が強く長く跳ね出されているものが多いため、「阿」と「弥」は幾分離れているように見える。このため全体的には字配りが均一でないように見える。また、いわゆる「虎斑《とらふ》」と呼ばれる莫蓙目《ござめ》の掠れはそのほとんど全てがAタイプに見られる。ただBタイプには全くないのかというと、吉野願行寺蔵本は一部虎斑が認められ、Bタイプにも虎斑模様が存在する。

図1

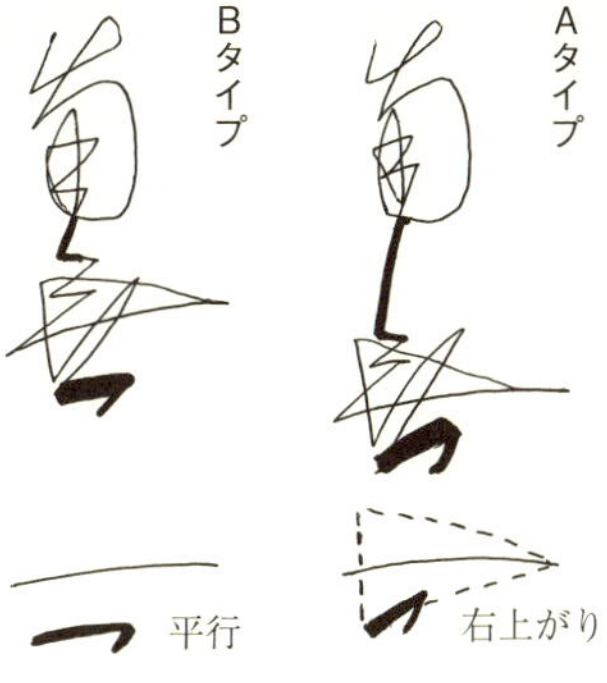

図2

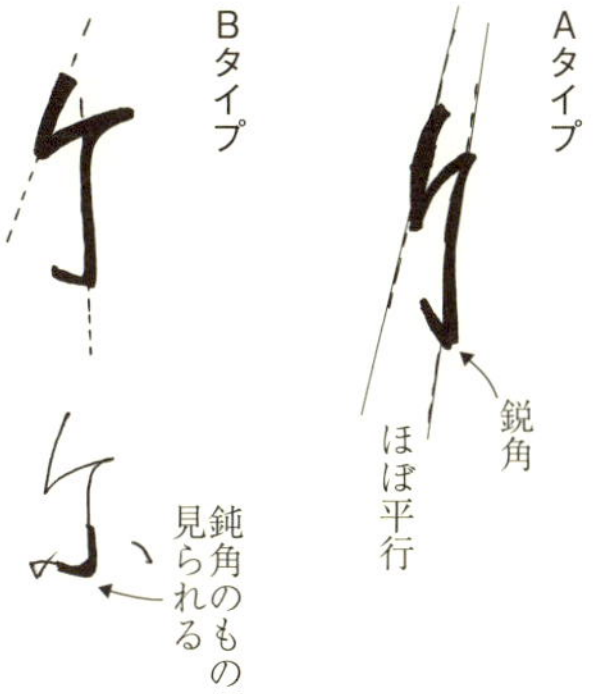

図3

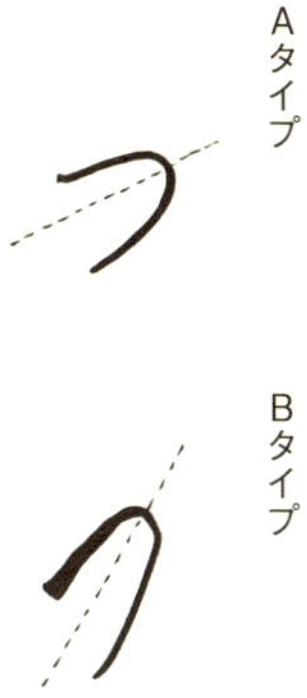

図4

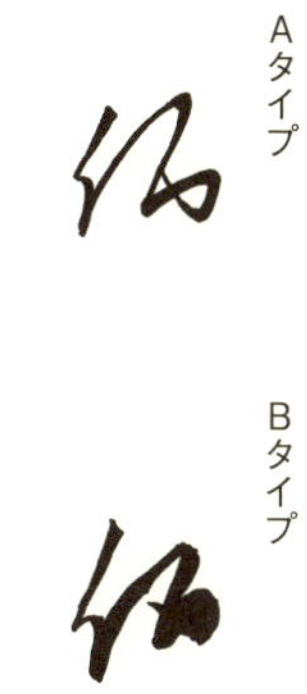

このように見てくると、AタイプとBタイプは明らかに別人の筆跡と見なければならない。後述するように、証如以降の名号の特徴とも異なるBタイプは実如の筆跡と見て誤りない。ところが、Bタイプのうちの大半のものが「伝蓮如筆」と言われるものであるため、客観的に分類したとき、これらの伝承はあまり信頼できないことが判明

する。

たとえば西本願寺蔵本や先の吉野願行寺蔵本などのものは、極めて筆勢があり、従来からの見解や寺伝も蓮如筆として誤りないものとされてきた。しかし、「無」の中横棒と最下棒は平行であり、何よりも「南」と「無」の間隔がつまっている。また「弥」も弓が旁に比べかなり長いなど、Bタイプに共通のいくつかの特徴が見られ、典型的なBタイプといえる。したがって蓮如の筆とは明らかに異なり、むしろ実如の名号の典型としてよいものと考えられる。従来、実如筆の名号は筆勢が比較的弱いとされるが、これにより実如の場合も筆勢のあるものも存在することが知られる。筆勢という視点は主観的要素も強く、注意すべき点である。これらの点を、名号以外の筆跡から傍証するために、実如書状と残存数の比較的多い正信偈文（多くは双幅）に注目してみたい。

まず実如書状であるが、小松市興善寺（西派）蔵の三月八日付江沼郡中・能美郡中宛のもの（図版2）に注目してみたい。これは「前住の廿五年報謝」とあり大永三年（一五二三）実如六十六歳のものと知られるが、「弥」をはじめ「仏」「無」が文中に見られる。これを図で示すと図5のようであるが、「弥」の旁は図2に示したBタイプの特徴をよく示している。「仏」も旁の部分が図4のBタイプにやはり共通する。「無」も図1のBタイプと同じであるが、小文字の場合、蓮如にも最下段の横棒が右上がりにならないものもあり、これについては比較できない。いずれにしても、実如晩年の書状にもBタイプの特徴がよく出ていることが確認できる。

こうした観点から正信偈文に目を転ずると、六字名号と共通する文字を含むものは「憶念弥陀仏本願」や「唯説弥陀本願海」の部分である。蓮如・実如筆と言われてきたものを今一度この点に注目してみると、たとえば奈良県吉野町本善寺蔵のもの（図版3）は蓮如筆として伝えられるが「弥」は「」である。

一方、碧南市蓮成寺蔵のもの（図版4）は「弥」が「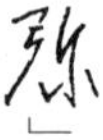」で弓が長めだが、両者の旁は先に図2で示したよう

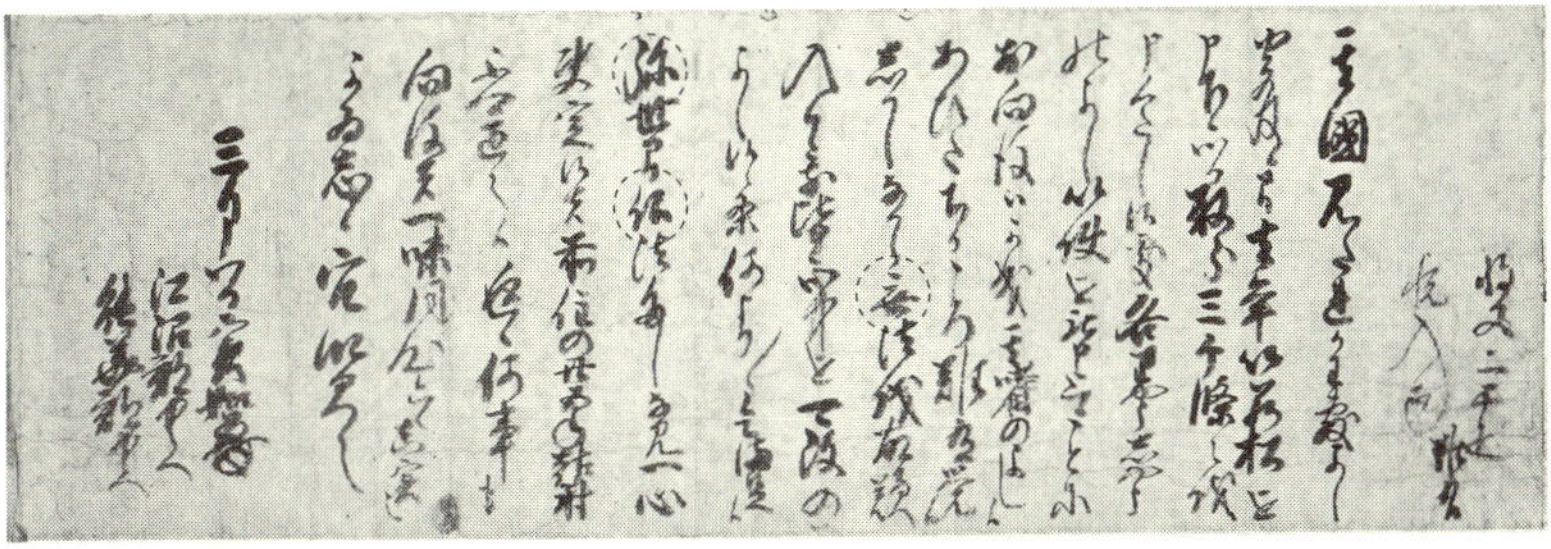

図版２　実如書状（小松市興善寺蔵）

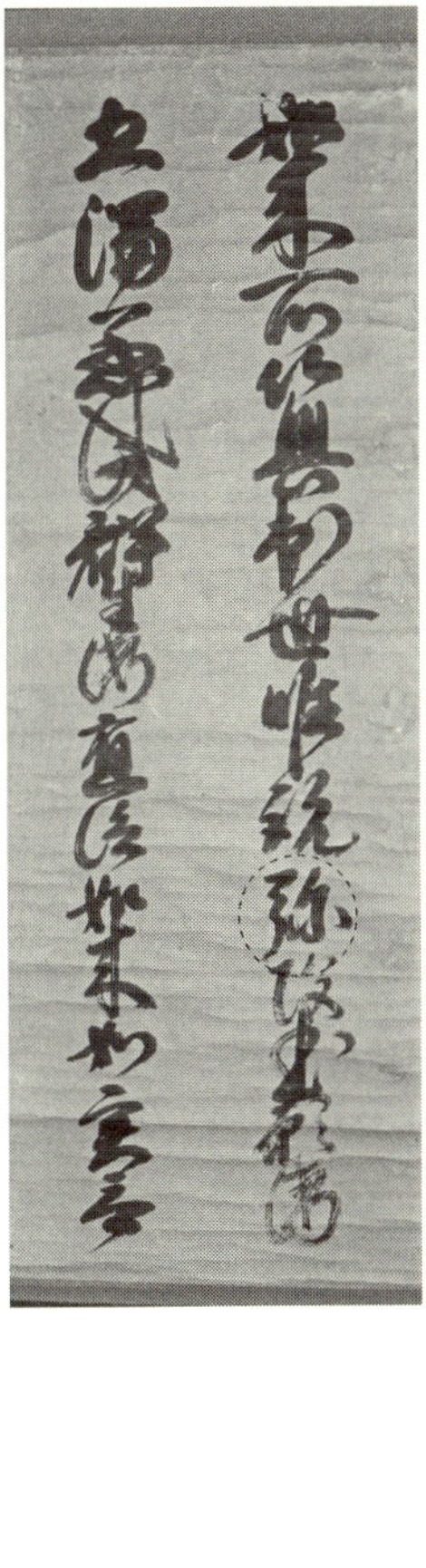
図版３　Ｂタイプ正信偈文（奈良県本善寺蔵）

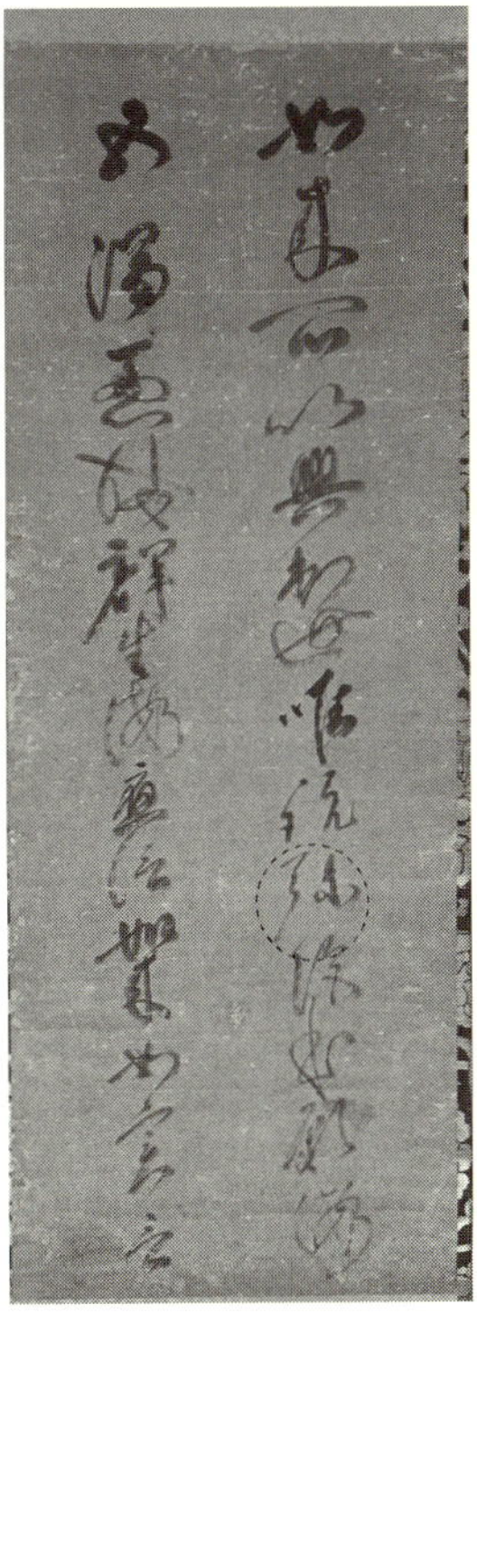
図版４　Ａタイプ正信偈文（碧南市蓮成寺蔵）

図５

に、前者はBタイプ、後者はAタイプである。したがって、本善寺本は全体的に太めで細かな点がつぶれるところも多く、蓮如筆と伝えられるが実如筆と見られる。後者は字配りにも余裕があり一定しているため蓮如筆としてよく、正信偈文も名号と同様の相違が見られるためほぼ特定できる。もちろん証如以下のものもあり、この点にも留意しなければならない。

二、証如筆の名号

このような同趣の名号の混乱にさらに拍車をかけるものとして、証如以降の門主の名号も混在することに注意しなければならない。

西本願寺には、証如筆と伝える同一筆跡の六字名号を二本伝える。あえて「証如筆」として複数伝えることは注目すべき点であるが、この手のものも一般に蓮如筆と伝えられる場合が通例である。

証如の筆法を考える上で極めて好材料ともいうべき典型的な証如筆名号が、豊後高田市妙寿寺に伝えられる（図版5）。これには証如筆の裏書を付しており、表の名号の脇に四首の和讃が書き加えられるなど入念の名号であるといえる。裏書の内容は次のようである。

釈証如（花押）

天文五年丙申　九月十二日

願主　釈尼心妙

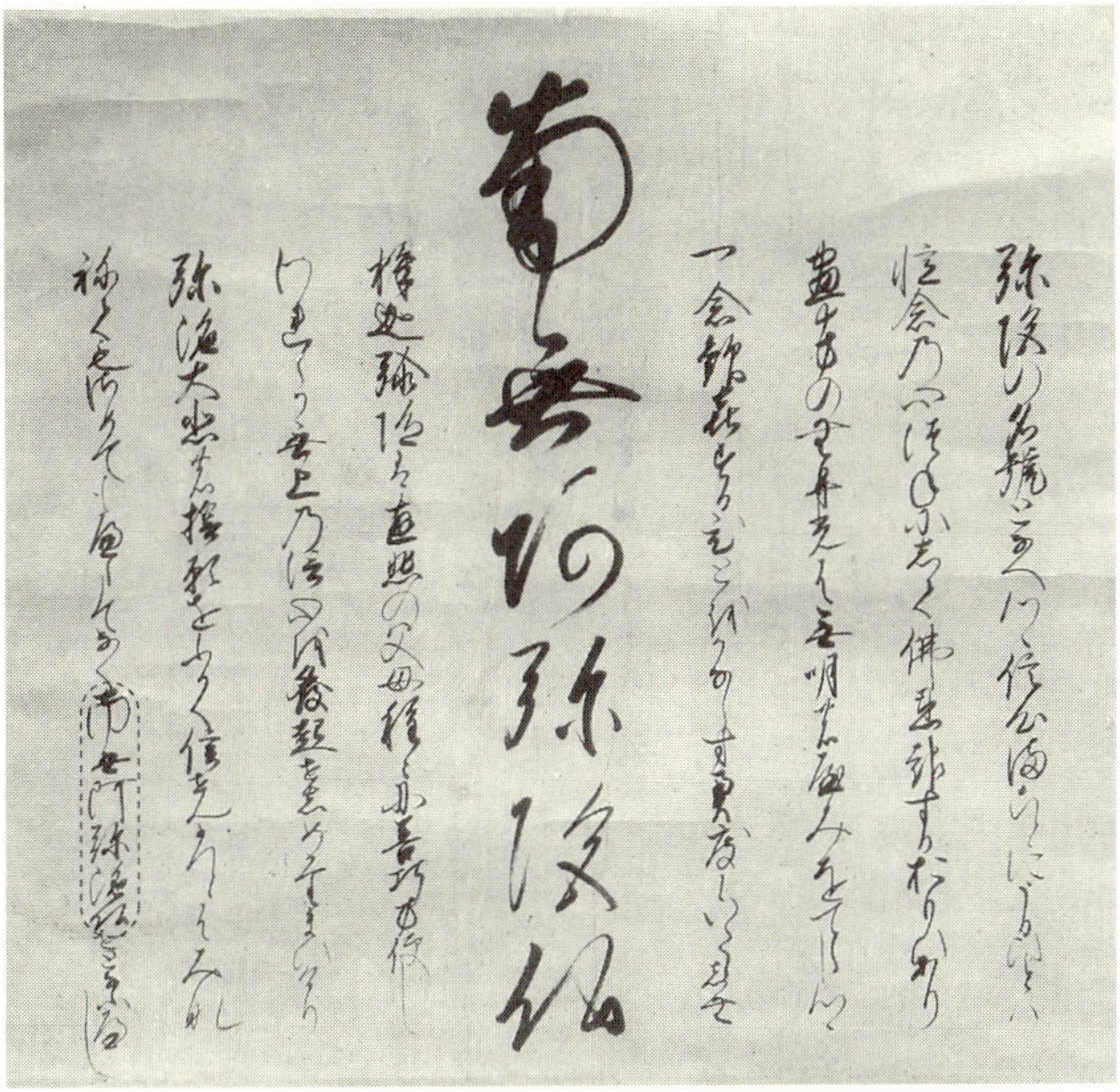

図版5　証如筆六字名号（豊後高田市妙寿寺蔵）

図版6　教如筆六字名号（石川県性光寺蔵より）

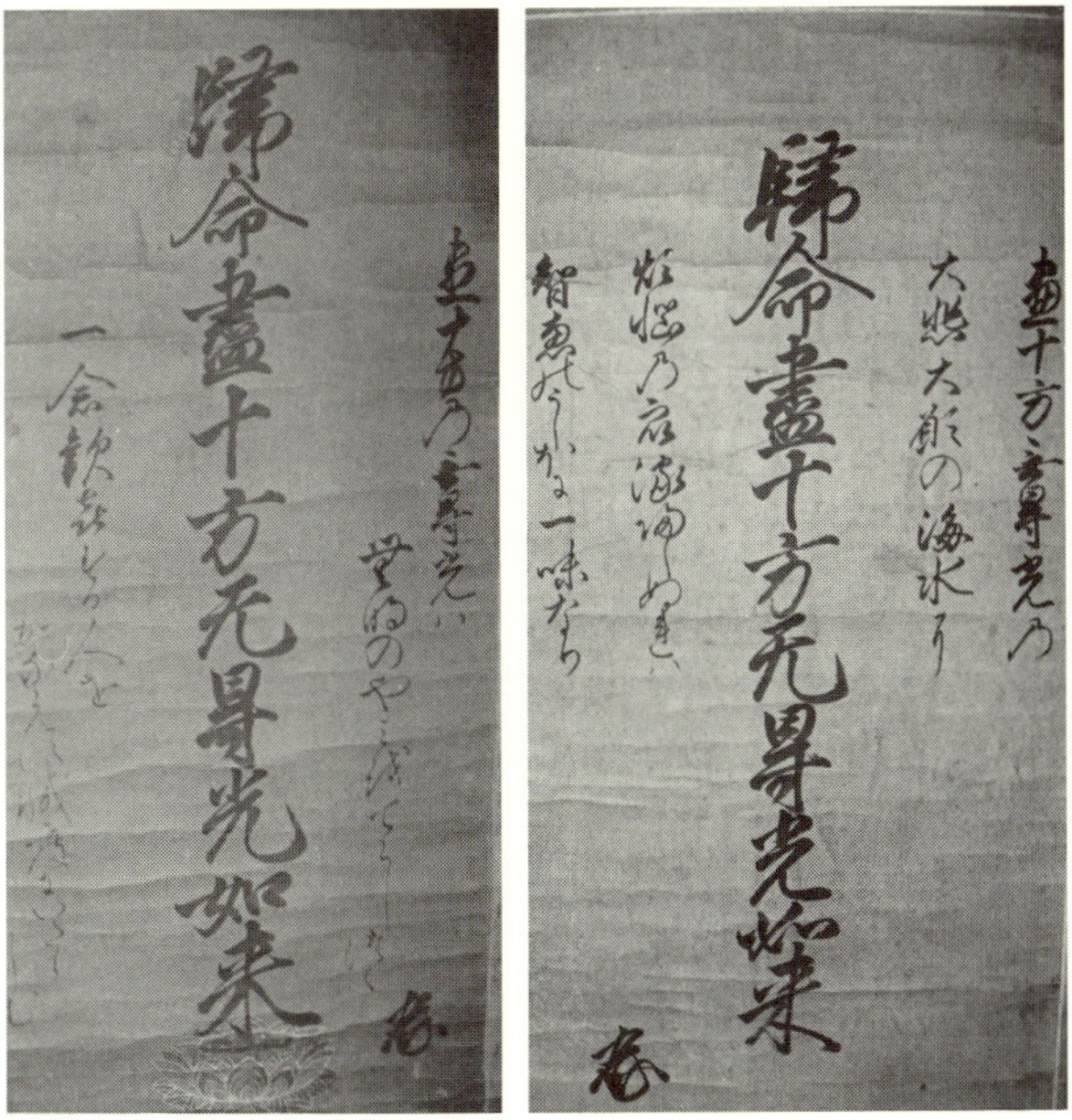

図版7　教如筆十字名号（八尾市八尾別院蔵）

筆法を西本願寺本と比較してみると、妙寿寺本はやや細目であるが近似していることが知られる。字配りや字の大きさも均整がとれており、逆に特徴を見出しえないものである。ただ、「陀」は、A-2・B-2タイプは「」であったが、これは「」である点に特徴がある。ただ、このタイプも「無」が「」と「」、「陀」は「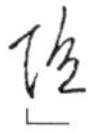」も見られ、A・Bタイプと同様の多様性がある。

ところが、教如の花押が表に添えられた六字名号が石川県性光寺に伝わる（図版6）。これは本紙が薫染で茶色化して写真に出難いためトレースで示すが、名号部分は妙寿寺本と酷似している。証如も教如も、十六世紀の円熟した青蓮院流の筆法を完璧に習得しているため、両者の筆跡に差異の少ないことはいかんともし難い。妙寿寺本の和讃と教如の和讃（図版7）を比較しても頷けよう。ただ両者とも、右筆書の可能性もある。

両者の場合、署名や裏書のないものには注意を要するが、証如の名号は妙寿寺本を典型として西本願寺本系のものをその筆跡とすることができよう。

ところで、妙寿寺本（図版5）の脇書の和讃の最終行の「南無阿弥陀仏」の筆法は、従来単独で小幅に仕立てられるものが散見されるが、蓮如筆として取り扱われる場合が多い。しかし、これにより証如の筆と考えるべきものがかなり存在することが予想される。

俗に「数《かず》の名号」といわれる小形の名号が、実従所縁の順興寺（枚方坊・現京都市）に伝来した。現在は多岐に分蔵されるが（図版8）、これを見ると、蓮如の筆というよりむしろ証如のこの筆法に近い。今の段階では断定はできないものの、伝承が事実と一致しない可能性のあることを指摘しておきたい。

最後に次頁に、A・Bタイプの比較の一覧を示しておきたい（表1）。

図版8　伝「数の名号」（一宮市妙性坊蔵）

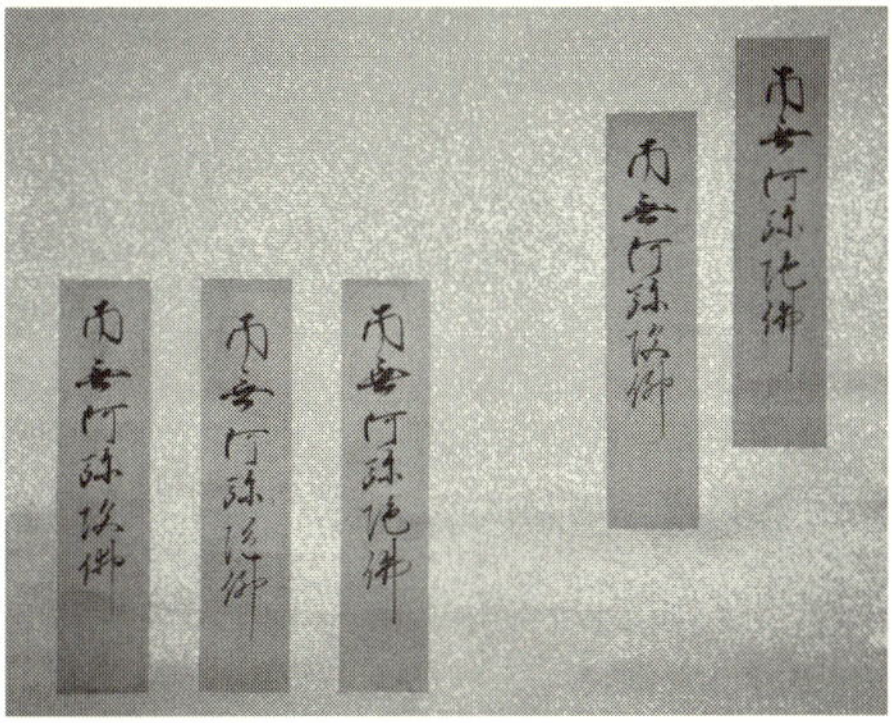

表1　A・Bタイプ比較一覧

	Aタイプ	Bタイプ
線	ほぼ一定	太・細混在
虎斑模様	多	少
南（内部）	すき間明瞭	つぶれ多
無	（最下棒右上り）	（最下棒中棒平行）
南無間隔	広	狭
阿		
弥		弓が長い傾向
陀		ほとんど
字配	ほぼ一定	微妙に不定

次に、A・Bタイプが共に「」であるのに対し、「」と書かれるものに注目してみたい。旧稿では、これらをC・D・Eタイプに分類したが、分類の根拠が曖昧でもあり、旧稿を参考に系列化や資料化された研究者の迷惑を恐れるが、今後の研究のためにあえて分類根拠による符号の系列化を設定した。旧稿を参照された研究者の方にお詫び申し上げたい。

三、タイプC（）

次に、まず先のA・Bタイプの系統と趣が異なる独特の筆法のものが存する。たとえば名古屋市聖徳寺蔵本をその典型とする。

まず「南」外側の「」部分が、やや細めで線が弱々しく見える点と、「弥」の旁の「尓」部分が上下に押しつぶされたような形に特徴が見出せる（図6）。これをC-1（前稿C）タイプとする。

さらにこれらの特徴のものは、「無」に「」だけでなく「」も一部に見られる。これ以上細分化の必要もないので、C-1タイプとしてこれも含み、他の共通の特徴を重視したい。すなわち「阿」は「」部分が図6のように右上りの傾斜がゆるい。「陀」は、サンプルが少ないものの、「」が多い。全体的には太・細の線が混在しており、ドボッとした筆使いは実如の筆法に近いが、「阿」の旁はBタイプと異なる。

図6

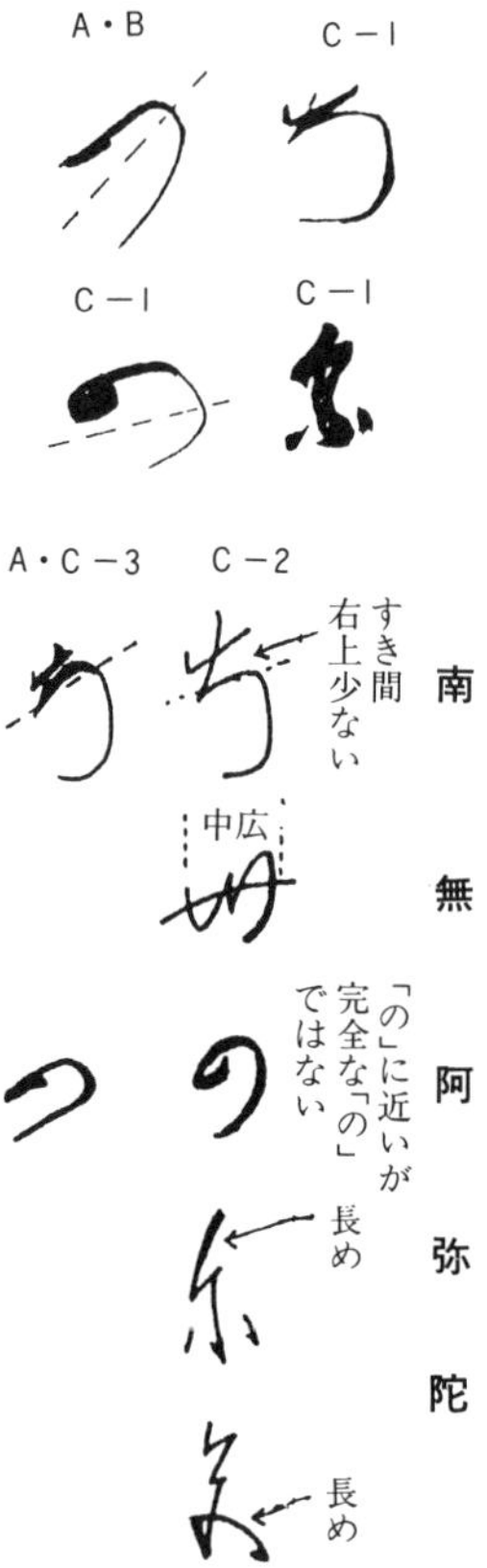

このようにC-1タイプは、実如筆と判断するにはいまだその条件に欠けるため、今後の課題とすべき名号であるが、Bタイプとの中間的なものも見られるため、実如筆の可能性を有することを指摘しておきたい。

紙本墨書の名号は基本的には裏書が付されないが、大幅の六字名号の中で唯一、蓮如の裏書の付されたものが存在する。これは昭和六十二年（一九八七）に盗難に遭い、平成十年（二〇〇八）に発見され碧南市応仁寺復蔵となった一本で、以前、簡単に紹介したことがある。(2)

それは、次のような裏書である（図版18、三三六頁）。

釈蓮如（花押）

応仁二年戊子五月廿日

願主　釈恵薫

蓮如の裏書にしては簡略なものであるが、応仁から文明初年の数年間の裏書は僅少ではあるものの、表題のないものがこの時期の特徴でもある。花押も応仁二年（一四六八）前後の短期間のみに見られるものである。したがってこの裏書は疑問の余地はないものであるが、問題は、元来この名号に添付されていたものであるかどうかという点である。応仁寺には他に方便法身尊形（長享三年〈一四八九〉・盗難、後に別の所有者のもとで発見）・蓮如寿像（延徳三年〈一四九一〉・現存）が恵薫に下付されており、それに先立つものは名号以外になく、むしろこの名号こそ如光所縁のこの道場に下付されたものと見るべきであろう。これをC-2タイプとする。さらにこのタイプは、後にふれるC-5タイプと近似している点に注目しなければならない。

すなわち、結論的に記するならば、C-5タイプは蓮如の長男・順如筆の可能性があり、もしそうであるならば、当初の後継者順如が、早くに父蓮如からこの時期の名号の筆法を習得していたとしても不自然ではない。したがって、応仁寺本のこのタイプ（C-2）での表と裏は一致したものと考えられる。そして、裏書を付す形態は同日付

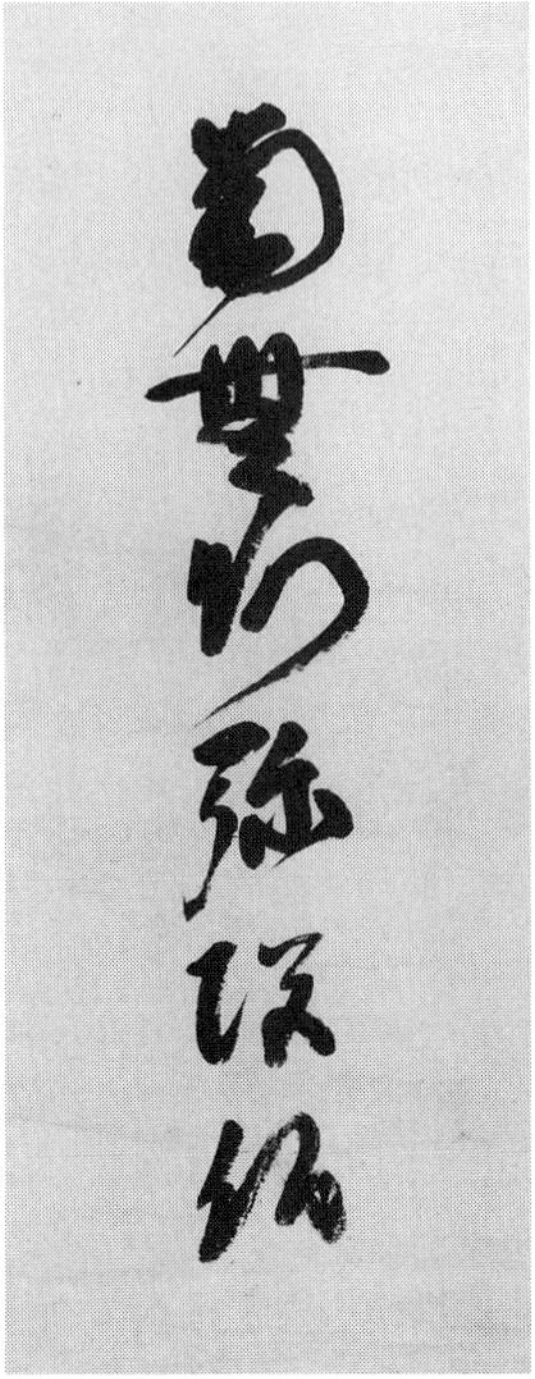

図版9　草書六字名号（奈良県本善寺蔵）C–4タイプ

の小幅の本證寺蔵楷書六字名号（応仁二年五月二十日）（図版17、三三六頁）以外に以後の例をほとんど見ない。すなわちこの名号は、本證寺本と共に蓮如名号最初期の試行的遺品という位置付けが可能となる。何よりもこのタイプの特徴は、次のC–3（旧稿E）タイプと比べ流麗とは言えず、字の一部が重なり合っているものもあり、字配りの点でもやや不揃いである。そして「無」は「」、「陀」は「」で共通する。これらの諸点を考慮すると、応仁寺本をはじめC–2タイプのものは、蓮如の初期の六字名号の筆法であろうと考えられる（図版11）。

次に、やはり「無」を「」と書くもののうち、「阿弥陀仏」の部分がAタイプと全く同じものが多数抽出でき、これをC–3タイプとする。すなわち「弥」の旁は「」となり、「陀」は「」と「」が混在しており、蓮如筆とすることができる。C–2タイプと比較しても流麗で洗練されており、いわゆる虎斑模様もこのタイプに多く見られるのもAタイプと同様である。

ただ、吉野本善寺（図版9）のものは、蓮如筆と伝承されるが「弥」の旁がBタイプの「」であり、弓も長く「南」の中もつぶれているなど、明らかに実如の筆としてよい。したがって本善寺本を典型として、このタイプをC–4タイプ、すなわち「」の形式のBタイプの特徴の見られるタイプとする。

だが、C–3タイプとの差異の少ないもの、中間的なもの、少なくとも「陀」が「」のものについては、B

タイプにほとんどそれが見られないことから、C－3タイプとしてほぼ誤りないと考えられる。

次に先のC－2タイプのところですでに触れたように、C－2タイプに相通ずる筆致ではあるが、従来から一般に蓮如・実如筆といわれるものと少々異質な感じを受ける名号が散見される。近時、何本かその存在が確認されており、旧稿では全く触れなかったが、新たにC－5タイプとして設定しておきたい。このタイプは、全体的には文字の間隔が詰まっており、むしろくっついていると言え、この点C－2タイプとはやはり区別すべきものであろう。

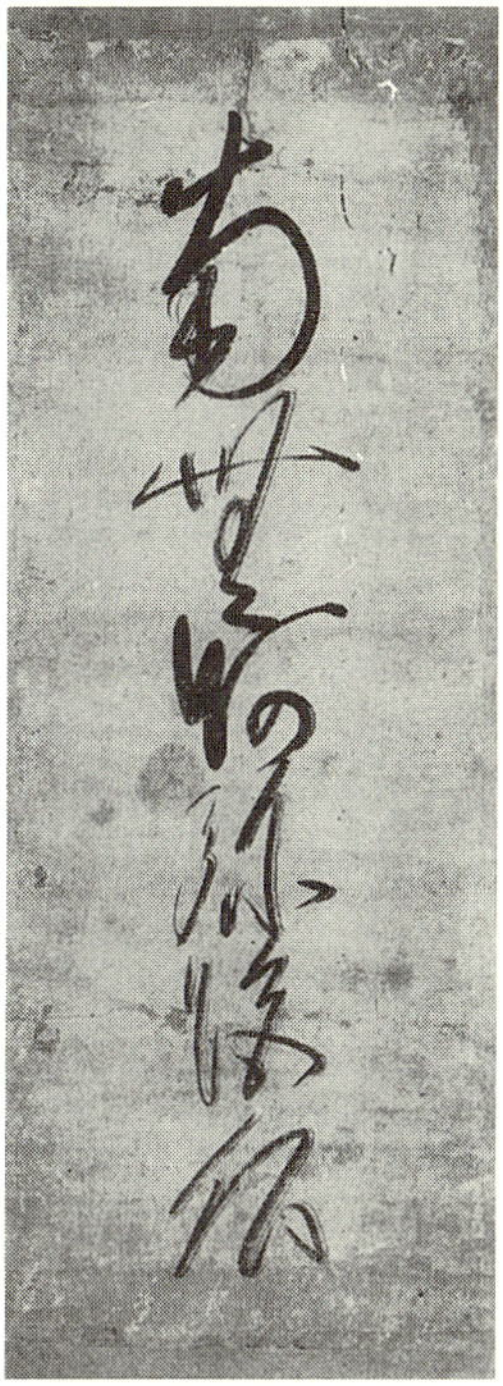

図版10　草書六字名号（牧方市光善寺蔵）C－5タイプ

図版11　草書六字名号（彦根市清徳寺蔵）C－2タイプ

各文字の際立った特徴は、「阿」は「」と旁の可の第一画目に当たる部分が他のタイプより長めで目立つ。さらに「可」の口部分が完全に「の」になっている。（C－2タイプは完全な「の」とはいえない）。

「弥」の旁は「」となり、第二画目がほとんど無いといってよい（これもC－2タイプに似るが、C－2タイプはわずかに見える）。

「陀」の旁も、A・Bタイプの場合「」であるが、これは「」であり、証如のタイプのようにやや画数が多い点が注目される。

これらのことから、上来見てきたA・B・C-1・C-2タイプいずれとも相違があり、証如以降のものとも異なる。しかも、平成八年十月に大阪市立博物館で開催された特別展「大阪の町と本願寺」展において、枚方市光善寺蔵のこのタイプのものが、順如筆として紹介された。このタイプを順如筆と断定するにはなお検討を要するが、近時、各地での調査が精力的に行われ、順如下付の絵像本尊などがいくつか報告されていることからも、順如が名号を下付したことも十分考えられ、このC-5タイプが順如筆の可能性は高い。(3)

このタイプがC-2タイプを手本にした可能性のあることを先に指摘したが、彦根市清徳寺蔵の六字名号（図版10）もC-2タイプの範囲であろうが、C-5タイプとも通ずるものである。これは「蓮如上人御代筆道西坊筆」と伝えられており、蓮如筆でない点を伝えることは注目される。あるいは順如筆と伝えられても不思議ではない。

順如は、蓮如の長男でありながら文明十五年（一四八三）四十二歳で没するため、若干の法名状や絵像本尊の存在が知られていながら、その立場は従来あまり注目されてこなかった。吉田・脊古両氏らの研究により、蓮如吉崎滞在期から順如没年まで、本尊はほぼ順如により下付されたという見通しが立てられたことにより、蓮如初期と考えられるC-2タイプと相通ずる筆法は、門主的立場にあった順如の筆致とすることに一定の説得力がある。さらなる精査を期したい。ここでCタイプについて整理すれば、C-1、実如筆に近い。C-2、蓮如筆。C-3、蓮如筆。C-4、実如筆。C-5、順如筆と推定、となる。

補　論

東本願寺に綽如筆と言われる六字名号（図版12）が伝わっていた。そして、平成八年（一九九六）十一月大谷大学における、真宗大谷派（東本願寺）宗宝公開「蓮如上人」展において初めて公開された（図録『真宗大谷派（東本願寺）宗宝公開「蓮如上人」展』）。

従来、蓮如以前の墨書六字名号については等閑視されてきた感があるが、この名号の公開により蓮如以前の歴代のものの存在を検討せざるを得なくなったと言える。

まずこの名号には「物故本願寺第三世住善如上人霊位／明徳第三暦二月時正初日書之沙門周円（綽如）」という為書《ためがき》が記される。元来真宗の名号にはこうした形態のものは他に例を見ないが、「善如上人」を「第三世」として

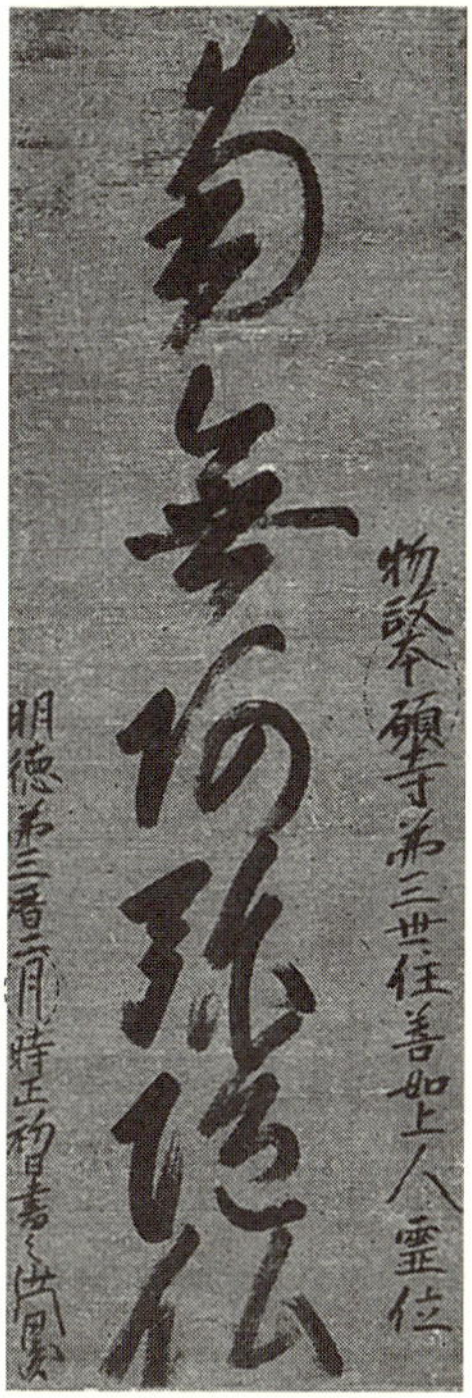
図版12　伝綽如筆草書六字名号（東本願寺旧蔵・現大谷光道氏蔵）

図版13　草書六字名号（石川県光琳寺蔵）

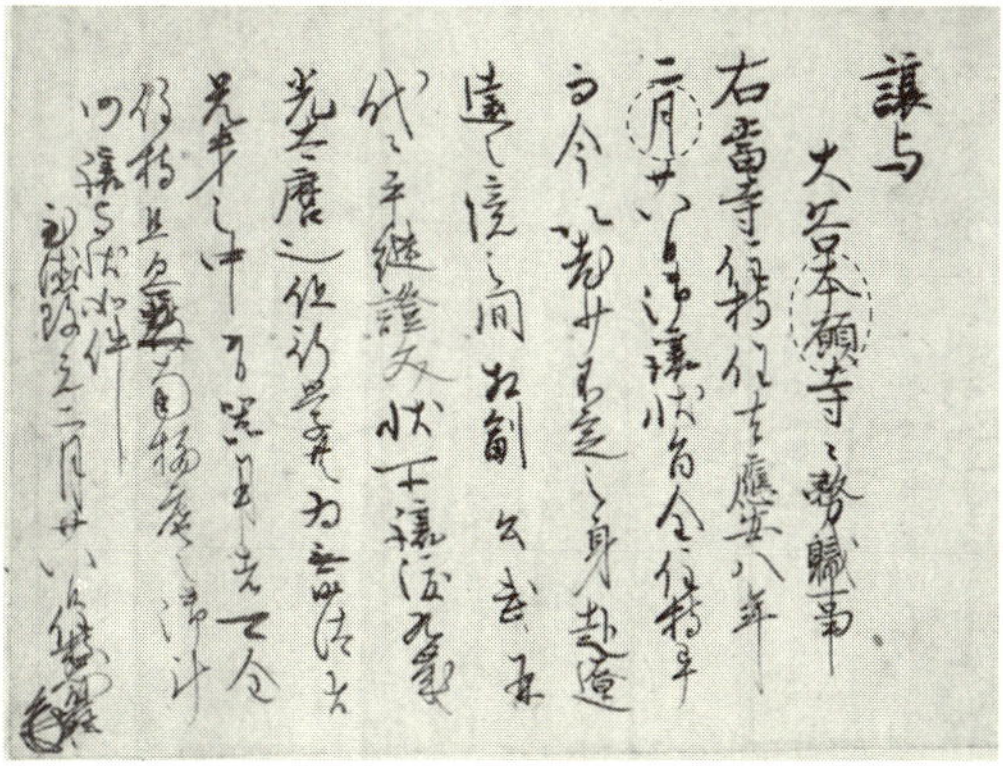
図版14　綽如譲状（西本願寺蔵）

いる点は、蓮如期以前の本願寺世代の数え方と合致しており、単に真宗名号として違例というだけで除外はできないものとなる。また、明徳三年（一三九二）は、先の図録の解説には善如示寂後四回忌に相当するとされるが、四回忌というのはやや不自然である。『日野一流系図』では善如没年は確かに康応元年（一三八九）二月二十九日であるが、蓮如自筆の『開山已来代々』（福井市西超勝寺蔵）には、「善如往生康応二　五十七才」とあり系図より一年遅くなり、これによれば明徳三年は三回忌ということになり、本名号の意義が明瞭となる。蓮如自筆の代々銘は、享徳四年（一四五五）蓮如四十一歳というういまだ部屋住み時代のものであり、系図より約一世紀その成立が早い。また世代に従覚も加えられており、覚如を本願寺初代とすれば第三代となり名号の記載と一致する。

おそらく善如の没年は蓮如の記す康応二年が正しく、元年とするのは誤写から生じたものと考えられる。してみると本名号の為書は矛盾するところがなく、あとは筆跡の問題である。

綽如の明確な筆跡は巧如への譲状（図版14）のみであるが、一応これと比較してみると、「月」「本願」など同文字も見られ、酷似しているとは言えないまでも一脈通ずるものがあるとも見える。他方名号部分については、この独特の筆法は他にほとんど例を見ないものであるが、石川県輪島市光琳寺にほぼ同筆のもの（図版13）が見出される。「」と「」「」と「」の違いはあるが、同一人物の同一の筆跡と見てよい。

このように、本名号も単独で伝来するのでなく、今のところ唯一点ではあるが他にも伝来する。したがって非真宗的一面のあるものであっても簡単に否定することはできない。むしろ肯定的に考えていくべき一点であろう。

第二節　蓮如筆墨書名号の意義

はじめに

蓮如から授けられた墨書名号は、どのような場所に安置され、どのようにして用いられたのかという素朴な疑問が本節の問題点の中心である。ただ、筆者も共同研究の一員として参画した『蓮如名号の研究』[4]において、蒲池勢至氏がこの問題にある程度答えている。蓮如の言行録などから、その様相はほぼ推定されるのであるが、現存する蓮如下付の金泥光明十字名号や方便法身尊像（以後「絵像本尊」とする）に並行して、蓮如は多種多様の墨書名号を大量に授与している[5]。それらが単に道場や在家に安置され礼拝されたという視点を超えて、本節では、多様性のなかに、今一度幅広い門徒の受容の様相と、教義的背景をも検討していきたい。

蓮如名号については、第一節で見たようにその筆法や筆癖からタイプ別に置き換え、蓮如筆・実如筆などの客観的特徴を見出し、ほぼ分類できるようになり、不完全ながら一定の見通しがつけられたように思われる。ただ、蓮如筆名号と見られるものをさらに細かく注視するとき、多様な筆法だけでなく、讃銘の有無や、六字名号のように草書・楷書など文字遣いの相違など、さまざまの形態が見られるが、これらの差異や多様性はまた、門徒教化においていかなる意義を有するのであろうか。

さらに授与される側にとって、墨書名号は、従来言われるような絵像本尊化する前段階の道場本尊として機能したのであろうか。それとともに、「本尊」の意義についても考え直す必要があろう。とりわけ六字名号の形態は多様であり、教義的側面にも照らしつつ、六字名号を中心とする蓮如墨書名号の意義についてここで考察を進めてみ

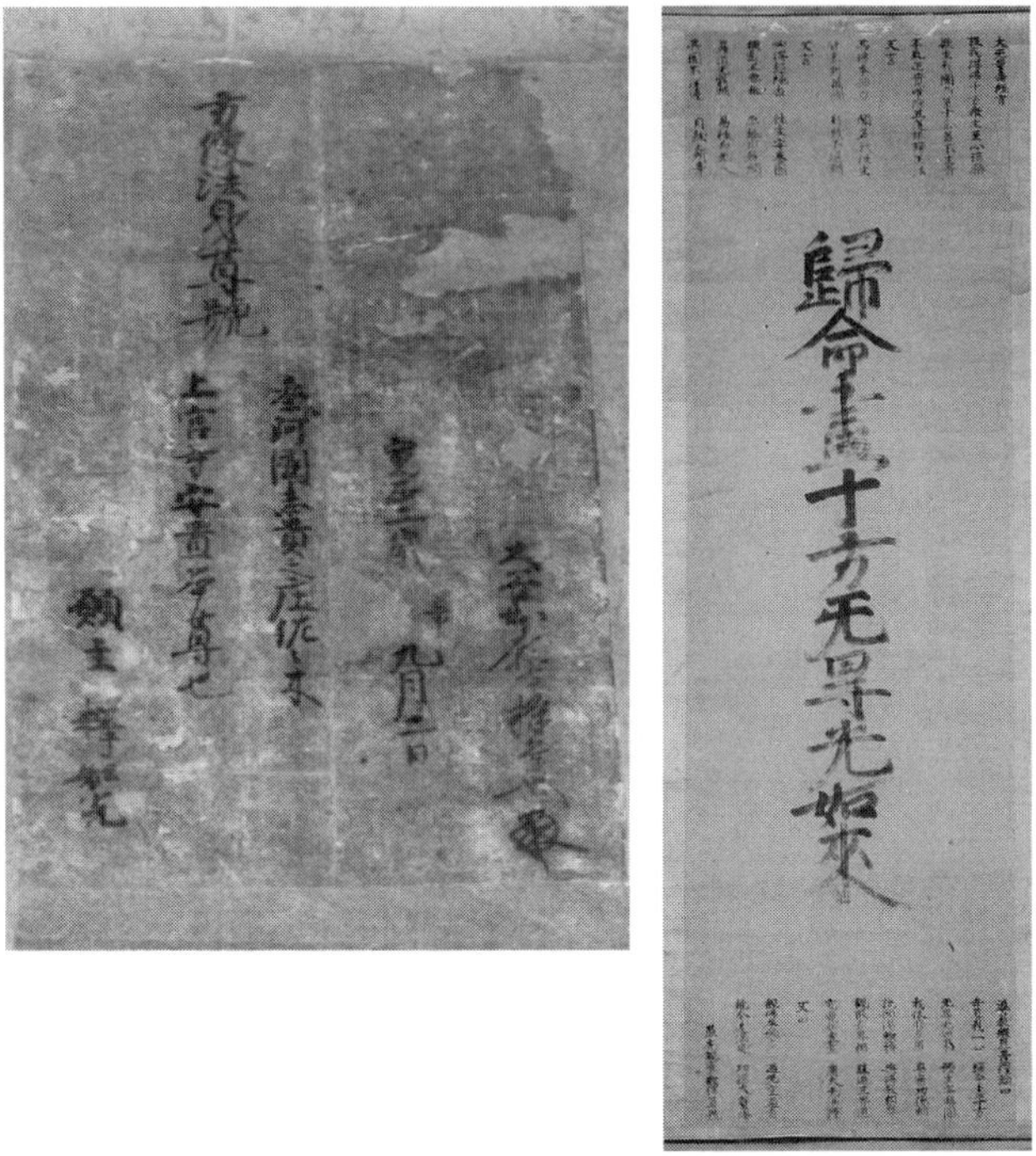

図版15　楷書十字名号と同裏書（岡崎市上宮寺旧蔵）

たい。

一、蓮如名号の種々相

蓮如の墨書名号が、いつ頃から門末に授与されるようになったかは明瞭ではないが、昭和六十二年に焼失した岡崎市上宮寺旧蔵の墨書十字名号（上下讃銘あり・蓮台なし（図版15））には、寛正二年（一四六一）九月二日の裏書が付されており、これが初見のものとされる。ただこれは表裏別装であったため、蓮如門弟の重鎮である三河佐々木上宮寺如光に下付されたことについては、金泥光明十字名号でない簡易な墨書名号では不釣合であるとの見方が従来支配的で、疑問視される向きもあった。その裏書は次のようである。

大谷本願寺釈蓮如（花押）
寛正二歳辛□九月二日
参河国志貴之庄佐々木
上宮寺安置本尊也
願主　釈如光
方便法身尊号

この時期の他の名号本尊裏書にも「本尊也」を明記するものがあり、[6]これは「安置本尊也」とやや丁寧ではあるが通例の範囲と考えられる。ただ裏書の法量を計測した記録が見出せず遺憾であるが、写真を見ても縦が他のものよりかなり短く、字配りもつまっている。これは表の軸幅に対応するものと考えられ、寺伝のように紙本墨書十字名号の裏書として矛盾しない。したがって本尊として機能したことになる。

さらにこれと同一のものが福井県本覚寺にも伝わるが、これは裏書は付さないが蓮台を描く。裏書のある上宮寺本には余白のみで蓮台がなく、名号を受けた側が描き加えたようで、蓮如期の墨書名号の蓮台の有無はあまり意識されていなかったとも考えられる。またこの二点は、蓮如前半期の金泥光明十字名号本尊と上下讃銘まで同一であり、さらにこれは親鸞が高田門徒に授与した黄地・紺地両十字名号ともほぼ同一で、これらが踏襲されたものである。

これ以外の蓮如筆の墨書十字名号で讃銘が記された墨書名号としては、今のところ他に知られていないようである。したがって上宮寺蔵十字名号は、裏書を付し讃銘を加えた、たいへん丁寧に作られたものということになる。
このように十字名号については、基本的には楷書で、くずし字のものはほとんど見られない。

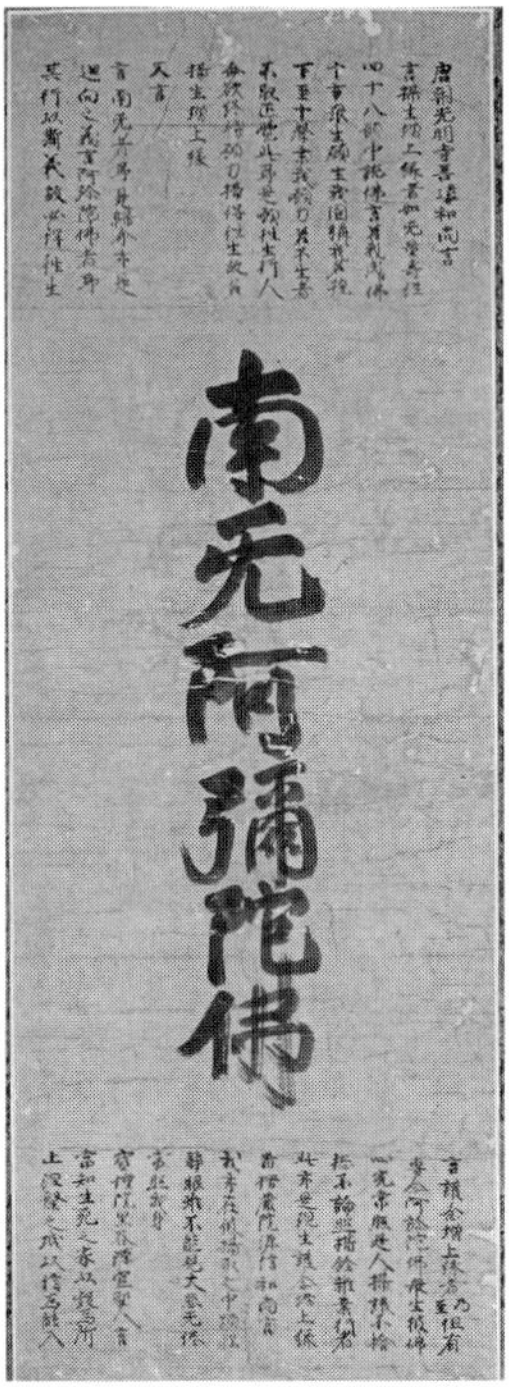

図版16　楷書六字名号（岡崎市慈光寺蔵）

また墨書九字名号についても、管見では楷書以外のくずし字のものを知らない。讃銘についても記されたものは存しないようであり、この点、特徴的である。そして、これにも裏書を付したものが一点知られる。蓮如八男蓮芸十四歳の時に下付されたもののようであり、裏書には「八十三歳（花押）　明応六年筵賓下旬　願主釈蓮芸」とある。[7] 通例の裏書とは異なり、親族のために認められたことがうかがわれるものである。

金泥光明九字名号もただ一点、裏書を付すものが奈良県下市町願行寺に伝わる。裏書には「不可思議光／満□□□／明応三年甲寅十一月八日書之／摂州住吉郡堺北庄／山口信証院為常住物」とある。[8] 宛所が示すように、もともと自己の隠居所として設立された場所に下付されたもので、蓮芸に下された墨書名号とともに、やはり特異なものといえる。蓮如下付の金泥光明九字名号自体も他に例がなく特殊なものである。

次に墨書六字名号については、楷書体とくずし字（以下草書体とする）の二態のものが多数伝来する。それぞれに書体の相違も見られ、それについては後に詳述するが、楷書のものには讃銘のあるものとないものが存する。讃銘のあるものの大半は上讃のみで、多くは善導の『観経玄義分』の、いわゆる六字釈の「言南無者　即是帰命　亦是発願回向之義　言阿弥陀仏者　即是其行　以斯義故　必得往生」の一文である。

ところで岡崎市慈光寺蔵の楷書六字名号（図版16）は、上下に讃銘を記すたいへん丁寧なもので、他例を知らない。ただ蓮台もなく裏書も付されていない[9]。

上讃は、「唐朝光明寺善導和尚言／言摂生増上縁者如无量寿経／四十八願中説仏言若我成仏／十方衆生願生我国称我名号／下至十声乗我願力若不生者／不取正覚此即是願往生行人／命欲終時願力摂得往生故名／摂生増上縁／」の『観念法門』の一文に加え、六字釈の一文が続く。

下讃は、「言護念増上縁者乃至但有／専念阿弥陀仏衆生彼仏／心光常照是人摂護不捨／捴不論照摂余雑業行者／此亦是現生護念増上縁」「首楞厳院源信和尚言／我亦在彼摂取之中煩悩／鄣眼雖不能見大悲无倦／常照我身」の『観念法門』の一文と『往生要集』の一文に続いて、「宝幢院黒谷源空聖人言／当知生死之家以疑為所／止涅槃之城以信為能入」の『選択本願念仏集』の一文を記す。

これらはすでに『蓮如名号の研究』において松平龍哉氏が考察されており、参照されたいが[10]、現存の上下讃付の墨書名号三点のうちの二本が、奇しくも三河国に伝来しており、如光所縁の十字名号との関連もあるいは想定しうるであろう。

また、裏書を付す墨書六字名号も二点知られており、いずれも三河国に伝来する。一つは安城市本證寺蔵の小型楷書のもの（図版17）で、表右下に「釈蓮如（花押）五十四歳」と記され、裏は「釈蓮如（花押）／応仁二年戊子五月廿日／願主釈光存」と判読できる[11]。裏書だけでなく、表にも署名・花押を認めるという、他に例を見ない形態のものである。一般にこうした小型の特異なものは、近世の寺伝作成のために偽作される場合が一般的だが、本品は表の署名花押に加えて、やや不鮮明な裏書にもこの時期の蓮如の花押の特徴が見られ、現在では真筆と判断されている。

今一点も、先に紹介した本證寺に程近い碧南市応仁寺蔵の大型の草書体のもの（図版18）である。この裏書は

図版17　楷書六字名号と同裏書（安城市本證寺蔵）

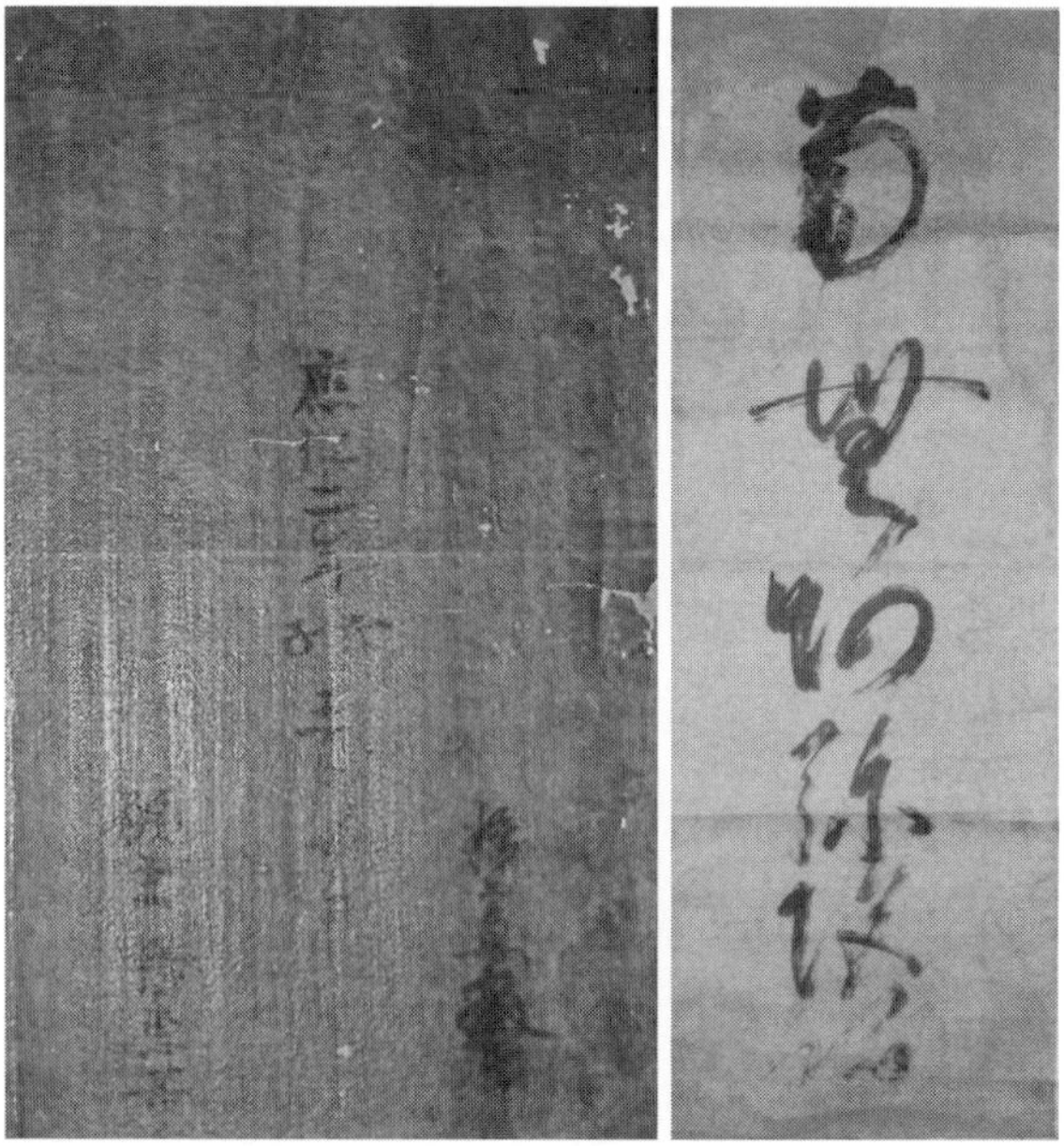

図版18　草書六字名号と同裏書（碧南市応仁寺蔵）

「釈蓮如（花押）／応仁二年戊子五月廿日／願主釈恵□（薫）」とあり、[12] 表題等もなく、本證寺本と体裁が同じであるとともに日付も同日であり、裏書の筆跡も応仁寺本は明らかに蓮如の筆であり、この点からも本證寺本の裏書を裏付けることができる。ただ表の名号部分の筆致は多数存在するAタイプのものに比べ稚拙である。したがってこのタイプのものをC-2タイプとした。

他方、金泥光明六字名号については、明確に裏書の付されたものは今のところ管見に入っていない。ただ『第八祖御物語空善聞書』に次の一文が見られる。「十九日　野村殿ノ御目ニ入申候トコロニ、野村殿ノ仰ニ、ヲレニノソム所ノ泥仏ノ六字ノ名号御ウラカキメサレクタシタマハリ、頂戴申テ候キ」とあり、明応六年（一四九七）十月十四日御寿像御免になり、十八日に富田殿にて大上様（蓮如）が裏書をされたことに続く文で、野村殿（実如）も自分が望む「泥仏ノ六字」、すなわち金泥六字名号に裏書をしていただいた、ということである。少なくとも私的には、蓮如は晩年に金泥光明六字名号に裏書をして下付したようである。

しかしながら、蓮如の手によって門徒に下された名号は、寛正六年（一四六五）の大谷破却までは金泥光明十字名号に裏書が認められ、絹本で技術者により制作されたものである。大谷破却以後は、ほぼ全面的に裏書を記さない紙本の墨書名号に切り替えられるが、とくに草書六字名号がその大半を占めると見られる(13)。その意味では、墨書名号の本格的授与以前の上宮寺如光宛十字や、上宮寺門徒恵薫宛の草書六字・本證寺光存宛小型楷書六字などの様式は後に全く見られず、いわば試作的名号と位置付けることもできよう。それらを三河の門末に下した背景は不明ながら、注目されるべきであろう。

こうした様々な蓮如名号を一覧したものが表2である。特殊な事例のものも表に加えたため、より多様性を帯びるように見えるが、数の上では△印以外のものが大多数であることは上来述べた通りである。そのうちでも圧倒的多数が紙本墨書六字名号であり、増加する門徒に敏速に応需したことは容易に想像できるが、あらためて蓮如の六字名号の依用について、蓮如の名号観全般に注目しつつ、次にまず楷書六字名号を検討してみたい。

表2　蓮如名号の種類

金泥	十字	上讃・下讃・蓮台	絹本	裏書「方便方身尊号」	
△金泥	九字	上讃・下讃・蓮台	絹本	裏書「不可思議光」	（願行寺蔵１点）
△金泥	六字	上讃・下讃・蓮台	絹本	（空善聞書）	（伝来なし）
△墨書	楷十字	上讃・下讃　―	紙本	裏書「方便法身尊号」	（上宮寺旧蔵１点）
△墨書	楷十字	上讃・下讃・蓮台	紙本	―	（本覚寺蔵１点）
墨書	楷十字	―　―　―	紙本	―	
△墨書	楷九字	―　―　―	紙本	裏書	（盛泉寺旧蔵１点）
墨書	楷九字	―　―　―	紙本	―	
△墨書	楷六字	―　―　―	紙本	裏書・小型・表に署名	（本證寺蔵１点）
△墨書	楷六字	上讃・下讃・―	紙本	―	（慈光寺蔵１点）
墨書	楷六字	上讃　―　―	紙本	―	
墨書	楷六字	―　―　―	紙本	―	
△墨書	草六字	―　―　―	紙本	裏書	（応仁寺蔵１点）
墨書	草六字	―　―　―	紙本	―	詠歌添１点例外

※墨書の中に一部例外的に絹本あり。△は事例が僅少のもの。

二、楷書六字名号

楷書六字名号については、善導の六字釈（言南無者　即是帰命　亦是発願廻向之義　言阿弥陀仏者　即是其行　以斯義故必得往生）を四行程度にして上讃として記したものと、記していないものが存する。また、ごく一部例外的に別の讃銘を記すものも見られる。

そして、十字や九字と同様に「无」が用いられており、次節に見る草書六字に用いられる「無」と使い分けられていることが知られる。

筆法を見ると、南や彌などに相違が見られる。すなわち南の中を「午」と書くもの（これをⒶとする）と、「」と書くもの（これをⒷとする）。さらに彌については、旁の爾のタテ棒がⒶのものは通っており、Ⓑのものは通らず分離していることが共通している。この共通性はさらに陀と佛についても見られる。すなわち、佛の旁の弗の右棒が陀の旁の它の下部に交わるか接するものが、Ⓐの大半に見られる。他方、弗の右棒が它に接していないものがⒷの大半である（図版19・20）。

讃銘の有無にかかわらず、こうした差異の共通性が楷書六字名号にはほぼ例外なく見られる。この点については『蓮如名号の研究』ではふれることができなかったので、ここであらためて増補しておきたい。すなわち、〝タイプあ(A)〞が南を「南」と書くもの、〝タイプあ(B)〞が南を「南」と書くものとしておきたい。

こうした視点より、あらためて『蓮如名号の研究』に収載される楷書六名名号〝タイプあ〞に注目してみると、

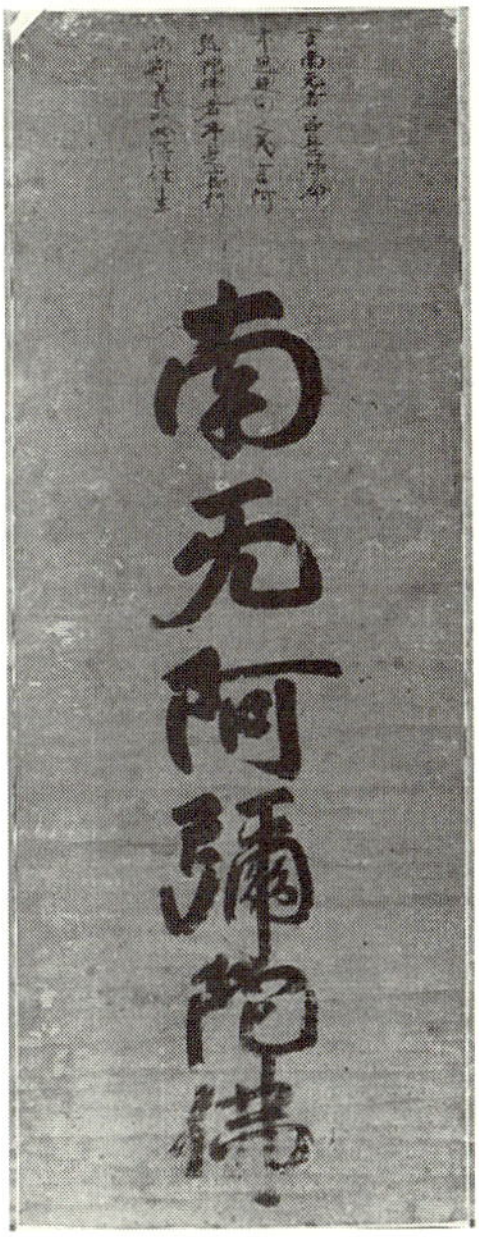

図版19　（A）楷書六字名号（金沢市本泉寺蔵）

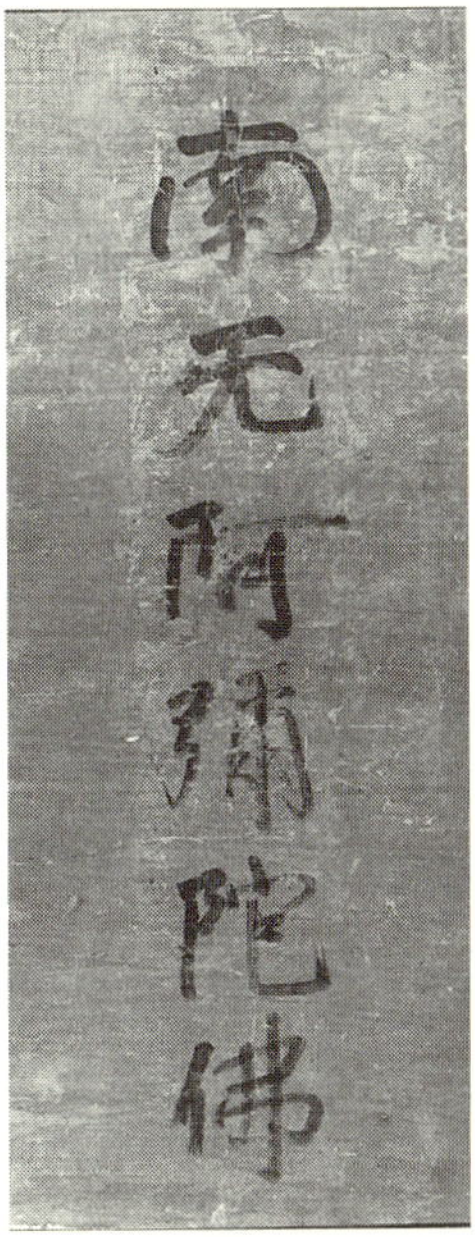

図版20　（B）楷書六字名号（八尾市慈願寺蔵）

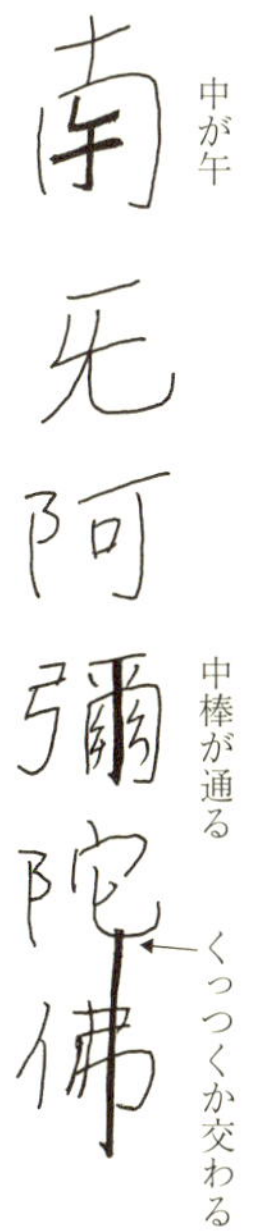

(A)に属するものは、

和歌山県**大光寺**蔵（571）・福井県**本伝寺**蔵（147）・西本願寺蔵（505・506）・金沢市**瑞泉寺**蔵（92）・愛知県本證寺蔵（247）・大分県**明蓮寺**蔵（604）・金沢市**本泉寺**蔵（104）・石川県光徳寺蔵（133）・愛知県了泉寺蔵（264）・石川県長圓寺蔵（121）〈（　）の番号は『蓮如名号の研究』に収載される写真番号で、以後同じ〉

(B)に属するものは、

愛知県**安福寺**蔵（328）・滋賀県法蔵寺蔵（477）・福井市興宗寺蔵（158）・大阪府慈願寺蔵（531）

である。これらのうち太字のものは讃銘付のものである。実如筆〝タイプい〟（実如筆楷書十字名号）以下のものではこうした相違は見られず、讃銘付のものも今のところ知られていない。

いずれにしても、楷書六字名号において蓮如は明らかに筆法を変化させており、これは運筆筆勢上の差異ではなく意識的に変化させたものと見られる。それは三カ所の部分的相違に規則性が認められることによるが、これがどういう意図によるものであるかは、今のところ明瞭にしえない。

一般的にこうしたことは時間的差異とする場合が多いが、先の本證寺蔵小型裏書名号は(A)の形態であり、蓮如没直後の明応八年（一四九九）四月二十八日、実如が「蓮如上人御筆」として釈智専に裏書したもの（彦根市法蔵寺蔵）は(B)の形態である。[14] したがってこの二点のみの事例では、たしかに(A)が初期で(B)が後期ということになるが、運筆上からだけでは速断できず、この点についてはさらなる検討を要するであろう。ちなみに、九字名号については管見の範囲では、「南」がわずかに一点金沢市本泉寺蔵[15]のものに見られるのみで、他に目立った相違点は見出せない。

三、草書六字名号

蓮如の草書六字名号の代表は、先にも例示した応仁寺蔵の応仁二年の裏書を認めたものである（図版18）。楷書でもなく讃もないくずし字名号に裏書を記すという、以後にも見られない試作的な名号を、上宮寺如光直属道場に下したことになる。これは、如光自身へも、前後に例を見ない紙本墨書讃銘付の裏書を認めた十字名号を本尊として下付されていることとも（図版15）、明らかに呼応すると考えられる。

応仁寺（西畠道場）の場合、長享三年（一四八九）四月七日に方便法身尊形が蓮如により下付されていることから、この墨書六字名号が二十年程度の間は本尊であった可能性が高い。ただ以後の大量の草書六字名号には裏書を付すことなく、草書体という極めて簡略化された形において、はたして、これらも絵像本尊以前の本尊として機能したと単純に見てよいのだろうか。

若干の試作的名号を例外とする墨書名号の大半は、大谷破却とその後の流浪期を経た吉崎滞在期に本格的に授与されだしたと考えられるが、ここにおいて名号の有する本尊的性格は微妙に変様したと予測しておきたい。

まず裏書が略されたことは、それが「常住」ではないことを示しており、特定の場に安置されることなく、移動する可能性も含まれていたとも見られる。そして、草書六字名号には八ッ切程度の小型のものも少なからず存在するが、これは、ほとんど小型のものが見られない楷書名号とは対照的である。それは、明らかに道場的な寄合施設でない、より個人的な居宅空間安置の要望に応需したものと考えられる。

ところでこれらの名号が、個人的な住居空間においてどのような形で安置（奉懸）されたのであろうか。いまだ仏壇的なものを想定するにはあまりにも時代が早いが、十八世紀末頃に使用された三河国加茂郡塩沢村（現豊田市）

の妙好人七三郎所持の仏壇が現存する[16]。小型の極めて粗末な箱状のもので、仏壇未成熟段階の名号や絵像本尊安置を考える場合、仮にこうした形態のものが十五世紀まで遡ると見ても、それほど不自然ではないと思われる。しかし、蓮如の段階で個人（在家）のレベルで集団共有の道場本尊の縮小を考えるのは無理があるが、皆無ではない。

また草書六字名号の最も大きな特徴は「無」を用いることである。くずしは「」と「」の二態あり、『蓮如名号の研究』では前者をA、後者をC－2・3を中心とするタイプにまとめている。そして楷書に用いる「无」のくずしは、いっさい用いられていない。『第八祖御物語空善聞書』には「一、言ク、南無ノ無《〔无〕》ノ字ハ聖人ノ御流ノ儀ニカキリテアソハシケリ[17]」とある。転写により无が無になってしまっているが、明らかに親鸞流は「无」を用いるとされる。蓮如は楷書名号ではそれを忠実に実践しているが、草書において無を用いることは、これが形態的に略式であるという意味を超えて他流（宗）との区別が不分明になり、信仰的混乱の危惧も想定され、大きな問題と見るべきであろう。

もともと草書六字名号には多様の筆法があり、「無」に加えて「陀」も「」や「」など、このほかの微妙な差異も含めてそこには規則性はなく、楷書六字の差異とは明らかに異なる。それらは概して運筆上の変化と考えられる。

そして今一つの特徴は、草書六字には讃銘を付すものは管見では一点も見出せないことである。ただ一点のみではあるが、大阪市願泉寺には「弘誓強縁多生難値　真実浄信憶劫叵獲　遇獲信心《ママ》遠慶宿縁」の『教行信証』の総序の一節と、「七十地に年はひとつもあまれとも　いつをかきりの世にハすままし（花押）」の詠歌を添えるものが存する[18]（図版1－1、三一六頁）。草書六字名号の基準作としてよく知られたものであるが、極めて親密な相手に下された、例外的な特殊な名号と考えられる。

すなわち草書六字名号は、裏書はもちろんのこと讃銘も略され、草書体であるだけに運筆も速く、楷書十字上下讃付名号以下、同上讃付六字名号や同無讃名号に比べ、さらに簡略化が進んだ名号であると見てよい。かつ最も多数存在しており、大きさも大小様々である。

元来、真宗においては六字名号を用いることは稀で、初期真宗においても、光明本尊は八字または九字が中心名号であるものが大半で、六字は十字とともに脇名号である。そしてこの場合も、楷書であるが「無」が用いられている。光明本尊の多くは中心の九字・八字名号が「无」でありながら、六字名号が「無」であることは注目すべきである。おそらく時宗の影響を少なからず受けたものであろう。

また蓮如に先立つ時宗の一遍・呑海の名号や南北朝期の浄土宗鎮西派の聖冏《しょうげい》や聖聰、あるいは蓮如と同時期の天台真盛宗真盛や高田派真慧の墨書六字名号について、宮崎圓遵博士や小島恵昭氏も注目・紹介される(19)。

こうしたものと比較するとき、これらの大半に署名があるのに対し、蓮如の場合はもちろんそうしたものはない。ただ「無」字を用いることは共通しており、この点、むしろ他宗のものと共通しつつ、「本願寺」「蓮如」の名号であることは表徴されていないと見ることもできる。これによって、「無碍光衆」の由来ともなった十字名号とは比較にならないほど、社会的摩擦を回避し緩和するとともに、全国的に普及することが、より容易となったことは想定してよいであろう。

もともと「御文」の普及は、実如写本の流布により本格化したと考えざるをえず、この点、応仁二年（一四六八）の裏書六字名号以後、おそらく吉崎滞在期の門徒集合のなかから本格化したとすれば、この墨書六字名号こそ、門徒に対する蓮如の直接的教化手段として有効に機能したと考えられる。

蓮如が数多くの名号を書いたことは、蓮如の言行録にも散見され周知のことであるが、現実に数多く伝来することが何よりもそれを証明している。具体的な数字については、たとえば『本福寺跡書』に「無碍光ノ御本尊、ウツホ字ハカリ本福寺門徒ニ、明応五年ノ日記二十九幅《クフク》オハシマス也、墨字ノ御真筆二百幅モコソハオハスラン[20]」とあるものが注目される。蓮如最晩年において、蓮如と最も密接な関係をもった堅田本福寺門徒の名号本尊・墨字名号の数字が示されており、興味深い。本福寺門徒に金泥光明名号本尊二十九幅、墨字名号二百幅という数字は、全国的にも最も密度の濃い存在数として参考にすべきであろうが、小幅の在家空間用のものが多く含まれた数字と考えられる。

そして、「無」字に象徴される本願寺独自とはいえない草書六字名号の普及は、同時に浄土系他流の通俗的六字名号との混同を避けるため、これに呼応して「御文」に六字釈が説かれることになる。もともと「御文」は、蓮如が下した名号本尊の教学的裏付けを周知する役割を担ったようである。「御文」の初出といわれる寛正二年（一四六一）三月のいわゆる「筆始めの御文」は、「一心ニウタカヒナクタノムコ、ロノ一念ヲコルトキ、スミヤカニ弥陀如来光明ヲハナチテ、ソノヒトヲ摂取シタマフナリ[21]」の文に象徴されるように、初期「御文」は、この頃下付されていた金泥光明十字名号の功徳を説いた解説書的性格をもつもの、と指摘されている[22]。

一方、文明五年（一四七三）十二月になると「六字釈」が「御文」のなかに見られるようになる。同時に、他宗他門・諸神諸仏誹謗の制止を語る文脈の中に、「コレミナ南无阿弥陀仏ノ六字ノウチニコモレルナリ[23]」という類の文言も目立つようになる。このことは、蓮如が吉崎において本格的に六字名号を授与し、これをもとに教化を開始したことを示すと考えられるが、門徒の他流・諸神諸仏誹謗がその背景となっていたことは想像に難くない。

ちなみに、この直前までは「宗名」「浄土真宗」にかかわる文言の多いことに気づく。一向宗と自他ともに認識されていたものを、あくまで親鸞の流儀は「浄土真宗」であるとする。ここにも、対社会的な空気を意識しつつ教化がなされたことが知られる。

いずれにしても従来の一向宗的六字名号認識に対して、「タ、声ニイタシテ南无阿弥陀仏トトナフルハカリニテハ、仏ニハナルヘカラス」、「南无阿弥陀仏トハカリトナフレハ、ミナタスカルヘキヤウニオモヘリ、ソレハオホキニオホツカナキコトナリ」(24)と、これまでに見ない言辞で非難する。口称のみにとどまらない信心の念仏において、救済の論拠を六字釈に求めつつ、「御文」に大きく反映させる。

たとえば文明六年霜月二十五日「御文」では、

善導ノイハク、南无トイフハ、帰命マタコレ発願廻向ノ義ナリ、阿弥陀仏トイフハ、スナハチソノ行トイヘリ、南无トイフ二字ノコヽロハ、モロ〳〵ノ雑行ヲステヽ、ウタカヒナク一心一向ニ阿弥陀仏ヲタノミタテマツルコヽロナリ、サテ阿弥陀仏トイフ四ノ字ノコヽロハ、一心ニ弥陀ヲ帰命スル衆生ヲ、ヤウモナクタスケタマヘルイハレカ、スナハチ阿弥陀仏ノ四ノ字ノコヽロナリ(25)、

と、六字釈を援用するものも散見されるようになる。

さらに信心の念仏という点については、たとえば文明七年二月二十三日「御文」では、「南无阿弥陀仏ノ六字ノイハレヲヨクコヽロヱワケタルヲモテ信心決定ノ体トス」と、六字の「イハレ」を心得ることが信心であるとする。そして、「南无ノ二字ハ衆生ノ阿弥陀仏ヲ信スル機」、「阿弥陀仏トイフ四字ノイハレハ弥陀如来ノ衆生ヲタスケタマヘル法」、このゆえに機法一体の南无阿弥陀仏とする。そして「コノウヘニハヒタスラ弥陀如来ノ御恩ノフカキコトヲノミオモヒタテマツリテ、ツネニ報謝ノ念仏ヲマウスヘキモノナリ(26)」と、口称における念仏は報謝の念仏で

あるとする。

このように蓮如は、吉崎滞在期に、六字釈を中心に六字名号の功徳やその心得について、かなりきめ細かく「御文」に表現するようになる。これらは十字名号の光明を核とする教説とは趣を異にしており、墨書六字名号授与に応じた教化の姿勢を看取することができる。

四、六字名号の教学的・思想的背景

さてそれでは、親鸞においては、いったい如何なる種類の名号を口称していたのであろうか。もともと真宗では、親鸞以来、諸門流において六字名号を単独に掛け依用した事例が極めて少ないことは、先にもふれた通りである。親鸞自筆のものでは康元元年（一二五六）十月二十五日と二十八日に書かれた上下讃銘付紙本墨書名号四本のうち一本が六字名号であるが、これら自体がもともと特殊なものであったと考えられる。加えて絹本の名号も高田専修寺に現存する黄地十字、紺地十字名号の二本で、これもまた特殊といえよう。

こうして見ると、親鸞の場合、名号軸自体が極めて大切に伝持されてきたはずであろうから、失われた数もそれほど多いとは考えられない。親鸞の手になる名号は、長い在世においても、もともと門徒にほとんど授与されなかったと考えて大過ないであろう。

また阿弥陀如来絵像も、親鸞期にまで遡り得るものは現存していないと言ってよい(27)。この点に関して、阿弥陀絵像と御影がどのような形で礼拝の対象となっていたかを、近時、山田雅教氏が考察されている(28)。主氏は、法然の『四十八巻伝』や『拾遺古徳伝』（覚如撰）、親鸞の『親鸞伝絵』（同）の場面を中心に考察され、主に臨終の場面や一般住居での念仏勤行の場面に阿弥陀如来絵像が掛けられており、説法の場面には掛けられていないことを指摘される。したがって、蓮如の下付した本尊（金泥名号・阿弥陀絵像）の裏書に、あえて「常住物也」や「本尊也」と記す事例が見られるのも、これは常置を示すものとして理解すべきで、逆に阿弥陀絵像は、一般に念仏道場に常に掛けられていたものではなかったことをうかがわせるものとする。

こうしたことを考慮するならば、親鸞やその周辺では名号を称えることと、そこに礼拝すべき絵像や名号が掲げられていることとは、必ずしも一体・連動するものではないことが想定される。さらに言えば、眼前に掲げられる名号と口称する名号の種類とが一致することにもならない、と考えられる。すなわち、親鸞以降初期真宗においては、先にも指摘したように、八字ないし九字（南无不可思議光仏・南无不可思議光如来）、あるいは十字（帰命尽十方無碍光如来）の二通りの名号が名号本尊としての主流であり、六字（南无阿弥陀仏）は蓮如の墨書名号に至るまで、ほとんど傍流としてしか依用されなかった。しかしながら、親鸞やその周囲において、やはり口称の中心は六字名号であった、と考えるのが自然であろう。

親鸞は、消息等においても「念仏」とは言っても、それがどんな種類の念仏かはあまり明示していないが、『末灯鈔』に慶信との次のような問答が見られる(29)。慶信は、「念仏申候人々の中に南无阿弥陀仏と丶なへ候ひまには、无碍光如来と丶なへまいらせ候人も候、これをき丶てある人の申候なる、南无阿弥陀仏と丶なへてのうへに、くゐみやう尽十方无碍光如来と丶なへまいらせ候ことは、おそれある事にてこそあれ、いまめがわしくと申候なる」と六字名号の称名のあい間に十字名号を称えることを問う。これに対し、親鸞は、六字名号の上に十字名号を称えることが「「あしき事なり」と候なるこそ、きわまれる御ひがごとときこえ候へ」と否定している。これを見ても、門弟の口称は六字名号が中心であったことがうかがえるであろう。

この点を親鸞の主著たる『教行信証』行巻に求めるならば、次の一文が注目されよう。

爾者名ヲ称スルニ、能ク衆生ノ一切ノ無明ヲ破シ、能ク衆生ノ一切ノ志願ヲ満テタテマフ、称名ハ則是最勝真妙ノ正業ナリ、正業則是念仏ナリ、念仏ハ則是南无阿弥陀仏ナリ、南无阿弥陀仏ハ即是正念ナリト知可シト、(30)

そして、晩年に制作された和讃においても、たとえば「現世利益和讃」は、繰り返し「南无阿弥陀仏をとなふればﾞ」として讃ずるが、これも「行巻」に「又云、問曰、阿弥陀仏ヲ称念シ礼観シテ、現世ニ何ナル功徳利益カ有ルヤ、答曰、若シ阿弥陀仏ヲ称スルコト一声スルニ、即能ク八十億劫ノ生死ノ重罪ヲ除滅ス、礼念已下モ亦是ノ如シ(31)」とあり、以下『観無量寿経』などを根拠として、南無阿弥陀仏の称名において、永劫の生死の重罪除滅や諸菩薩の護持などの現世の功徳を得るとする。

さらに『正像末和讃』においても「南无阿弥陀仏の廻向の　恩徳広大不思議にて　往相廻向の利益には　還相廻向に廻入せり」と六字名号それ自体に往還二廻向の大慈大悲を見ており、「弥陀大悲の誓願を　ふかく信ぜんひとはみな　ねてもさめてもへだてなく　南无阿弥陀仏をとなふべし(32)」と、六字名号の称名は弥陀の誓願に対する恩徳の報謝であるとし、いわゆる「恩徳讃」へと続く。

このように親鸞においても念仏の中心は六字名号であり、法然の『選択本願念仏集』の冒頭の「南無阿弥陀仏　往生之業　念仏為本」の文に決定づけられ、貫かれていることを、あらためて確認しうるであろう。

したがって、親鸞や門弟たちは、念仏の「場」であっても、本尊は阿弥陀像ばかりでなく、聖徳太子像・善光寺如来像、名号なら十字や八字・九字名号の掲げられる場合も、六字名号を中心に口称したことになる。多くの場合、もともと六字名号が掲げられることはなく、場を限定することもなく「ねてもさめてもへだてなく」念仏申す日常性を考える時、弥陀の光明に摂取されるという不可視的な「教え」を根本的背景とする上において、礼拝対象もない生活空間での六字名号口称は、むしろ必然のあり方として理解すべきであろう。

結びにかえて

蓮如の墨書六字名号の採用と多様という点を視座に、蓮如自身だけでなく親鸞にまで遡り、名号観とその実態について概観してみたが、あらためて蓮如の墨書六字名号の意義について考え、結びにかえたい。

まず蓮如は継職当初、金泥光明十字名号を本願寺流の道場「本尊」として自署・裏書して下付した。これは覚如以来の本願寺本尊たる十字名号の分与とも考えられる。ただ大谷破却によりこの絹本の美麗な名号の下付を中止する以前に、すでに全く同文の紙本墨書の十字名号も、本尊として一部に下付したことを確認した。

大谷破却の前後より、漸次、絵像本尊の下付は増加するもの(33)の(順如下付の時期も含む)数量的にはわずかで、圧倒的多数の紙本墨書名号を授与することになる。裏書を付す一部の試作を経て、裏書を略した楷書十字・同九字・同六字と草書六字のうち、現存量からも六字名号が多数を占める。なかでも草書の六字名号の量が圧倒的に多い。

六字名号は、初期真宗においては本尊としてほとんど用いられなかったことはすでに見たが、楷書六字の筆法の明確な変更に注目するとき、絵像本尊における光明の変更(34)と相通ずる何らかの意義を見出すことができないであろうか。一見して蓮如本願寺流の独自の筆法を暗示するためであろうか、楷書六字にこうした点が考慮されているならば、それは、これが本尊としての蓮如の意志が反映されたものと考えられる。すなわち形状的にも、一部に善導の六字釈の一文を上讃としていることにもよるが、これも試作的な慈光寺蔵上下讃付楷書六字(図版16)の簡略型と見ることができよう。

このように考えるとき、基本的に紙本墨書楷書名号も「本尊」としての位置付けが可能であるが、原則的に「常住」としての裏書がないことから、道場本尊というより移動可能な簡易本尊、あるいは道場未成熟段階の小集団の場合を想定しうるであろう。

そしてこの場合問題となるのは、楷書九字名号である。あくまで「本願寺流」を重視するならば、楷書であっても原則的には九字名号は本尊とはなりえず、やはり絵像や光明金泥名号本尊の脇掛と見るべきであろう。それは現存するものがおしなべて大型であり、讃銘の書かれたものが見られないことからも頷けよう。それはまた、やがて十字や楷書六字・草書六字も脇掛として用いられる場合が発生する可能性も含む。さらに実如や証如以降も大型楷書名号が多数伝来しており、こうした性格がさらに濃厚になっていったものと考えられる。

ではいったい、草書六字名号は如何なる性格のものなのであろうか。蓮如は兼縁に小名号を依頼されて、気軽に「信心ヲヤルソ〳〵」[35]と与えたとされるが、これがどこまで事実に沿ったものかは心許ないものの、場合によっては小集団よりさらにきめ細かく、個人に対しても授与したものと考えられる。それは、礼拝的要素を含みつつも、いまだ祭祀としての在家本尊にまで昇華しておらず、個人的「信心」の醸成にこそ主眼が置かれたと考える方が事実に近いであろう。「御文」に繰り返し、南無阿弥陀仏の「いわれ」を知ることが信心であることを説くのも、こうした背景を想定すべきであろう。

拡大する門徒に対応することも含め、物理的事情もともない、くずし字の極めて簡略化された形態となり、いわば門徒のニーズに応じた大小のものが存在し、いわゆる「虎斑」と称する莫蓙目の見られるものも、草書六字名号に特に目立ち、蓮如が気軽に応じたとする伝承を裏付ける。

そして、「御文」に繰り返される「南无阿弥陀仏〳〵」の称名念仏の督励の文言と名号とが一体化し、ここに楷書六字も含め、表示（安置）と口称との一致が現実化したことになる。吉崎以降本格化する金色を中心とした絵像の本来的「本尊」は、視覚的に礼拝的要素の強いものであるが、簡略化された墨書草書六字名号は、それを補完するとともに、称名念仏と信心獲得の方便としての聖教的性格をも有したといえよう。

また蓮如は、名号だけでなく「御文」や「正信偈」文、『教行信証』等の聖教の要文なども、軸仕立にして門徒に授与している。これらの位置付けも従来不明瞭であったが、草書六字名号の延長線上にこれらを見据えたとき、本尊的色彩の希薄化した草書六字名号と同置、あるいは冊子形態をとらない「聖教」の変形と見たならば、草書名号に準ずるものとして位置付けられる。これまた信心獲得の具として機能したと考えられる。そして、光明名号や絵像本尊に加えて、墨書名号も本尊である場合には、その脇掛ともなりえたことであろう。

以上、これらの点を集約してみると、次のようにまとめることができるであろう。

もともと蓮如において名号本尊は、絹本著色金泥光明十字名号（付裏書）であり、広範囲の門徒集団の中心道場の本尊であった。そしてその略式型が、全く同文の上下讃付の試作的色彩の強い紙本墨書楷書十字や、同上下讃付楷書六字名号である。さらに前者は讃銘が略され、後者は上讃（主に六字釈）のみを残す形が讃銘付の定型となり、上下とも略されたものとの二通りとなる。さらにこの楷書六字名号には二通りの筆法が存し、蓮如の意とする何らかの理由で変更されたことは事実であろうが、このことがこの名号の意義の深さを象徴すると見てよい。すなわち裏書を廃し、最も簡略化された形での本尊的意義を保持したと考えられる。

一方、草書六字名号は、さらにこれを簡略化し草書体として裏書も讃銘もいっさい省略するが、これは楷書から草書へ、讃銘も略し、絹本から紙本へと、いわば名号簡略化の到達点ともいうべきものである。ただこれらは時間軸と連動したものではなく、楷書十字・同六字や草書六字は、それぞれ晩年まで並行して授与され続けたと考えられ、草書六字名号の、礼拝を中心とする本尊的機能から信心獲得の用としての質的転換と見るべきであろう。

本節では、蓮如が門徒に大量に授与した墨書六字名号について、その意義と性格を中心に、概略的に考察した。次に、名号それ自体の史料性は薄弱であるが、大量に伝存する地域的な存在数の比較分析による蓮如・実如期の道場化の様相について三河教団を事例に、検討を加えておきたい。

第三節　蓮如・実如期下付本尊と墨書名号

はじめに

三河門徒団は、三箇寺をはじめとする在地大坊主が主に専海系三河門流から、蓮如に帰参した典型的な蓮如期形成地域である。加えて、本願寺直属（血族）の本宗寺が程なく寺基を構え、それへの与力体制が確立していったと考えられ、三河本願寺教団へと成長した。そして本宗寺は、実如四男実円（播磨本徳寺兼住）入寺により、以後本願寺の一族寺院の代表的存在となり、土呂・鷲塚二坊並立という全国的にも例を見ない形で君臨した。

こうした背景のなかに、矢作川流域を中心とする地域の道場化の様相を裏書史料を基にすでに第Ⅰ編第四章で考察した。そして、さらに近時の調査活動により従来史料として扱うことのなかった墨書名号等の伝存に注目し、同じく蓮如期以来の明瞭な教化形成が本格化した飛騨門徒団の場合とも対比しつつ、検討を加えてみたい。

一、飛騨地域の墨書名号の伝来

第一節で、蓮如に代表される墨書名号を筆跡・運筆の特徴からそれらをタイプ別に分け、より客観的に蓮如や実如などの筆者を特定するべく考察を提示した。これにより、従来曖昧になりがちであった六字を中心とする墨書名号の筆者を、ほぼ特定できるようになった。裏書を付さない墨書名号類は、移動が容易で伝来も不明瞭なものが多く、史料として用いることはほとんど困難であった。しかしそのタイプ分けが可能となったことにより、まず史料化を目指すべく数字化について、本節において考えてみたい。

近世の由緒書や縁起類に語られるものも今は考慮せず、まずタイプ別に分類してみる。当然そこには流入物も混在していることも想像されるが、広範囲に伝存する多数の名号に注目するとき、その「移動」も一国単位の地域の中でほぼカバーできると考えたい。もちろん、なかには近世に遠国より購入または寄進のものもわずかには見られるが、多数の名号に注目した統計処理という方法の場合、その存在傾向はほぼ信頼できるものと考えられる。ただこれは、あくまで多数の試料と複数地域の比較により初めて史料性が生ずるものであるが、そこで本節では、蓮如以来の門徒化と門徒団形成が比較的明瞭である飛騨国の場合にまず注目し、その存在形態の特徴を検出してみたい。

真宗大谷派高山教区では本願寺派の協力も得て、墨書名号などの法宝物を所蔵するほぼ全ての寺院調査がなされ（一部美濃国・越中国を含む飛騨国全体）、図録『飛騨と蓮如上人』(36)が刊行された。ここに墨書名号が一二九点掲載され、これらはこの地域に伝存する道場用名号の大多数を占めるものと推定される。一方、門徒宅のものについては調査対象となっておらず、ほとんど大振りの道場用名号のデータであることを断っておきたい。ここに掲載される写真の全てを、『蓮如名号の研究』のタイプごとに分別したものが**表3**「飛騨地域名号データ一覧」である。

『蓮如名号の研究』発刊以来、タイプ分けについての意見をいくつか頂載しているが、基本的には今のところ変更の要はないと考えている。ただ、いずれにも属さないものや、いずれに属するか判断のつけ難いものも若干含まれる。タイプ別と筆者については、六字名号ではAとC-3タイプを蓮如筆、C-2タイプもほぼ蓮如筆と見てよい。

表3　飛騨地域名号データ一覧（『飛騨と蓮如上人』より）

A−1	34、38、49、73、87、91、105、111、118、119、153
A−2	35、43、44、54、59、62、76、81、86、89、94、103、107、116、144、147
B−1	なし
B−2	45、46、48、53、55、56、57、60、64、65、66、78、79、80、83、88、97、100、104、108、115、124、126、131、132、133、136、138、141、142、143、145
C−1	36、75、120、134　※B−2・C−1中間的名号、67、71、85、98、109、112、123
C−2	39、42、47、50、82、129、139、140、148
C−3	51、74、93、96、99、101、114、117、121、122、137　※C−2・C−3中間的名号、40
C−4	113
D	90
該当なし	41、68、130、149
不明	（欠損・薫染）106、125

あ六	なし
い六	37、52、58、61、63、72、77、84、92、95、102、110、127、135、146
う六	150、151
え六	152
あ十	なし
い十	22、23、24、25
う十	29、32
え十	28、30、31
該当なし	26、27

（註、六＝楷書六字名号、十＝同十字名号、なお九字名号は無し。※はやや不明瞭なもの）

またBとC−4タイプを実如筆、C−1タイプもこのタイプに近いため実如筆とする。楷書のものは、あタイプが蓮如、いが実如、うが証如、えを顕如とすることができる。これらタイプごとにまとめたものが表4「飛騨地域名号統計」である。

これによると飛騨地域の場合、六字名号の大半は蓮如・実如筆のもので、草書では蓮如・実如ほぼ同数である。楷書を見ると、六字・十字共に蓮如のものを一点も見出すことができないため、トータル的に見ると実如筆が四八・八パーセント、蓮如筆が三七・二パーセントと実如筆がほぼ半数を占め、蓮如筆より一〇パーセント以上上回ることが判明する。

加えて、方便法身尊像（絵像本尊）の伝存をやはり同書により数字化してみると、蓮如下付十二点（三七・五パーセント）、実如下付二十点（六二・五パーセント）であり、記録上の数字も含み不明確ながら、蓮如下付の比率は決して低くはない。

ここで参考までに、越前吉崎に近接する加賀能美郡の調査事例も提示しておきたい。一九八八年真宗大谷派小松

表4　飛騨地域名号統計

	蓮如	実如	証如	顕如	不明	合計
草書六字	48（48%）	44（44%）	1（1%）	0	7	100
楷書六字	0	15	2	1	0	18
楷書十字	0	4	2	3	2	11
計	48（37.2%）	63（48.8%）	5（3.9%）	4（3.1%）	9	129

教区により調査された記録が、展観図録『一向一揆と加賀門徒』として刊行されている。

これには、伝蓮如・実如・証如筆の墨書名号が三十四点掲載される。これらを伝承を度外視してタイプ別に分けてみると、A-1・2とC-2・3の蓮如筆タイプが九点、B-2とC-1の実如筆タイプが五点、証如筆タイプが一点となる。楷書では六字九字十字合わせて、あ（蓮如）タイプ一点、い（実如）タイプ十点、う（証如）タイプ三点である。草書楷書合わせると蓮如筆十点、実如筆十五点、証如筆四点で、ここでも実如筆が蓮如筆を上回るが、注目すべきは、やはり楷書名号の大半が実如筆のものであることである。

そして、方便法身尊像については五点掲載されるにすぎない(37)。

二、三河地域の墨書名号の伝来

大谷派岡崎教区では、委員会を設けて各寺の法宝物調査が一九九八年より実施されている。事前のアンケート調査に基づき、分派期までの名号や本尊・影像類・「御文」等を伝える寺を選択し、翌年十月までに約百二十カ寺（除西派寺院）が調査された。これ以後も毎年数カ寺ずつ現在まで継続されている。

地域は、教区全体では愛知県東半分の旧三河国と静岡県全県であるが、寺院分布は矢作川流域を中心とする西三河が密で、東三河沿岸部（蒲郡・豊川・豊橋・渥美）に疎で、静岡県は点在という状況である。本節ではこれらの地域のうち、東西分派期以降に進展した遠江・駿河地域（静岡県）は教団の性格が異なるのでデータを除いた。いずれにしても、いまだ全体の調査を終えたわけではなく、名号に限って言えば、調査対象寺院の七割程度と思われ完全ではないが、ほぼ一応の傾向を把握することが可能であるとの判断に立ち推論することとした。

これらのデータを寺ごとに示したものが**表5**「三河地域名号・御文データ一覧」であるが、ここには「御文」の実如・証如判についても記号により示している。そしてさらに、名号をタイプ別に数字化したものが三六一頁の表6「三河地域名号統計」である。なお三河地域の場合、蓮如期以降主要三箇寺がほぼ中本山的役割をし、本宗寺がその上位の地方本山的性格を見るため、「三河教団」の用語も使うことを付言しておく。

表5　三河地域名号・「御文」データ一覧

凡例

名号のタイプは『蓮如名号の研究』による。
「六あ」はあタイプ楷書六字名号。
中間はいずれのタイプにも特定できないもの。
大幅名号に限ったが、ごく一部に小幅名号を含む。
●は実如判巻子本、■は同冊子本、
○は証如判巻子本、□は同冊子本。
寺名の上の数字（一部地名）は大谷派岡崎教区の組《そ》を示す。岡崎市1・2・3・7（一部幸田町）・六《む》ッ美《み》・18、豊橋市と豊川市4、蒲郡市6、幸田町　幸田、西尾市8・10・11・12、西尾市吉良町幡豆町9、西尾市一色町13、碧南市14、高浜市と安城市南部と一部西尾市15、安城市16・17、刈谷市19・20・21、豊田市高岡・23、豊田市西部とみよし市24、豊田市足助町27・28、岡崎市下山・額田地区30。また本願寺派の寺は全て（西）とした。

1光円寺	B-2、十い、●
1法専寺	A-2
1専福寺	A-2、B-2、九あ、十お
1浄専寺	C-2、C-2、C-3、C-3、B-2
三河別院	A-1
2順正寺	C-1、九あ
2正道寺	A-1
2縁盛寺	●
2専光寺	A-2、A-2、C-2、十う
2不退寺	A-2
3順行寺	B-2
3西光寺	C-3、C-4
4正法寺	B-2、B-2、九あ
4蓮泉寺	A-2
4敬円寺	A-2、A-2
4浄福寺	C-2
4正願寺	C-3

4浄円寺	不特定
5西応寺	C-3
6西福寺	A-2
6専覚寺	B-2、●
6信光寺	A-2、九あ
7浄専寺	A-1、A-2、C-3、A-2、B-2
7等周寺	C-2、C-2
7徳円寺	A-1
7敬覚寺	C-3
幸田正楽寺	C-3、九い
8安楽寺	A-1
8順覚寺	A-1、A-2
8宿縁寺	A-2、C-3
8善徳寺	九あ
8福浄寺	A-2
8浄顕寺	C-2、C-5、A-2
8正光寺	C-1、C-3
六ッ美養楽寺	B-2、●、○
六ッ美浄妙寺	A-2、十あ
六ッ美浄光寺	A-2、十お、●、○
六ッ美慈光寺	A-2、C-2、C-3、十あ、六あ（上下讃）、●
六ッ美誓法寺	A-1
9正覚寺	A-1
9正向寺	C-2
9源徳寺	A-1
9祐正寺	A-2、C-2
9福泉寺	A-2
10明泉寺	A-2
10願正寺	A-2
10蓮正寺	A-1、A-2
10厳西寺	C-2
11正念寺	C-3、六あ、□
11善福寺	C-1
11浄賢寺	B-2、●
11浄徳寺	C-3
11無量寿寺	C-3
11常照寺	B-2
11唯法寺	（内仏証如六字）

12玉照寺	A-2
12浄徳寺	十あ（カ）
12徳行寺	A-2
12願海寺	B-2、B-2
13安休寺	A-1
13本浄寺	C-2
13教栄寺	B-2
13慶徳寺	A-1、C-3
13本法寺	A-2
14専興寺	A-2
14光輪寺	A-2、B-2
14等覚寺	○
14東正寺	B-2
14蓮成寺	A-2、中間、九あ、●、■、■
14西光寺	十い
14安専寺	A-1、C-3
14西方寺	十え
14本伝寺	B-2
15龍讃寺	A-1
15随厳寺	A-2
15専修坊	A-1、C-2、C-3、六あ、九い
15正林寺	C-2
15念空寺	A-2、A-2、B-2、●●
15宝林寺	A-1
15信照寺	A-2、C-3
16円光寺	●●■□（三冊）
16本證寺	十あ、六あ、□（四冊）
16松韻寺	C-2
16蓮泉寺	九あ、A-1
16法行寺	C-2
17西方寺	A-2
17明真寺	A-2
17浄玄寺	C-2
17明法寺	A-1、十あ
17願力寺	A-1
17本楽寺	B-2、B-2、●
17碧海教会	六い
18勝蓮寺	C-3、十い、六あ

18上宮寺	十あ（旧蔵）
18柳堂寺	A-1、C-3
18正法寺	C-3、□
18光善寺	十い
19金勝寺	B-2、●
19正覚寺	A-1、●、□
19超円寺	A-2、C-3
19教栄寺	C-2
19法寿寺	C-3、中間
19浄福寺	A-2
19専光寺	C-3
19空臨寺	B-2
20萬福寺	A-1、C-3
20西教寺	A-2、B-2
21順慶寺	A-2
21泉正寺	□
高岡円楽寺	十あ
高岡浄照寺	六あ、■
高岡光恩寺	C-2

23安福寺	六あ
23浄願寺	A-1、A-2
24浄覚寺	A-1、九あ
24阿弥陀寺	C-5
松平法興寺	A-1
松平皆福寺	C-3
26光輪寺	A-2
26如意寺	B-2、●●
26増慶寺	●
27明誓寺	A-1
27専休寺	A-1
28楽円寺	●
28専蔵寺	十お
28等光寺	C-3
30長興寺	十あ
30等順寺	●
(西)善行寺(碧南)	C-3
(西)願随寺(碧南)	A-1、C-3、C-3、●
(西)蓮成寺(碧南)	中間

(西)栄願寺（碧南）	A-1、B-2、C-2、九い
(単)応仁寺（碧南）	A-1、A-2、A-2、C-2、六あ、九あ、九あ、十あ（以上含旧蔵）、■
(西)本宗寺（岡崎）	A-2

(西)長善寺（岡崎）	■、●
(西)正覚寺（西尾）	B-2、B-2
(西)教蓮寺（西尾）	C-2

表6　三河地域名号統計

	蓮如	順如	実如	証如	顕如	教如	中間	計
草書六字	126（76.8％）	2（1.2％）	31（19.0％）	1（0.6％）	0	0	4（2.4％）	164
楷書六字	8	0	1	0	0	0	0	9
楷書九字	10	0	3	0	0	0	0	13
楷書十字	9	0	4	1	1	3	0	18
計	153（75.0％）	2（1.0％）	39（19.1％）	2（1.0％）	1（0.5％）	3（1.5％）	4（2.0％）	204

これによると、草書六字ではAとC-3タイプにC-2タイプを加えた蓮如筆と見てよいものが七六・八パーセント、BとC-4にC-1を加えた実如筆と見てよいもの一九・〇パーセントと、圧倒的に蓮如のタイプの残存が多いことが、まず三河地域の特徴といえよう。『蓮如名号の研究』編集時点までは、収集写真の点数からも一般的草書六字名号の約八割のほぼ半数ずつがA・Bタイプに分別でき、これが全国の平均的分布状況であると推定した。飛騨地域の場合もほぼ半々の数字となっている点からすれば、三河地域の場合はAタイプがBタイプのほぼ三倍となり、Cタイプと楷書名号を加えると蓮如タイプが実如タイプの四倍以上ともなり、顕著な数字と言える。

従来、蓮如・実如または証如以下、筆者の特定は主観的視点からでしか想定されておらず、寺々の寺伝においても全く錯綜する状況であった。こうした状況において、客観的視点に立った数値で圧倒的に蓮如筆の名号の伝存が多数を占めることをどう考えたらよいであろうか。

たとえば、C-2タイプの一つは応仁寺蔵の応仁二年（一四六八）五月二十日の裏書を有するもので（図版18）、このタイプは蓮如の名号染筆の初期のものの可能性が高いものである。[38]したがって三河教団が、蓮如帰参当初から蓮如染筆活動の受血になっていたとも考えられるが、C-2タイプの存在が他より目立って多いということでもない。おそらく他の地域と同様に、蓮如の染筆活動全般にわたるものが含まれていると見てよい。

蓮如筆のものが「多い」ことより、むしろ実如筆のものが「少ない」という点についてはいかがであろうか。これについては、次段階の下付物である絵像本尊との関係にも注目しなければならない。

三、三河地域の絵像本尊の伝来

実如期の絵像本尊の伝存数が全国的に多いことはすでに周知の事実であるが、あらためて三河地域の場合を見てみたい。すでに第Ⅰ編第四章において管見に入ったものの一覧を提示したが、再度絵像・名号本尊のみを比較のため再びここに提示しておくことにする（表7）。

表7　蓮如・実如・証如期三河地域絵像本尊一覧

本證寺門徒

年月日	下付者	宛所（抄）	所蔵
文明八年三月二十八日	蓮如	［　］郡比目郷　光存	金沢市善照坊
文明十九年五月二十八日	蓮如	幡豆郡西［　］　［　］	西尾市聖運寺
長享二年十一月十五日	蓮如	幡豆郡志籠谷　玉弥（ママ）	西尾市蓮正寺
延徳三年四月二十八日	実如	幡豆郡米津郷　浄了	西尾市龍讃寺
明応二年三月六日	実如	幡豆郡□川□　［　］	安城市蓮泉寺
明応六年十二月四日	実如	幡豆郡桜井郷　順智	安城市円光寺
明応八年四月二十五日	実如	［　］郡浅井　永善	西尾市宿縁寺
明応［　］	実如	幡豆郡比□郷　［　］	安城市誓願寺
文亀元年四月十一日	実如	幡豆郡安城郷　正順	安城市明法寺
文亀元年八月十三日	実如	碧海郡上野郷　浄円	豊田市願正寺
文亀三年四月十一日	実如	加茂郡野口郷　哂西	豊田市増慶寺
永正元年六月二日	実如	幡豆郡東端　了西	安城市念空寺
永正元年十二月二十八日	実如	碧海郡若林　正宗	豊田市浄照寺
永正二年［　］二十八日	実如	幡豆郡［　］郷　□正	安城市松韻寺
永正七年四月二十八日	実如	幡豆郡吉浜郷　浄西	高浜市正林寺
永正七年六月十八日	実如	碧海郡重原郷　教念	小浜市立徳寺
永正十年二月五日	実如	幡豆郡安城郷井上　法了	安城市本證寺
永正十二年［　］	実如	碧海郡志貴庄	安城市浄玄寺
永正十三年六月二十八日	実如	碧海郡長崎郷　心了	西尾市源徳寺
永正十□（六カ）年［　］	実如	碧［　］［　］崎　［　］	碧南市栄願寺
不読	実如	［　］中島□　［　］	岡崎市浄光寺

天文五年五月二十三日	証如	幡豆郡⎾	安城市法行寺
無記載	証如	〔尾州沓掛＝三河隣接〕	豊明市正福寺
無記載	証如		蒲郡市信光寺

勝鬘寺門徒

年月日	下付者	宛所（抄）	所蔵
文明十年六月十日	蓮如カ	額田郡薗田郷	（岡崎市泉龍寺）
文明十三年二月□	順如	碧海郡竹村郷　光恩寺　慈通	豊田市光恩寺
文明十五年三月二十一日	順如	幡豆郡吉良庄　了頓	東本願寺旧蔵
文明十六年六月□日	蓮如	幡豆郡岡山郷　誓珎（ママ）	岡崎市正覚寺
文明十八年二月十九日	蓮如	青梅郡八橋　性厳	知立市浄教寺
長享三年四月二十七日	蓮如	碧海郡三木　浄欽	御津町敬円寺
明応四年四月⎾	実如	幡豆郡西伊文郷　西念	岡崎市浄専寺
明応九年十月十二日	実如	加茂郡泉田郷　了□	刈谷市順慶寺
文亀元年十一月二十八日	実如	尾張智多郡横根郷　善明　〔三河隣接〕	大府市正願寺旧蔵
文亀元（カ）	実如	額田郡駒立	（岡崎市本光寺）
文亀三年九月五日	実如	額田郡井口西光寺　明心	岡崎市西光寺
文亀三年九月五日	実如	額田郡細川郷奥殿村　明善	豊田市楽円寺
永正七年四月二十八日	実如	幡豆郡上吉良三井呑　称念寺	（西尾市正念寺）
永正七年六月十八日	実如	碧海郡小浜	豊田市徳念寺
大永二年五月四日	実如	額田郡菅生郷　善□	岡崎市三橋家
不読	実如	三河⎾	刈谷市西念寺
文亀三年または永正十年	実如	⎾　⎿村	西尾市浄賢寺
不読	実如	⎾　⎿郷	西尾市円満寺

天文八年六月五日	証如	加茂郡滝脇郷　誓慶	豊田市専光寺
無記載	証如		豊田市芳友寺
無記載	証如		碧南市安専寺
無記載	証如	坂左右村惣道場	（岡崎市西運寺）
無記載	証如		（岡崎市常楽寺）

上宮寺門徒

年月日	下付者	宛所（抄）	所蔵
寛正五年九月二日	蓮如	志貴之庄佐々木上宮寺　如光	岡崎市上宮寺旧蔵
応仁二年五月二十日	蓮如	恵薫	碧南市応仁寺蔵
文明十八年三月十八日	蓮如	碧海郡矢作　浄覚	岡崎市柳堂寺
長享三年四月七日	蓮如	幡豆郡西畠　恵□	碧南市応仁寺旧蔵
明応二年十一月□	実如	碧海郡村高郷　□善	岡崎市正願寺
明応四年三月一日	実如	碧海郡吉浜郷　了全	高浜市専修坊
明応四年四月二十八日	実如	額田郡大平郷　□秀	岡崎市縁盛寺
文亀元年四月六日	実如	碧海郡大浜　渓玉	（碧南市本伝寺）
永正七年□十二日	実如	賀茂郡広瀬□嶺　道慶	豊田市浄専寺
永正十一年四月一日	実如	大友郷　定(カ)了	岡崎市玉泉寺
永正十一年十一月二十五日	実如	渥美郡神戸郷　善秀	田原市西応寺
永正十一年十一月二十六日	実如	幡豆郡□　恵性	碧南市願随寺
永正十二年五月十四日	実如	幡豆郡古□　教□	安城市願力寺
永正十二年五月十五日	実如	碧海郡若林　空心	豊田市円楽寺
永正十五年四月二十五日	実如	額田郡岡崎郷　祐念	岡崎市専福寺

年月日	下付者	宛所（抄）	所蔵
永正十六年七月二十八日	実如	幡豆郡鷲塚物道場	碧南市願随寺
享禄五年三月九日	証如	額田郡根石郷　法光寺	岡崎市法光寺
無記載	証如	（無記載・竜泉寺）	岡崎市正道寺
無記載	顕如		豊川市正法寺

浄妙寺門徒

年月日	下付者	宛所（抄）	所蔵
明応三年六月二十八日	実如	碧海郡真薦堂永空寺　□	岡崎市永空寺
文亀二年二月二十五日	実如	額田郡□　浄西	岡崎市専光寺
（文亀三年）三月十六日	実如	□内羽栗　□	岡崎市順因寺
無記載	証如	（無記載・秦梨）	岡崎市福正寺

無量寿寺門徒

年月日	下付者	宛所（抄）	所蔵
文明□	蓮如	幡豆郡羽塚　了順	半田市無量寿寺
文□	蓮如	□成磐　了順〔三河隣接〕	半田市無量寿寺
明応八年五月十二日	実如	尾州知多郡成岩郷〔三河隣接〕	半田市無量寿寺
文亀三年十二月四日	実如	尾州智□郡英比郷　□〔三河隣接〕	西尾市巌西寺
永正六年八月八日	実如	尾州智多郡成磐郷□〔三河隣接〕	半田市雲観寺

本寺記載なし

年月日	下付者	宛所（抄）	所蔵
文明十三年六月二十五日	順如	碧海郡重原本郷　乗晃	知立市萬福寺
文明十五年十一月二十三日	蓮如	幡豆郡経師　円海	（西尾市浄徳寺・写）
文明十六年九月二十二日	蓮如	碧海郡高津浪　慶宗	刈谷市金勝寺
文明十八年十二月二十八日	蓮如	□郡□須　□賢	西尾市浄顕寺
明応期	実如	□之道場　綽秀	安城市空臨寺
文亀三年十一月九日	実如	幡豆郡志籠谷郷	西尾市浄念寺
永正十二年六月十五日	実如	幡豆郡江原郷	西尾市福浄寺
永正十五年一月二十八日	実如	賀茂郡志多利郷如意寺	豊田市如意寺
享禄五年五月二十□日	証如	賀茂郡大田　信光寺　徳□	豊田市信光寺
天文二十年十二月□	証如	幡豆郡八面郷	西尾市瑞玄寺

註：（　）内の寺名は記録より採録。現存しない。二点の裏書について脊古真哉氏よりご教示を得た。

今問題としたいのは第一に本尊として下付された点数であるので、開山御影や蓮如真影を除き、また裏書の宛所（地名部分）も郡名と郷名を抄出するに止めた[39]。そして整理の都合上本寺別に表示したが、これらを単純に積算してみると総計八十五点、蓮如・順如下付十九点（二二・四パーセント）、実如下付五十二点（六一・一パーセント）、証如・顕如下付十四点（一六・五パーセント）となる。もちろん今後多少は追加されるであろうが、ほぼ下付の数字的傾向を把握することはできよう。

飛騨地域の場合、一で見たように一部美濃を含む広範な地域に「白河善俊門徒」を中核として、蓮如下付の絵像本尊が十二点確認されている。実如下付の絵像本尊は二十点と報告されているが、むしろ蓮如下付に対し少ないと思われる。すなわち蓮如下付の比率が高い地域といえる。一方、三河地域の場合名号においては蓮如筆、絵像本尊においては実如下付のものが、数量・比較においても圧倒する。必ずしも正確な数値に基づいたものではないにしても数字的傾向はほぼ明瞭であり、以下、少しく試論を提示しておきたい。

まず前節で指摘したように、三河地域においては実如筆の名号の比率が、飛驒地域をはじめほぼ全国的に蓮如・実如相半ばであるのに対し、極端に少ないことが判明する。ことに楷書名号においては、飛驒・加賀（能美郡）で見る限り実如筆が大半であるのに対し、三河では蓮如筆がはるかに多く、このことはおそらく全国的にも特異な傾向を持つ地域と予想される。

通例道場化・寺院化の過程として、名号→絵像本尊→木仏の段階を見るのが一般的であると理解されてきた。これは多くの寺院に伝存する法宝物によって実証されるが、近世初頭に寺院化し現在まで伝統した一般的な事例と考えるべきで、名号や絵像本尊の存在型態により、あるいは別の見方もできそうである。

まず墨書名号は、いずれの地域も蓮如・実如・証如期の絵像本尊よりはるかに多く伝存する。これは、道場化あるいはそれ以前に退転したものの多いことも想定させる。ただ草書六字名号が本尊であったとは考え難いことは前節で指摘したが、絵像本尊以前の本尊が何であったかを考えると、全く否定することもできない[40]。ただ楷書名号については、草書よりさらに本尊の役割を果たしていた可能性は高い。すなわち、三河を除く一般的傾向として実如筆の存在が大半であることは、絵像本尊化しえない道場の本尊であったと考えられるからである。もちろん蓮如筆も同様であり、筆者の実見した限りでは特に蓮如筆の九字名号では、小振りなものはなく大幅のものばかりであることが、その傾向を示しているといえよう。蓮如期の中盤以降は九字名号も本尊機能を有したと考えざるを得ない。

このように考えてくると、三河の場合、蓮如期においては絵像本尊化が漸次進むが、やはり主に名号が道場本尊として機能しており、実如期では急速に絵像本尊化が進んだと見られる。一方、飛驒では蓮如期から比較的絵像本尊化が進むが、むしろ実如期に名号の本尊機能の比重が大きいといえる。

この他、絵像本尊についてのデータが報告されているものを見ると、濃尾地方では、蓮如在世の明応七年（一四九八）までであるが、美濃＝蓮如十三点・実如七点、尾張＝蓮如六点・実如十点である。(41) 越中地域では蓮如二点・実如二十一点が報告される。(42)

もちろんこれらとて、さらにいく分かの追加が予想されるところであるが、これら伝存の数字を見る限りでは蓮如・実如期を通じて絵像本尊化が、いわゆる東海地域に高く早く、北陸地域にやや低く遅い傾向にあるようにも見える。すなわち道場化・寺院化の過程のなかで本尊類安置の差異や地域差が生じていたと考えられるが、節をあらためてこれらを整理してみたい。

四、道場本尊の変遷

蓮如・実如期、あるいは証如期まで含めた道場の本尊に注目することにより、一応の傾向を見ることができたが、これらを単純に図式化してみれば大略次のようになろう。

イ　名号→絵像本尊→木仏
ロ　絵像本尊→木仏
ハ　名号→木仏
ニ　名号→退転

近世初頭において、木仏化によって道場が寺号をともない寺院化したとすることができるが、ここに至る道場本尊の形態は、先にもふれたようにイの段階が通例である。もちろん、他派から転ずる場合や蓮如期の早い段階ですでに絵像本尊化する場合などのロの形態もあろう。

一方、絵像本尊化せずに近世に入るまで墨書名号のみを本尊とする場合がハの形態で、絵像本尊より圧倒的に存在する名号がそれを示している。あるいは、ことに楷書名号について見れば、先にも示したように、三河以外では蓮如よりむしろ実如のものが多く伝存している傾向にあることも考慮すべきである。そしてもちろん、そのまま退転してしまった場合もかなりあったことが想定される（二）。

他方、六ッ切・八ッ切[43]など明らかにいわゆる在家用と考えられる小幅の墨書名号については本格的な調査をするに至ってはいないが、A・B・Cタイプのうちでも B のタイプが極めて多く、Aタイプは少ない。つまり実如筆あるいは証如筆と見られるものがその中心であることは、この場合も同様ではあるが、絵像本尊ではこの時期の小型（三百代以下）のものはほとんど見られない。証如期より散見され、一宮市正福寺蔵『門徒本尊控帳』[44]によれば、ほぼ教如から宣如期と一如期にピークがあることが知られる。このように道場化しない場合は、近世初頭に絵像本尊化してゆく傾向にあると言えよう。もちろんこれらの多くは、この時初めて礼拝物を受けたもののようであるが、大集団（道場本尊）から、より小集団の共有本尊化してゆくのが、これらの状況と考えられる。[45]したがって名号本尊から直接的に連続するものではないが、墨書名号から絵像本尊化する段階的傾向を否定するものではない。

このように、いわゆる在家門徒においてはその転換は道場よりおよそ一世紀遅れることになる。すなわち道場の木仏化・寺院化の時期と一致するが、在家本尊はその後も基本的には木仏化しない。

また、先の『門徒本尊控帳』では絵像本尊とともに名号もほぼ一幅授与されるものもあり、名号をあえて脇掛化する傾向も窺えるが、墨書の楷書名号が明らかに在家用本尊として機能していた一例も挙げておきたい。

岡崎市元能見浄専寺には、顕如筆の小幅の楷書六字に脇掛として正信偈文（花押あり）双幅が添う（図版21）。おそらく蓮如以来、絵像本尊化する以前より名号の脇掛として正信偈文が書かれたことが先蹤となり、顕如が在家用に認めたと見るべきであろう(46)。

以上のように、在家用本尊の場合も考慮しつつ本尊の変化を見てきたが、三河をはじめとする東海地域では、実如期に道場本尊が急速に絵像化し、反面、特に三河では実如筆の名号が他より極端に少ないことに着目した。こうした趨勢は、生産性の差異、つまり経済的背景を主な要因と見るべきとも思われるが、加えて、早くから大坊主を中心に蓮如との濃密な交渉があったことが想定できる。この面においては、さらに先の大きな課題としておきたい。

次に今一つ、本尊とともに注目しておきたいのは、「御文」の普及についてである。

「御文」はその初期においては、実質的に実如証判の筆写本により全国的に普及したとする見解は、今さら多言を要さない。ただこれらの残存状況は、名号に比べれば圧倒的に少ない。もちろん日常的使用での破損による滅失も相当数あろうが、品物の性格上、傷みによる廃棄は慎まれたであろうから、焼失・流亡以外には滅失していないと考えられる。

これも先に見た『門徒本尊控帳』を参照してみると、教如・宣如期に絵像本尊と同じ証判の「御文」本を受けているものが十二点見られる（「御文」総数二十三点、さらに絵像・「御文」共琢如二点、同一如一点も見られる）。またこの場合、

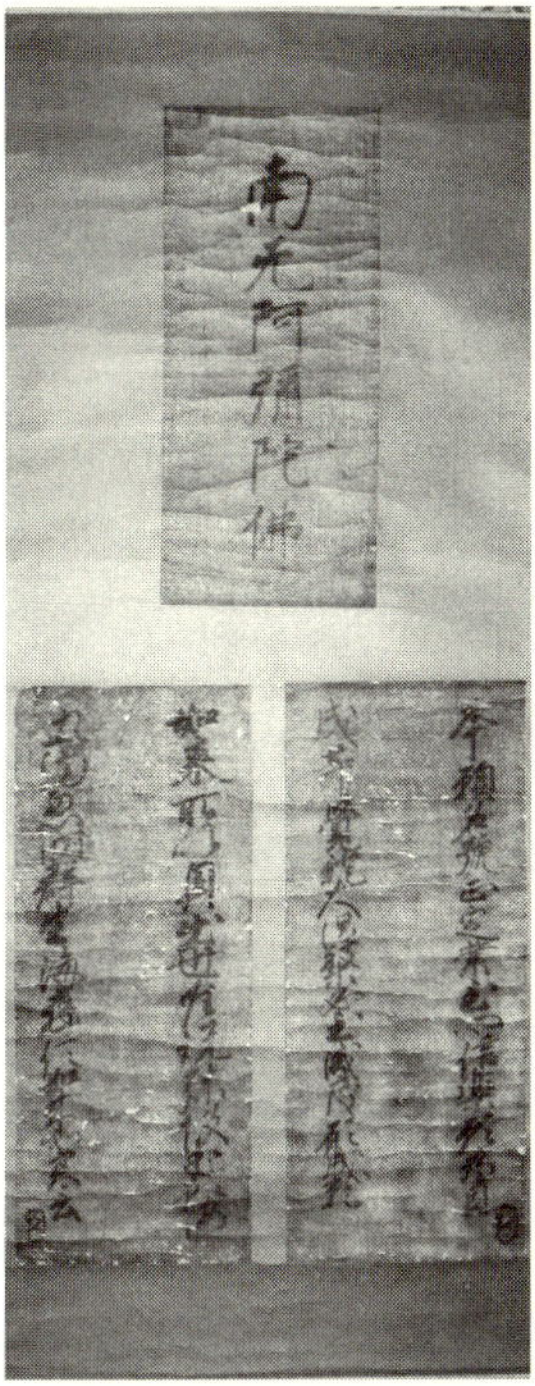

図版21　顕如筆楷書六字名号・同正信偈文双幅（岡崎市浄専寺蔵）

教如以前の「御文」は見られない。総点数が少ないながらも、蒲池勢至氏は教如期頃から絵像本尊と同時に「御文」も下付していたのではないかと推測されるが、道場の場合、実如期の絵像本尊においてすでにこうした動向が想定できないであろうか。もちろん史料的にそれを裏付けるものはないが、「聖教」伝授であるべき「御文」の下付を考えると、絵像本尊等の下付と何らかの関連性を考えても大過はないであろう。

そうであるなら三河教団の場合、実如下付の絵像本尊の多い分だけ数多く伝存していなければならない。表5においで名号とともに「御文」の所在も記した。実如証判は冊子・巻子いずれも写本であるが、証如証判は巻子本はほぼ全て写本で、冊子本は写本・版本の両者あるがその区別をしていない。そして今のところ実如判二十八点・証如判九点の伝存を確認している。これは絵像本尊や名号の残存数の割には決して多い数ではない。飛騨教団の場合は、実如証判二十五点（巻子十三・冊子十二）、証如証判一点（巻子）、不明二点が報告される。三河の場合調査途中であり追加が予想されるが、現状の数字で見る限り、実如判では飛騨の方が密度が濃いようである。

このように現存の数字の上からは見るべき特徴は検出できない。「御文」本は、礼拝物のように由緒・縁起などが付与されている例はほとんどなく、形態的にも遠隔への移動流転はより容易であると考えられる。したがって数字上からの考察には難がある。ただ、三河の一部地域の門徒宅の調査事例を第Ⅱ編補論で示したが、千二百七世帯中、実如判なし、証如判九点、顕如判十七点が確認されており、『門徒本尊控帳』には見られない一段古い「御文」本が在家にも流布する。これらは寺院伝来本よりも、元来の地に伝来したものとしてよい。道場化せずにあった在家門徒にはやはり実如証判本の次段階から伝来することにも、留意すべきであろう。

いずれにしても、「御文」本が単独で下付されるとするより、何らかの礼拝物とセットで授与されるべき性格を有するものとして、今後の検討が加えられることを期したい。

結びにかえて

各寺に伝来する墨書名号や初期の「御文」本は、裏書や奥書を添わないためその大半は流転したものと考えてまず誤りない。したがって、それ自体と伝来寺院との相関を考察することはほとんど無理があり、史料性は稀薄である。それを地域的な存在形態という視点に立ち、数的処理から史料性を見出し考察したのであるが、飛驒と三河では一定の差異を検出しえたので、あながち的外れの検討方法ではないと考えたい。ただ今後の広範な全国的調査による、より徹底した数字に基づく究明を俟たねば正確な分析は不可能であるが、今は一つの指針を試論的に提示したにすぎない。

また絵像本尊との関係において、道場の本尊祭祀形態は地域差や個態差をも考慮すべきことを、あらためて指摘しておきたい。さらに、墨書名号も本尊であったり脇掛にもなりえたが、道場の空間からすれば必ずしも左右対称である必要もない。ただ当初より双幅の形で「正信偈文」は脇掛として用いられたと考えられる。蓮如の草書体六字名号においても、元来双幅として伝来したと思われるものが、西尾市一色町慶徳寺に伝わる（図版22）。同寸法で「無」「陀」の筆法が意識的に変えてあるようである。仮に当初からの双幅でないにしても、こうしたものもあったと考えられる。

このように、蓮如期以来の道場本尊は、道場空間や経済的、あるいは地域的相違により絵像化の進化や脇掛の形態も多様であったと考えられる。

そして三河教団では、名号や絵像本尊が蓮如・実如期に急速に浸透した一方で、「御文」も顕著な特色は見られないものの、証如段階にはかなりの流布を見たと考えられる。ただその内容がどこまで浸透したかは明瞭でないが、

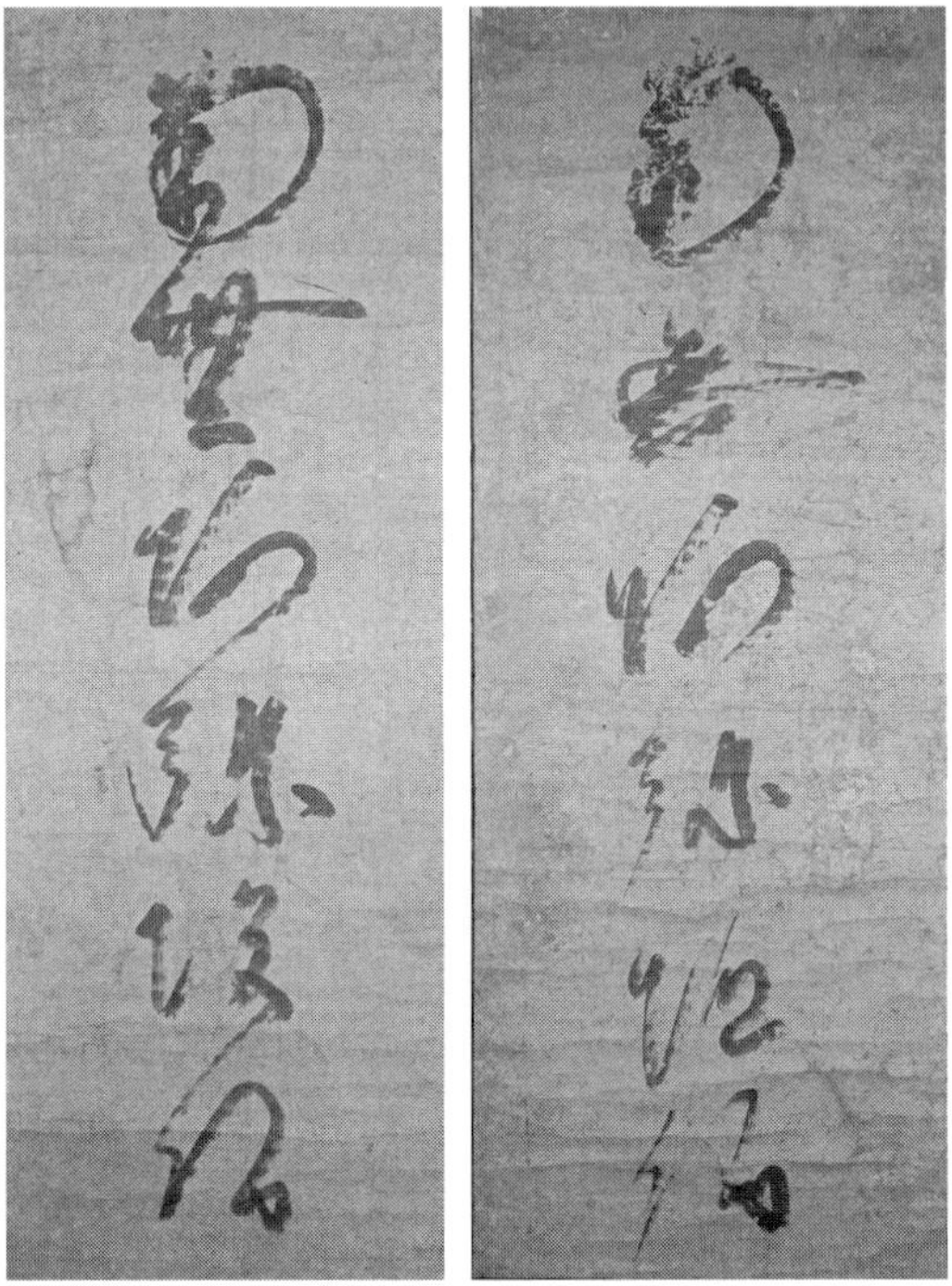

図版22　蓮如筆草書六字名号（西尾市慶徳寺蔵）

碧南市願随寺に蔵する六月十九日付、野寺御房・勝万寺殿宛の蓮淳書状は、この点で興味深い。すなわち、死を忌む風潮に対し雑行を捨てる旨を談合と「御文」聴聞によることを、門徒に催促すべきよう繰り返し述べる(47)。こうした内容の書状は珍しいが、天文期の地方門末の状況がうかがえ、道場の増加と「御文」流布の反面、信仰の微妙な一面での浸透が困難であったことを、断片的に示している。

本節では、三河地域の法宝物調査を試論的に、その存在数と内容により教団形成の様相を考察したが、文字史料に依らないため具体性に欠けるものではある。ただ、名号や「御文」本など、裏書や奥書のない法宝物を調査・処理する今後の一指針ともなればと考える。

註

（1）拙稿「本願寺蓮如・実如筆名号比較試論」（『佛教史学研究』第三七巻第二号、一九九四年）。

（2）拙稿「失われた蓮如上人名号について」（『蓮如上人研究会会誌』第二号、一九九〇年）。

（3）吉田一彦・脊古真哉「本願寺順如裏書の方便法身尊像㈠」（『名古屋市立女子短期大学研究紀要』第五六集、一九九六年）、「湖北の浄土真宗関係資料㈠」（『寺院史研究』第五号、一九九六年。後に、同朋大学仏教文化研究叢書Ⅶ『蓮如方便法身尊像の研究』法藏館、二〇〇三年に収載された）。
（4）『蓮如名号の研究』（同朋大学仏教文化研究所研究叢書Ⅰ、法藏館、一九九八年）、蒲池勢至「名号の祭祀形態と機能―道場から寺院へ―」（同書所収）。なお、本節で用いている墨書名号のAタイプ、C‐3タイプなどのタイプ分別は、『蓮如名号の研究』に依拠している。
（5）本章では、裏書が存する名号等の場合を「下付」、裏書の見られない名号等の場合を「授与」と、用語の使い分けをしている。
（6）蓮如が金泥光明十字名号を下付しはじめた当初、すなわち長禄二～四年（一四五八～六〇）の九点のうち七点に「本尊也」とあり、これ以後も数点見られる（前掲註（4）『蓮如名号の研究』八七～九六頁）。
（7）『蓮如名号の研究』一〇四頁、写真二四一、愛知県蟹江町盛泉寺旧蔵。
（8）『蓮如名号の研究』一〇〇頁、写真五五四。
（9）『蓮如名号の研究』口絵カラー図版、写真二六九。
（10）松平龍哉「蓮如筆の名号と讃銘」（前掲註（4）『蓮如名号の研究』）。
（11）『蓮如名号の研究』一〇二頁、写真二四七。
（12）『蓮如名号の研究』一〇二頁、写真四二〇。
（13）墨書名号にも、ごく一部には絹本に書かれたものも見られる。
（14）『蓮如名号の研究』五二頁、一〇三頁、写真四七七。
（15）『蓮如名号の研究』五七頁、写真一〇八。
（16）図録『真宗の道場から仏壇へ』（同朋大学仏教文化研究所、二〇〇六年）一九頁。

(17)『真宗史料集成』第二巻（同朋舎、一九七七年）四二九頁。
(18)『蓮如名号の研究』口絵カラー図版、写真五一四。
(19)宮崎圓遵「真宗本尊論序説」（『真宗重宝聚英』第一巻「名号と本尊」、同朋舎出版、一九八八年）。小島恵昭「蓮如名号成立の歴史的背景」（前掲註(4)『蓮如名号の研究』）。
(20)『真宗史料集成』第二巻、六三四頁。
(21)『真宗史料集成』第二巻、一三八頁。
(22)名畑崇「蓮如上人初期の教化」（『講座蓮如』第一巻、平凡社、一九九六年）。
(23)文明六年二月十七日御文〈帖内二―六〉（『真宗史料集成』第二巻、一八八頁）。
(24)文明六年八月十日御文（『真宗史料集成』第二巻、二〇一頁）。
(25)文明六年霜月二十五日御文〈帖内五―一一〉（『真宗史料集成』第二巻、二〇六頁）。
(26)文明七年二月二十三日御文〈帖内三―七〉（『真宗史料集成』第二巻、二〇六・二〇七頁）。
(27)『真宗重宝聚英』第三巻「阿弥陀仏絵像・阿弥陀仏木像・善光寺如来絵伝」（同朋舎出版、一九八八年）参照。
(28)山田雅教「弥陀と御影―中世の専修念仏者の礼拝対象と祖師信仰―」（『高田学報』第九五輯、二〇〇七年）。
(29)『真宗聖教全書』第二宗祖部、六七六頁（大八不興文堂、一九七三年）。
(30)『真宗聖教全書』第二宗祖部、八頁。この部分は適宜書き下し文にして表記した。
(31)『真宗聖教全書』第二宗祖部、二〇頁。この部分は適宜書き下し文にして表記した。
(32)『真宗聖教全書』第二宗祖部、五二二頁。この部分は振り仮名を略して表記した。
(33)『蓮如方便法身尊像の研究』（同朋大学仏教文化研究所研究叢書Ⅶ、法藏館、二〇〇三年）。
(34)『蓮如方便法身尊像の研究』一七八頁。
(35)『蓮如上人一語記』（『真宗史料集成』第二巻、四四四頁）。

(36) 図録『飛騨と蓮如上人』(真宗大谷派高山別院照蓮寺、一九九九年)。
(37) 証如一点、他は図録からでは判断できない。
(38) 拙稿「失われた蓮如上人名号について」(『蓮如上人研究会会誌』第二号、一九九〇年、『蓮如名号の研究』一〇頁)。
(39) 裏書の全く滅失したものは加えていない。ただ現物が失われていても、何らかの記録上で確認できるものは加えた。
(40) 在家用と思われる墨書六ツ切・八ツ切名号などは本格的には調査していないが、管見の限りではAタイプよりBタイプが圧倒的に多く、小型の絵像本尊は蓮・実期にはほとんど存在しないことより、道場ではない場合の、本尊的な何らかの礼拝物となっていたことは否定できない。
(41) 小島恵昭「美濃・尾張の中世真宗史」(『講座蓮如』第六巻、平凡社、一九九八年)。
(42) 金龍教英「越中教団」(前掲註(41)『講座蓮如』第六巻、平凡社、一九九八年)。
(43) 六ツ切(唐紙)は二百代相当で「縦一尺二寸四分・幅五寸八分」、八ツ切は百代二百代中間で「縦一尺八分・幅四寸八分」が近世の規定であり、一応の目安となろう。第一章註(38)・(40)に同じ。
(44) 一宮市役所編『一宮市史』資料(国書刊行会、一九九〇年)。
(45) 蒲池勢至『真宗と民俗信仰』(吉川弘文館、一九九三年)、同「名号の祭祀形態と機能—道場から寺院へ—」(前掲註(4)『蓮如名号の研究』所収)。また筆者も「御文本調査より見た近世本願寺教団の特質」(『真宗教学研究』第一四号、一九九〇年、本書第Ⅰ編補論に転載)において『門徒本尊控帳』に注目した。
(46) 『門徒本尊控帳』に元禄三年(一六九〇)の記事ではあるが「惣吉る名号譲」として「御名号持仏堂御祝」の記事が見られ、この段階でも名号を本尊とする場合がある。
(47) 本書第Ⅰ編第四章、一〇八〜一一〇頁。

補論　墨書幼児名号について

はじめに

蓮如をはじめ、本願寺歴代の墨書名号の中に幼年（管見では十二歳まで）の年齢のみを記した、大小の名号が数多く伝存する。一九九八年刊行の『蓮如名号の研究』[1]においては、調査検討中だったこともあり、これについてはふれなかった。ただ蓮如名号研究の一環として、これら幼児名号にいち早く注目されたのは北西弘氏である[2]。氏の研究によると伝存する多くの幼児名号を蓮如筆と考えられ、あるいは宣如の幼少期の歴代銘[3]などにも注目されている。

伝存するこれら大半の幼児名号には、蓮如筆と伝えるものが最も多いようであるが、確たる史料性を有するものがないため特定を困難にしている。また筆跡も幼児ゆえに一様ではなく、かなり悪筆のものも散見される。あるいは、蓮如に限らず歴代のそれぞれが書いている可能性もある。

筆者は、彦根市善敬寺蔵の伝観如（教如法嗣、早世）筆十一歳名号（図版1）と同本願寺歴代銘について考察する機会を与えられたが[4]、観如筆の明確な名号や筆跡が知られていないため、如何なるものであるか断定を保留した。

ただ、これに関連してあらためて幼児名号に注目するとき、一定の方向性が見えてくるようである。以下、伝承等を措いて諸名号や歴代銘について検討を加えてみたい。

一　幼児神号

幼児名号自体、これをどのような意味を持つものとすべきであろうか。門主後継者による吉書始めの産物とも考えられるが、得度以前の者がこうしたものを書き、門末に配布し、さらに礼拝の対象とすることは、本来考えられない。ただ、同趣のものとして神号にも幼児年齢が記されたものが存する。

たとえば、豊臣秀頼九歳・八歳筆の「豊国大明神」号がそれであるが[5]（図版2、豊1・豊2）、この場合は署名をしているため秀吉後継者であることが自明であり意義を持つ。また署名をせず年令のみの天神神号も見られる。伝徳川家光筆の「七才」の「南無天満大自在天神」[6]号（図版3・天神4）や、真宗寺院にもたとえば高槻市富田本照寺に「六歳」の天神神号が伝来し（図版3・天神3）、蓮如筆を伝承する。

伝蓮如筆神号の起点と考えられるものは、大津市堅田本福寺蔵の「南無天満大自在天」「鶴満丸」とある蓮如筆と伝える天神神号である

図版1　伝観如筆「十一才」名号（彦根市善敬寺蔵）

（図版3・天神2）。これは幼児名号を考える上でその背景ともなると思われ、以下、少しくこれについて考察しておきたい。

この神号に最初に注目されたのは千葉乗隆氏で、親鸞や蓮如の神祇に対する姿勢・神祇観のなかより神号の存在を模索しつつ、蓮如子息や本願寺内部において天神神号や託宣文を所持した徴証を紹介され、天神・八幡神が室町期には本地を阿弥陀仏に擬する思潮をも加味し、蓮如が天神神号を書く可能性を指摘された[7]。

本福寺の伝承によると、鶴満丸とは親鸞の幼名で、六歳の時鎌倉の荏柄《えがら》天神へ奉納の神号を、後に蓮如が関東経回の折、これを拝見して帰京の砌、本福寺法住に土産として書いて下されたという[8]。

図版2　豊臣秀頼神号

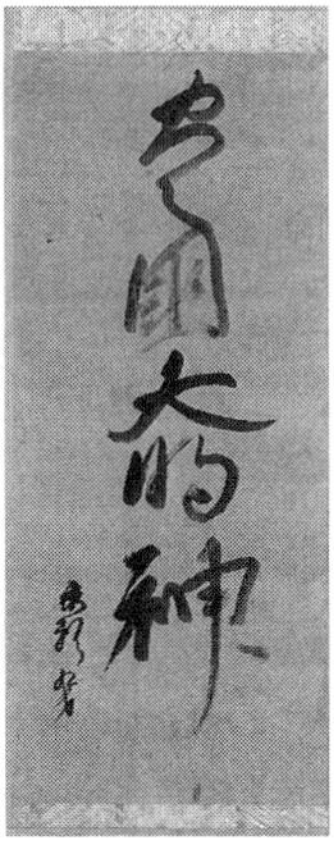

豊1「秀頼九才」

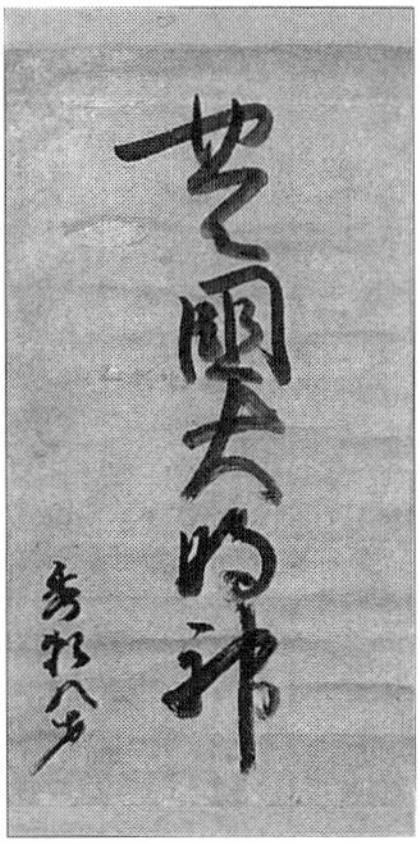

豊2「秀頼八才」

一方、近時「鶴満丸六歳書」「永享十二年十一月日」とある天神神号が見出された[9]（図版3、天神1）。これには軸裏に「親鸞聖人筆」とあり、年号と矛盾するも鶴満丸親鸞伝承を裏付けるものである。永享十二年（一四四〇）は蓮如二十六歳に当たるが蓮如筆とも考えられない。

鶴満丸の幼名については、近世の通俗的親鸞伝にも一部見出せるが[10]、出自といわれる日野家が鶴丸紋であり、このあたりから生じた伝承とも考えられる。いずれも室町期から戦国期に多く書かれた青蓮院系の天神神号に通ずる筆法であり（図版3、天神5）、永享十二年のものも年次的には信拠してよいようである。これらが近世に入り真宗の伝承に取り込まれたと考えて大過ないであろう。もちろん蓮如筆との伝承もこれに付随する。

このように考えてみると、蓮如以来の幼児名号の伝承も、これらを同一平面上で考えてみる必要性が出てくる。まず筆跡上の特徴を考察してみる。

二　幼児名号の特徴

年齢の記される幼児名号の特徴は、総体的に稚拙で筆跡上の分類が困難でパターン化することはできない。ただ一部には運筆上の類似点を見出せるものもあり、ある程度のグループ分けは可能である。

そこでまず注目されるのは年齢を「歳」と書くもので、管見では九～十二歳までである。これは「如」の筆法に特徴があり、やがては宣如の花押入り名号と相通ずる筆跡と見ることができ、これらは宣如の幼児名号と考えられる（図版4・名1～7）。

先に例示した豊臣秀頼筆「豊国大明神」号も八歳・九歳であり、ほぼ同年齢・同時期・同等の文化レベルのものとしてこれを見ることができる。その点、他のものはやはり稚拙である。

これらを宣如筆の名号と見た場合、「慶長十八年十一月十八日　十才」とある羽咋市本念寺蔵の本願寺歴代銘は宣如の年齢と一致するが（図版7・銘3）、名号のタイプと同筆とは考え難い。歴代銘については後に考察を加えたい。

まず、幼児名号のなかで最も多いのが、「无」の第三画目や「光」の第五画目が左下方へ抜かずに止められていたり、右上へのはね上げが勢いよく長くなるものである（図1・AB、三八七頁）。これらを重視するなら、かなり

図版3　天神名号

天神1
「鶴満丸六歳書」
伝親鸞筆
（小山正文氏蔵）

天神2
「鶴満丸」
伝蓮如筆
（大津市本福寺蔵）

天神3
「六歳」
伝蓮如筆
（高槻市本照寺蔵）

天神4
「七才」
伝徳川家光筆（個人蔵）

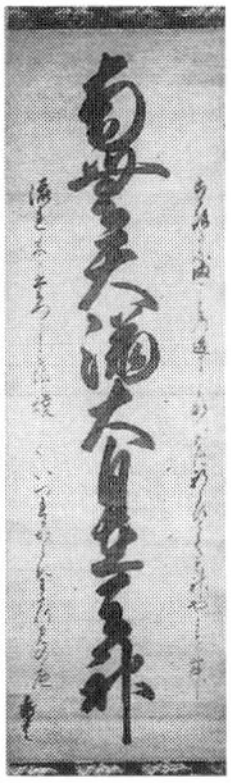
天神5
（参考）
青蓮院系（個人蔵）

図版4　宣如筆と考えられる幼児名号

名1
「九才」
（個人蔵）

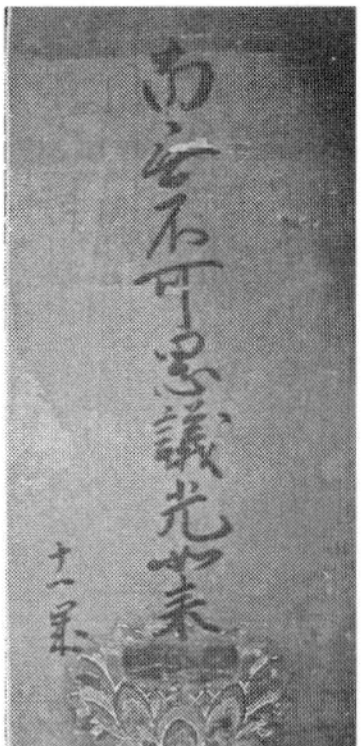
名2
「十一歳」
（個人蔵）

名3
「十二歳」
（個人蔵）

名4
「十二歳」
（個人蔵）

図版5　幼児名号

名5「十二歳」（長浜市長浜別院蔵）

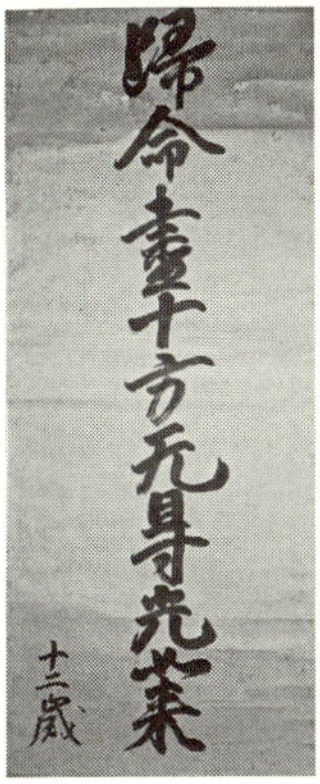

名6「十二歳」（豊田市芳友寺蔵）

名7（参考）宣如花押（西尾市随厳寺蔵）

名8「九才」（金沢市本泉寺蔵）

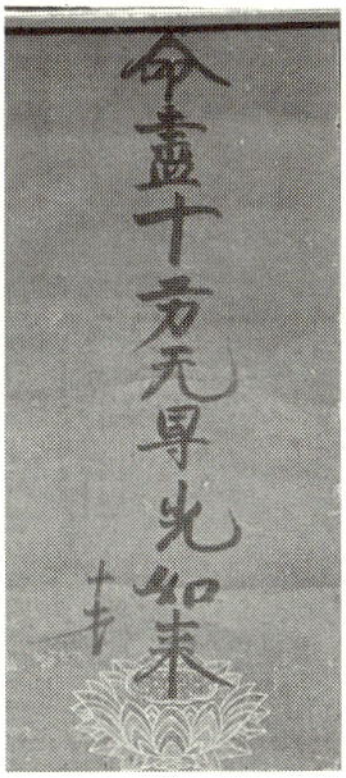

名9「十才」（個人蔵）

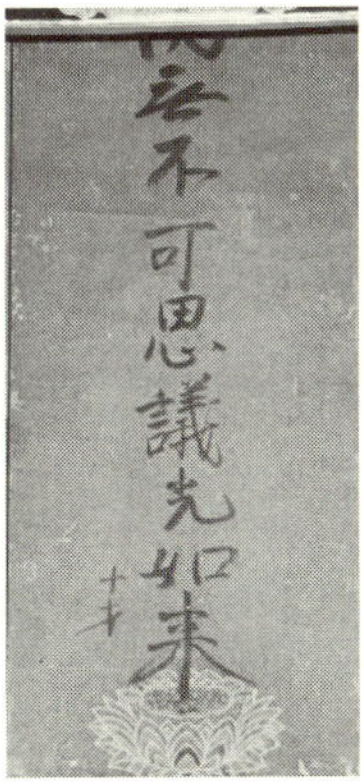

名10「十才」（個人蔵）

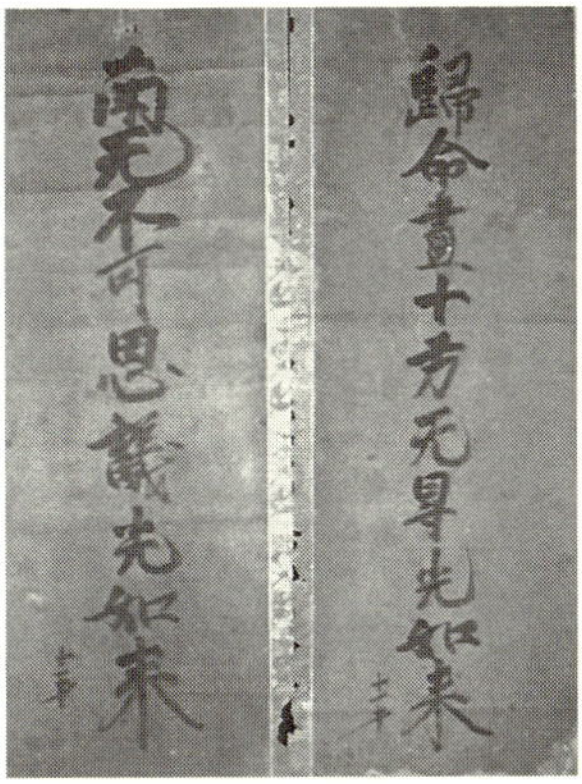

名11「十一才」（双幅）（個人蔵）

名12「五才」（岐阜県聖蓮寺蔵）

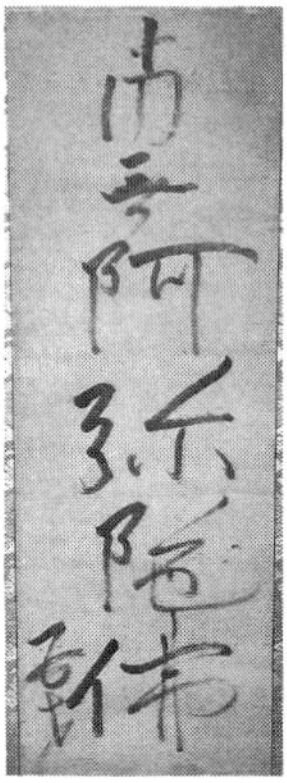

名13「五才」（甚目寺町願正寺蔵）

名14「五才」（長浜市長浜別院蔵）

名15「六才」（豊田市安福寺蔵）

名16「五才」（個人蔵）

名17「六才」（みよし市阿弥陀寺蔵）

名18「六才」（碧南市蓮成寺蔵）

名19「六才」（横浜市永勝寺蔵）

名20「八才」（横浜市永勝寺蔵）

名21「九歳」（某寺蔵）

図版5　大型名号

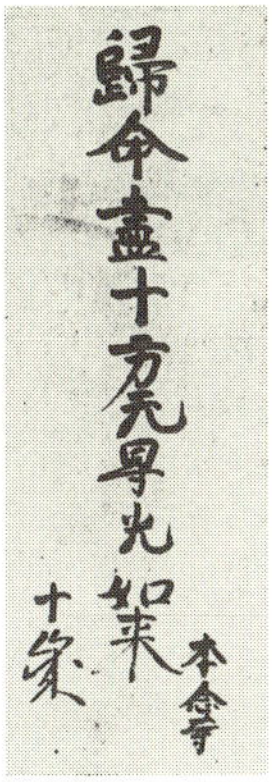

名22「十歳」（羽咋市本念寺蔵）

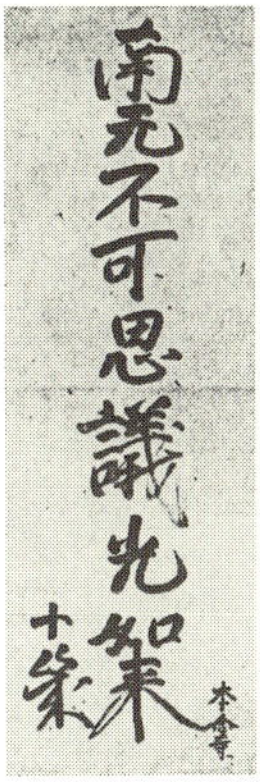

名23「十歳」（羽咋市本念寺蔵）

名24「九才」（高山市長圓寺蔵）

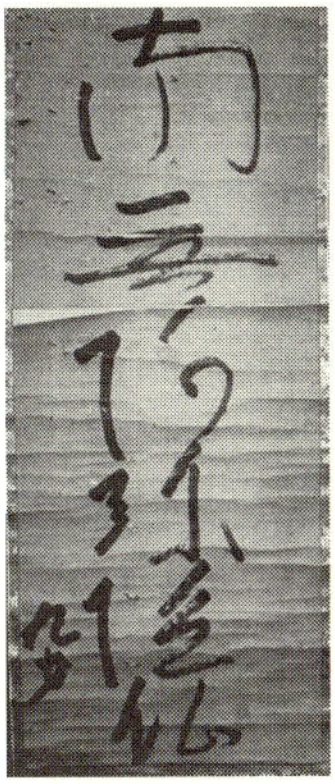

名25「九才」（岡崎市順因寺蔵）

図版6　本願寺歴代銘

銘1（彦根市善敬寺蔵）

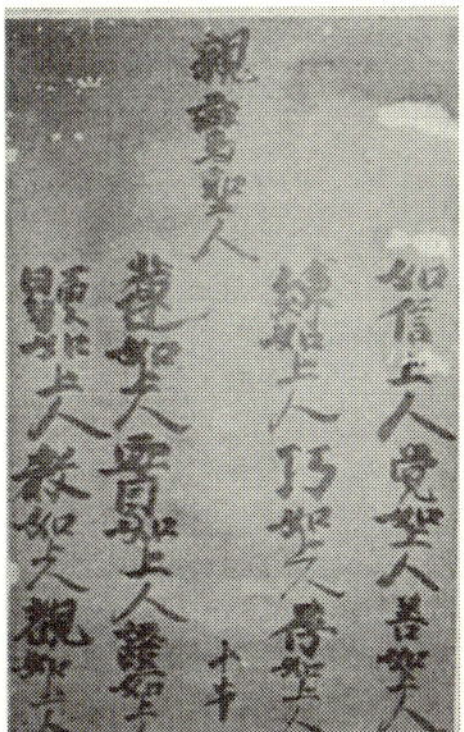

銘2（刈谷市正覚寺蔵）

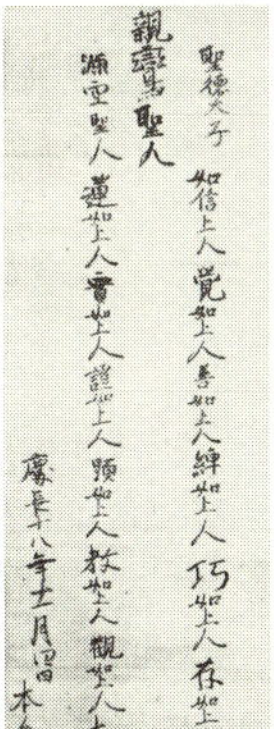

銘3（羽咋市本念寺蔵）

の割合の名号が同一の筆者によって書かれたことになり、大きな特徴と見られる。あるいは「歳」字が宣如筆と推定したものと異なるものもあり、これも一つのグループと見做せよう（図1・C、図版5・名21〜23）。

今一つの特徴は、无の字が用いられる場合、「旡」ではなく全て「无」となっている点である。墨書名号の場合、親鸞はじめ蓮如から教如までのものは「旡」が用いられており、宣如においては両用される傾向にある。无はもちろん「无」が正字で「旡」は正字ではないが、何故か戦国期本願寺では「旡」が名号において依用される。ただ、写本類においては親鸞の場合坂東本『教行信証』には両用されている。蓮如の場合も若年の写本には「无」が用いられる。

図1

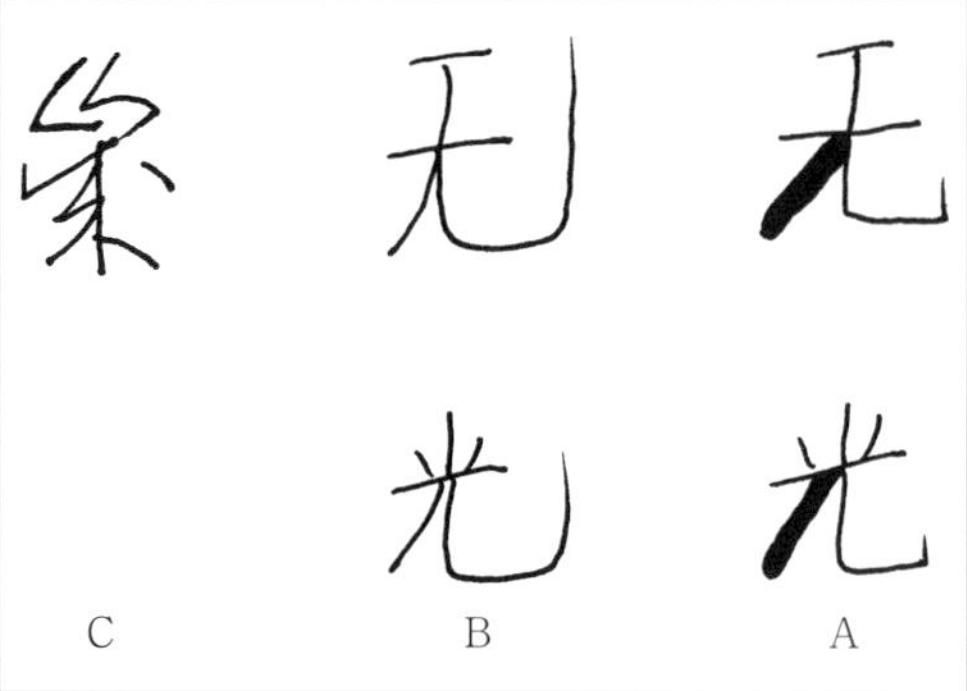

したがって、幼児名号は「无」であるので、多くの伝承のように幼児名号は蓮如筆としてよいことになる。そして成年になって「旡」と書き替えたと見れば矛盾はしない。

ところが、確実な蓮如の墨書名号の初見は応仁二年（一四六八）五月二十日の裏書を付する安城市本證寺蔵と碧南市応仁寺蔵の六字名号であると考えられるが[11]、裏書を付した墨書名号がこれ以外に見られず、これを最初期のものと考えて大過ないと考える。すなわち幼児名号は、蓮如が五十四歳以降晩年まで裏書を付さずに大量に書くことを予言するかのように、幼児期に多数書いたことを物語るが、これらは「蓮如像」伝承形成の産物ということも考えられる。したがって、「无」のみ用いられた大変稚拙な幼児名号群は、次に考察する本願寺歴代銘と関連して宣如期頃に偽作され、寺院や在家に行き渡っていった可能性が高い。

この点、観如・宣如期に記された本願寺歴代銘について次に検討を加えておきたい。

三　伝観如筆歴代銘

彦根市善敬寺には、伝観如筆と伝える「十一才」の親鸞から観如までの本願寺歴代銘を所蔵する[12]（図版6・銘1）。また同一筆跡で「十才」とするものが刈谷市正覚寺に所蔵される（図版7・銘2）。さらに先にあげた羽咋市本念寺の、「聖徳太子・源空上人」から「観如上人」まで記し「慶長十八年十一月四日・十才」とする歴代銘がある（図版6・銘3）。特にこれは年次と年齢から宣如筆を告げる。善敬寺本には「願主善敬寺」、本念寺本には「本念寺」と願主を記しており、この両者の「聖」「綽」「顕」「観」などの文字に着目するとき、同一筆跡と判断してよいと思われる。

これらの歴代銘を考える上で、最も注目すべきものは北西弘編『金沢専光寺文書』七〇頁に掲載される武田長兵衛家蔵本で、歴代の命日や従覚・円如も加えられている。また「慶長拾参甲戌稔極月廿七日　本願寺釈九才　□左」とあり、北西氏は「九才」を「五才」と読み論を進め、慶長九年生まれの宣如の筆と断定された。そして、「□左」を「おさ」と読めば宣如の幼名長丸であるとする。

しかし、この年齢は明らかに「九才」と読むことができ、慶長五年生まれとなり、該当する人物は系図等からは見当たらない。すなわち観如でも宣如でもないことになる。この内容は「教如上人」まであり、観如または宣如の筆でなければならない。ただやはり稚拙であり、善敬寺本・正覚寺本や本念寺本とは一見筆跡が異なるようにも見えるが、断定は保留し後考を俟ちたい。あえて言えば「本願寺釈」の部分だけは教如の筆に通ずるものがある。しかしながら「本願寺釈九才」とある以上、法嗣の立場の人物でなければならないが、該当者のいない歴代銘は何を意味するのだろうか。教如の周囲により、誤認により作為された可能性のあることを見通しとして立てておきたい。

そして善敬寺本・正覚寺本はそれぞれ十一歳・十歳であり、本念寺本も十歳で、共に「観如上人」まであるが、本念寺本を宣如に仮託された偽作とするならば、前者二本も同趣のものと考えざるを得ない。加えて、善敬寺本・本念寺本は宛所（願主）が明記されており、その置かれた立場を一層明瞭にしているようでもある。

では一体どうして「観如上人」を歴代並に加えた歴代銘が、宣如に仮託されて偽作されたのであろうか。宣如の継職の問題に関係していると考えてみたい。

教如法嗣観如は慶長十六年（一六一一）十一月に十五歳で教如に先立ち没するが、異母弟の宣如は法嗣にすんなりとは決まらなかったようである。すなわち観如は、教如後室教寿院（おふく）の子であったが、宣如は側室妙玄院の子で、妙玄院の出自が身分の低いことで教寿院は反対する。それは教寿院息女（教証院如頓）が、花山院忠長に嫁して設けた男子（公海）を迎えて継職させようと画策したからで、これは失敗に終わった[13]。

また、幕末の東本願寺系図集成である『大谷嫡流実記』宣如条には、教如遷化の年に十一歳であったが「内実ハ八才ト云リ」と註記する[14]。つまり三歳鯖を読んでおり、これについて北西氏は、この三歳の鯖読みの理由は定かではないが、宣如と公海が同い年だったため、公海を意識して早くから鯖が読まれたとする。つまり後嗣問題と関係づける[15]。

こうした背景を考慮すれば、観如を歴代並に扱うことはそのままその正当な後継者であることを意味する。おそらく宣如擁護派のなかから、こうしたものが制作されるとともに、宛所の寺はそのまま宣如後継支持表明の寺でもあったと言えよう。

事実、教如自身も観如を歴代に準ずる考え方を持ったようで、観如没後単身影像を下付している。越後本誓寺（笠原本誓寺、慶長十六年十二月十九日）・加州専光寺（同十六年十二月二十五日）・泉州卜半（同十八年七月十三日）・大津御坊（裏無）などであるが、下付された側は前住または寿像として奉懸したと考えられる。その意味では、善敬寺も本念寺にも本来観如影像が存在してもおかしくない親教如寺院であるが、その代替あるいはそれに準ずるものとして、観如没直後に観如までの歴代が幼少の新法嗣「宣如筆」であったならば、その歴代銘の存在意義は深いものがあるといえよう。

また、慶長十三年極月二十七日付「本願寺釈九才」の歴代銘も、分裂した本願寺の正統性を主張するに足るものとして、さらに教如本願寺の継承者により書き与えられたものとして、その支持基盤強化のための機能をはたしたものと考えられる。そして、先に示した宣如筆の幼児名号を見たとき、管見では九歳から十二歳まであり、宣如が法嗣に確定した時期と一致する。

ここで彦根市善敬寺所蔵伝観如筆六字名号をあらためて見ておきたい。数ある幼児名号のうちでも草書風六字名号は、他に例がなく比較が難しい。ただ十一歳の字としては他のものほど稚拙ではないが、「十一才」の筆法は宣如筆のものとも異なり、一連の幼児名号と似ており、同寺蔵の歴代銘とも相通ずる。

したがってこの名号は宣如筆ではないようで、観如筆の可能性を残す。伝観如筆の事例として北西氏は、須坂市勝善寺の「龍虎八才」「親鸞」を写真紹介されるが(16)、善敬寺本との共通性は今一つ明瞭とならない。また東本願寺旧蔵資料のなかにも、巨大な伝観如筆の二才九字・六才十字名号が含まれるが、やはり共通性を見出しえない(17)。

伝観如筆名号も、宣如の幼児筆のものが確認された以上、存在しないとは言えないが、ただ多くの幼児名号がそうであるように、伝承と一致しない方がむしろ普通であるので、今のところ、これもその範囲で考えておくべきであろう。

一方、幼児名号のなかにはかなり大幅のものが見られる。今の東本願寺旧蔵伝観如筆二才九字（一九二×四九・二センチメートル）・同六才十字（二三一×三五・八センチメートル）はじめ、岡崎市順因寺所蔵九才六字（一三五×五〇センチメートル）（図版5・名25）・岐阜県高山市長圓寺所蔵九才六字（タテ一八五センチメートル）（図版5・名24）などをあげることができる。何故このように異常に大幅の名号が書かれたのか、その理由は明らかにしえないが、幼児性をその大きさで表現したとも考えられる。

結び

本論では、幼児名号をやはり幼児年齢の神号や本願寺歴代銘と関連させつつ考察したが、これらを一応取りまとめてみると次のようになる。

真宗での神号の象徴的存在である本福寺所蔵の鶴満丸天神神号を、千葉乗隆氏は「蓮如筆」との前提に立ち推論されるが、それにより高槻市本照寺所蔵の六歳神号も肯定されることになる。

また、北西弘氏も、幼名名号の多くを「蓮如筆」との伝承のなかで肯定的に考察され、その延長として、慶長期の幼児本願寺歴代銘も「宣如筆」との前提で推論される。

筆者は、伝承の考慮を度外視してこれらを今一度検討することにおいて、結果的に多くの幼児名号や歴代銘が蓮如や宣如などに仮託され、伝承化されたと判断するに至った。

まず前提となる神号については、新たに見出された鶴満丸神号により、本福寺の伝承は史実と見なすことはできず、「蓮如筆」ということも成り立ち難い。年齢のみの神号も権力者筆などに擬され、やはり真宗に取り込まれたものと理解できる。これらの筆法は、一般に伝来する青蓮院流のものが大半であり、蓮如も青蓮院流の筆法のため、「蓮如筆」と仮託されても違和感は少ない。

こうしたことを背景とするならば、幼児名号や本願寺歴代銘などの年齢のみを記したものは、ほぼ同時期に制作された可能性が高くなる。すなわち歴代銘が作られた頃に、幼児名号も作られ伝承化したと考えられる。これらを図式的に整理してみると、まず幼児神号が親鸞の幼児伝承と一体化し、蓮如に仮託されたものを現出せしめた。同様に、蓮如幼児伝承も「蓮如筆」幼児名号と一体化した。さらに教如本願寺成立直後、観如没と宣如継職にともなう確執のなかから幼児歴代銘も制作されたと考えられる。

ただ、宣如筆と見られる幼児名号は存在しており、秀頼神号や伝家光神号、あるいは近世の茶道家元嗣子などにも見られる権力者や家元後継者の幼児筆跡と軌を一にするものとして、宣如期あたりからは幼児名号が実際に書かれたようである。こうした趨勢のなかで親鸞幼児神号や蓮如以下歴代幼児名号が位置付けられるであろう。明瞭な筆跡と比較困難な中での推論により一応の結論を導いたが、さらなる考証は今後に期したい。伝承、由緒の形成と法宝物については、総論で詳述する。

註

（1）『蓮如名号の研究』（同朋大学仏教文化研究所研究叢書1、法藏館、一九九八年）。

(2) 北西弘『蓮如上人筆跡の研究』（春秋社、一九九九年）。

(3) 北西弘『金沢専光寺文書』（北国出版社、一九八五年）。

(4)『史料にみる近江八坂善敬寺史』（善敬寺、二〇〇三年）。

(5) 豊1は「思文閣美術サロン第七四号目録」（一九九一年九月）掲載、豊2は思文閣『墨蹟資料目録』第三六九号（二〇〇三年三月）に掲載されるが、『豊太閤真蹟集　下』所載のものという。

(6) 思文閣『墨蹟資料目録』第三七八号（二〇〇三年十二月）掲載。

(7) 千葉乗隆「天神神号について」（『近世佛教　史料と研究』十六、一九八二年）。

(8) 本福寺の読縁起には次のようにある。

天神名号

是成南无天満宮大自在天神とある神号は、信証院殿蓮如上人の御筆にして、そのゆへ、祖師聖人六歳の御時、鎌倉荏《ヤ》がら天神江御奉納被遊そ御神号ありしを、蓮如上人関東御経回の折柄、御拝見有之、あまり珍らしき事に思召あらせられ、御帰京の砌、法住江御土産に被下たる天神の神号、蓮如上人の御真筆なり、下に靏満丸とあるは、聖人六歳の時の御名で御座る、

(9) 近時、小山正文氏の所有に帰し本證寺林松院文庫蔵となった。

(10)『叢林業』巻八には、鶴光丸について次のように述べており、本福寺の伝承と同様「荏柄天神」の名を見る。

聖人御名之事

先ツ御得度マテ九歳ノアヒタ御童名有二異説一、一説ニハ鎌倉志ニ荏柄《エガラノ》天神ノ下ニ鶴光丸ハ親鸞聖人ノ童名也ト云云、（『真宗史料集成』第八巻、二九一頁）。

また『御伝絵私考』巻上には次のように見られる。

鶴光麻呂《ツルツマロ》ハ御幼稚《ゴヨウチ》ノ諱也《イミナナリ》、ツルミツマロトモ亦ハ音《コヘ》ニクワツクワウマロトモ号スルナリ、然ルニ御自筆ニテ

ハ六歳ノ時名号ヲ書《カキ》、其《ノ》後《チ》年月遥《ハルカ》ニ過《ス》キ聖人東国御経廻ノ時《キ》、相州足柄《サウシウアシカラ》郡江津真楽《カウツノシンラク》寺ニ七年御在住《ザイヂウ》ノ時、鎌倉ニテ一切経《サイキヤウ》御被見《ヒケン》ノ便次ニ天神ニ社参マシ〳〵ケリ、此《ノ》時後ノ人ノ知ン事ヲ思召件《ヲホシメシクダン》ノ名字ニ添書《ソヘカキ》シ玉ヘリ、親鸞事ト御添書アソバサレケル、

これによれば、「鎌倉荏柄ノ天神」に六歳のとき鶴光丸と署名した名号を奉納したことを告げる。ここでは天神神号でなく名号としている。なお、『御伝絵私考』については塩谷菊美氏にご教示いただいた。

(11) 岡崎市上宮寺には、寛正二年九月二日付の裏書を付す墨書十字名号が伝来したが（一九八七年焼失）、本来は絹本光明十字名号であるので、ここでは墨書六字名号を初見と見た。

(12) 前掲註(4)。

(13) 谷下一夢「本願寺教如上人内室考」（『真宗史の諸研究』平楽寺書店、一九四一年、のち『増補真宗史の研究』同朋舎、一九七七年所収）。

(14) 『真宗史料集成』第七巻（同朋舎、一九七五年）、六四八頁。

(15) 前掲註(3)。

(16) 前掲註(3)八〇頁。

(17) 東本願寺旧蔵資料群は、一九九九年所有者が変更となった。

付記

幼児名号について、名古屋市井川芳治氏・高山市三本昌之氏に情報提供いただいた。所蔵者の御協力も併せて記して謝意を表したい。また、以下の写真は概刊図録等より転載した。天神2・3（『近世佛教　史料と研究』一六）、名8（『真宗中興の祖　蓮如上人展』一九九一年、五二頁）、名13（『蓮如上人と尾張』二〇〇〇年、一四三頁）、名14（『長浜大通寺の精華』二〇〇二年、六九頁）、名22・23・銘3（『能登羽咋　本念寺々法繪葉書』、戦前刊）。

総　論

由緒・伝承の成立

第一節　御旧跡の成立

伝承・由緒・旧跡がどのように形成され、さらにそれが真宗信仰の基底となり、いわば土着化してゆくという現象は、歴史事象として等閑視することはできない。近代歴史学が目指してきたものは、いかに伝承を排除し史実を構築するかにあったが、その意味では本論はそれに逆行している。だが、こうした事象も史実として見ることをねらいとする。

たとえば、親鸞旧跡寺院などでは親鸞に仮託された影像類や名号・文書などが数多く伝来する場合、これらは歴史史料の面ではもちろん偽作として切り捨てられるのが常道である。しかしあえてこれらに着目するとき、近世的伝承を醸成する「物証」として、有益な史料として別の視界が開ける。

また蓮如伝承においても、「鹿子御影」は石山寺はじめ福井市東超勝寺・金沢市本泉寺・滋賀県守山市蓮光寺など十カ所以上に伝来する。(1)「逆さ茸き」伝承は守山市金森御坊・日野町正崇寺・同瓜生津弘誓寺などに見られる。「嫁威しの面」は、吉崎東別院はじめ吉崎願慶寺や吉崎寺等数カ所、「源兵衛の生首」は大津市三井寺隣接等正寺と堅田光徳寺の二カ所に伝わる。このように、同じ伝承を複数の寺が伝えることも珍しくなく、これらは伝承の拡大とともにそれらを由緒に取り込む動きがあったことを示すものである。

こうした由緒や伝承の醸成と展開、それにともなう旧跡の成立について、その具体相を考察するのが本論の目的であるが、これも主に、筆者の調査が比較的行き届いている三河を中心とする東海地域を対象に、その事例を提示していきたい。

三河地域は単に一つの真宗地帯というだけでなく、親鸞・蓮如・教如伝承が共存している全国的にも特筆すべき地域といえる。一般に関東や越前・京都などでは主に親鸞と蓮如との伝承が見られ、近江や紀州・摂津や美濃・北伊勢地方では主に蓮如と教如伝承が見られる。三河の場合、親鸞が関東から帰洛する折の「柳堂」伝承、蓮如の巡化伝承、教如の大坂抱様支持や東本願寺別立支持に関わる伝承が重層的に見られる。逆に、覚如や存覚も三河と強い関わりを有するが、目立った伝承は見られない。これはおそらく、蓮如は親鸞の再来、教如は蓮如の再来と認識されていたからと考えられる。すなわち、前者は蓮如伝のなかに多く語られ、後者においても教如の石山合戦直後の流浪や東本願寺別立が、蓮如における大谷破却後の流浪、やがて来る山科本願寺建立と二重写しになったと見られる。

三河の蓮如伝承の中心は、土呂（現岡崎市福岡町）・西端（現碧南市西端地区）・鷲塚（現碧南市鷲塚地区）である。土呂は蓮如巡化の際建立されたとする本宗寺旧跡地であり、御堂山に廟所があり同地の浄専寺（大谷派）が中心的旧跡寺院として存する。(2) 西端は如光所縁の応仁寺（現単立）と栄願寺・康順寺（本願寺派）が旧跡寺院である。鷲塚は土呂本宗寺別坊の地として蓮如巡化も伝え、願随寺（本願寺派）と蓮成寺（大谷派）が旧跡寺院として存する。

以下、それぞれの由緒創生を見ていく。

まず、鷲塚の地にある西派・東派の二カ寺に注目し、蓮如旧跡寺院としての由緒を充実させていく過程を例示してみることにしたい。

西派願随寺には、一般に『貞享の書上』といわれる貞享三年（一六八六）三月代官所宛の「当村五ケ寺創建由緒□」の写しが伝わる。願随寺の部分は以下のようである。

是ハ延徳元年酉之年□□京都より鷲塚村江御下向辺□□渡之庵寺建立被成、寺号本宗寺と申候、其より已来木仏之阿弥陀本尊といたし来候、天正拾年午之年寺号をかへ願随寺と申候、建立以来貞享三寅年迄弐百年ニ成申候、委細者□〔絵カ〕像之阿弥陀御裏書ニ蓮如上人之□□□御座候、

その後に成立の『蓮如上人御隠棲実記』では、まず開基を親鸞聖人弟子常陸信淳（寺伝は信浄）に引き上げ、蓮如弟子恵性を中興開基的存在とする。蓮如三河巡化において土呂は如光の計らいで御坊建立、鷲塚は恵性の願いにより御坊建立となり、両坊を本宗寺と号したとする。そして恵性はじめ三代が本宗寺院代職となり、本宗寺改易ののち再興を願ったが成らず、旧地に願随寺を建立したという。

前者（以下A本とする）では蓮如下向を延徳元年とし、欠字があるが、この時坊舎を建立したとする。後者（以下B本とする）は、鷲塚本宗寺の建立年次を語らないが、後の寺伝では土呂や西端の応仁二年（一四六八）の坊舎建立伝承を取り込む。

史料的にも虚色のない原初形態を示す同時代の絵像本尊については、第Ⅰ編にも紹介した実如裏書のものを二本蔵する。その裏書は、

図版1　蓮如寿像裏書（碧南市願随寺蔵）

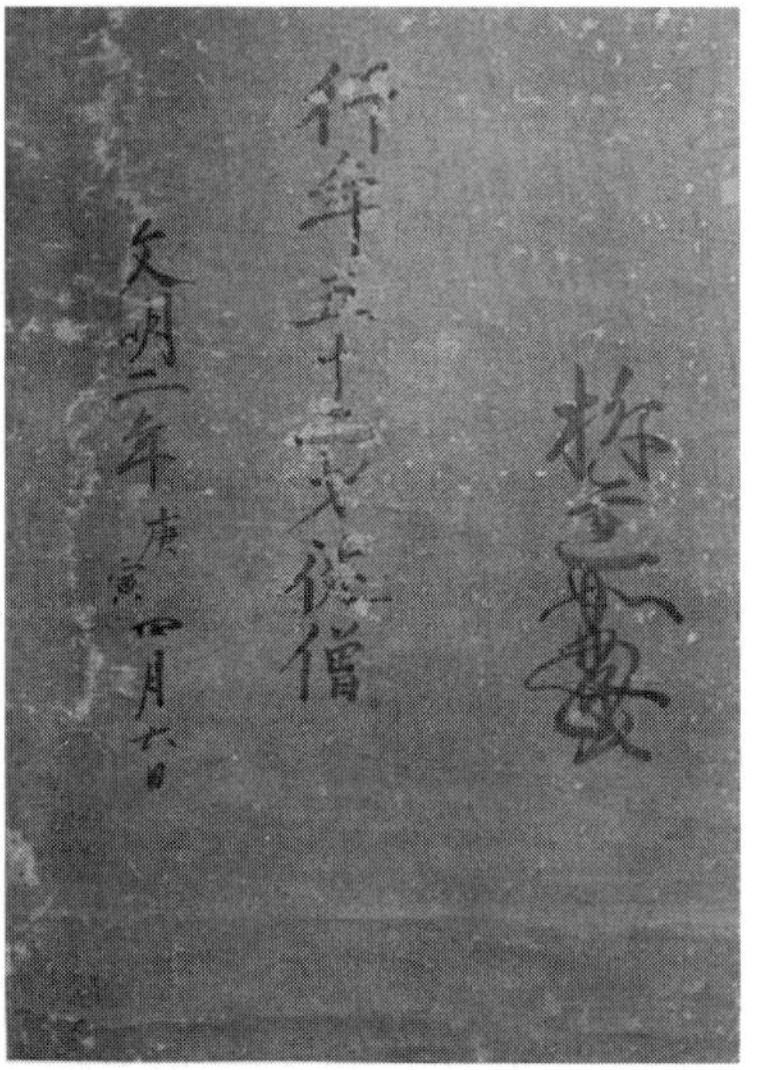

□三河国幡豆郡志貴庄鷲塚惣道場物也

（永正十六年七月二十八日）

□参州幡豆郡志貴庄□□　願主釈恵性

（永正十一年十一月二十六日）

とある。これによればA本に言う蓮如に関わる記載はない。さらに恵性の存在は確認できるが、抹消と思われる部分は佐々木上宮寺門徒[3]に関する文言であったと考えられる。

他方、法宝物においては蓮如筆六字名号三幅（タイプA-1、C-3二幅）、同筆正信偈文双幅を伝えるが、読縁起が添うものは蓮如寿像と蓮如・実如遺骨である。それによれば寿像は、恵性がこの地で蓮如に代わって化益を仰せ付けられ、形見として授けられ、鷲塚坊の留守居職を任されたとする。そして、この寿像は次のような裏書を有する（図版1）。

釈蓮如（花押）
行年五十二才従僧
文明二年庚寅四月六日

表にも像の右下に「釈蓮如（花押）」の署名を見るが、文明二年（一四七〇）は近松へ帰坊されたとする伝承もあり[4]それに拠ったようだが、年齢は合わない。さらに「従僧」とあるのは、〝ジュ（ウ）ゾウ〟つまり「寿像」の音写誤記のようで、ローカル色の強い仮託制作実例として、留意すべきであろう。

また蓮如・実如の遺骨は、恵性が両師の葬儀に参列し形見に頂戴したものとする（同寺読縁起）。実如の遺骨を伝えるのは、後述する隣寺の蓮成寺が、実如との関係を強調し遺骨を伝えるためと考えられる。さらに願随寺は、近世後期頃制作の蓮如絵伝四幅も伝えており[5]、由緒・法宝物並びに遺骨、絵解きと、典型的な旧跡寺院のスタイルを見ることができる。

次に隣接する東派蓮成寺について検討してみたい。まず、先の願随寺蔵のA本には次のように見える。

　是ハ大永四（一五二四）申ノ年、当村惣百姓為菩提建立仕候、其砌京都六条惣本寺御住持実如上人之御絵像ヲ申給、尓今当寺ニ掛申ス、建立已来貞享三寅□□三年に罷成候、

一方、蓮成寺は近世は尾州成岩《ならわ》無量寿寺の掛所であり、同寺十五世了安が慶安二年（一六四九）に草した縁起のなかに、蓮成寺に関する記事が見られる[6]。それを抄出すると以下のようである。

　蓮淳公（近松坊舎）御留主居なさしめ、応仁元年（一四六七）三河国へ御下向、本證寺光存許へ御着なり、大木逢殿右衛門後に法名を蓮成と賜る、願によりて鷲塚に一宇御建立ましく〳〵、蓮如上人羽塚（西尾市平坂地区）無量寿寺へ御入有て、当寺開基へ聖人より譲与の御自画の御真影を鷲塚の一宇へ御移シ、尤敬重し給ふ、西端村にも一宇建立、御在国の□□□□応し処々御化導有、三州を御立、近松へ御帰りの時、鷲塚の道場は蓮成願に依而建立なれハ、今よりは蓮乗（成）寺と名くへしと宣ひ、無量寿寺了順へ御仏具・

御手道具を御譲り在す、当寺掛所蓮成寺是也、名号数幅、選択集御延書・教行信証、其他数品了順へ御附属、
三州西端村道場者浄宮〔上〕寺□御譲り、如光・光存・了順御共にて近松へ帰らしめ、（下略）（以後C本とする）

A本が、大永四年（一五二四）惣百姓により建立され実如寿像を授与されたとするのに対し、C本もA本とほぼ同時期の成立で由緒書としては早い成立であるが、応仁元年蓮如下向を機に大木縫殿右衛門尉が法名蓮成と授与されたことと、一字の建立を伝える。また、鷲塚の道場が無量寿寺へ、西端村道場が上宮寺へ附属されたことも付記する。

さらにB本では、本宗寺伝承を取り込み、本宗寺鷲塚坊退転の遺址に道場を建立、蓮如自画他を伝えるとする。さらに後の読縁起的由緒書では、本宗寺の後裔とし願随寺とほぼ同様の伝承を語るようになる。

次に法宝物について、まずA本が語る実如之御絵像とする実如影像が伝わる。これは讃も銘もなく裏書を付さないために詳細は不明瞭であるが、後世の制作ではなく技法的にも寿像の可能性が高いものである。そして表具修理の際、「文政七年（一八二四）実如三百回忌法要」の修理銘（軸木）と、軸木に実如遺骨を納め、さらに天保七年（一八三九）にそれを取り出し舎利堂に移した旨の書付が発見された[7]。ただ、現在舎利容器に納まる遺骨は蓮如のものとし（読縁起）、実如寿像に納まっていたとする軸木穴に入るほどの極小粒の遺骨は伝わっていない。

一方、蓮如寿像も伝わるが、これも裏書を添わない。ただ、表画の讃文や銘は蓮如の筆跡として問題ないものでもあるが、読縁起では蓮如が三河を離れる時、形見として授与したものという。

このように、願随寺は近世作の法宝物が見られるのに対し、蓮成寺はオリジナルの寿像を伝えるものの、これらも無量寿寺から移入された可能性は否定できない。無量寿寺記録によれば、蓮如寿像（文明七年九月七日、願主了

順）・実如寿像（明応八年五月十二日、願主了恵）の下付を受けていることが知られるとともに、(8)天保四年（一八三三）に蓮成寺が自庵化するまでは、掛所である蓮成寺は無量寿寺住持が兼帯している。

なおこの他、蓮成寺には蓮如筆六字名号（タイプA-2）や同正信偈文双幅を伝え、この点についても願随寺と同様である。さらに蓮如絵伝も伝えていたが、これは天保九年（一八三八）に制作されたもので、(9)願随寺本と絵相が同一で技法的にも願随寺本を模写したものと考えられる。

このように元来佐々木上宮寺系であった願随寺と成岩無量寿寺系の蓮成寺が、本宗寺鷲塚坊を所縁とした立地において、それぞれの伝承が創出されていくことが知られる。本宗寺退転後西派に転じた願随寺が、本宗寺と蓮如伝承を取り込みつつ実如伝承をも取り込むのに対し、蓮成寺は実如伝承から次第に蓮如伝承と本宗寺伝承を取り込んでいく動きが見られる。それはまた、法宝物の仮託制作や取得の動きとも呼応するものであり、伝承の創出と形成過程の典型として注目すべきであろう。

次に西端は、全国的にも知られる蓮如伝承の地であり、応仁寺はその名の通り、応仁二年（一四六八）佐々木上宮寺如光誘引による蓮如留錫の所縁で建立されたとする。特に蓮如寿像（延徳三年三月十八日、参州幡豆郡志貴庄佐々木上宮寺門徒同郡同庄西畠道場□□（願主名）（不読））をはじめ、墨書六字名号（応仁二年五月二十日、恵薫）・絵像本尊（長享三年四月七日、恵□（薫カ））を蓮如から下付されており、通例の道場とは異なる如光を介した蓮如との深い関係を同時代史料からも確認できる。

応仁寺は文明十六年（一四八四）の『如光弟子帳』（『文明本』）によれば「西畠　恵久　一箇所」と見え、天正十九年（一五九一）の末寺帳（『天正本』）では、「一、隠居所《にしはた》一、同祐明坊 一、康順寺」と変化する（祐明坊は後の栄願寺）。『別本如光弟子帳』ではさらに詳しく、恵久道場は如光隠居所であり後に寺号を「唯願寺」と称したとする。

文明段階では脇道場はいまだ見られず、天正末寺帳では二カ所見られ、『別本如光弟子帳』では両者は兄弟であることが知られる。恵薫と恵久については、「えくん」、「えく」とほぼ同音であり同一人物と考えられるが、地元西端の伝承では父（恵薫）と子（恵久）であるとする。(10)

少なくとも西端道場は当初は上宮寺隠居所であり、やがて唯願寺の寺号を名乗るが、東西分派後、十七世紀末に脇道場が上宮寺から離末し、西畠道場（「唯願寺」）共西派に転ずることになる。その直後と見られる元禄四年（一六九一）の木仏裏書には、応仁寺と願主恵薫の名が見られるが、(11)これが応仁寺寺号の文献上の初見と思われる。さらに、開基的存在の「恵薫」を再度名乗る。

さらに脇寺、ことに栄願寺が蓮如伝承を取り込む傾向が見られるが、(12)近江金ヶ森道場（御坊）の脇寺善立寺・因宗寺のように近世を通じて分担で看坊しつつ、善立寺が道西を核とした蓮如伝承を語るのと近似する。また善立寺が蓮如絵伝により絵解きを通じて喧伝することと同様、栄願寺が如光伝承と蓮如巡錫伝承とを取り込んだ蓮如絵伝(13)を制作したのも、この傾向を象徴しているようである。

そして十七世紀後半以降十八世紀にかけて、西端を北西側の最奥とした入り江が湖沼化して油ヶ淵となり、第Ⅰ編で見たように如光化生譚が上宮寺寺伝や上宮寺絵伝に見られるようになる。それとともに、蓮如誘引や形見として寿像が授けられたとする伝承が、裏書年次と関係なく位置付けられることになる。

さらに応仁寺は、多数の法宝物を伝えることで、三河の蓮如伝承の聖地的性格を確固たるものにしたと考えられる。ただ蓮如寿像を除く大半を、昭和六十二年に盗難により失ってしまったが、平成十年にその一部は奇跡的に発見され寺に戻された。それまでは、草書体六字名号四幅（タイプA-1・A-2・A-2・C-2裏書有）(14)、楷書六字名号一幅、同九字名号二幅、同十字名号一幅と八幅の道場用サイズの蓮如筆名号が存した。他に正信偈文双幅・自筆短冊（和讃）や先に示した裏書を付す絵像本尊[15]や寿像も含め、全国的にも特筆するほどの蓮如真筆類を伝えた。ただこれらの全てがここに伝来したとは考えられず、裏書を付すもの以外は集積されたものと思われる。

このように応仁寺は、伝承を象徴する蓮如使用の塗腕など一部に仮託の品も見られるものの、蓮如真筆の質と、多数の絵伝類など法宝物の充実とが、伝承をより具体化させた典型的な旧跡寺として注目されよう。

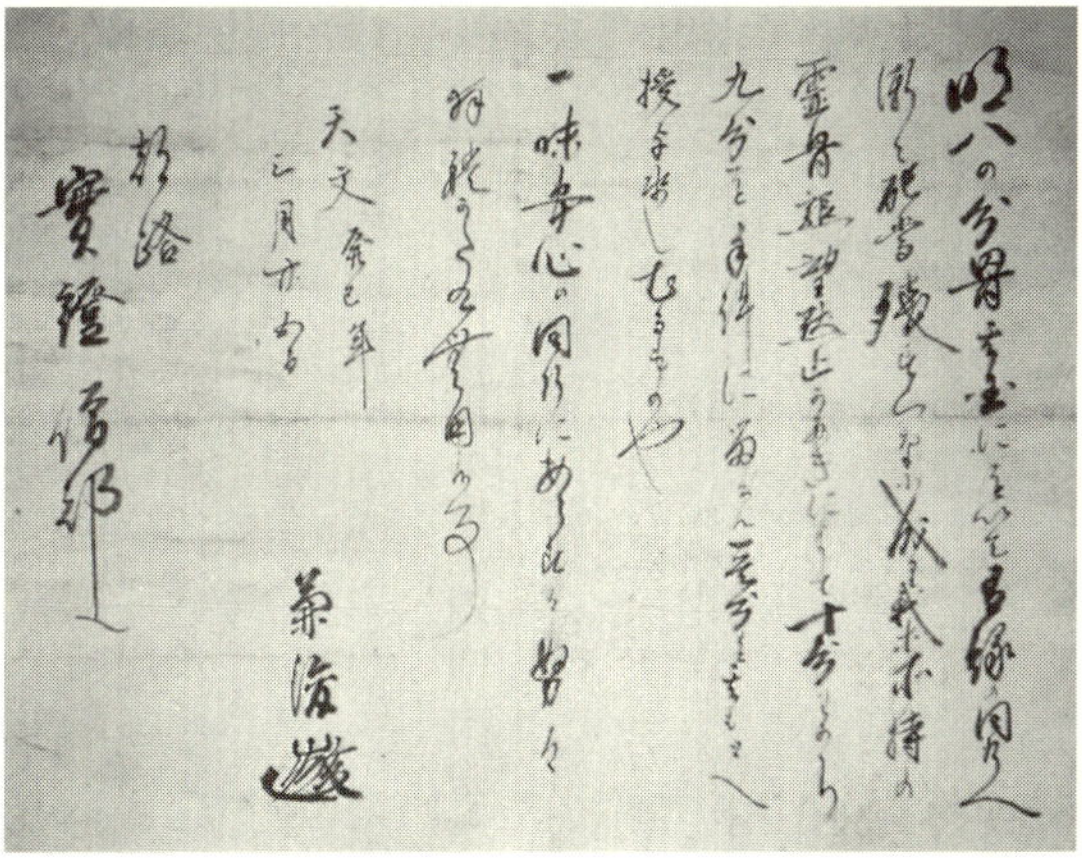

図版2　蓮如分骨譲状[16]（岡崎市浄専寺蔵）

次に、今一つの蓮如伝承の地「土呂」の浄専寺に着目してみたい。土呂は、三河における蓮如本願寺教団の拠点として本宗寺が建立され、一世紀にわたり寺内を形成し繁栄したことは第I編で見た通りである。そして三河一向一揆後の退転により土呂を離れ、東西分派後に平地《ひらち》（西派・岡崎市美合町）や伊勢亀山・同射和（共に東派）に復興され、再び土呂へ戻ることはなかった。

こうして土呂の地はその旧地として、近世以降三河の蓮如伝承の聖地となった。それは一つに、蓮如墓所が地内の御堂山に存したことにもよる。そして、実悟よりの分骨譲状（**図版2**）がこの地の浄専寺に伝来する。先に引用したB本によれば、「蓮如上人此地本宗寺御建立之時、入せられし道場也」とし、「御自画の御影」を伝えるとするが、これらはいずれも実悟や蓮如に仮託されて近世に制作されたものである。

あるいは、本宗寺退転・禁教解除後に旧地に成立したとも伝え、こうした由緒のあり方は先に見た鷲塚坊旧地に在る願随寺や蓮成寺とも類似する。すなわち聖地なるが故の伝承を寺伝に取り込み、寿像や遺骨にそれを語らせるものである。

さらに浄専寺も、幕末から明治期制作の蓮如絵伝を伝えており、ここも典型的な聖地立地の旧跡寺院、「蓮如寺《でら》」として近世以降の三河における蓮如忌法要の中心的存在となった。そうした意味で、法宝物は旧跡寺院において不可欠のものである。これまでにも若干ふれてきたが、次にあらためて法宝物に注目し検討しておきたい。

第二節　法宝物と聖地の創出

既に見てきたように、こうした伝承を支える具体的事物として、大きな役割を果したのは法宝物である。すなわちこれは、伝承を裏付け、あるいは証明する機能を持ち合わせた。それらは蓮如の場合、寿像、名号などの墨跡、遺骨や歯、袈裟や念珠・中啓の類が多く見られる。

一方親鸞の場合、寿像より初期真宗の金泥名号に親鸞筆と伝承するものが多く、同様の絵像本尊や高僧連座像まで親鸞筆とする場合もある。さらには蓮如下付の裏書を付した光明金泥十字名号までもが、親鸞筆とされているものも一部に見られる(17)（大津市本福寺蔵読縁起）。

遺骨については、蓮如にはもともと拾骨伝承があるため伝来する遺骨は多いが、親鸞も地方大坊を中心に、親鸞との関係を語る寺々に、やはり多く伝来する。遺骨のうちでも特に「歯」については、枚方市光善寺には親鸞の「落歯之尊体」とする木像に蓮如と実如の添状が付属し、さらに蓮如の「落歯」とその詠歌が添う(18)。

また、こうした法宝物のうちでも、ほとんど偽作の見られないものは蓮如筆の墨書名号である。これは、蓮如期から約一世紀にわたって書かれたもの全般が「蓮如筆」として伝わるもので、第Ⅲ編で見たように、近時の研究成果により蓮如の筆跡と実如以下の門主の筆跡とをほぼ区別できるようになった[19]。その結果、蓮如筆でないものも多く含まれることが知られるようになったが、これは酷似した筆跡によるためで、すべてが寺伝脚色のためとはいえない。ただ蓮如が数多く書いたとされる「数の名号」と称する小型名号が蓮如十二男実従開基の順興寺に多量に伝来したが、筆跡上からも蓮如の小文字名号の筆癖とは異なるようである[20]。

また「何才」と書かれた幼児名号も数多く伝来する。これについても第Ⅲ編補論で述べたが、四歳から十二歳までの年齢のみが記され、それらの大半は「蓮如上人筆」として伝わる。いまだ不明瞭な部分は残るものの、結論的には、それらは蓮如に仮託され近世初頭に制作されたものと考えられる。ただ宣如には幼児名号が確認できる。名号以外の事例だが、宣如筆とする「和朝親鸞聖人　十一才」とある大幅の礼拝用の聖人名（図版3）が奈良県箸尾教行寺に伝わる。一連の蓮如筆とする幼児名号のうちにはこれと筆癖が相通ずるものもあり、この場合、なぜか宣如に仮託されたものである。

また、蓮如の法宝物の傾向に近似するのとして教如にも注目しなければならない。教如の場合、石山合戦終結時の抱様やそれに続く秘回流浪期の支持と、東本願寺分立時の支持に関するものとに、伝承内容がほぼ二分される。そして多くの場合、慶長六年（一六〇一）以降全国的に下付された教如寿像が、伝承の機縁になっている。

前者には、大坂抱様の馳走礼の教如書状を核とした場合も見られ、たとえば岡崎市慈光寺は三月九日付書状とともに、教如拝領の念珠・中啓・五条袈裟を伝える。また各地で流浪秘回の教如を援護したとする伝承が見られるが、美濃安八郡周辺地域の「土手組《どろて》」と称する二十カ寺の講組では、慶長五年（一六〇〇）西軍石田勢から教如を救った功績による、寿像・絵像本尊・書状等を伝える。この場合も寿像を核とし、大半の品々は後世に制作されたと考

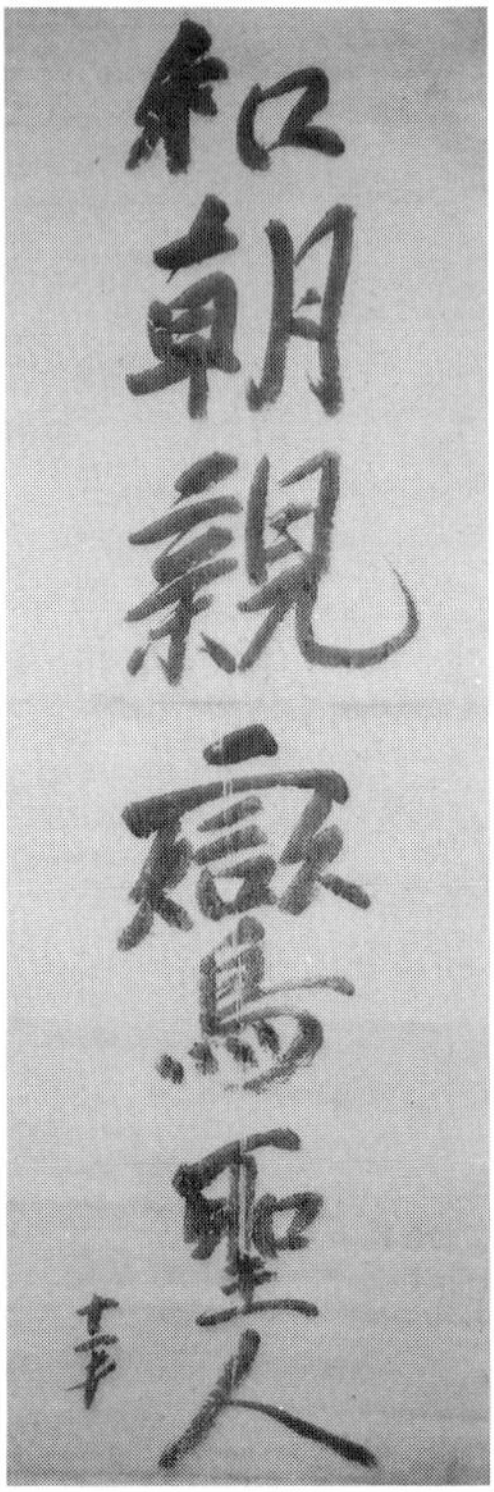

図版3　伝宣如筆聖人名（奈良県教行寺蔵）

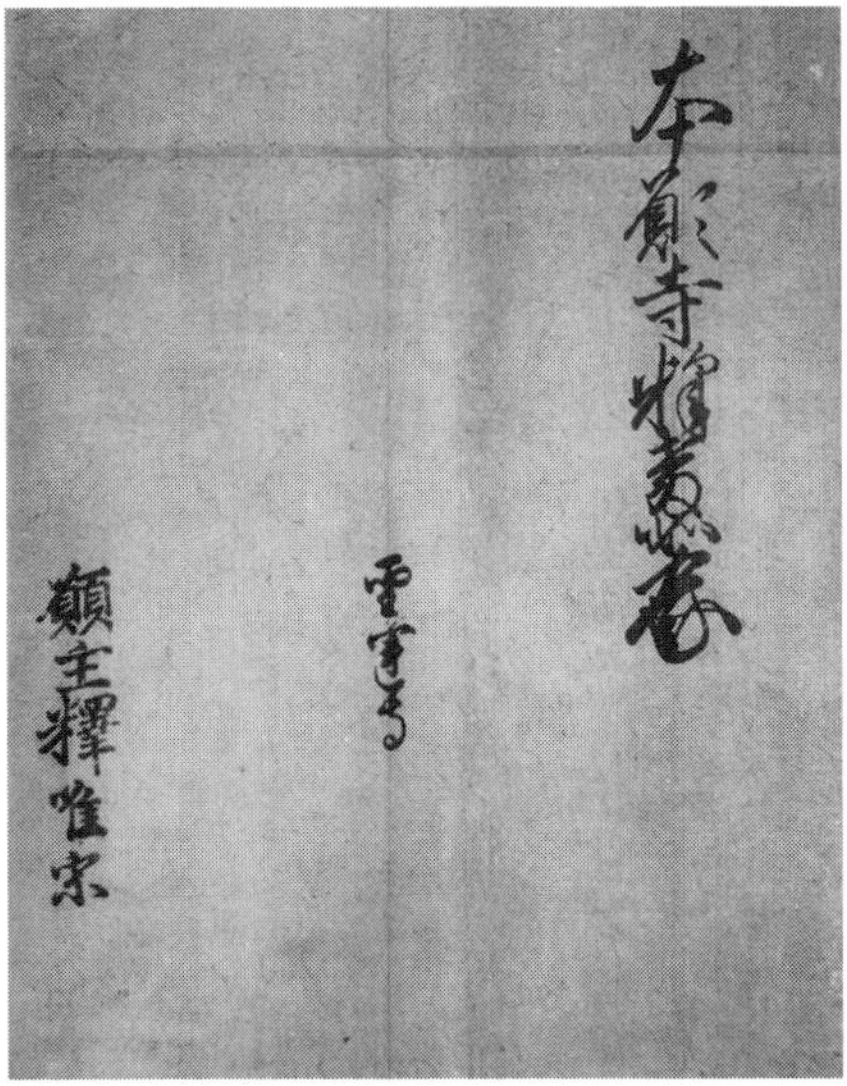

図版4　親鸞絵伝裏書（西尾市聖運寺蔵）

えられるものではあるが、講組により厳重に護持保存される(21)。

また後者においては、分立の象徴的伝承ともいえる親鸞木像動座について、たとえば西尾市聖運寺では時の住持宝光坊唯宗が教如側近の御堂衆（実在）であり、関東よりの動座に尽力したとして「聖人奉運寺」の寺号を賜ったとする。該寺には慶長十八年（一六一三）下付の教如寿像や同じく教如裏書と考えられる親鸞絵伝（**図版4**）が伝わっており(22)、これを縁として成立した伝承と考えられるが、その褒美としてやはり教如所持の念珠・五条袈裟も伝える。

このように、蓮如と教如には寿像を中心としてその縁由が語られ、袈裟や念珠が添うことも多く見られるなどの共通性が認められる。そして、先の応仁寺や蓮成寺のように、寺号が蓮如伝承を暗示し「蓮如寺《でら》」を表徴するように、聖運寺は「教如寺《でら》」の色彩を示している。さらに、多くの「蓮如寺」が蓮如絵伝を制作するように、近代の制作ではあるが、動座伝承をもとにした四幅絵伝が御真影動座三百年紀念（一九〇一年）を機に制作されている。

このように、伝承を裏付けるための法宝物の制作は枚挙に暇が無いほどであるが、こうした動きに加えて法宝物の流転や集積についても見逃すことはできない。法宝物の集積については、すでに応仁寺においても指摘したが、これは全般的傾向と考えられる。

たとえば、親鸞筆と伝承する十四世紀末から十五世紀に制作された光明金泥九字名号などは、本願寺帰参以前の本尊であるが、なかには流転流入品の場合もあると考えられる。(23)また、蓮如・実如筆の六字名号が特に三河の場合複数伝来する寺が多く見られ(24)、これも流入集積と考えるべきであろう。

また、このことを示す史料も若干存在する。岡崎市佐々木上宮寺記録（『雑録』第一）には、時の住持乗繁が享和二年（一八〇二）三月五日の野寺本證寺宝物披露での見聞記録が見られる。多くの法宝物のうち、「十字名号　祖師聖人御筆　是浅井村五郎兵衛寄進也、実歓木村《ねむのき》正願寺ニ有之候所、差支の儀有之ニ付き、金五両ニ五郎兵へへひち物ニ入置候所、正願寺受ケ出不申候故、本證寺へ五郎兵へ寄附の由」の記事を見る。五郎兵衛は本證寺坊守清光院（林松院円誓妻）の実父で、質屋でもあったものであろうか、建物を含めいくつかの品々を本證寺に寄進している。現在本證寺には、祖師聖人筆十字名号といわれるものを伝来していないが、全国的にもこうした法宝物が質物になっていた事例を散見する。

蓮如にちなむ由緒・寺伝が語られる場合、越前・加賀地方においては、小松市興宗寺の読縁起(25)に見られるように、吉崎での由緒を告げるものがきわめて多い。それは、蓮如伝においても吉崎は北陸におけるまさに蓮如聖地ともいうべき地であるからに他ならない。

一方、三河地方であるならば本論で取り上げてきたように、西端や土呂であり、ここでの結縁を寺伝に語る寺々は多い。そしてそれが親鸞の場合であれば矢作「柳堂」である。これは親鸞帰洛の際、矢作に滞在し柳堂にて布教勧進したとされ、妙源寺太子堂や勝蓮寺・西照寺（旧所在地とされる現柳堂寺・いずれも岡崎市）、あるいは桑名へ移転したとされる柳堂阿弥陀寺（現法盛寺）など複数の寺院がその遺跡を伝える。[26]『三河念仏相承日記』によれば、真仏・顕智・専海らが、建長八年（一二五六）十月矢作薬師寺にて最初に念仏勧進をし、真仏の命により顕智が年末から三年間ここに留まり、権守円善らの門弟が生まれ道場が成立したとする。これをもとに考えるならば、薬師寺が柳堂に転化したものと考えられる。

こうして、三河三箇寺はじめ桑子妙源寺、高取専修坊や平坂・成岩無量寿寺、あるいは尾張河野九門徒も柳堂での結縁を伝える。[27]柳堂はまさに、三河における親鸞伝承の聖地である。

一般に親鸞伝での聖地といえば、まず流罪地の越後国府や逗留地の常陸稲田であるが、これは『親鸞伝絵』に語られる地である。ところが、柳堂は『親鸞伝絵』にも語られることはない。すなわちまったくの伝承上の地点であるにもかかわらず、三河における親鸞結縁の地として、これ以外の地名は他に見られないことは注目すべきである。

このような聖地伝承は法宝物にも大きく反映される。例えば針崎勝鬘寺には柳堂の本尊が伝わる。これは親鸞旅立の折、涙を流したということで「落涙の弥陀」と称する。また本證寺は、徳川家康生母於大の妹石川妙春尼（芳春院・日向守家成母）の譲状を添えた、蓮如が西端で刻んだとされる一寸二分の阿弥陀像を伝える。[28]奇しくも三河三箇寺のうちの両寺が、親鸞・蓮如に関わる聖地に由来する阿弥陀像を法宝物の一つに加えるのは偶然ではなく、三箇寺として双方の意識的な由緒充実のための営為が想定できる。

あるいは一般末寺においても、「土呂」に由来する蓮如「御自画」を伝える場合もある。刈谷市順慶寺は蓮如筆六字名号（タイプA-2）と実如下付の方便法身尊像（明応九年十月十二日）とともに、次のような譲状を添えた蓮如寿像を伝える。

一、蓮如上人御自画御讃正信偈御自筆也、壱幅、此御影蓮師当国（三河）江御下向之砌、額田郡土呂之郷ニおいて先祖江御形身被下置候処、永禄三（ママ）年当国一騎之節、石川金吾・渡辺半蔵・蜂屋半之丞右三人、此御影を当社六社明神江奉納被致候、然処石川斎宮先祖之内縁有之候ニ付、貴寺江御譲、石川・渡辺・蜂谷銘々為菩提、奉納之書翰共ニ申下シ御譲申候、此以後故令命日ニ御経読誦頼上候、右之御尊影御譲リ申ニ付、何方よりも古障之筋無御座候、為其一礼如件、

（印）
施主石川一寛（花押）
伊賀神主証人（印）
柴田左京（花押）

天明五乙巳年
六月三日

蓮如・土呂と三河一向一揆本願寺有力武士門徒三名を並べることによって、この「御自画」の来歴の重みは他寺に伝わるものを陵駕することになる。自画像とともに譲状に見られる由来も仮託制作されたもののようであり、これによってこの寺が聖地「土呂」を背景としつつ、やがて蓮如絵伝も導入して「蓮如寺」としての性格を有することになる。

図版5　開山御自画裏書（岡崎市浄妙寺蔵）

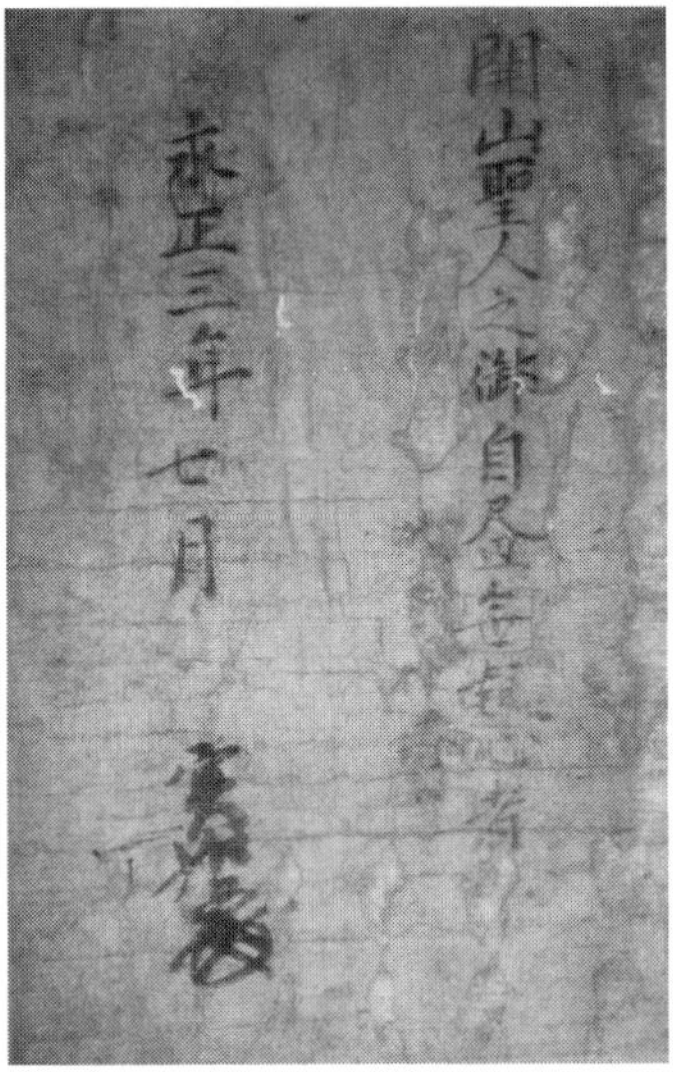

一方、佐々木上宮寺については、如光伝承がそのまま蓮如と直接して、十八世紀初頭西端道場（応仁寺）が離末するも、如光化生伝承は色彩を増す。さらに法宝物は、名号本尊、蓮如・如光連座像、開山御影、親鸞絵伝と『教行信証』延書本などを蓮如より下付されており、この充実した内容により仮託法宝物の制作が目立たないようである。ただ、遺骨では七高僧のものから親鸞以下本願寺歴代のものを伝えていたことを銘記しておく。

また、三箇寺に準ずる大坊である浄妙寺（岡崎市中之郷町）は、聖地伝承を取り入れず、三河三箇寺とは別の在り方を示す。『三河念仏相承日記』や『親鸞聖人門侶交名帳』などによれば、三箇寺や妙源寺と同様に柳堂伝承を取り入れて然るべきであるが、関東二十四輩十三番粟野信願を開基とする。『交名帳』妙源寺本では、円善の次に信願の名を見るが、それを採用せず三河における二十四輩という別格を表徴することで、三箇寺に対峙したと考えられる。そして法宝物の上でも、他にあまり例を見ない実如による開山自画を証する裏書（図版5）を添える。

開山聖人之御自画無疑心者

永正三年七月　　実如（花押）

これは実如署名花押部分が真筆であるため、一見真本と見違うが、よく見ると花押以外の元の文字が削り取られており、「御文」巻子本の署名花押部分を生かし末尾部分を改竄したものであることが判明する。浄妙寺には、延徳三年（一四九一）三月十三日下付の蓮如寿像を伝えており、ここに親鸞影像も実如認定の自画であれば、三箇寺にも伝わらない両祖寿像が伝わることになる(29)。

このように浄妙寺には、由緒の上でも主要法宝物の上でも三河の親鸞・蓮如聖地にも縁を持たずに、三箇寺を越える独自の立場を主張する姿が垣間見られる。

こうした営為は、一面では、上来見てきた教団内機構における身分上昇のための手段であったことは否めない。しかし、近世真宗門徒は、旧跡地において名号や影像法宝物や縁由の松の木や石までも眼前にして、触れて親鸞や蓮如・教如に出会い、そこから教えを噛み締め念仏に感動しつつ、さらに救済の喜びを実感した。すなわち、これも真宗門徒の報謝行たる信仰世界の一面として捉えることができるのであろう。

第三節　願力寺由緒の創成

これらのような様相を念頭に置きつつ、あらためて三河の一寺院の由緒と身分上昇にかかわる、住持や門徒周辺の動向について具体的に検証しておかねばならない。第Ⅱ編第三章で、近世寺院の身分上昇について、似影などの絵画史料から装束を中心とした視点で注目した。そして、その実体を示している安城市願力寺蔵の『余間昇進記録』を補論で提示したが、再度ここに戻ってみたい。願力寺（山田姓）は、第Ⅰ編で取り上げた、『如光弟子帳』（『文明本』）に「古井　一箇所　行専」とその名を見るが、これが願力寺の史料上の初見である。そして、永正十二年（一五一五）五月十四日、本願寺実如より絵像本尊が下付される。願主は「釈教□」である。さらに、『文明本』よりほぼ百年後の『天正本』には「ふるい一、専心」とあり、いまだ寺号はない。この段階では、上宮寺門末のいくつかには、すでに寺号を名乗るものが見られる。

一連の記録のうち、第Ⅱ編 補論C（二五五頁）の本山提出の願力寺由緒を記した部分を、箇条的に取りまとめてみると、ほぼ次のようになる。

①系譜は、清和源氏、やがて尾張源氏の流れで、寛正・文正年中（一四六〇～六七）安城在城の山田氏とし、名は山田丹後守重里と称する。

②重里は、応仁元年（一四六七）三河巡化の信證院様（蓮如）に帰依し、法名を「教賢坊行専」、寺号を「願力寺」と給う。教賢は『御一代聞書《ママ》』に名を見る「三河之教賢」である[30]。

③常照院なる天台宗の廃寺を道場とした。その中興開基が「山田教賢」で、佐々木如光と同心し法儀を引立て、延徳二年（一四九〇）に没した。

④三河一揆にも先祖忠勤により、御免帰坊した。そして、四代目敬専は神君（家康）に対し、関ヶ原へ御機嫌伺《ママ》に参上した。教如様へも同じく参堂し、その節、洲浜菓子をくだされ、これを寺の替紋とした。

⑤出自が武門であり、紀州様御用人等の重役はじめ、旗本山田佐渡守は親類にあたる。

ほぼこれらの内容の由緒書を本山に提出しているが、その後の五尊等免物の経過については、B「御本殿本願書之節書上」で知られる。それによると、寺号免許は蓮如で、木仏・蓮如真影下付が宣如、開山・太子七高祖下付が一如、前卓・四本柱免許が従如などである。蓮如による寺号許可は由緒に合わせたもので、開山・太子七高僧が一如段階である。戦国期以来の道場としては、決して早くなく、むしろ一段階遅れている。一般に木仏・寺号はセットで免許されており、この場合も宣如により許可された可能性が高い。しかし、Fの三回目の嘆願書により、多くの免許状（御印書）を紛失していたようである。となると他の申物申請の妨げとなる。

仮に木仏免書が無くても、蓮如寺号免許の由緒により免書は不要であったろう。如光門徒として名を見る行専が、「蓮如上人御一代聞書」[31]に見られる「三河の教賢」その人である。こうして、本来如光門徒であった「行専」を坊号として冠せた「教賢」を強調することになる。そして、徳川祖松平氏の武門の出自と、四代目が家康や教如との親密を語れば、実如より下された寺号の無い裏書の絵像本尊は、もはや法宝物としての存在感を失ってしまう。由緒の中には語られていない。このようにして、開山御影を一如より下付された頃、十八世紀初頭にはこの由緒の原形が成立したと見られる。

その後、親鸞絵伝・開山厨子形・羅網・歓喜光院（乗如）影像が達如期に整えられ、本堂も七間御堂が建っており、嘉永三年（一八五〇）に、前住持以来念願の余間出仕昇進を成就させるべく、現住行含が本山へ申請に出た。そして、親族とする紀州藩士山田八右衛門方へも協力依頼に、わざわざ和歌山まで訪れる。結果的に、莫大な礼金・経費により余間昇進は実現し、身分に相応した色法服（袍裳）・裳附衣や輪袈裟を購入し、被露のための挨拶の品々も購入して帰寺する。

また、願力寺には蓮如筆名号（タイプA-1）一幅を伝える。これが蓮如より授与されたものと伝え、蓮如直弟の視覚的物証となっている。

戦国期の三河如光門徒道場の一つが、一向一揆や東西分派を経て、近世的教団機構の整備と信仰世界の拡充土着化のなかで、寺院形成がなされた。その中で、蓮如と直結する「住職家」と教如を縁とする「家紋」が創出された。そして、本願寺門主に連なる三官の「余間」昇進に対し、結果的に二百両余の金銭を投入することになった。ただそれは、住職一人の名誉ではなく、関係する門徒一同の名誉でもあったに違いない。こうした点にも、本廟以来の本願寺を結集軸とする、近世的門徒集団の独自性を見出すことができる。

註

（1）金龍静『蓮如上人の風景』（本願寺出版社、一九九八年）一〇頁。
（2）拙稿「三河本宗寺について─土呂坊・鷲塚坊をめぐって─」（『同朋学園佛教文化研究所紀要』第九号、一九八七年。本書第Ⅰ編第三章）。
（3）『別本如光弟子帳』（岡崎市上宮寺蔵）に「鷲塚恵正、同順敬・浄円、今ハ願随寺ト申候」とある。
（4）蓮如の三河巡化伝承の年次は、文正元年～応仁二年（『蓮如上人御隠棲実記』平地御坊）、応仁元年（『無量寿寺縁起』）、応仁二年（応仁寺はじめ多くの旧跡寺院はこの年次をとる）の三通りが大半であり、応仁二年から三年間滞在したとする由緒も見られる。
（5）蓮如上人絵伝調査研究班編『蓮如上人絵伝の研究』（東本願寺出版部、一九九四年）五四～五七頁。
（6）蓮成寺には幕末頃書写の『無量寿寺縁起』を蔵する。また、この内容を含む無量寿寺の影像類の裏書・申物、末寺の裏書等を書き留めた冊子（宝暦十一年下限）が、名古屋東別院に伝わる。なお、無量寿寺は三河羽塚に在ったが、尾張成岩と二坊並置で近世初頭に法宝物も成岩へ移され、こちらが本坊的存在となる。第Ⅰ編第四章参照。蓮成寺は、在地の片山家記録群によると、知多半島を領有した水野忠政配下で親族の無量寿寺門徒であった片山家が鷲塚に在り、その関係で道場化したようである。なお、片山家は十七世紀中葉浄土宗に転じ、近世を通じこの地で庄屋をつとめ、大浜と鷲塚で大商人と化した。
（7）「実如上人御影幷御骨摂軸奉伝来霊宝也、

旹文政第七申正月下旬三百回御忌之砌奉御表具再校者也、
　　　　現住順寥代
　　　　　寄進同行中
御骨入　　　　御忌従正月廿九日
　　　　　　　同至二月二日執行　　　　」

図版6　実如影像軸木（右）と実如遺骨移置を示す紙片（左）（碧南市蓮成寺蔵）

（別紙）「天保七年申三月上旬蓮如上人様御忌ニ付テ
　実如上人様御骨奉テ出シ舎利堂ヘ写シ置、蓮成寺順寥代
　　後住恵明
　　　書之」（図版6）

(8) 註(6)に同じ。

(9) 時の住職一隨が、各幅裏に年号を記し署名しているが、現在は安城市法行寺に所蔵される。

(10) 明治村史編纂会編『明治村史』、一九六六年。

(11) 「　　　　釈寂如（花押）
　元禄四歳辛未仲春十九日
木仏尊像　三河国碧海郡西端村
　応仁寺物
　　　願主釈恵薫」

(12) 栄願寺には、応仁寺蔵の蓮如寿像裏書の写が制作され、軸装され法宝物の一つになっている。そして恵薫を開基と伝える。

図版7　伝源頼朝文書（安城市本證寺蔵）

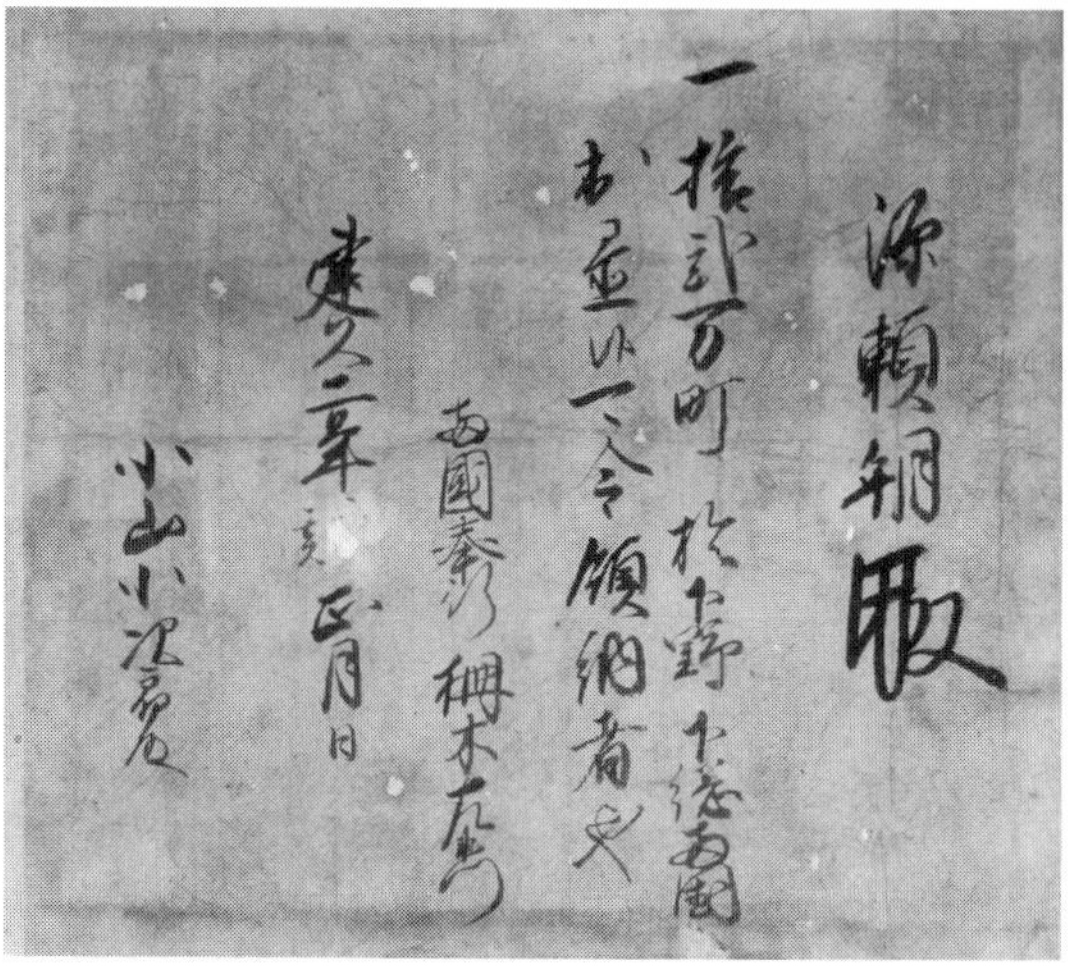

（13）前掲註（5）『蓮如上人絵伝の研究』七四頁。
（14）本書第Ⅲ編第二章、図版18。
（15）『蓮如方便法身尊像の研究』（同朋大学仏教文化研究所研究叢書Ⅶ、法藏館、二〇〇三年）一一二頁。
（16）『大系真宗史料』伝記編6蓮如絵伝と縁起（法藏館、二〇〇七年）四〇二頁に「蓮如霊骨譲状」としたのは誤りであり、ここに訂正して、所蔵者にお詫び申し上げたい。
（17）枚方市光善寺蔵の光明金泥十字名号も、蓮如下付の裏書を付すが親鸞筆と伝える。
（18）図録『蓮如と大阪』（難波別院・朝日新聞社編、一九八六年）に写真掲載される。蓮如・実如の添状（七〇頁）は後世に仮託制作されたものと考えられる。蓮如落歯の詠歌（九〇頁）は、花押も他例のないもので、筆法上もさらに検討の余地が残る。
（19）本書第Ⅲ編第二章、図1・図2など。
（20）本書三二三頁、図版8。
（21）展観冊子『土《どろ》手《て》組と教如』（ハートピア安八歴史民俗資料館企画展、二〇〇四年）。
（22）「　本願寺釈教如（花押）
　　聖運寺
　　願主釈唯宋（ママ）」

木版略式の裏書で四幅とも添付されるが、他に例を見ない。

(23) たとえば、安城市空臨寺・同西蓮寺（高田派）・岡崎市専光寺・豊田市如意寺などに伝わる。

(24) 拙稿「蓮如・実如下付本尊・名号より見た三河教団の特質」（『実如判五帖御文の研究―研究篇下―』、同朋大学仏教文化研究所研究叢書Ⅳ、法藏館、二〇〇〇年）。本書第Ⅲ編第二章第三節に転載。

(25) 『大系真宗史料』伝記編6「蓮如絵伝と縁起」（法藏館、二〇〇七年）「蓮如上人御自画略縁起」三五八頁。

(26) 岡崎市妙源寺に正和三年（一三一四）八月六日付の太子堂修理棟札が伝わり、「桑子専修念仏柳堂」の文言を見るが、後世に書き直されたものであるため、当初よりこの名称があったかどうかは即断できない。

(27) 『二十四輩順拝図絵』『大谷遺跡録』『遺徳法輪集』（『真宗史料集成』第八巻、同朋舎、一九七四年）。

(28) 図録『本證寺―その歴史と美術―』（安城市歴史博物館、一九九七年）。また本證寺には、開基慶円が下野国小山朝政の次男であるという伝承のための、偽作の源頼朝文書を伝える（図版7）。

(29) 同様の手法で蓮如の署名花押部分と年次（明応七年八月二十八日付法名状）を生かした、親鸞真影・蓮如寿像の安置添状が、門真市願得寺に所蔵される。

(30) 「三河ノ教賢」は、「伊勢ノ空賢」とともに『第八祖御物語空善聞書』六三にその名を見る（『真宗史料集成』第二巻、同朋舎、一九七七年、四二七頁）。

(31) 註(30)に同じ。

付記

本論は、本書の内容に関連して学術的視点に立って検討したもので、ここに紹介した法宝物や縁起等の宗教的意義や歴史的役割を否定するものではないことを付記するとともに、写真掲載をお許しいただいた所蔵寺院各位には甚深の謝意を表したい。

結　語

巻末にあたり、全三編と序論・総論に論述した諸点をふり返り、問題点や課題も含め、あらためて略述して結びとしたい。

本書は、序論、第Ⅰ編、第Ⅱ編、第Ⅲ編、総論、結語よりなる。

序論では、研究史と課題を概説した。従来の真宗史研究の多くは、戦国期や近世といった時代区分のなかで考察される傾向にあった。本書ではこうした時代区分を克服しつつ、戦国期成立の地方道場の近世的寺院化への動向について注目した。

第Ⅰ編は、蓮如在世中の文明期の道場の存在形態が知られる佐々木上宮寺の『如光弟子帳』の分析と天正十九年末寺帳の展開へと論及した。さらに、本願寺直属坊として成立する本宗寺についての考察と並行し、三河を事例とした蓮如本願寺の地方教団成立の様相について考察した。そこでは近世後半に、伝承化されてゆく末寺由緒の成立以前の同時代史料での考証に焦点を当てることに心掛けた。それは、後に三河三箇寺として君臨する上宮寺・本證寺・勝鬘寺や数カ寺の直参大坊主などが、すでに蓮如帰参時点で、三河の大半の道場・門徒を掌握していたことが背景にあったと考えられることによる。そして実如下付の絵像本尊の多くも右記三箇寺を手次としている。さらに他の大坊主傘下の門末も含め、伝来する絵像本尊類の裏書を可能な限り列挙し、これらを地図上に落としてみた。

その大半が西三河矢作川流域と沿岸部、木曽三川下流域に集中することを確認し、川・海型門徒を中核とする門徒集団の性格を指摘した。ただ本宗寺の成立事情については、史料的な制約もあり明確に検証し得なかった。

一方、蓮如期帰参を伝える多くの末寺由緒には、多くに応仁二年（一四六八）蓮如結縁説を見る。これは、如光門徒の西端恵薫（応仁寺）や光存（本證寺）に対し、同年五月二十日に裏書付の墨書名号を与えたことと関連する。さらに、如光も同年十一月に没する。おそらくこうしたこともさらなる背景となり、この年が記念的年次として記憶され、蓮如巡錫伝承が醸成されたものと理解される。そして、これらの多くが蓮如伝承へと帰結する。そうした動向を裏打ちするかのように、三河門徒は他に先んじて墨書名号を授与されだした可能性も指摘し、第Ⅲ編第二章でさらに言及した。

また、本宗寺は、三河門徒の与力化のなかに、土呂坊と海浜要害の島（または突端）に創立された鷲塚坊との二坊体制となる。そしていずれも寺内が形成されていた。これは、実如息男実円が、播磨英賀坊（本徳寺）との兼住となることにより、後の大坂本願寺を中核とする海上ルートのネットワーク形成がその最大要因と考えてみた。これも海型門徒の性格を反映していると思われる。英賀本徳寺は、蓮如没直前の明応七年（一四九八）にすでに寺号を称している。こうして、両寺が蓮如開基として伝承化されるが、両寺は、実如・円如期本願寺教団形成の延長線上で、位置付けるべきであろう。この点は今後の課題でもある。

第Ⅱ編では、本願寺の門跡成による権威化と組織化、末寺の拡充にともなう身分上昇について、その性格と権能を家元制という視点で考察した。家元制は近世的な職能・芸能など、広範な結集軸を中心とする集合概念である。蓮如による裏書記載された礼拝物下付行為は、それ自体が安置許認でもあり、すでに家元制の先駆的様相を示していると見られる。以来、本願寺門主は、ひとりこれを継承し拡大することになるが、あらためて相伝権・授与権・

儀式執行権などの権能と重ね合わせることにより、その性格が明確に家元的性格を帯びることを確認した。

そして、絵画史料により、先行研究ではあまり注目されたことのなかった装束や紋に焦点を当て、本願寺門主や一族、さらに近世の地方末寺住持らの教団内身分について論及した。その実例として、蓮如の八男蓮芸嗣子の教行寺実誓影像（天正七年　顕如下付）を取り上げ、装束・紋について同時期の証如・顕如影像などとの比較を試みた。そしてここにも、門主に次ぐ一族の権威化の一面を見出しえた。

これは、近世の触頭級大坊の歴代住持似影にも反映され、さらに近世後半には一般末寺にも三官のなかでも主に「余間」への動きが同様に読み取れる。すなわち、戦国期における一門・一家の権威化の動向が、近世の末寺へと展開することを提示した。これは本願寺門主一族に擬制的に加わることを示し、ここに、寺として住職家の確立という非形象的部分の構築が見られる。第三章では、これを、象徴的に示している似影の五条袈裟の「紋」に注目し検討した。草野顕之氏の近世初期の本堂内部の荘厳化の指摘もこれと軌を一にするものであるが、余間昇進による前門主の「職掌御影」の奉懸も荘厳化の一環である。ただ装束については、名称と形態がいまだ不明瞭で今後のさらなる究明を要する。

そしてこの住職家の成立や確立は、道場の寺院化とともに、近世末寺の身分上昇と表裏をなすものであった。その大きな要素となるのが由緒書であり、安城市願力寺史料により明瞭となった。余間昇進にともなう詳細を記した史料は、地方末寺の昇進に対する多額な金銭上納に加え、本来の如光門徒ではなく、蓮如直弟と武家の血統を引く「家柄」を由緒に表現する。もともと、由緒書については、史料的にはそれほど大きな意義付けがなされてこなかったのであるが、本願寺教団においては三官昇進の重要な要素でありあらためてここに注目するとき、付随する関連法宝物も、親鸞や蓮如に直結するものが重視されることとなり、両者に仮託された意味も見えてくる。この点からあらためて、下付物に注目するとき、裏書を付さない多くの墨書名号に「蓮如筆」という伝承が付随することになるが、従来その判断は曖昧であった。

こうした観点から、第Ⅲ編では「蓮如筆」とされる墨書名号を中心とする下付物全体について、あらためて検討した。

まず蓮如により確立された本尊や開山親鸞影像などの影像類に着目した。そしてまず裏書の書式や意味について検討した。裏書は表具の裏に直接記載される事例を示し、これが原形であり、貼られた「文書」ではないことにおいてその意味を考察した。さらに蓮如期に複数の下付物を受けた大坊主に注目して、その規則性の有無を見たが、必ずしも明確ではないことが知られた。さらに実如も蓮如のあり方を継承拡充し、絵像本尊の数は急増し、開山親鸞・前住蓮如影像や親鸞絵伝なども、制限を加えつつも、同様に大坊主を中心に下付していった。一時的には、蓮如長男順如も絵像本尊を下付している。いずれにしても開山影像は「真影」ではなく「御影」の語を用いており直参寺院のみに下付されることは、顕如期までほぼ踏襲される。ただ、坐している礼盤に注目すると、蓮如初期には狭間が元来は三狭間であったものが、中途より二狭間も見られるようになり、下付先の身分差が発生した可能性を示唆する。そして繧繝縁の礼盤像に固定化をはかったのも蓮如であり、開山の権威化はそのまま直参門末の権威化に連動していったことも指摘した。

また、墨書名号については由緒書や寺伝に付随して伝来する場合も多いが、裏書もなく、伝来も必ずしも明確とはいえない。特に、「蓮如筆」と伝える墨書名号の真偽の疑問から、幼児名号も含めて、第Ⅲ編第二章では墨書名号の筆跡の検討を中心課題とした。従来の真宗史研究において比較的甘い主観的判断で検討されてきたことに対し、これを客観的判断で判定できるようタイプ別に提示した。その後、これは一九九八年に同朋大学仏教文化研究所研究叢書Ⅰ『蓮如名号の研究』として法藏館より出版された。そして、斯界に一定の評価を得たようである。本書にも論文部分に補訂を加え転載した。そして、六字名号大量授与の背景は「御文」と一体的関係を見出しうると指摘した。さらに、補論に幼児名号についての考察も追加した。伝存するこれらの多くは、やはり蓮如筆と考えられる傾向にあったが、これも由緒書や伝承の範囲から出るものではないと結論づけた。

本来真宗教団史は、本願寺史や寺院史での考察だけでなく、一般門徒にも調査や研究が及ぶべきであるが、この点についてはほとんど進展していない状況である。本書ではこの点も若干考慮し、第Ⅰ編第四章の補論で、門徒宅の「御文」本の実態を提示した。さらに第Ⅲ編第二章第三節で、名号をタイプ別に分類し、あらためて第Ⅰ編で事例とした三河教団において、絵像本尊と墨書名号・「御文」本の現存状況を見た。蓮如伝承の背景に、数的統計から史料性を見出すという試論である。また第二節では、墨書名号の意義や本尊的性格の有無についても検討を加えた。そして、楷書名号に、より本尊的性格が見られることを指摘した。

本書巻頭の序論において、すでに研究史とともに課題や問題点を述べたが、それに対してどこまで論究できたか心許ないかぎりである。「史実から伝承」という観点をキーワードとしてこれを念頭に縷々論述した。そして、総論もその多くの事例を三河地域から抽出した。親鸞伝承・蓮如伝承、あるいは教如伝承などを生みだす素地を探るため、まず第Ⅰ編では道場成立を史料の上から検討し、第Ⅱ編では戦国期本願寺の身分上昇と権威化、さらに近世における末寺の寺院化と住職家の確立を背景とする身分上昇と権威化の動向に注目した。そして第Ⅲ編では、それにともなう由緒書と付随する法宝物の伝承化を前提とした本願寺下付物や墨書名号についても検討した。そして総論で由緒・旧跡生成の事例をいくつか示し、最後にこれらが複合的に関連するその具体例として、願力寺（安城市）に注目した。

蓮如教団の成立以降、教団全体が多様な宗教社会あるいは通俗的社会に在って、身分上昇と権威化は不可避的現象といってよい。末寺に襲蔵される真筆の蓮如名号から、稚拙に改竄された文書類まで、全てこうした上昇と権威化の営為の産物と見て考察することにより、初めて学際的となる。教団の裾野に展開した由緒・伝承・旧跡の成立という近世的事象を視座に、戦国期・近世本願寺教団の形成と展開を考察したことが本書の内容であり特色と言ってもよい。しかしながら、綿密な検討を怠った部分も多々あり、全て今後の課題である。

初出一覧

序　論　　新稿

第Ⅰ編

第一章　新稿

第二章　〈研究ノート〉「中世末期における三河上宮寺の本末関係」（『近世佛教』史料と研究・第四巻第四号・通巻第一四号、一九八〇年九月）※大幅改稿

第三章　「三河本宗寺について―土呂坊・鷲塚坊をめぐって―」（『同朋学園佛教文化研究所紀要』第九号、一九八七年九月）

第四章　「蓮如以降の三河教団再考」（『東海佛教』第四三輯、一九九八年三月、東海印度学仏教学会）※大幅改稿

補　論　「御文本調査より見た近世本願寺教団の特質」（『真宗教学研究』第一四号、一九九〇年一一月、真宗同学会）

第Ⅱ編

第一章　「本願寺門主制に関する一考察」（『真宗研究』第四三輯、真宗連合学会、一九九九年一月）

第二章　「教行寺実誓影像とその周辺」（蓮如上人研究会編『蓮如上人研究』、思文閣出版、一九九八年三月）

第三章

第一・二節　「本願寺の装束と紋試論―近世「似影」をめぐって―」（『真宗研究』第六一輯、二〇一七年一月）

第三・四節　新稿

補　論　新稿

第Ⅲ編
第一章　「本尊・影像論」（講座『蓮如』第二巻、平凡社、一九九七年三月）
　第二章
　第一節　「墨書草書体六字名号について」（同朋大学仏教文化研究所研究叢書Ⅰ『蓮如名号の研究』法藏館、一九九八年四月）
　第二節　「蓮如墨書名号の意義」（早島有毅編『親鸞門流の世界―絵画と文献からの検討―』（法藏館、二〇〇八年五月）
　第三節　「蓮如・実如下付本尊・名号より見た三河教団の特質」（同朋大学仏教文化研究所編『実如五帖御文の研究―研究篇下』、法藏館刊、二〇〇〇年三月）
補　論　「墨書幼児名号について」（『同朋大学佛教文化研究所紀要』第二三号、二〇〇四年三月）

総　論　「伝承と旧跡の成立―三河を事例として―」（『大系真宗史料』伝記編6「蓮如絵伝と縁起」解説、法藏館、二〇〇七年三月）※一部増補

結　語　新稿

追記

本書に収載する論文は、一冊の本にまとめるために書いたものではなく、その時々の関心や要請により成稿したものである。初出の論集や研究雑誌等を提示したが、大幅に書き改めたものや、補訂した部分が多々あることをお断りしておきたい。さらに、三十年以上に亘って書かれたものであり、重複する部分や論調が一定していないことも目につく。あるいは、写真

については許可等の事情や紙幅の都合上割愛や変更したものもある。

また、一冊にするために部分的に新稿を加えて整合した。以上の点を追記しておきたい。

あとがき

実に永い間に亘って考察してきた論考を一冊にまとめあげるのはもともと無理があったが、何とかひと繰りにすることができた。「生きてきた証を残せ」との、蒲池勢至氏の度重なる督励の賜物であり、この言葉がなければ本書は世に出なかった。氏の導きに感謝するとともに、とにかく素直に喜びたい。

思い起こせば、私は一九七五年、大谷大学三回生の頃より真宗史に関心をいだいたと思う。もともと自坊において、当時毎年七月、伝来法宝物の虫干法要の際に蓮如筆名号や同正信偈文、蓮如影像などを私が出し入れするようになった頃である。これら、我が寺に伝来するものが学問の対象になることを知り、何かしらの驚きと興味を覚えた。

そして、一九七七年修士課程の時、北西弘先生を代表とする総合研究「近江国村落寺院史料による共同体の史的研究」が始まり、滋賀県八日市市や日野町の寺院調査に参加させていただいた。ポンコツのレンタカーを運転して、先生や先輩・後輩らを乗せて、幾度か名神高速を往返した記憶は実に懐かしい。そこで大桑斉先生や早島有毅先生に、史料調査の手解きを受けたことが、後々の私の調査研究の大きな財産になったように思われる。恩師の北西先生の講義や踏査も、これによりさらに興味深いものとなり、修士課程在学中の二年間にすでに地元三河をはじめ、大阪や能登の真宗寺院を調査させていただいた。自分の足で歩いて書くことがそれとなく身につき、修士論文にも反映させた。本書第Ⅰ編第二章で取り扱った、佐々木上宮寺の『如光弟子帳』に関する論考は、修士論文の一部がベースになっており、四十年近く自分の関心が持続していることに改めて気づかされた。第三章・第四章も、もちろん連動した関心から出発している。

そして、大学を離れ自坊に戻ると同時に、発足間もない同朋大学仏教文化研究所に所属し、織田顕信先生を中心に小山正文氏・小島恵昭氏・渡辺信和氏・蒲池氏らとともに、東海地方や関東方面の寺院調査の縁に恵まれた。

そんな中から、学生時代以来の疑問であった「蓮如筆」といわれる名号に、さらなる興味をもち始め、数多く実見すると同時に客観的識別への道を模索し始めた。その頃は、経験豊かな高名な研究者の見識により認定されていたが、蓮如・実如の識別は主観的で曖昧に思えた。生意気であった私は、それまでとは異なる客観的視点から見た名号論を「本願寺蓮如・実如筆名号比較試論」と題して、『佛教史学研究』第三七巻第二号（一九九四年）に投稿した。蓮如上人五〇〇回御遠忌も近づき、同朋大学仏教文化研究所の研究叢書Ⅰとして、拙稿をベースに『蓮如名号の研究』が一九九八年に記念出版された。木越祐馨氏・岡村喜史氏らの協力も得て充実したものとなった。本書第Ⅲ編は、この問題が大きな要素となっている。

そして、この御遠忌を縁に、幾つかの企画に加えていただき、年齢的にも最も充実した頃であった。まず、浄土真宗本願寺派（お西）においては、今後の蓮如研究の基本となるべく蓮如論集『講座蓮如』全六巻の刊行が計画された。浄土真宗教学研究所・本願寺史料研究所の共同編集で、千葉乗隆先生を中心に金龍静氏が幹事役となり、宗派・研究領域を超えて全国に執筆者を募るという大規模なものであった。大谷派からは草野顕之氏と私が編集に携わることとなり、一九九二年に始動し、九四年から九七年にかけて平凡社より刊行された。大きな学びの場を与えてくださり、今でも感謝している。

また大谷派では、宗務所企画室において「蓮如上人絵伝」の調査研究が一九八五年から始められた。奈良教育大学の赤井達郎先生をチーフに、小山氏・蒲池氏・木越氏・平野真氏らと私が、全国に絵伝を求めて回った。そして最終的に『蓮如上人絵伝の研究』が、一九九四年に東本願寺出版部より刊行された。多くの蓮如上人絵伝や伝承にふれ、「史実と伝承」という視点からの学びを深めることができた。このことが背景となって、大桑斉先生を代表とする親鸞聖人七五〇回御遠忌記念の『大系真宗史料』のうち、伝記編6『蓮如絵伝と縁起』の編集を担当させていただき、二〇〇七年に法藏館より刊行された。これらにより得られた「伝承」や「由緒」・「御旧跡」という視座が、本書の結論的部分に相当する総論に反映されている。

また、同朋大学仏教文化研究所においては、親鸞聖人の御遠忌に合わせて『誰も書かなかった親鸞』（法藏館、二〇一〇年）、教如上人四〇〇回忌に合わせて『教如と東西本願寺』（法藏館、二〇一三年）を安藤弥氏とともに編集した。研究所内外の同学の研究者が呼応してくださり、充実した論集となった。これらは、ひとえに「史実」を追求することを主眼とした。私自身は、後者に関わる以前に教如に関するものを数編発表していたが、本書には直接的に反映させていない。ただ、いずれも「史実」にこだわったものばかりであり、それによってあらためて「伝承」が浮かび上がるということを知った。

また、やはり親鸞聖人七五〇回御遠忌記念事業の一環で、北陸地方の蓮如以前の史料を求めて、存如の動向を考える機会を与えられた。これは金沢の北國新聞社が中心となり、東西本願寺が協賛し、大桑先生をキャップに、金龍氏・木越氏・岡村氏・見瀬和雄氏・大原誠氏と私で調査団が組まれた。そして、二〇一一年に『真宗の教え 北陸布教の道』が報告書として、北國新聞社より刊行された。こうした中で、あらためて綽如や存如の伝承の存在を知った。

しかし、本願寺教団では伝承の中核は親鸞・蓮如であり、近畿・東海では教如も加わり、その他の歴代はほとんど出てこないこともほぼ明らかとなった。

こうした中で、まったくの私事であるが二〇一四年十一月、七年余の歳月をかけて自坊の本堂を全面改築した。この間、体調も加齢と共に不調となり、今もって元のようには回復できていない。もちろんこの間は研究する時間も大きく制限された。そのうえ本年正月は、前立腺癌の手術を受け病室で過ごした。

ただ、この本堂の事業から幅広い知見を得た。研究に関わることでいえば、棟札の発見により、旧本堂の建立が嘉永元年（一八四八）であることが知られたことである。この年は蓮如上人三五〇回忌正当である。自坊は本書第Ⅰ編第三章や総論でも注目したように、本宗寺鷲塚坊旧址の地として蓮如旧跡を伝え、棟札には応仁元年（一四六七）、蓮如巡化による道場化により開創したことが記されている。由緒書は三河に一般的な応仁二年とする。最初にも記したように、名号や正信偈文の真跡類や関連法宝物も多く伝える。おそらく御遠忌を勤めることを目的とした造作替であったことは間違いない。

さらに自坊旧本堂は、一般的七間御堂より若干大ぶりの建物であった。この大御堂建立が、「余間」昇進に合わせたものであったことも判ってきた。その具体例として、安城市願力寺所蔵史料を第Ⅱ編補論に示した。これは余間昇進に関する詳細な記録であり、莫大な資金と本山（東本願寺）家老・役人への交渉が、如何に大変であったかを生々しく伝える。ここには資金だけでなく、昇進に足る明確な由緒（書）が必要であったことが知られた。

真宗の場合、とりわけ本願寺教団では、これらの伝承・由緒が醸成されていく背景に、近世本願寺教団システムの形成と深く関わりがあり、従来の研究ではほとんど注目されてこなかった。こうした論理に気づくまでには意外に時間を要した。そこに装束衣体も付随し、法宝物等の改竄なども連動していることを本書で示したかった。その意味では、学部時代に抱いた真宗史への関心も自坊からであったが、四十年後にまたここへ帰結した感がある。

その後の調査活動は、研究所や大谷派岡崎教区の事業、大谷派山陽教区の事業の中で継続している。いずれも予算削減で機会は減ったが、安藤弥氏との播磨を中心とした山陽教区の調査での収穫は、本書第Ⅰ編第三章の本宗寺を考える上で少なからず反映された。姫路市船場本徳寺（別院）は、戦国期には三河本宗寺と一体関係にあり、それが近世には伊勢にまで教線が延びていたことを知り得た。

またこの山陽教区の調査により、二〇一四年秋、兵庫県立歴史博物館での「播磨の真宗と本願寺展」が実現した。当時副館長であった、大谷大学同期の旧友小栗栖健治氏との連携協力であったが、調査と展観が一体化した典型例であった。調査の重要性をあらためて実感した。

最後になったが、本書が成るにあたって多くの方々の手を煩わせたことを付記しておかねばならない。私はもともと眼が悪く、四十歳前に網膜変性の治療をし、以来眼科と縁が切れない。当時、ワープロが普及しパソコンへの移行期だったが、画面を見つめるのが辛く、今に至るまでハイテク機器と疎遠となり、すっかり古代人となってしまった。そんなことで、細野光代さん・榎本明美さん、そして仏教文化研究所の藤井由紀子さん・大艸啓さんには、原稿などの入力に手を貸していただいた。最終校正は木越祐馨氏の御協力も得た。貴重な時間を私にいただき、深く感謝したい。こうして多くの方々とのご縁により育てられ、多大なご協力をいただいた。お名前を記さないが、他にもお世話になった多くの方々への非礼をお許しいただきたい。また本書は、写真を多用しており、これらの提供を御許可くださった所蔵者の皆様にも厚く御礼申し上げる次第である。

そして、法藏館編集部の上山靖子さんには、当初の乱雑な原稿をきれいに整理編集していただいた。編集長の戸城三千代さんも折々に支援していただき、社長の西村明高氏には、出版事情悪化の昨今にあって出版を快諾していただき、有り難く謝意を表したい。

また本書は、二〇一七年六月に大谷大学に提出した学位請求論文である。粗末な論考を審査していただいた草野顕之教授はじめ、宮崎健司教授・三木彰円教授・名古屋市立大学吉田一彦教授の諸先生方に、厚く御礼申し上げたい。草野教授はゼミの先輩でもあり、かねてより打診してくださっていたがなかなか実現できずにいた。教授御退任の年にどうにか間に合い、喜ばしく思う。

思い起こせば、三十年前、真宗大谷派擬講の学階を授かったとき、「昔人間」であった父親が静かに喜んでくれたことが思い出される。ここに今、私にとってはさらに大きなものを亡父（法名　廣宣院釋順正）に捧げることができることを、今度は私自身が静かに喜びたい。

二〇一八年　二月

青木　馨

蓮如名号の研究　同朋大学仏教文化研究所編　一二、五〇〇円
蓮如方便法身尊像の研究　同朋大学仏教文化研究所編　二〇、〇〇〇円
教如と東西本願寺　同朋大学仏教文化研究所編　六、〇〇〇円
戦国期本願寺教団史の研究　草野顕之著　九、八〇〇円
真宗寺院由緒書と親鸞伝　塩谷菊美著　七、六〇〇円
真宗教団史の基礎的研究　織田顕信著　一三、〇〇〇円
本願寺教団の展開　戦国期から近世へ　青木忠夫著　一〇、〇〇〇円
戦国期宗教思想史と蓮如　大桑　斉著　七、五〇〇円
大系真宗史料　伝記編6　蓮如絵伝と縁起　真宗史料刊行会編　一〇、〇〇〇円
大系真宗史料　文書記録編13　儀式・故実　真宗史料刊行会編　一三、〇〇〇円

法　藏　館　価格税別

青木　馨（あおき　かおる）

1954年愛知県生まれ。

大谷大学大学院修士課程修了。同朋大学仏教文化研究所客員所員、真宗大谷派蓮成寺住職、博士（文学）。

主要編著・論文に、『蓮如上人絵伝の研究』（東本願寺出版部、1994年、共編）、『蓮如上人ものがたり』（同、1995年）、『蓮如名号の研究』（法藏館、1998年、共編）、『大系真宗史料　伝記編６　蓮如絵伝と縁起』（法藏館、2007年、編著）、『誰も書かなかった親鸞』（法藏館、2007年、共編著）、『教如と東西本願寺』（法藏館、2013年、共編著）、「清沢満之の墨蹟について」（「同朋佛教」38号、2002年２月）、「親鸞と蓮如」（神田千里編『日本の名僧　民衆の導師蓮如』、吉川弘文館、2004年）、「大坂拘様終結における顕如と教如」（金龍静・木越祐馨編『顕如』、宮帯出版社、2016年）など多数。

本願寺教団展開の基礎的研究
―戦国期から近世へ―

二〇一八年三月二五日　初版第一刷発行

著　者　青木　馨
発行者　西村明高
発行所　株式会社法藏館
京都市下京区正面通烏丸東入
郵便番号　六〇〇―八一五三
電話　〇七五―三四三―〇〇三〇（編集）
〇七五―三四三―五六五六（営業）

装幀者　井上二三夫
印刷・製本　亜細亜印刷株式会社

ISBN978-4-8318-7714-7 C3021

索　引

・本索引は、主要語彙を「Ⅰ　地名・寺院名」「Ⅱ　人名」「Ⅲ　事項」に分類して、50音順に配列したものである。
・同音異義字や補足を必要とする場合は、当該表記を（　）で囲んで示した。
・語句の抽出は著者が選定した。そのため当該語句が記載されるすべての頁を抽出しているわけではない。

Ⅰ　地名・寺院名

あ行——

か行——

さ行――

た行――

な行——

は行——

ま行——

や行——

ら行——

わ行——

Ⅱ　人　名

あ行——

た行――

な行――

Ⅲ　事　項

か行――

さ行――

ま行——

や行——

ら行・わ行——